소흥렬의 삶과 철학

한자경 편집

소흥렬의 삶과 철학

한자경 편집

철학과현실사

소흥렬 교수 추모집 간행에 부치는 말

　소흥렬 교수는 1974년 12월부터 1999년 7월까지 26년이라는 긴 세월 동안 이화여대에 계시면서 인문대 안에 철학과를 설립하시고 철학과를 유지 발전시켜나가신 분이다. 1999년 포항공대로 옮기셨다가 퇴임하신 후 2019년 12월에 세상을 떠나셨다. 격변하던 시대에 철학자로서의 고뇌적 삶을 사시면서 여러 저술과 다양한 학회 활동 그리고 제자 양성을 통해 이화여대 및 한국 철학계의 발전에 이바지한 바가 크다고 여겨지기에 우리는 그분의 삶을 추모하고 그분의 학문을 기리자는 데에 뜻을 모았다.

　추모집을 발간하는 것을 처음 제안하신 분은 정대현 교수이다. 2020년 미국에서 활동하시던 김재권 교수 사망 1주년을 맞아 그를 추모하는 글을 쓰시다가, 외국에서는 학자를 추모하는 글과 책이 적지 않게 나오는데 왜 한국에서는 한국에서 활동했던 철학자의 삶과 철학을 기리는 책을 찾아보기 힘들까 생각하시면서, 이화여대 동료이셨던 소흥렬 교수 추모집 발간을 생각하셨다고 한다. 외국에서는 추모집뿐 아니라 살아 있는 동료나 스승의 철학에 대한 연구도 적지 않지만, 한국의 철학자들은 가까이 있는 사람보다는 오히려 멀리 외국의 학자에 대한 관심을 더 많이 갖는 편이다. 문학계와 달리 철학계가 특히 더 그런 것 같다. 이런 현실을 안타까워하면서 한국에서 현재 활동하고 있는 40명 철학자의 철학 사상을 집중적으로 논의하며 총 500명의 철학자들을 언급하는 『한국현대철학』(이화여자대학교 출판문화원, 2016)을 출간하신 정대현 교수다운 발상이었다고 생각된다.

정대현 교수의 제안에 따라 2021년 2월 이화여대 전현직 교수들이 함께 온라인 회의를 하여 소흥렬 교수의 추모집을 출간하자고 결의하였다. 전현직 교수 모두 편집위원회의 위원 내지 고문이 되고, 그 편집위원장을 내가 맡게 되었다. 말하자면 원고를 청탁하여 모으고 편집하는 등의 심부름꾼의 역할을 맡게 된 것이다. 그렇게 해서 집필자를 섭외하고 원고 청탁을 하여 옥고를 받고 정리하여 출판사에 보내고 드디어 한 권의 책을 완성하기까지 꽤 오랜 시간이 걸렸다.

소흥렬 교수와 인간적으로 또는 학문적으로, 사적으로 또는 공적으로 가까이 지냈던 여러 사람들의 글을 엮어 내놓는 이 한 권의 책이 소흥렬 교수 개인의 삶과 학문을 추모하고 기리는 것을 넘어 한국 철학계 역사의 한 단면을 기록으로 남기는 의미 있는 성과물이 되기를 기대해본다. 나아가 이러한 소흥렬 교수의 추모집을 기점으로 우리 철학계에 한국에서 활동하는 한국의 철학자들 서로 간에 더 많은 관심과 더 많은 애정, 더 많은 대화와 더 많은 기록이 쏟아져 나오는 그런 문화가 생겨나기를 희망해본다.

소흥렬 교수를 추모하고 기리면서 그분의 삶 또는 그분의 학문에 대한 글을 써주신 35분의 선생님들께 이 자리를 빌려 다시 한 번 더 큰 감사의 마음을 전하고 싶다. 추모집 발간을 제안해주시고 일이 마무리되기까지 늘 따뜻한 마음으로 도움의 말씀을 주신 정대현 선생님께 감사드리며, 소흥렬 교수 제자들의 원고 청탁에 도움을 준 박연숙 교수와 수합된 원고를 깔끔하게 정리해준 김도연 편집간사에게도 고마운 마음을 전한다. 또 좋지 않은 출판계 여건에서도 흔쾌히 출판을 맡아주신 철학과현실사 전춘호 사장님, 그리고 부친을 그리워하는 마음에서 추모집 간행에 특별한 관심을 가지고 재정적 지원을 아끼지 않은 소영 교수에게도 감사드린다.

소흥렬 교수 추모집 편집위원회를 대표하여
한자경 씀

소흥렬 교수 추모집 편집위원회
위원장 _ 한자경
위원 _ 윤보석, 이지애, 이영환, 한충수, 김선희, 이재환
고문 _ 신옥희, 정대현, 이상화, 남경희, 김혜숙, 이규성(작고)
편집간사 _ 김도연

소흥렬 교수 약력과 연구 업적

생애   1937. 3. 18~2019. 12. 29

취득 학위

학사   1959. 02. Alma College

석사   1962. 02. University of Michigan

박사   1974. 02. University of Michigan

경력

1963. 12~1969. 12   계명대학교 전임강사, 조교수, 부교수

1969. 12~1974. 12   연세대학교 조교수

1974. 12~1999. 07   이화여자대학교 부교수, 교수

1999. 08~2007. 08   포항공과대학교 교수

2007. 09~2019. 12   포항공과대학교 명예교수

학회 활동

1976   한국논리학회 1대 회장

1987. 08~1988. 07   한국인지과학회 창립 멤버 및 1대 회장

1988~1990   철학연구회 13대 회장

1989. 03   한국철학사상연구회 창립 멤버

1996. 06~1997. 06   한국철학회 27대 회장

2001. 09~2003. 08   한국과학철학회 3대 회장

저서

『논리와 사고』, 이화여자대학교 출판부, 1970

Causal Explanation of Human Action, 탑출판사, 1975

『도덕과 교육』, 배영사, 1978

『철학하는 방법』, 이화여자대학교 출판부, 1980

『과학과 사고』, 경문사, 1983

『고등학교철학』, 대한교과서주식회사, 1985

『윤리와 사고』, 이화여자대학교 출판부, 1985

『자연주의적 유신론』, 서광사, 1992

『문화적 자연주의』, 소나무, 1996

『누가 철학을 할 것인가』, 이화여자대학교 출판부, 2004

『부드러운 논리 아름다운 생각』, 이화여자대학교 출판부, 2004

『철학적 운문』, 이화여자대학교 출판부, 2006

『철학적 산문』, 이화여자대학교 출판부, 2006

『자연주의』, 이화여자대학교 출판부, 2006

『불심초』, 호미, 2008

『철학적 수채화』, 서광사, 2009

『생존론』, 나녹, 2011

논문

1964. 12. 「분석철학의 방법론」, 『철학연구』, 한국칸트학회

1965. 12. 「인격의 신과 비인격의 신」, 『계명논총』, 계명대

1966. 12. 「명철한 사고를 위한 의미론적 분석」, 『철학연구』, 한국철학연구회

1969. 12. 「논리적 사고와 합리적 사고」, 『인문과학』, 연세대

1971. 12. 「인간의 합리성」, 『연세논총』, 연세대

1972. 12. 「인간의 창의성」, 『연세논총』, 연세대

1979. 12. 「우리말 사용의 논리분석」, 『한국문화연구원논총』, 이화여대

1982. 12. 「당위명제의 논리적 관계」, 『철학』, 한국철학회

1983. 12. 「대학교양으로서의 철학교육」, 『철학』

1983. 12. 「과학적 회의주의」, 『한국문화연구원논총』, 이화여대

1984. 12. 「철학에서의 인식과 실천」, 『오늘의 책』

1984. 12. 「칸트, 존재, 논리」, 『철학연구』, 대한철학회

1984. 12. 「윤리학의 한계개념으로서의 이데올로기」, 『한국문화연구원논총』, 이화여대

1985. 06. 「서평. 황경식 저, 『사회정의의 철학적 기초』」, 『철학』, 한국철학회

1986. 12. 「윤리학과 이데올로기」, 『철학』, 한국철학회

1986. 12. 「도덕적 파국론」, 『한국문화와기독교윤리』, 문학과지성사

1987. 12. 「과학철학의 정통성과 논리」, 『계간경향』, 경향신문사

1988. 12. 「인과적 설명과 비인과적 설명의 논리」, 『철학연구』, 철학연구회

1988. 12. 「생명과학과 윤리」, 『생물과학심포지움』, 한국생물과학회

1989. 12. 「윤리와 이념 철학」, 『철학』, 한국철학회

1989. 12. 「분단된 세계를 위한 윤리적 화해」, 크리스챤아카데미 편, 『가치: 윤리가치관의 혼란과 새 윤리 정립』, 우석

1989. 12. 「인과와 인지」, 『인지과학』, 민음사

1990. 03. 「표상의 실재성과 기능성」, 『인지과학』

1990. 03. 「표상의 존재론적 문제」, 『인지과학』

1990. 03. 「프라그마티즘과 프락시스」, 『철학연구』

1990. 03. 「관념론과 유물론의 종합」, 『시대와 철학』

1990. 12. 「실증주의 과학철학과 역사주의 과학철학」, 『철학과 현실』, 철학문화연구소

1991. 03. 「귀추법의 논저」, 『과학과 철학』

1994. 03. 「불교의 존재론과 역사관」, 『가산학보』

1994. 03. 「인공지능의 도전」, 『철학연구』

1994. 03. 「인공지능과 자연지능」, 『과학사상』

1995. 03. 「과학과 세계관의 문제」, 『과학사상』

1995. 03. 「'무한'과 역설」, 『과학사상』

1999. 03. 「하느님의 역사와 사람의 역사」, 『신학사상』

1999. 04. 「20세기 한국철학의 회고와 전망: 서양철학」, 『범한철학』, 범한철학회

1999. 05. 「사이버문화의 인간적 조건」, 『정보과학회지』, 한국정보과학회

1999. 06. 「온생명과 온정신」, 『과학철학』, 한국과학철학회

1999. 12. 「서평. 『삶과 온생명: 새 과학문화의 모색』」, 『과학철학』

2001. 01. 「논리의 색깔」, 『인문언어』, 국제언어인문학회

2001. 02. 「사이버스페이스와 과학문화」, 『과학사상』

2001. 03. 「고르기아스의 세 단계 의문과 인문교육」, 『인문과학』, 서울시립대 인문과학연구소

차 례

1부   소흥렬의 학문적 삶을 추모함

13

2부 소흥렬의 철학을 논함

1
부

소흥렬의
학문적 삶을
추모함

한국의 소크라테스, 소흥렬

서광선[1]

이화여자대학교 기독교학과 명예교수

1. 여자대학에 무슨 철학과를?

내가 미국에서 공부를 마치고 이화여자대학교 문리대학의 기독교학과 조교수로 들어온 1969년에는 철학과가 없었다. 대개 종합대학교 안의 문리대학에는 '문사철'이라고 하는 문학과, 가령 국어국문학과와 영어영문학과, 불어불문학과, 독어독문학과 등이 있고, 한국사학과 혹은 서양사학과, 동양사학과 등이 있고, 반드시 철학과가 있어 대개 서양철학과 동양철학을 강의하고 있다. 그런데 이화여자대학교 문리대학 안에는 유독 영문학과가 유명했고, 국문학과와 역사학과는 존재했고, 기독교 대학이어서 기독교학과는 있었지만, 철학과는 존재하지 않았다. 미국 대학의 경우, 아주 작은 문과대학이라도 '철학과 종교학과 (Department of Philosophy and Religion)'라는 이름으로 기독교를 위시하여 세계종교와 함께 철학 관계 학과목을 개설하고 있다.

기독교학과 조교수로 임명되면서 동시에 학과장직을 맡게 된 나는 기독교학과 교과과정을 검토하면서, 기독교학 혹은 기독교신학의 기초가 되는 철학 과목이 전무(全無)한 데 놀랐다. 학과 교수회의를 열어 선배 교수님들을 설득해서 '철학개론' 과목이나 '서양철학사' 과목 등을 개설해서, 기독교신학을 이해하는 데 도움을 주게 되었다. 기독교학과에 기초적인 철학 과목을 신설하면서, 기독교학과 전공 학생들에게만 강의를 개설하는 것이 아니라, 문리대학 안의 기타 학과 학생들 중 3, 4학년 학생들에게도 개방하여 강의를 듣고 학점을 얻도록 학교 당국에 요청하였다. "철학 강의가 없는 문리대학, 종합대학교는 있을 수 없다"는 내 주장이 통하였던 것 같다. 그리하여 문리대학의 영문과 3, 4학년 학생들이 기독교학과의 철학 과목에 등록하게 되고, 그중 우수한 학생들이 대학원 석사과정에 진급하면서 철학으로 우수한 논문을 제출하여 석사학위를 취득하기도 하였다.

1970년대 군사 독재 정권이 유신 정권으로 강화되면서 이화를 포함한 한국의 대학생들이 민주화를 외치며 강의실을 박차고 거리로 행진해 나가던 시절, 학생 데모를 진압하는 기동경찰대가 쏘아대는 최루탄 연기가 자욱하던 시대가 있었다. 이대 학생들이 학교 앞 거리와 대강당에 집결하여, '유신철폐', '민주주의', '학원의 자유'를 외치고 있을 때, 문리대학장과 학무처장, 더 나아가 총장을 설득하여, 문리대학 안에 철학과를 신설하는 운동에 나섰다. 한마디로 "철학과 없는 대학, 세상 어디에도 없다", "5천 명이 넘는 종합대학의 문리대학 안에 철학과가 독립적으로 신설되어야 한다"는 것이 나의 주장이었다.

이화여자대학교 문리대학 안에 철학과를 신설한다는 소문이 어떻게 항간에 퍼졌는지 알 수 없었지만, 일간신문의 화제가 되었다. 저명한 대학교수로 미국의 명문대학에서 수학했다는 '유학파' 친구가 모 일간지에 칼럼을 쓰면서, "여자대학에 무슨 철학과가 필요 있나?"라는 제목을 붙이고 비웃는 글을 올리기도 했다. "여자가 철학 공부를 하고 싶으면, 여자대학이 아니라 남녀 공학 대학에 가면 얼마든지 철학을 배울 수 있는데, 여자대학에 여자들끼리만 하는 철학 공부가 무슨 필요가 있느냐?"는 식의 논조였던 것 같다. 우리는 이런 전근대적이고 여성 비하적이고 여자대학 무용론에 가까운 논평에 대꾸하거나 맞설 생각을 버리고 무시하기로 하였다.

다행히 이화대학 당국의 노력으로 철학과 개설 허가가 정식으로 문교부 장관 이름으로 나왔다. 그리고 이화 최초의 철학과 입학 정원으로 20명이 확정되었던 것이다. 아마도 당시 문교부 장관으로 독일에서 철학으로 박사학위를 취득한 이규호 장관이 힘이 되었다는 소문이 헛소문은 아니었던 것 같다.

2. 한국의 얼굴을 한 소크라테스

철학과 신설 허가가 나왔으니, 다음은 새로 생긴 철학과의 교수진이 중요한 문제였다. 당시 문리대학 학장이었던 기독교 윤리학자 현영학 학장과 긴밀하게 철학과 교수진 확보에 대해서 논의했다. 우선 기독교 학과에서 신학을 강의하다가 스위스에 가서 실존주의 철학, 특히 카를 야스퍼스(Karl Jaspers, 1883-1969)의 철학을 연구하고 박사학위를 취득한 신옥희 교수를 철학과 교수로 임명하게 하였다. 그리고 연세대학에서 철학을 강의하던 소흥렬 교수를 초빙하였는데, 그는 흔쾌히 우리의 초빙에 응했던 것이다. 그의 학문적 배경은 잘 알려져 있었는데, 대구 계성고등학교를 졸업하고 미국 미시간주에 위치한 인문대학인 알마대학(Alma College)에서 철학으로 문학사(B.A.)를 취득한 후, 저명한 미시간 대학교(University of Michigan)에서 철학으로 석사학위(M.A.)와 박사학위(Ph.D.)를 취득한 철학자였다. 나는 특별히 소흥렬 박사가 미국 동북부 미시간주의 시골에 위치한 아주 작은 인문대학, 특히 학생 총수 천 명 정도의 미국 장로교 계통의 학교에서 수학했다는 데 매력을 느꼈다. 나 역시 미국의 카우보이 나라 서북부 벌판에 위치한 몬태나주의 작은 도시에 있는 장로교 계통의 기독교 인문대학 '종교학과 철학과'에서 대학 기초 문사철 교육을 받은 경험이 있었기에, 소흥렬 박사와는 '학문적 동지애'를 느꼈기 때문이다.

내가 언제 어떻게 어떤 상황에서 소흥렬 교수를 만나 이야기를 나누고 이화대학 철학과 신설 이야기를 했는지는 기억이 나지 않는다. 당시 현영학 문리대 학장님이 소흥렬 교수 초청에 성공했다는 이야기와 함께 학장실 아니면 교직원 식당에서 초면 인사를 나누었던 것 같다.

초면에 인사를 하면서 받았던 첫 인상은 묵직한 인상이었다고나 할까. 두툼하게 보이는 얼굴과 모습이 우선 소탈하게 보였다. 음성은 부드러우면서도 힘이 있게 들렸는데, 경상도 억양에서 오는 힘 있고 강직함까지 느껴지는 믿음직함이 있었다. 소흥렬 교수가 언제 어떤 경우에 정장을 하고 넥타이를 맸는지 기억이 나지 않을 정도로, 그는 거의 항상 수수한 옛날 스타일의 양복을 걸치고 강의실에도 가고 교수회의에도 나타났던 걸로 기억한다. 특별한 것은 내가 아는 대로도 거의 10년 가까이 한 가지 모양의 한 가지 색깔의 구두를 한 번도 닦지 않고 다닌 것으로 유명했다. '무표정한 표정'의 얼굴에 유난히 빛나는 눈동자는 그의 총명한 생각과 지성인의 품위를 보여주고 있었다.

1970년대 중반부터 1990년대 중반까지, 박정희 군사 독재와 고속 경제성장과 새마을운동의 시절과 전두환의 광주 학살로 시작된 신군부 시절 동안, 대학생들과 종교인들 그리고 대학교수들의 민주화와 인권 운동의 와중에서 군부의 정보원들과 경찰의 정보과 형사들의 사상 통제와 감시와 검열을 우리는 함께 뼛속까지 겪어야 했다. 학자들과 대학교수들의 사상과 이념, 강의와 공개 대중 강연, 언론에 기고하는 글들이 모두 철저하게 검열되고 감시받고, 때로는 방해를 받고, 신문 잡지에 기고한 글들이 삭제되고 하면서, 철학에서 말하는, 철학을 강의하면서 말하지 않을 수 없는, 진리, 정의, 자유, 평등, 평화 등의 개념과 더불어 그런 개념의 역사와 내용을 말하고 강의하고 글로 썼다는 이유로 조사를 받고 감옥에 가고 해직을 당하던 시대에 우리는 철학을 하는 동료로서, 동지로서 살아남아야 했다.

그러면서도, 그럼에도 불구하고, 현영학 학장이나 불문과의 김치수 교수, 사범대학의 송준만 교수나 철학과의 정대현 교수 등과 만나 저녁 식사라도 같이하는 것이 즐거웠고, 큰 위로와 격려가 되었다. 우리는 두려워하지 않았고, 위축되지 않았고, 모이기만 하면 시종일관 화기애애하게 세월을 이야기하고, 문학을 논하고, 철학과 종교를 말하고 있었다. 그리고 다시 대학 문이 열려 있는 동안 강의에 열을 올렸고, 감옥이나 어떤 호텔 방에 연행되어 쓸데없는 질문에 시달리기도 하고, 경찰서나 '남산'에 끌려가 조사를 받고 '범죄 자술서'를 며칠이나 쓰고, 사직서를 쓰라고 강요하면 사직서를 써 주고, 몇 년 동안 기약 없이 대학 강의실에서 추방되기도 하였다. 그러면서도 어쩌다가 저녁 식사로 모이게 되면, 언제 우리가 그렇게 살았었나, 모두 잊은 듯이 다시 철학을 이야기하고 군사 독재를 규탄하며 정치의 무상함과 권력과 돈에 대한 인간의 탐욕을 갈기갈기 찢어놓으며 쾌재를 부르고 서로를 위로하고 있었다.

소흥렬 선생은 나보다 다섯 살 후배인 1936년생이고, 현영학 학장은 나보다 꼭 10년 선배로 1921년생이었다. 소 선생과 나는 물론 현영학 학장님을 깍듯이 모셨다. 나이로도 어른이지만, 직장에서도 선배이고 '상사'였기 때문이다. 그런데 소흥렬 선생은 나이로 봐서 나의 후배이지만, 그는 나의 선배처럼 느껴질 정도로 말과 행동에서 어른스럽고 조심스럽고 신중한 편이었다. 그래서 나는 처음 그를 만나는 날부터 "소흥렬 선생의 성씨인 '소'는 소크라테스의 '소'인가요?" 물었다. 그의 즉답은 웃으면서, "아닙니다. 한국 사람 '소씨'입니다."였다. 나는 즉각적으로 우리나라 황소가 하는 말투라고 생각했다.

3. 『철학하는 방법』: 철학과 교수진의 첫 번째 책

이화여자대학교 문리대학의 철학과가 신설되고 당시의 철학과 교수진의 이름으로 철학 전공 학생들의 필독 도서로 출간한 책 이름이 『철학하는 방법』이었다. 그 책 초판의 '머리말' 끝에는 1979년 12월이라고 적혀 있고, 공동 저자의 이름으로는 소흥렬, 신옥희, 정대현 그리고 내 이름 서광선이 들어 있었다. 나는 철학과 교수도 아니었지만, 미국 대학에서 철학과 종교학으로 학사학위를, 그리고 대학원에서 철학으로 석사학위를 받았고, 이대 철학과를 창설하는 데 앞장섰다는 이유 하나만으로 이 책의 공동 저자로 넣어주었던 것이다. 우리 네 사람이 함께 펴낸 철학 '교과서'를 『철학하는 방법』이라는 이름으로, 서양철학사에 있어서 대표적인 철학자들을 선택하여 소크라테스, 데카르트, 칸트, 헤겔, 키에르케고르, 야스퍼스, 러셀, 비트켄슈타인 등의 철학하는 방법론을 소개하게 된 것은 어디까지나 소흥렬 교수의 제안이었다. 동양 종교와 철학, 서양 종교와 철학을 막론하고 성현들이 한 말을 가르치는 대로 받아 읽고 암기하는 것으로 철학이 할 일을 다하는 것이 아니라, 철학하는 방법, 스스로 철학적 사고를 하고 철학적 질문을 하는 방법을 가르쳐야 한다는 의도에서였다. 그러니까 아이에게 고기를 잡아 주어 먹게 하는 것이 아니라, 고기 잡는 법을, 방법을 가르쳐야 한다는 것이었다. 이것이 바로 소크라테스의 철학하는 방법이었다는 것이다.

이 책의 첫머리에 눈에 띄는 이름이 소흥렬이었고, 소흥렬 교수는 제1장에 '소크라테스: 변증법적 질문의 방법'이라는 제목의 글을 썼다. 소크라테스의 제자 플라톤은 소크라테스의 철학하는 방법을 대화법(對

話法)이라 하여, 선생님과 제자들이 대화하는 형식으로 '대화록'을 펴냈다. 소흥렬 교수는 소크라테스의 대화법을 소개하면서, 소크라테스의 철학적 대화법은 경찰이나 검찰 등 수사관이 하는 것과 비슷하지만, 소크라테스는 수사관도 아니었고, 대화의 상대는 혐의자나 범죄 피의자가 아닌 제자들과 지인들이었다는 것을 이야기했다. 그리고 소크라테스의 대화법은 정신과 의사가 환자의 병을 진단하기 위한 질문일 수도 있지만, 소크라테스의 대화 상대는 정신병 환자도 아니고, 병을 치료하기 위한 목적으로 하는 것도 아니라는 것이다. 그러므로 소흥렬의 말로는 "소크라테스의 '대화'에서 얻은 것은 치료적인 효과가 아니라 자기 자신의 지식에 대한 새로운 이해나 인식이다."(소흥렬 외 1980, 11-12) 소흥렬 교수의 교수법 역시 소크라테스와 마찬가지로 질문하고 대답하고 다시 질문하면서, 질문하는 자와 대답하는 자가 함께 무슨 문제든 질문하고 제기되는 문제에 대해서 철학적으로 생각할 수 있도록 도와주는 것이다. 철학 선생이 하는 일은 아이를 낳는 어머니의 역할이 아니라, 산파의 역할이라는 것이었다.

철학적 대화를 하는 사람들, 질문하는 학생이나 교수, 대답을 추구하는 교수나 학생, 모두가 수사관의 예리한 추리력과 논리가 있어야 하고, 정신과 의사의 환자에 대한 관심과 인내심이 필요하게 된다. 무엇보다 질문하는 사람이나 대답하는 사람이 열린 마음으로 성의 있게 듣고 생각하고 말하는 태도와 작업이 필요한 일이다. 이것이 철학하는 방법뿐만이 아니라, 철학하는 사람의 태도이며 마음가짐이어야 한다. 소크라테스의 대화록 어디에서도 소크라테스가 대화 도중 제자들의 '바보 같은' 어리석은 질문에 화를 내거나 질책하는 것이 보이지 않는 것을 보면, 철학적 대화에 있어서 질문하는 사람에 대한 배려와 존경심과 더불어 대답을 시도하는 사람의 열린 마음과 진지한 탐구의 태도가 중요한 것이다. 나는 소흥렬 교수에게서, 그의 철학하는 방법과 함께 철학하는 사람의 태도와 마음가짐을 보면서 '한국의 소크라테스'를 가까이 보고 있다고 생각했다. 그는 『철학하는 방법』에서 데카르트의 '방법론적 회의'를 논하면서, "철학자는 진리를 가르치는 사람이 아니라 각자가 진리를 스스로 찾을 수 있는 길을, 방법을 가르쳐주는 사람"이고 "이 점에서 소크라테스와도 생각을 같이하고 있"다고 말하였다 (87).

그리하여 소흥렬 교수는, 소크라테스의 사상적 후예들은 "두 가지 극단적인 입장들"로 나누어 볼 수 있다고 하면서, 그 하나는 "모든 것에 대하여 최종적인 진리에 이를 수 있는 가능성을 의심하는 회의주의가 되는 것", 그리고 또 다른 하나는 "모든 문제의 해결을 맡겨보려는 지성주의", 즉 "현대적 의미의 과학주의"가 될 것이라고 분석한다(31).

소크라테스의 '회의주의'와 '지성주의'적 두 가지 경향의 합(合)은 소크라테스의 가르침이 '교리(敎理)'나 '도그마'가 될 수 없었고, 결국 '종교'가 되지 않았던 것이다. 그뿐만 아니라, 가령 기독교에 대해서도 계속 질문을 던지면서 합리적인 대답을 얻으려는 소크라테스의 철학하는 방법은 결국 반기독교적이 될 수 있었을 것이고, 다른 한편 예수의 가르침 가운데 도덕적이며 합리적인 면을 찾아 친기독교적이 될 수도 있다는 것이다. 그래서 소흥렬 교수는 "소크라테스의 철학과 기독교신학은 조화를 이룰 수 있는 면과 갈등을 느낄 수 있는 면을 동시에 가지고 있었기 때문에 철학은 그 자체가 종교화되지 않으면서 종교의 타락을 견제해주는 역할을 해올 수 있었던 것 같다"고 하였다(31).

동양의 철학적 전통이 '종교화'된 것의 이유는 동양의 철학과 교육이 철학적 가르침을 도그마화하고 교리화한 데 있다는 것이 소흥렬 교수의 지론이었다. 그의 말을 빌리면, "철학적으로 생각하는 방법을 가르치기보다는 철학자의 사상을 배우게 하는 동양의 권위주의는 쉽게 종교화되면서 과학적 탐구를 저해할 수 있었기 때문에, 동양의 철학은 오늘과 같은 문화적 특징을 낳게 되었을 것이다."(32) 결국 동양철학과 서양철학의 근본적인 차이는, 서양철학이 소크라테스의 철학하는 방법, 즉 끈질기게 의심하고 질문하며 스스로 깨우치고 인식하는 지성주의를 이어받았다는 것이다. 한국에서 소크라테스의 철학하는 방법을 역설하는 소흥렬 교수는 결국 '반문화적' 철학교육자였다. 그러면서 "우리 중에서도 소크라테스의 후예들이 더 많이 나와야겠다는 것을 뜻한다"고 하였다(33). 역시 그는 소크라테스의 후예이면서 소크라테스의 후예를 기르는 것을 사명으로 하는 철학교육자였다.

4. 산속의 절집 밖을 서성이는 철학자

1996년 8월, 65세로 내가 이화로부터의 정년 은퇴를 기념하는 마당에 소흥렬 교수는, 전 총장이며 기독교학과 교수인 장상 교수와 공동의 이름으로 '퇴임기념 논문집'을 문학과지성사를 통해 출판해주었다. 기념 논문집 이름은 『신학하며 사랑하며: 한국 기독교의 거듭남을 위하여』였고, 나의 기독교학과와 철학과 제자들을 비롯하여 학계의 동료 선후배들의 정성어린 귀한 논문으로 가득 찬 논문집이었다.

그리고 내가 미국 뉴욕의 모교 신학대학원의 초빙교수로 출국해 있는 동안 들려온 소식은, 소흥렬 교수가 이화여대에 사표를 내고 포항공대로 옮겨갔다는 것이었다. 의외의 소식이었고, 왜 그런 결정을 내렸는지, 왜 서울에서 멀리 떨어져 있는 포항공대였는지, 어느 누구도 설명해주지 않았고, 소흥렬 교수에게 따져 물어볼 생각도 못하고 세월을 보내고 있었다. 그렇게 미국에서 5년 동안의 초빙교수 생활을 마치고 홍콩으로 가서 미국의 옛날 선교사들이 중국에 기독교대학을 세운 '아시아기독교고등교육재단(United Board for Christian Higher Education in Asia)'의 재단 사무실을 창설하는 일을 맡아 5년간 일하는 동안에도, 소흥렬 교수와 연락하지도 안부를 묻지도 못하고 지냈다. 홍콩 재단 사무실 임기를 마치고 2007년 귀국하고서도 역시 소흥렬 교수를 찾아 나서지도 못했다. 내 나이 76세, 소흥렬 교수 나이 71세였으니, 소흥렬 교수가 포항공대에서 정년으로 은퇴한 지도 6년이 넘은 때였을 것이다. 가끔 김혜숙 철학과 교수의 초대로 신옥희, 정대현 교수와 함께 점심을 같이하면서 소흥렬 교수의 근황을 물었으나, 연락이 두절되고 어느 누구와도 전화 통화도 하지 않는다는 것이 전부였다.

2008년 7월 15일, 소흥렬 교수의 『불심초(佛心草)』가 출판사 '호미'를 통해 출판되었다. 그리고 11년 후인 2019년 12월 29일, 열반, 우리 곁을 떠났다. 이 무심한, 선배라는 사람은 정대현 교수를 통해서 소흥렬 교수가 의사 따님의 병원에서 세상을 떴다는 소식만 듣고 있었다. 무엇 때문이었는지, 왜 장례식에 문상도 못 갔는지 안 갔는지 기억도 가물가물하다. 소 선생이 우리 곁을 떠난 지 3년이 지나 이화여대 철학과의 한자경 교수가 추모 문집을 낸다고 기고하라고 해서, 이 글을 쓰게 돼서야 뒤늦게 그의 저서 『불심초』를 손에 넣었다. 책을 드는 순간, '이화여대를 떠나면서 불교로 귀의했나?' 생각했다. 그러나 그런 것도 아닌 것 같았다.

철학자 소흥렬 교수가 책머리에서 "나는 절집 밖에서 서성거리는 철학자였다. … 가끔은 절집 안의 스님들과 만나는 기쁨과 보람을 누리기도 하였다"(소흥렬 2008, 5)라고 하는 걸 보면, 불교에 깊숙이 빠져 들어 간 게 틀림없었던 것 같다. 그러나 절집 앞에서 서성거리기도 하고, 절 안에 들어가 스님들과 불교에 대한 대화는 했지만, 불교도가 되거나, 삭발하고 절집 안으로 들어가버리지는 않았던 것이다.

그는 기독교대학인 이화여대에 있을 때도 기독교에 대한 관심과 이해가 우리 기독교신학을 전공하는 교수 못지않은 깊이가 있었다. 그렇다고 일요일마다 정장을 하고 교회당에 출석하는 것 같지는 않았다.

기독교에 대해서도 역시 질문을 던지고 '회의(懷疑)'하고 비판적인 '소크라테스'였지만, 교회에 등록한 기독교인은 아니었다.

소흥렬 교수는『불심초』의 4부「오리엔탈 코드」에서 예수의 생애에 대해 "소설의 형식을 빌려 꿈같은 이야기"(112 이하)를 써내려가고 있다. 이 글은 예수의 제자이면서 예수의 부활을 믿지 않았던 '의심 많은 제자' 도마의 이야기이지만, 소흥렬은 의심 많고 질문 많은 회의론자 소크라테스와 함께, 도마의 입장에서, '하나님의 아들', '성육신'한 예수가 아니라, 인간 예수의 모습을 그리고 있다. 독일의 20세기 신학자 루돌프 불트만이 예수에 대한 연구의 결과로 한 말, "예수라는 인물이 존재한 건 역사적 사실이지만, 예수에 관한 이야기는 역사적이 아니다 (That of Jesus is real, but what of Jesus is not historical)"와 일맥상통하는 것 같다. 의심 많은 예수의 제자 도마의 어록이라고 하는 도마복음이 신약성서의 4복음서(마태, 마가, 누가, 요한복음)에서 말하는 동정녀 탄생, 예수가 행한 기사(奇事), 이적(異蹟), 그리고 그의 죽음과 부활에 대한 이야기가 전무한 것과 비슷하게 '인간 예수' 이야기를 꿈 이야기로 하고 있다.

그가『불심초』에서 강조하는 것은 예수의 십자가형이다. 예수가 십자가 위에서 고통스러운 죽음을 당한 것은, 그의 치열한 인간 사랑이라는 것이 철학자 소흥렬의 주장이고 결론이다. 그의 꿈속의 도마와 큰스님의 '대화'에서 예수의 십자가가 상징하는 것은 사랑이었다. 부활과 승천을 믿는 것이 기독교의 신조가 되었을지는 몰라도, "사실상 기독교 역사에 힘이 되어온 것은 십자가 그 자체"라는 것이다(141). 그래서 십자가 죽음 이후의 기적들보다는 십자가의 죽음 그 자체와 그 의미가 역사적 기독교를 지탱해준 힘이라는 것이다. 예수가 십자가의 죽음을 피하지 않고 매달려 피 흘려 죽은 것은 남을 위한 희생과 원수까지도 사랑으로 용서한다는 적극적인 실천에 그 깊은 뜻이 있다는 것이다(141-142).

그러므로 철학자 소흥렬 교수는 도마와 큰스님의 대화 속에서 큰스님의 입을 빌려 다음과 같이 말한다. "십자가가 상징하는 것은 사랑을 실천하게 하는 강한 동기를 불어넣어주는 것 같아요. … 기독교가 서구 사회와 역사를 지배하고, 서구 사회가 세계를 정복할 수 있게 한 것은 십자가의 죽음이 상징하는 실천적 힘이었다는 뜻이지요."(142)

기독교의 희생적이고 적극적인 사랑을 강조하고 '찬양'하는 철학자 소흥렬 교수는 불교의 '자비심'을 선택한다. "동방의 종교에는 십자가에서 피 흘리는 예수의 상 같은 강한 상징성이 없는 것 같습니다. 적극적인 행동을 유발하기보다는 소극적인 자제력을 권유하는 것이 동양의 종교들이 갖는 공통점인 것 같습니다."(142) 서방의 기독교가 적극적인 종교라면, 동방의 불교는 소극적이고 행동의 '자제'를 선택한다는 것이다. 기독교는 30대 젊은 예수의 종교였다면, "붓다의 가르침은 여든 노인이 되기까지 갈고 닦은 지혜였지요. 지혜는 사람을 차분하게 하면서 중용의 도를 선택하게 하는 반면, 적극적인 사랑의 실천은 시행착오를 일으키는 극단으로까지 나아가게 하지요."(142)

소흥렬 교수의 꿈속의 대화에서, 기독교와 유대교를 비교하면서 예수의 십자가의 의미를 정치적인 것이 아니라 종교적인 것으로 해석하는 데 주목하게 된다. 우선 유대교의 신은 '여호와 하나님'의 이름으로 유대 민족만을 선택했다고 믿지만, 예수가 가르친 기도문의 하나님은 '하늘에 계신 아버지 하나님'이었다. 둘째로 "정의와 심판으로 지배하는 (유대교의) '여호와 하나님'과 자비와 용서를 베푸는 예수의 '아버지 하나님'은 같은 하나님이 아니"라는 것이다. 나아가서 셋째로 "유대교가 선민의식(選民意識)에 기초하고 있다면, 기독교는 시민의식(市民意識)에 기초하고 있다"는 것이다. 도마의 말을 빌리면, 예수가 가르친 기독교는 "지배계층의 종교라기보다는 온유한 사람들, 애통하는 사람들, 마음이 가난한 사람들, 핍박받는 사람들의 종교"라는 것이다(146).

그럼에도 불구하고, 소흥렬 교수의 생각은 예수가 십자가형을 받아 죽게 된 것은 유대교의 입장에서 보면 종교적으로는 혁명이었고, 유대교에 대한 비판과 배신이며 정치적인 것이 아니었다는 입장인 것 같다. "로마 권력에 대한 저항 때문이라기보다는 유대교에 대한 개혁의 의지가 더 큰 죄로 인식되었기 때문이라고 생각된"다고 도마의 입을 빌려 말하고 있다. 정치적 권력보다는 종교적 권위에 도전하는 것이 더 큰 반역이라는 것이 도마의 입장이면서 소흥렬 교수의 입장인 것 같다 (146-147).

그러나 신약성서의 4복음서는 예수가 유대교의 종교적 계명을 범하였다고 하는, 제사장들과 율법학자들의 종교 재판의 판결로 돌로 처형해야 하는데 그렇게 죽이지 않았다고 보도하고 있다. 대신 종교재판관들은 예수를 로마제국의 유대 총독인 빌라도에게 끌고 가서, 로마제국을 부정하는 정치범에게 과하는 십자가를 지게 한 것이다. 예수는 유대 종교의 권위에 도전한 종교적 혁명가 혹은 개혁주의자만이 아니라, 대로마제국에 도전한 정치적 혁명가로 십자가의 참혹한 처형으로 죽어야 했던 것이다.

여기서 철학자 소흥렬 교수는 소크라테스의 철학적 질문들과 철학적 회의주의와 지성주의에서 실천적 기독교 혹은 정치적 행동으로 진일보하지 않았던 것 같다. 소크라테스는 아테네 정치와 권력에 대한 끊임없는 질문들과 비판 때문에 민간 배심원들의 민주 재판을 받고 독약을 먹는 사형에 처해졌던 정치범이었으며, '철학적 순교자'였다. 정치범으로 십자가에 매달리는 것은 30대의 젊은 혈기로만이 아니라 70대 노인의 철학적, 정치적 지조로도 가능한 것이라고 생각한다. 내 생각에는 소크라테스의 '질문하는' 회의주의적이며 정치권력을 비판하는 철학과, 예수의 십자가의 저항과 죽음의 정치신학은 일맥상통한다고 생각한다.

그리하여 기독교의 역사는 동과 서를 막론하고 수많은 십자가와 같은 종교적, 정치적 순교자들의 피로 물들어 있다고 하겠다. 중세 기독교를 개혁한 종교개혁자들의 십자가와 순교가 있었다면, 20세기에는 나치 독일에 저항하여 일어났던 기독교신학자들과 본회퍼(Dietrich Bonhoeffer, 1906-1945)의 순교를 비롯하여, 우리나라 독립과 자유를 외치며 일본 제국주의에 저항한 수많은 기독교 지도자들과 이름 없는 평신도들의 희생은 예수의 사랑과 십자가로 가는 실천하는 신앙이었던 것을 잊을 수가 없다.

나는 소크라테스의 철학과 죽음, 예수의 정치적인 십자가 위의 희생과 사랑, 그리고 바로 어제와 오늘의 크고 작은 정치적, 종교적 혁명가들의 신념과 인간 사랑, 나라 사랑은 일맥상통한다고 생각한다. 그러나 소크라테스처럼 죽는 것이나, 십자가의 죽음이나, 종교적 혹은 정치적 순교자의 죽음까지도 인간의 선택만으로 되는 것이 아니라, 하나님의 은혜이며 선택이라고 믿는 바이다.

그래서 덴마크의 실존주의 철학자 키에르케고르(Søren Kierkegaard, 1813-1855)는 '신앙으로의 도약(leap of faith)'이라는 말로 철학과 종교적 신앙, 혹은 철학과 신학의 차이를 말한 것 같다. 철학자가 신앙인이나 종교인이 되는 것은, 철학적 질문 끝에 결심을 하고, 신앙과 철학의 회의의 깊은 골을 뛰어 넘는 것이다. 이것이 바로 실존주의 신학자 틸리히(Paul Johannes Tillich, 1886-1965)가 말하는 '존재에의 용기' 혹은 신앙의 용기라는 것이다. 인간이 예수의 손을 붙드는 것이 아니라, 예수가 내미는 손에 나 자신을 맡기는 것이 신앙이라는 것이다. 불교에서 말하는 귀의(歸依), 예수가 말하는 탕자가 만사 제쳐놓고 아버지를 다시 찾아가 아버지 품에 안기는 것이 바로 신앙인 것이다.

끝까지 회의하고 사고하는 철학자이기를 포기하지 않고, 절집 앞을 서성거리고 불당을 기웃거리고, 교회당 앞을 서성거리며 목사들과 신학자와 끝없는 논쟁을 벌이며 오직 진리와 자유와 해방을 갈구한 소흥렬 교수의 명복을 빈다. 하늘나라에 가면 소크라테스와 붓다가 믿고 가르쳐준 인간 영혼의 윤회(輪回)를 깨닫게 되고(대화록『파이돈』), 다시 이 세상에 태어날 때는 철학적 신학자가 아니면 정치철학자 혹은 정치신학자가 되어 우리의 대화를 이어가기를 바라는 마음 간절하다.

참고문헌

소흥렬 외, 『철학하는 방법』, 이화여자대학교 출판부, 1980.
소흥렬, 『불심초』, 호미, 2008.

---

1) 서광선 교수는 2022년 2월 5일 완성된 글을 보내주셨고, 2월 26일 향년 91세로 돌아가셨다.

소흥렬 교수님을 추모하며

신옥희

이화여자대학교 철학과 명예교수

내가 소흥렬 교수님을 처음 만난 것은 1974년 봄 학기가 시작되고 있을 때였다. 그때 나는 학위를 하기 위해 여러 해 동안 학교를 떠나 있다가 내가 외국에 있는 동안 신설된 철학과의 신임 교수로 다시 학교에 돌아오게 되었다. 소 선생님은 철학과의 학과장으로서 신임 교수인 나를 친절하게 환대해주셨다. 그 당시 신설 학과인 철학과의 교수는 소 선생님과 나 두 사람뿐이었다. 그리고 기독교학과의 서광선 교수님이 철학과의 학과목들을 지원 강의하고 계셨다. 그렇게 해서 소 선생님은 철학과 교수로서의 나의 학교생활에서 최초의 동료로서 나에게 특별한 의미를 지니는 분이 되었다.

1970년대 초에 기독교학과 석사과정의 일부로 철학전공 분야가 설립되고 곧이어 실험대학 제도 하에서 철학과는 처음으로 3, 4학년 학생들을 받게 되었는데, 이와 같은 학과 창설의 기간 동안에 소 교수님은 서광선 교수님과 김흥호 목사님과 함께 학과의 기초를 마련하는 과제를 수행하셨고 그와 같은 선생님의 노고의 덕택으로 철학과는 오늘에 이르기까지의 충실한 발전의 기초가 된 기반을 갖추게 되었다.

그 후 몇 년이 지나는 동안에 신임 교수들이 취임하여 교수진이 확충되면서 학과의 교과과정 운영이 수월해졌고 학과의 활동도 활발하게 되었다. 그러나 학과의 교수가 몇 명 안 되는 형편이어서 나는 부임한 지 얼마 안 되어 학과장직을 맡게 되었다. 그런데 내가 학과장직에 있는 동안 소 교수님이 베풀어주신 큰 도움에 대하여 잊을 수가 없다. 나는 당시 여러 해 동안 학교를 떠나 있었던 관계로 학교 사정에 익숙지 못했고 학교 보직이 처음이라서 학과의 제반 사무 처리에 서툴렀다. 그래서 자연히 선임 과장이셨던 소 교수님에게 많이 의지하게 되었다. 그리고 소 교수님의 친절한 지도와 자상한 돌보심 덕분에 4년 동안의 학과장직을 큰 불편 없이 마칠 수 있었다. 선생님은 학과의 일을 자기 집안일처럼 보살피시고 정성으로 도와주셨다. 그 점에 대해서 나는 늘 고맙게 생각하고 있다.

소 교수님은 학과의 학생들을 돌보는 일에도 정성을 기울이셨다. 그 당시에 이화대학은 문리대학에 한해서 실험대학의 입시제도를 실시하고 있었고, 그에 따라 문리대학의 신입생들은 학과의 구별 없이 일반과정에 입학한 후 2학년에 올라갈 때 자기가 원하는 전공학과를 지원하게 되어 있었다. 그런데 철학과를 선택하는 학생 수는 매우 적었다. 학과의 학생 수가 적어서 학사 운영상에는 어려운 점이 많았지만 학생 수가 적은 덕분에 학생 지도는 수월했고 학생 하나하나에 대해서 개별적인 관심을 기울일 수 있었다. 따라서 교수들과 학생들 사이의 관계가 친밀했고 마치 가족 간의 관계와도 같았다. 특별히 소 선생님은 학과의 학생들에 대해 남다른 사랑을 가지고 잘 지도하셨고, 그 덕분에 학생들은 자기 전공에 대한 확신과 자부심을 가질 수 있게 되었다.

또한 내가 학과장직을 맡고 있었던 1980년대 초에는 당시의 정치적인 상황 하에서 학교 안과 밖에서 학생들의 시위 집회가 잦았고 경찰의 진압도 강해서 상황이 어려웠다. 그런데 선생님이 많이 도와주셔서 학과 학생들 중 잘못되는 사람이 하나도 없이 험난한 시대적 위기를 무사히 넘길 수 있었다. 그 일에 대해서도 선생님의 노고를 치하하고 싶다.

또한 선생님은 그분 특유의 부드럽고 사려 깊은 인품으로 학과의 분위기를 이끌어주셔서 철학과는 인화가 좋은 과로 학교 안에서 소문이 나 있을 정도였고, 학과의 교수들은 조화롭고 가족적인 분위기 속에서 아무 불편 없이 일할 수가 있었다. 그리고 소 선생님의 자상하신 인화력 덕분에 학과의 교수들 중 유일한 여성 멤버였던 나도 아무런 불편 없이 편하게 지낼 수 있었다.

이화대학에 철학과가 신설된 1970년대 초 당시만 해도 여자가 철학을 전공하는 데 대한 적지 않은 사회적 편견이 널리 퍼져 있었고 그에 따라 부모들은 자녀가 철학을 전공하는 것을 꺼리는 경향이 있었다. 그래서 여학생들이 철학과를 지원하는 데는 정신적인 부담이 컸다. 그에 따라 철학과의 학생 수는 항상 정원 미달이었다. 그러나 학생 수는 적었지만 철학과를 지원한 학생들은 자기가 참으로 원하여서 사회적 편견과 부모들의 반대를 무릅쓰고 결단했기 때문에, 학생들의 수업 태도는 진지했고 학과에 대한 사랑도 컸다. 또한 학생 수가 적은 만큼 교수들과 학생들 사이의 관계도 친밀했다. 그리고 이와 같은 학과의 분위기는 다른 과 학생들의 선망의 대상이 되기도 했다. 철학과의 친화적 분위기와 철학의 학과목 강의가 좋아서 다른 학과에서 철학과로 전과를 하는 학생들도 있었다. 그런데 학과의 이러한 분위기를 진작시키는 데는 소 선생님의 공로가 컸던 것으로 생각된다. 선생님은 제자들을 진정한 학문적 탐구의 동반자로서 존중하고 아껴주셨고, 자신의 개인 연구실을 개방하여 학생들이 자유롭게 드나들며 공부도 하고 서로 만나 토론도 하는 학구적인 탐구의 장소로 사용하게 하셨다. 이에 따라 선생님 밑에 많은 제자들이 모였고 실력 있는 박사도 여러 명 배출되었다. 그리고 선생님의 열성적인 지도 아래 학생들은 어려운 학위과정을 잘 마칠 수 있었을 뿐 아니라 학과에 대한 깊은 애정과 좋은 추억을 간직하고 졸업 후에도 학과와의 긴밀한 정신적 연결을 가지게 되었다.

소 선생님은 또한 이화대학 여자 교수들을 중심으로 만들어진 전국적인 모임인 한국여성철학회의 창립과 발전에 큰 도움을 주셨다. 선생님은 이 학회의 창립을 적극적으로 격려해주셨다. 그리고 선생님이 한국철학회 회장을 맡으셨을 때 한국여성철학회도 한국철학회의 한 분과학회로서 편입되어 다른 학회들과 나란히 학회의 활동에 참여할 수 있도록 지원해주셨다. 소 선생님은 당신이 페미니스트라고 공언한 적은 없다. 그러나 여성 제자들을 대하는 그의 태도, 그리고 그의 제자들에 대한 정성과 배려를 통해 그 자신 몸소 여성의 인권과 자유를 수호하고자 하는 페미니즘의 근본정신을 실천하고 계셨던 것으로 여겨진다.

전공 분야가 서로 다르고 남녀칠세부동석이라는 동양적 윤리 문화 전통의 보이지 않는 장벽으로 인해서 선생님과 나 사이의 관계는 주로 학과와 관련된 공적 영역에 한정되어 있었기 때문에 선생님의 개인적이고 사적인 모습보다는 동료로서의 선생님의 공적인 모습에 대해서밖에 말할 수 없는 것이 아쉽다. 그러나 같은 학과의 동료로서 수십 년의 오랜 세월 동안을 함께 지내면서 선생님이 보여주신 너그럽고 부드러운 인품과 자상한 보살핌은 나에게 잊을 수 없는 귀중한 추억으로 남을 것이다. 그리고 동료로서, 스승으로서 선생님이 보여주신 이 같은 모범과 업적은 학과의 동료 교수들에게 뿐만 아니라 제자들의 마음속에도 잊을 수 없는 소중한 기억으로 간직될 것이다.

소 선생님과 나는 같은 학과의 동료 교수로서 오랫동안 함께 지내기는 했으나 학문적인 교류는 많지 않았다. 선생님의 전공 분야는 미국

철학 계통의 심리철학과 분석철학이었고, 나의 전공은 유럽 철학, 특히 유신론적 실존철학이라는 아주 다른 성격의 분야였기 때문이다. 그러나 소 선생님은 여러 가지 다양한 학문 영역들을 폭넓게 포용하려는 열린 학문적 안목을 가지고 계셨기 때문에 나를 포함해서 학과의 동료 교수들 모두가 각기 자기들의 전공 영역을 자유롭게 강의하고 발전시킬 수 있었고, 학생들은 분석철학이나 미국 철학 일변도의 교과과정에 한정됨이 없이 여러 다양한 철학 조류에 접할 수 있었으며, 조화로운 교과과정을 통해 폭넓은 철학 수업의 기회를 가질 수 있게 되었다. 그리고 학과 안에서 미국 철학, 유럽 철학, 동양철학이 서로 간에 마찰이나 갈등이 없이 균형 있게 소개될 수 있었다.

선생님이 퇴임을 2년 앞두고 갑자기 포항공대로 옮겨 가시게 되었을 때 동료 교수들과 학생들, 특히 선생님의 지도 밑에 있었던 학위과정의 제자들은 크게 당황하고 막막하지 않을 수 없었다. 퇴임 때까지 남은 햇수가 2년 정도이기는 했으나 선생님에게 의지하는 바가 컸던 만큼 상실감도 컸던 것 같다. 우리는 선생님이 그처럼 돌연히 우리를 두고 떠나신다는 사실을 쉽게 용납하기가 어려웠다. 나도 너무 섭섭해서 선생님이 떠나실 무렵에는 선생님을 전처럼 친절하게 대하지 못했던 것이 후회스럽다. 선생님이 세상을 떠나신 후에는 그 일이 더욱 안타깝게 느껴진다. 은퇴 후에도 해마다 스승의 날이면 옛 스승들을 초청해주는 제자들 덕분에 선생님을 몇 번 만날 수 있어서 좋았다. 그러나 근년에는 선생님 건강이 좋지 않아서 그 정도의 만남도 어려워져서 아쉬웠다.

선생님은 은퇴하신 후에도 주로 대학 근처의 커피숍에 매일 같이 출근하셔서 사색과 집필을 계속하셨고 후학들을 위해서 여러 권의 철학적 저서를 출판하셨다. 그러한 선생님의 모습을 바라보면서 나도 선생님의 은퇴 후의 생활 방식을 본받아보고자 했으나 선생님만큼 창조적이지도 못했고 생산적이지도 못한 채 세월만 저만치 흘러가버렸다. 그러나 오랜 세월 동안 한 직장의 동료로서, 같은 학문 분야의 길벗으로서 접할 수 있었던 선생님의 삶의 모습은 나에게 소중한 교훈과 모범으로 남을 것이다.

소홍렬 선생을 기리고 그리워하며

이기용

고려대학교 언어학과 명예교수

"종교적 믿음에는 기적의 체험이 중요합니다." 이 말은 2011년 3월, 고려대장경을 기리는 모임을 위해 쓰신 소 선생의 기조연설 도입부의 첫마디였다. 영어로도 쓰신 것을 보면, 그 모임은 어떤 국제 모임이었던 것 같다. "For any faith in religion the experience of miracles is assumed, important." 무엇을 믿느냐는 것은 종교마다 다를 수 있지만, 종교적 믿음으로서의 공통점은 기적을 체험할 수 있게 한다는 것도 선생의 말씀이다. 이러한 기적이 무엇을 말하든지, 그런 종교적 기적의 체험은 또한 그 기적을 가능하게 하는 어떤 힘에 대한 신비로움의 체험이 되기도 한다.

2011년, 그러니까 10여 년 전만 해도 필자가 소 선생과 구반포 커피점에서 만나 서로 이야기를 나눌 수 있을 때였다. 이 글을 쓰면서 나는 선생께 그러한 기적을 체험하셨냐고 여쭙지 못한 것이 아쉽다. 하긴 그런 개인적 체험을 묻는다는 것은 아무리 가까운 사이라도 어려운 일이겠지만, 지금은 어딘가 계실 선생께 진지하게 묻고 싶은 질문 중의 하나이다. 그러면 선생은 평생에 그랬듯이 이기용은 늘 직설적이라고 나무라실 것이다.

그럼 어떤 믿음을 말하십니까? 이에 대한 답변은 내가 질문을 던지기 전에 답하신다. 종교적 믿음은 관념적인 것으로 그쳐서는 안 된다는 것이다. 종교적 믿음은 체험적이어야 하고, 실천적이어야 한다는 뜻이다. 관념적으로 믿는 것만으로는 의미가 없는 것이며, 믿음을 바탕으로 한 실천이 있어야 하고, 그런 실천이 종교적 기적을 체험할 수 있게 해야 한다는 것이다. 선생은 실천적 믿음, 믿음의 체험을 말씀하셨다. "선생님, 믿음만 있으면 커다란 산도 움직일 수 있다고 하신 예수님 말씀, 오직 믿음만(faith only) 있으면 구원된다고 한 마르틴 루터의 말과는 상충되는 말이 아닙니까? 그것 때문에 가톨릭과 개신교가 오랜 동안 신학적 갈등을 겪어오지 않았습니까?" "이 선생, 늘 그랬듯이 문제를 더 어렵게 만드시는 것 아니요? 내가 환원주의(reductionism)를 전적으로 받아들이지는 않지만, 문제의 초점을 놓치지 말아야 하는데 루터까지 끌어들이면 내 말을 계속할 수 없지 않소?" 이렇게 소 선생과 나는 커피점에서 이야기를 나눌 때가 많았다.

소흥렬 선생은 나보다 일주일 먼저 태어나신 병자생이다. 그래서 인생의 형님으로 여기며 살아왔고 형님으로부터 가끔 삶에 대한 지혜를 얻기도 했다. 여러 해 동안 카이스트(KAIST)의 전길남 교수와 우리 둘은 컴퓨터와 인간에 대한 워크숍 등을 열면서 학문적으로 가까이 지냈다. 전길남 교수는 우리 둘을 카이스트의 겸임 교수(adjunct professor)로 모시겠다고 했다. 그래서 나는 전길남 교수의 연구비로 영국 모모 대학의 연구소들을 방문하기도 하고 카이스트의 강의도 맡아보았다. 그런데 전길남 교수가 많은 약속을 해놓고 그것을 지키지 않는다고 내가 따질 때도 있었다. 영어가 더 익숙하신 전길남 교수와 논쟁이 길어져서 열이 올라가면 영어로 서로 따졌다. 그랬더니 소 선생 왈, 이기용은 언어학을 전공하면서도 형식논리학밖에 몰라서 상대방의 꿈과 현실을, 당장 지금이 아니라 언젠가 가능할 때에 하고 싶은 욕망을 읽을 줄 모른다고 나를 나무랐다. 소 선생은 갔으나, 지금도 전길남 교수와 나는 일 년에 한두 번 만나서 몇 십 년 전 우리 셋이서 꿈을 씹던 때를 반추해본다. 인터넷의 대부답게 전길남 교수는 제주도에 사시면서 인터넷의 역사를 쓰고 계시고, 지난번 만남에서 나에게 한 편의 글을 부탁하셨는데 일이 밀려서 약속 실행이 지연되고 있다. 컴퓨터와 인간에 대하여 글 한 편을 쓰셔야 할 소 선생은 우리 둘의 대화를 들으며 서로 싸우지 않나, 영어로 논쟁을 하고 있지 않나, 귀를 기울이고 계실 것이다.

소 선생님, 기적을 체험해보셨습니까? 믿음에 대한 기적을 체험해보셨습니까? 멍청한 이기용, 여전히 내 마음을 읽지 못하시는군요. 쑥스러운 질문을 하는 이유가 무엇입니까? 몰라서 묻습니까? 그래도 물을 것이 많지만, 그리고 지금은 불가능하지만 선생과 나의 믿음 속에는 그러한 질문을 나눌 날이 오리라는 믿음이 있어야 하지 않겠습니까?

믿음의 실천의 하나는 고통을 나누는 것이란다. 우린 커피점에 앉아서 지난날의 어려움, 아니 고통을 나누었다. 나는, 소 선생은 완벽하신 분이라서 고통 없이 사신 분이라고 생각했다. 학부를 미국에서 마친 일, 그러니 한국에 동창들이 없다는 공통점이 있었다. 직장을 계명대, 연세대, 이화여대, 포항공대 등으로 옮기신 일, 이화여대에서 철학과를 만드신 일, 말년에 불교에 심취하게 되시면서 금강경 등을 읽고 기도하고 묵상하시며 붓다의 비연역적 논리와 공간 논리에 정복되신 일, 이런 이야기를 우린 나누었다. 이러한 변화에 적응하며 겪은 기쁨과 슬픔과 갈등들을 이야기하며 공감대를 만들어갔다. 하느님과의 관계나 자연계와의 관계, 아니 인류와의 관계보다 우리에게 어려웠던 일은 지금, 여기에서 마주치는 사랑하는 가까운 사람들과의 관계였다. 거기서 믿음을 나누고 희망을 함께 품고 사랑을 함께 누리는 동료, 절친, 혈육 등과의 관계가 우리의 믿음을 흔드는 일이었다. 그래도 믿음을 저버리지 않고 하루하루를 살아가는 그 자체가 믿음의 기적의 일부이지 않았나 생각된다.

믿음의 바탕이 되는 지혜, 기원전 유다의 지혜문학, 구약성경에 쓰인 지혜를 다분히 사변적인 금강경의 말씀과도 비교해보았다. 허무로다, 허무! 코헬렛이 말한다. 모든 것이 허무로다. 코헬렛의 이 말들은 허무주의를 울부짖은 것 같지만, 나는 태양 아래에서 분명히 보았다. 공정의 자리에 불의가 있음을, 정의의 자리에 불의가 있음을 그는 말했고, 나는 태양 아래에서 자행되는 모든 억압을 보았다. 보라, 억압받는 이들의 눈물을! 그러나 그들에게는 위로해줄 사람이 없다. 이런 말을 했는가 하면, 코헬렛은 국가 안에서 가난한 이에 대한 억압과 공정과 정의가 유린됨을 본다 하더라도 너는 그러한 일에 놀라지 말라고 했다. 우리 사회가 지난 반세기, 공정과 정의를 부르짖고 있는 가운데 우리 소 선생은 한몫을 하셨다. 투사의 모습인 아닌 선비의 자태로 세상을 바라보시며 흐트러짐 없이 사셨다.

시간이 흘러가면서 선생과 만나는 공간과 시간이 점점 줄어들었다. 반포 아파트 문 앞에서 몇 발자국 떨어진 보도에서 일이 분 말을 나누는 것으로 끝났다. 그리고 나는 간단한 선물을 건네고 헤어졌다. 나는 많은 글을 받았다. 처음에는 직접, 나중에는 우편으로 받았다. 최근에 우연히 짐 정리를 하다가 한 뭉치의 글이 나왔는데 그중 첫 번째 글이 앞서 소개한 고려대장경을 기리는 모임에서 발표하신 소흥렬 선생의 기조연설문이었다.

이 연설문에서 선생은 영혼의 불사불멸에 대하여 말한다. 이 개념은 그리스 철학에서 나온 개념, 유대교에는 없던 개념이 기독교 개념에 흘러들어간 것이다. 육신은 죽어 없어져도 영혼은 영원히 남아 있다는 설이다. 여기에 상선벌악에 대한 사상이 덧붙여져, 사람이 죽으면 그의 행실에 따라 그의 영혼이 영원토록 천국에 있든가 지옥에 있게 된다는 것이다. 그러나 소 선생이 말하는 불교의 사후세계관에는 영혼의 영원한 천당도 없고 영혼의 영원한 지옥도 없다는 것이다. "붓다에게는 그런 영원한 영혼의 천국이 없습니다. 영원한 영혼의 지옥도 없습니다. 영혼이 존재한다고 하면서도, 역사가 없는 천국, 변화가 없는 영원한 천국으로 존재한다는 공간 세계를 받아들일 수는 없다는 것입니다." 생각건대, 그리스도교 사상에도 영혼만의 영원한 천국이나 영혼만의 영원한 지옥은 없다. 사도신경에 죄의 사함과 육신의 부활을 믿으며 영원한 삶을 믿는다는 신앙을 그리스도교인들은 고백한다. 그리스도교인으로서 내가 믿는 이 영원한 삶은 육신의 부활에 따른 삶이다. 그러니 내가 소 선생을 다시 만날 때에는 옛 모습과 같은, 아니 우리가 30대 후반에 만났던 그 모습으로 다시 만나리라 생각한다. 1975년 1월 엄동설한에 수유리 아카데미하우스에서 처음 만나서 합숙하며 학문에 대한 많은 꿈을 품고 열심히 함께 공부하던 그 모습으로 만날 것이라는 것이 내 신앙의 일부이다. 그날을 기다리면서 이기용 올림.

철학자 소홍렬의 장점

송상용

한림대학교 인문대 명예교수, 한국과학기술한림원 명예회원

소홍렬은 1937년생으로 나와 동갑이지만 같은 학교를 다닌 적은 없다. 우리가 만났을 당시 소홍렬은 알마 칼리지 학사, 미시간 대학 철학박사를 마치고 계명대, 연세대를 거쳐 이화여대 철학과 부교수였다. 나는 서울대 화학과, 철학과를 마치고 외국어대 철학 강사를 하다가 인디애나 대학 과학사·과학철학과 석사를 받고 서울대, 고려대, 이화여대 강사로 있었다. 우리는 이화여대에서 만났고 소홍렬은 내가 간사를 맡고 있던 한국과학사학회에 1976년 가입해 함께 과학교육위원으로 일했다. 소홍렬과 나는 한국분석철학회 회원으로 활동했다. 1987년 나는 중국 친구 추런종의 추천을 받아 유고슬라비아의 두브로브니크 과학철학 세미나에 참석했고, 1988년에는 내 소개로 소홍렬, 장회익이 참석했다.

소홍렬은 1980년 한국철학회 이종후 15대 회장의 연구간사를 맡은 것이 첫 종합 학회 임원이었던 같다. 나의 추천으로 1984년 한국철학 회장에 당선된 신일철이 소홍렬을 부회장으로 임명했다. 1988년 소홍

렬은 철학연구회(1963년 창립) 소광희 회장의 결심으로 첫 번째 비서 울대 출신 13대 회장이 되었고, 창립 회원인 나는 부회장을 거쳐 14대 회장 때인 1990년 소광희 한국철학회장과 함께 한민족철학자대회 교섭차 일본 도쿄 조선대학교를 방문했다. 한국과학철학회의 경우 초대 회장 예정이던 소흥렬은 장회익에게 양보했고 내가 2대 회장을 한 다음 3대 회장이 되었다. 1989년 진보적인 한국철학사상연구회가 출범할 때 소흥렬은 창립 멤버였고 나는 참여하지 않았으나 뒤에 고문이 되었다.

소흥렬은 논리학, 인지과학의 선구자였으나 다른 분야들에도 활발히 참여했고 다양한 발표와 토론을 즐겼다. 철학계에 이런 학자는 드물었고 나는 소흥렬의 경향을 큰 장점으로 보았다. 소흥렬의 이런 방향의 연구를 가볍게 소개한다.

이데올로기 문제는 윤리학에서 다루어지지 않았으며 사회철학에 속하는 문제로 생각해왔다. 이것은 윤리학이 다루어오지 않았던 문제에 관한 새로운 관심의 표현이 될 수 있다. 윤리학은 사회철학의 영역을 침범하지 않을 수 없으며 사회철학적 문제를 윤리학적 관점에서 논의해보지 않을 수 없다. 이데올로기를 위한 윤리적 정당화는 새로운 문제가 아니다. 베버가 개신교와 자본주의의 관계를 본 것이 그런 예다. 공산주의에 대한 윤리적 정당화는 마르크스나 레닌의 윤리사상에서 찾아볼 수 있다. 중국 공산주의는 유교의 윤리관과 어떻게 부합되는지가 문제될 것이다. 흥미로운 것은 슈마허가 주장한 '불교 경제학'이 사회주의에 대한 불교 윤리적 정당화를 시사해준다는 것이다.

나는 철학에서 윤리학을 전공할 생각은 없었지만 대학원까지 4년 동안 김태길 선생의 강의 여섯 과목을 들었다. 학위 논문과 『윤리학』의 교정도 보아드렸다. 김 선생은 방향을 규범윤리학으로 틀어 사회 조사 방법을 쓴 가치관 연구에 착수했는데, 나는 사회학자 홍승직 선생, 강

신표, 임희섭, 한완상을 소개했다. 소흥렬은 미국의 윤리학자 듀이, 롤스. 노직의 윤리학과 4·19와 5·16을 겪은 한국의 김태길 윤리학을 비교하고 있다. 김태길의 이데올로기 연구는 높은 평가를 받았다.

소흥렬의 중요한 논문 중 하나는 「실증주의 과학철학과 역사주의 과학철학」이다. 두 가지 과학철학이 있다. 하나는 포퍼와 헴펠의 과학철학으로 소개된 실증주의 과학철학이고, 다른 하나는 마르크스주의 과학철학이다. 오늘날 사회과학 방법론 논쟁에서도 실증주의적 방법론과 역사주의적 방법론이 대립되는 입장으로 상징되고 있다. 과학철학으로서의 실증주의와 역사주의의 대립은 포퍼가 마르크스주의를 비판하는 논쟁을 제기함으로써 문제화되었다. 포퍼가 말한 역사주의에는 마르크스주의뿐 아니라 유대교-그리스도교의 역사관이나 헤겔의 역사철학도 해당된다.

한편 역사과학의 가능성을 주장하는 마르크스주의의 입장에서 볼 때 과학의 영역은 자연과학의 대상 영역으로 제한될 수 없다. 자연과학과 사회과학을 포함하는 넓은 의미의 과학이 가능하며 거기에는 전체 세계와 역사에 대한 과학적 설명과 이해도 포함될 수 있으므로 과학적 세계관을 말할 수 있게 된다. 포퍼의 개방주의에 대하여 마르크스주의는 과학적인 역사의 목적과 변화과정을 제시하는 역사주의로 맞서게 되는 것이다.

과학철학의 방법론적 통일은 계층성 또는 차원성을 나타내는 물리현상, 심리현상 및 사회현상 등에 대하여 더 세분화된 각 차원 사이의 연속성과 불연속성이 방법론상으로 어떤 차이점을 보이는지 분석, 검토해 보이는 것으로 시작될 수 있을 것이다. 그러나 이런 분석 작업에 앞서 필요한 정지 작업은 기존의 과학철학이 갖는 편협성을 제거함으로써 종합을 위한 길을 열어주는 작업으로 시작되어야 한다는 것이 소흥렬의 제안이다.

2012년 소흥렬은 「대장경에서 만난 붓다」를 내게 보내주었다. 나는 과학사·과학철학자로서 17세기 가톨릭의 갈릴레이 종교재판과 20세기 미국과 한국에서 성행한 창조과학을 비판하는 글을 많이 썼다. 소흥렬도 나와 같은 생각을 했을 것이다. 그러나 축하를 보냈지만 여전히 "비종교적으로 돼먹은 사람"을 자처하는 나로선 할 말이 없다.

참고문헌

소흥렬, 「윤리학과 이데올로기」, 『철학』 252, 한국철학회, 1986, 131-147.

소흥렬, 「실증주의 과학철학과 역사주의 과학철학」, 『철학과 현실』 3, 철학문화연구소, 1990, 211-228.

송상용, 「천동설과 지동설, 창조론과 진화론」, 『사목』, 1982. 3.

송상용, 「창조과학은 과학인가?」, 『과학과 기술』 18(9), 1983, 59-63.

송상용, 「종교와 과학」, 『종교문화학보』 9, 2012, 5-21.

Song Sang-yong, "The Creation Science Movement in Korea: A Perspective from the History and Philosophy of Science", *International Journal of Korean History*, Vol. 23, No. 2, 2018, 13-37.

소홍렬 교수와 함께한 두브로브니크 과학철학 모임

장회익

서울대학교 물리학과 명예교수

나는 1988년 4월 4일(월)부터 4월 15일(금)까지 2주간 진행된 두브로브니크(Dubrovnik) 국제과학철학 모임에 소홍렬 교수와 함께 참석한 일이 있다. 이 과학철학 모임은 매년 한 번씩 열리는 것으로 해마다 그 발표 주제가 조금씩 달라지지만 그해(1988)의 주제는 '과학적 설명'과 '생물학의 철학' 두 가지로 지정되어 있었다.

우리가 이 모임에 가게 된 것은 그 전해 그 모임에 참석했던 송상용 교수가 주최 측에 미리 우리 두 사람을 추천해두었기 때문이다. 그는 심지어 소홍렬 교수가 '과학적 설명' 영역에서, 그리고 내가 '생물학의 철학' 영역에서 각각 논문을 발표해줄 것을 꼭 짚어 권고했다. 소 교수야 본래 분석철학을 한 분이니 이 영역에서 발표를 하는 것이 당연한 일이지만, 그때까지만 해도 나는 물리학자로서 생명에 관한 내 관심을 외부로 표출한 일이 거의 없었는데, 송상용 교수가 어떻게 이 낌새를 맡았는지 내게 '생물학의 철학'에 관련된 발표를 하도록 일을 꾸몄던 것이다. 사실 내가 항상 감탄하는 바이지만 송상용 교수는 사람 알아보는 데에는 타고난 재주를 가진 분이다.

1987년 가을 무렵 송상용 교수는 느닷없이 우리를 만나자고 하더니 이처럼 다음 해 열릴 국제학술회의 논문 발표라고 하는 과제를 하나씩 떠맡겼고, 우리는 대략 6개월에 걸친 논문 준비 작업에 들어갔다. 그때 내 나이가 만 49세였고 소 교수는 나보다 2년 위이니 우리 모두 삶에서나 학문에서 완숙기에 접어들고 있었다. 당시에는 잘 몰랐으나 지금 생각해보니, 이 무렵에 소 교수나 나 모두 중요한 학문적 전환기를 맞이하고 있었다. 소 교수는 그동안 과학철학의 주된 패러다임으로 자리 잡은 헴펠(C. G. Hempel)의 과학적 설명 이론을 벗어나 후에 자기 철학의 중심 개념이 된 귀추(歸推, abduction) 논리 등 대안 논리를 개발하여 이를 세계 학계에 알리려던 참이었고, 나 자신 또한 기존의 생명 개념을 완전히 전복하게 될 '온생명(global life)' 개념을 머릿속으로만 생각하면서 아직 한 번도 발설해본 일이 없었던 상황이어서, 두브로브니크 모임은 결과적으로 이를 위한 중요한 기회이자 계기로 작용한 셈이다.

내가 생명에 대해 본격적으로 관심을 가지게 된 것은 1960년대 말이었으니까, 그때 이미 대략 20년에 걸쳐 생명이란 과연 무엇인가 하는 문제에 매달려 있었다. 그렇게 해서 얻은 잠정적 결론은 '생명'이란 소위 생물이라 불리는 생명체를 통해서는 이해할 수 없고 이것을 가능케 하는 전체 체계를 하나의 단위로 생각해야만 이해할 수 있다는 것이었다. 하지만 그때까지도 아직 이것을 하나의 논문으로 정리해볼 기회를 가지지 못하고 있었기에 이참에 이를 개념화해볼 계획을 세웠다. 하지만 처음으로 'global life'(지금은 이것을 우리말로 '온생명'이라 부르지만 당시에는 이에 적절한 우리말 표현은 찾아내지 못했다)란 용어 등 핵심 개념들을 만들어가며 논문을 쓰자니 적지 않게 힘든 일이었다.

그러다가 다음해 이른 봄, 아직 모임이 몇 달 남았을 무렵 소흥렬 교수와 나는 준비 차 한 번 만나게 되었는데, 그때까지도 나는 소 교수와 그리 가까이 잘 아는 사이가 아니었다. 언젠가 우수도서 선정위원회에서 한두 번 만났고, 또 내가 겸임교수로 있었던 서울대학교 대학원 '과학사 및 과학철학 협동과정'에 그분이 외부 강사 자격으로 '과학철학 통론' 강의를 맡아주셨기에 더러 접한 일이 있었던 것뿐이다. 그래서 다소 서먹서먹한 구석도 없지 않았는데, 내가 소 교수에게 논문 진행이 어떻게 되고 있는지 물어보자, 소 교수는 아주 간단명료하게 "썼어요."라고 대답했다. 아, 어쩌면 그리도 단호하게 썼다고 대답할 수 있을까? 그분의 이 대답에 나는 한 대 맞은 듯한 느낌이 들었다. 반대로 그분이 내게 같은 질문을 던졌더라면, 나는 아마도 "지금 대략 틀은 잡았는데, 마무리가 쉽지 않네요." 정도로 대답했을 것이다. 나도 물론 첫 번째 초안은 완성해놓고 있었지만, 읽어볼수록 고칠 데가 생기고 또 생각을 더 정리하는 중이었는데, 설혹 마감 날짜가 되어 더 이상 손댈 수 없는 지점에 당도하더라도 단호하게 "썼어요."라고 대답할 수는 없으리라는 생각이었다.

그래서 나는 그의 이 대답이 함축하는 내용을 두 가지로 추정해보았다. 첫째는 그분의 깔끔하고 군더더기가 없는 성품을 말해준다는 것이다. 썼으면 썼고 안 썼으면 안 쓴 거지, 무슨 다른 말이 필요하냐 하는 자세이다. 그리고 다른 하나는 철학에서의 논문이란 '글의 완성'을 의미하는 것이 아닐까 하는 점이다. 사실 철학에서의 진위를 판정하는 것은 글 전체가 논리의 흐트러짐이 없이 완결되느냐가 중요한 기준일 것이므로 이런 점에서 글의 완성이 바로 논문 내용의 완성으로 생각될 수 있겠다 싶었다.

나중에 그와 함께 2주 동안 여행하면서, 그리고 또 그의 논문을 직접 읽어보면서 나는 이 두 가지 추정이 모두 적절했음을 알게 되었다. 우선 그의 인품이나 생활 태도는 어떤 모호함이나 가식이 없이 단순하면서 직설적이었다. 지나치게 친절하지 않으면서도 그렇다고 무뚝뚝하거나 답답함을 느끼게 하는 것도 아니었다. 2주간 내내 숙식과 모임에 함께하면서 심심치 않게 대화를 나누면서도 그 어떤 불편이나 갈등도 느끼지 않고 편안한 마음으로 함께 지낼 수 있었던 것이 바로 이를 말해주는 것이었다. 이러한 그의 성품과 마찬가지로 그의 논문 또한 단순 소박하면서도 흐트러짐 없는 논리로 일관했다. 물론 철학 논문이었고 특히 논리적 사고와 논리적 글쓰기를 강조해온 그였기에 일면 당연한 일로 여길 수도 있겠으나, 같은 철학자들의 논문 가운데서도 그의 글은 명료한 자기주장과 함께 시종 자신의 내적 논리만으로 전개되는 특징을 보였다. 한 가지 사례로 이번 모임에서 발표한 그의 논문 속에는 주석(notes)과 참고문헌이 도합 네 개밖에 없었는데, 그중 두 개의 주석은 헴펠의 'deductive-nomological explanation'에 관한 것이고, 나머지는 김재권(Jaegwon Kim)의 'supervenience' 개념, 그리고 퍼스(C. S. Peirce)의 'abduction' 개념에 관한 것이었다. 이들도 모두 자신이 사용하는 핵심 개념들의 용어가 어디서 왔는지, 그 출처를 밝히려는 것일 뿐, 거의 논문 전체를 자신의 논리와 주장만으로 일관하고 있었다. 이것은 대부분의 논문에서 참고문헌을 몇 십 개씩 달고 심하면 몇 페이지에 걸쳐 나열하는 학계의 관행에 비해 아주 이례적인 일이다.

우리는 1988년 4월 2일 토요일 오후 7시 40분 대한항공 편으로 서울을 출발하여 그곳 시간으로 다음날 아침 10시 무렵 아직 넓은 면적에 걸쳐 흰 눈이 겹겹이 쌓여 있는 알프스 상공에 이르렀다. 비행기 안에서는 우리 비행기가 이제 곧 취리히 공항에 착륙한다는 기내 방송이 흘러나왔다. 그런데 이게 웬일인가? 착륙한다던 비행기가 착륙을 하지 않고 시내 주변을 계속 돌고 있지 않은가? 처음에는 아래로 내려다보이는 알프스의 모습이 너무나도 아름다워 무척 고마워했다. 아니, 이런 훌륭한 경관을 다시 한 번 더 보여주다니, 유럽 사람들은 이런 친절도 베풀어주나 보다. 그런데 그게 아니었다. 같은 곳을 선회하기를 다섯 번, 여섯 번이 넘어가자 나는 마음이 불안해지기 시작했다. 필시 어떤 사정이 생겼나 보다. 주변 사람들도 불안해지는 기색이 역력했다. (그날 비행기가 공중에서 이렇게 같은 곳을 선회한 것은 공항 사정으로 착륙할 활주로를 배정받지 못했기 때문인 것으로 추정된다.) 그런데 옆에 앉아 있는 소흥렬 교수의 자세는 그저 초연했다. 그가 철학자여서 그랬을까? 잘 모르기는 하나 그는 단순한 철학자라기보다는 철학을 이미 자기 삶 속에 체화시킨 철학 도사에 가까운 인물로 보였다. 이러한 그의 자세는 열흘 가까운 동행 과정에서 내게 적지 않은 위안을 주었다.

목적지인 두브로브니크로 가기 위한 우리의 여정은 당시 유고슬라비아의 수도 자그레브로 가서 입국 절차를 마치고, 다시 소형 비행기로 두브로브니크 공항에 도착하도록 짜여 있었다. 결국 예정보다 한 시간 늦게 취리히 공항에 착륙한 우리는 거기서 잠깐 쉬었다가 오후 4시에 유고슬라비아로 출발해 수도 자그레브에서 간단한 입국 수속을 마치고 6시에 다시 비행기를 갈아타고 목적지인 두브로브니크에 도착했다. 당시 유고슬라비아(지금은 크로아티아)에 속해 있던 두브로브니크는 아드리아 해의 이름다운 풍광을 끼고 있는 유서 깊은 관광 도시였다.

공항에 내려 택시로 예정된 호텔(Hotel Lego)로 찾아갔으나 미리 예약을 해두지 않은 탓에 방을 얻지 못하고 다른 호텔(Hotel Sumratin)로 안내되었다. 그러나 여기도 만원이어서 조금 떨어져 있는 낡은 호텔인 호텔 자그레브(Hotel Zagreb)의 작은 2인실 방을 빌려 그 후 2주일을 보냈다. 그곳은 좀 작고 시설도 오래되었으나 비교적 조용하고 회의장까지도 시내버스로 15분 정도면 갈 수 있는 곳이어서 처음 예정했던 호텔로 옮기지 않고 그대로 머물기로 했다.

당시 사회주의 국가였던 유고슬라비아는 호텔의 시설이나 규모에 큰 차이가 없었고 가격도 호텔에 관계없이 거의 평준화되어 있었는데, 특히 그 가격이 아주 저렴해서 부담 없이 와서 머물기가 매우 적합했다. 게다가 두브로브니크는 항만을 끼고 있는 유서 깊은 성곽 도시로, 마치 중세의 박물관을 연상케 하는 관광 명소이기도 했지만 주변 해안을 따라 마련된 아름다운 산책길들이 있어서 조용히 여가 시간을 보내기에 아주 좋은 곳이었다. 우리는 아침저녁 식사를 주로 인근 호텔(Hotel Sumratin) 식당을 이용하였는데, 그동안 우리와 얼굴을 익힌 남자 안내원이 자기네 향토 음식을 소개할 뿐 아니라 매번 값싸고 질 좋은 토속 포도주를 권해주어 모처럼만에 이색적인 입맛을 마음껏 즐길 수 있었다. 소 교수와 나는 이러한 매력에 푹 빠져 나중에 기회를 잡아 휴양차 이곳에 다시 와서 조용한 시간을 보내자고 몇 번이나 서로 이야기했으나, 그러한 희망은 끝내 이루지 못했다.

이곳 두브로브니크에는 이른바 IUC(Inter University Center)라는 고등학술지원센터가 있어서 해마다 70개 정도의 크고 작은 국제학술회의가 열리고 있었다. 그해에는 2주간 단위로 열리는 'course'가 52개, 그리고 3-5일 단위로 열리는 'conference'가 15개 개최된다고 했다.

이 가운데 우리가 참여한 국제과학철학 모임은 그해 4월 4일부터 4월 15일까지 2주간 진행된 'course'로서 대략 60여 명이 모이는 장기적 집회였다. 이 과학철학 모임의 운영은 대부분 유럽 지역에 분포된 6개 대학 교수들로 구성된 운영위원회가 관장하고 있었는데, 이들은 스톡홀름 대학, 토론토 대학, 바르샤바 대학, 자그레브 대학, 콘스탄츠 대학에서 각각 한 사람씩, 그리고 옥스퍼드 대학에서 두 사람, 이렇게 모두 일곱 사람이었으나, 실제 집행은 옥스퍼드 대학의 두 교수, 윌리엄 뉴턴-스미스(William Newton-Smith)와 캐서린 윌크스(Kathleen Wilkes)가 주로 담당했다. 이 가운데서도 뉴턴-스미스 교수는 서신의 왕래 등 공식적인 일을 주로 담당하고 회의 진행 등 참석자들과의 직접 접촉은 윌크스 교수가 주로 담당하고 있었다. 이 모임을 간단히 'course'라 불렀지만 정식 명칭은 'post graduate course'이다. 이것은 석사학위 이상의 박사과정 학생들과 젊은 강사들을 위한 강좌 구실을 하며 이들은 소액의 수강료를 내고 수강하며 마치고 나서는 수료증을 받는다. 이번 모임에서는 20명 정도가 이런 자격으로 수강했다. 반면 교수들은 도합 50여 명이 참석했는데, 이 중 40명은 'resource person'이라 하여 각자 자기 논문을 발표하고 최소한 5일 이상을 머물면서 세미나 토론에 기여할 의무를 진다. 한 사람당 발표 시간은 45분이고 연달아 45분의 토론 시간이 할당되어 있다.

소흥렬 교수와 나는 이른바 'resource person' 자격으로 참가한 것인데, 소 교수는 「설명의 논리적 문제들(Logical Problems of Explanation)」이란 제목의 논문을 발표했고 나는 「생명의 단위: 온생명과 낱생명(Units of Life: Global and Individual)」이라는 제목의 논문을 발표했다. 당시 참가자(대학원생 포함) 분포를 나라별로 살펴보면, 영국(5), 미국(5), 서독(3), 프랑스(1), 캐나다(4), 스페인(3), 네덜란드(4), 스웨덴(2), 그리스(1), 남아프리카(1) 등 서구 국가들과 소련(4), 폴란드(11), 동독(1), 헝가리(5), 루마니아(2), 불가리아(1), 체코슬로바키아(1), 유고슬라비아(7) 등 당시 동구권 국가들이 주종을 이루고 있었고, 그 외에는 동아시아에서 참여한 중국(4)과 한국(2)이 전부였다.

회의장은 예상했던 것과는 달리 무척 조촐했다. 이층으로 올라가는 건물의 대리석 계단은 사람들이 너무도 여러 번 밟은 탓에 그 두께가 몇 센티씩 패어 나가 얇아져 있는 것이 인상적이었고 방 안에는 그저 긴 타원형의 테이블을 둘러싸고 몇 십 개의 의자들이 놓인 게 전부였다.

개회사 겸 첫 모임의 사회자로 나선 사람은 과학철학 분야에서 비교적 잘 알려진 옥스퍼드 대학의 여성 과학철학자 캐서린 윌크스 교수였는데, 청바지 차림에 이마 위에는 그 무슨 종기가 났었는지 두툼한 반창고까지 하나 붙이고 나타났다. 이곳에서는 의례적인 그 무슨 격식도 다 던져버리고 그저 가벼운 마음으로 의견들만 나누자고 하는 무언의 선언이었다. 그러고 보니 다른 이들도 대부분 가벼운 평상복 차림이었고 실내화 같은 것을 신고 나타난 사람들도 있었다. 엄숙하게 정장을 하고 나타난 우리 두 사람이 오히려 민망한 지경이었지만, 이런 자유로운 분위기에 휩싸이다 보니 그간의 긴장이 저절로 풀리는 듯했다.

사실 소 교수와 나는 이곳에 올 때까지도 이러한 모임이 있는지 잘 몰랐고 지역적으로나 문화적으로 보아 한국에서 간 우리 두 사람은 어느 누구보다도 가장 낯선 사람이었다. 참석자들의 소속 국가로 보면 모두 20개국이나 되는 대규모 국제행사였지만, 그 가운데 중국과 한국을 제외하면 모두 유럽 문화권에 속해 있어서 동아시아에서 참석한 우리 몇 사람들은 일단 문화적으로 소외되는 느낌이 없지 않았다. 다행히도 전체 분위기가 매우 개방적이고 소탈한 것이어서 가벼운 마음으로 함께하려 애써보았으나 결국 몇몇 특별한 관심사를 제외하고는 별로 깊은 소통이 이루어지지는 않았다.

모든 발표와 토론은 영어로 진행되었다. 몇몇 영어권에서 온 사람들을 제외하면 모국어가 아니었지만 대부분 유럽 사람들은 동일한 어족에 속하는 언어를 사용하고 있어서 서로 다른 발음과 억양을 사용하면서도 그런대로 서로 잘 소통이 되고 있었는데, 동양에서 간 우리 몇 사람들에게는 이를 따라잡기가 무척 힘든 상황이었다. 더구나 내 경우는 전공 분야조차 철학이 아니어서 사용되는 용어나 진행되는 형식이 더욱 낯선 처지에 있었는데, 다행히도 소 교수는 역시 철학의 중심 영역에 속한 분이어서 그런지 전체적인 흐름을 훨씬 잘 파악하고 있는 듯했다. 소 교수는 귀국 후, 『철학(哲學)』지에 「국제학술회의 참가 보고: 두브로브닉 국제과학철학 세미나」라는 글을 발표했는데, 그 일부를 인용해본다.

"… 전체적으로 보아 가장 흥미로웠던 것은 과학철학의 문제가 무엇인가에 대한 이해가 아주 다양했다는 점이었다. 말하자면 과학철학에는 여러 가지 패러다임이 있다는 사실이다.

패러다임이란 한 시대, 한 학문의 세계를 지배하는 특성을 갖는 것이라고 할 때, 오늘 우리 시대를 적어도 몇 가지의 과학철학적 패러다임들이 지배하고 있다는 사실이 이번의 국제회의에서 드러났다. 물론 오늘과 같이 학문적 교류가 빈번하고 학술적 자료의 구입이 쉽게 된 세계에서 패러다임의 지배가 지역적으로 엄격하게 구별될 수 있는 것은 아니다. 그러나 패러다임적 특징을 말하자면 과학철학에 관한 한 지역적 특징도 드러난다는 사실이 이번 회의에서 엿볼 수 있었다는 뜻이다. 이것은 과학철학의 역사가 그만큼 짧기 때문이라는 것을 말해주기도 하며, 과학철학의 대상 영역이 본래 뚜렷하게 한정될 수 없는 것이기 때문이란 것도 말해준다. 따라서 엄밀히 말하자면 아직도 과학철학에는 패러다임이라고 할 만한 학문적 주류가 정립되지 못했다고 해야 할지 모른다. 여기서는 패러다임이란 개념을 학문적 경향, 특성, 또는 접근 방법상의 특징 같은 것을 뜻하는 것으로 이해하면서 과학철학에서의 몇 가지 패러다임들을 구별해보자는 것이다.

첫째 패러다임은 미국과 캐나다를 중심으로 한 과학철학으로서 분석 철학적 전통과 맥을 같이하는 것이다. 과학적 방법의 문제들을 형식논리적인 분석으로 설명하고 이해하자는 것이다. 기호논리가 바탕이 되고, 그것을 확장한 양상논리, 그리고 가능세계의 개념을 도입한 의미론과 진리론으로 문제를 풀어가는 패러다임이다. 그러니까 가능한 한 문제를 좁게 제한시켜서 진리함수적, 외연적 형식논리로 다룰 수 있도록 하는 것이 특징적이다.

둘째 패러다임은 일반적으로 유럽 대륙의 과학철학이라고 할 수 있겠으나, 특히 동구적 경향에서 나타나는 것이라고 생각되는데, 그것은 과학사적인 탐구를 과학철학의 과제로 보는 것이다. 과학사의 자료를 역사적 서술의 자료로만 소개하지 않고 과학적 방법, 또는 과학적 발전의 문제들과 관련시켜서 이해하고 설명해봄으로써 과학의 세계를 이해하고 심지어는 현대 과학의 발전에도 도움을 줄 수 있다는 것이다. 따라서 과학사에서 중요한 계기가 되었던 역사적, 사회적, 또는 학문적 상황에 관한 자료를 면밀히 검토해보는 것이 과학철학적 작업의 중요한 부분이라는 것이다.

셋째 패러다임은 동구 중에서 소련의 특징적인 과학철학이라 할 수 있는 것이다. 여기서는 체계적이고, 종합적이고, 총체적인 접근 방법을 그 특징으로 한다. 과학적 방법에 대해서도 문제별로 제한하는 것이 아니라 전체적인 방법론을 체계화시켜보고자 하며, 과학의 발전 문제에 대해서도 발전의 역사를 하나의 전체적인 '족보'를 만들어보듯 계통별로, 상호 영향의 관계를 나타내는 체계화를 시도해본다는 것이다. 이러한 체계화의 작업에는 형식논리가 필요하지만, 그것을 발전적 역사로 체계화하는 데는 변증법적 논리가 필요하다. 따라서 이 패러다임에서 중요한 개념들은 체계화, 발전적 역사 및 변증법적 논리 같은 것이다.

넷째 패러다임은 영국과 서독을 중심으로 하는 서구적 과학철학이다. 여기서는 서구의 전통적 인식론의 문제를 계승하는 것이 과학철학의 과제라고 하는 특징을 가지고 있다. 특히 합리주의의 인식론이 지배해온 것이 유럽 대륙 철학의 전통이므로 과학적 합리성이 중심문제가 되고 있다. 과학적 방법의 합리성만이 아니라 과학의 역사, 즉 과학의 발전 과정도 인간의 합리성이 갖는 힘을 나타내준다고 봄으로써 과학철학은 그러한 합리성을 설명할 수 있어야 한다는 것이다. 따라서 과학적 발견의 논리, 과학적 검증의 논리, 과학적 설명의 논리뿐만 아니라 과학적 발전의 논리까지 제시함으로써 과학적 합리성의 내용을 구체화하는 작업을 과학철학의 중심 과제로 하는 것이다."(소흥렬 1988, 282-283)

이와 더불어 소 교수는 우리나라에서 이번에 처음으로 두 논문을 발표했다는 점을 말하면서, 그 내용에 대해 다음과 같이 언급하고 있다.

"우리 두 사람의 논문은 우연히 몇 가지 공통점을 갖게 되었는데, 그 중에 하나는 우리의 관점이 서로 일관될 수 있는 일원론적 바탕 위에 있다는 것이며, 또 하나는 우리의 접근 방법이 포괄적이고 총체적이라는 점이다. 그러나 장회익 교수의 논문은 과학적 자료의 내용적 분석에 의존하고 필자의 논문은 설명이론의 논리적 분석에 의존한다는 점은 서로 다른 측면이다. 그런데 위에서 든 네 가지 패러다임들과 관련시켜볼 때, 우리의 논문은 그 어느 것에도 해당되지 않는다는 것도 우리의 공통점이라 할 수 있다. 이것은 앞으로 우리나라에서 과학철학을 어떻게 연구해나갈 것인가에 대한 하나의 문제를 던져준다고 생각된다. 어쩌면 우리는 독자적인 패러다임을 개척해나갈 수 있을지도 모르며, 이것은 위의 패러다임들을 종합하고 발전시킨 새로운 패러다임이 될 수도 있을 것이다."(284)

여기서 특히 패러다임과 관련해 소 교수가 우리 두 사람의 논문에 대해 언급한 내용이 흥미롭다. 우선 우리의 논문들이 일관된 바탕 위에 포괄적이고 총체적인 접근을 해나간다는 점에서 그가 위에 제시한 셋째, 그리고 넷째 패러다임과 상통하는 측면도 있으나, 그가 보기에는 적어도 이들을 넘어선다는 것이며, 따라서 이들을 종합하고 발전시킨 새 패러다임을 개척해낼 소지가 있다고 본 것이다.

이러한 그의 예상은 이후 나 그리고 소 교수의 학문 지향을 매우 잘 포착한 것이라 생각된다. 우선 나 자신은 이러한 내 사고를 생명 이해만에 국한시키지 않고 물질과 마음의 총체적 이해를 시도하는 쪽으로 확대하고 있으며(장회익 2019), 소 교수는 소 교수대로 그의 철학적 사고가 철학이라는 학문 영역을 넘어서 우리 삶의 가장 깊은 층위인 이른바 영성이라는 것과 어떻게 연결되는지를 탐색하는 데까지 이르고 있다. 그의 이런 생각의 한 면을 살피기 위해 그가 만년에 쓴『불심초(佛心草)』에 나오는 한 구절을 인용하는 것으로 이 글을 마치기로 한다.

"이러한 영성적 체험은 우리의 마음이 우주의 마음으로 확장되는 것 같은 새로운 차원의 정보 능력 또는 인식 능력으로 승화되는 체험으로 오지만, 그런 초의식의 논리가 무엇인지는 명확하지 않다. 다만 우주의 마음으로 확장되는 느낌은 의식의 공간을 지배하는 논리의 제한에 얽매이지 않게 하는 힘으로 작용한다. 마음의 논리적 오류로부터 자유로워지는 느낌을 갖게 하면서 객관적인 논리에 마음의 논리가 공명하게 하는 새로운 능력으로 인식된다는 것이다."(소흥렬 2008, 47)

참고문헌

소흥렬, 「두브로브닉 국제과학철학 세미나」, 『철학』 29집, 한국철학회, 1988, 279-285.
소흥렬, 『불심초』, 호미, 2008.
장회익, 『장회익의 자연철학 강의』, 추수밭, 2019.

소흥렬 선생님과의 소중한 인연

이정민
서울대학교 언어학과 명예교수

　존경하는 소흥렬 선생님과는 1970년대부터 인연을 맺었다. 당시 논리학 모임을 인연으로 정기적으로 모이게 됐고, 한때 따로 몇몇이 휴즈(G. E. Hughes)와 크레스웰(M. J. Cresswell)의 *An Introduction to Modal Logic*을 강독하며 고려대, 서울대(본인 연구실) 등 캠퍼스를 돌아다니기도 하고, 데모가 심할 때는 시내 세종호텔에서 모이기도 했으며, 소흥렬 선생님의 반포 자택에서도 모인 것으로 기억된다. 이한조 부회장, 연세대 수학과 임정대 교수(당시 수리논리학을 자습해서 연세대에서 가르쳤다 하셨고, 그 제자들 중에서 나중에 MIT 수학과 교수를 역임한 김병한 교수(현재 연세대)까지 배출되었다), 여훈근 교수(고려대 철학과), 이기용 교수(고려대 언어학과) 및 본인 등이 모였다. 이 책의 공식에서 이기용 교수가 한 군데 오류를 잡아내자 소흥렬 교수께서 감탄하신 일도 있다.

　1970년대의 새로운 열기로 소흥렬 교수, 고려대 철학과의 김충렬 교수 및 이화여대 정대현 교수가 주로 힘을 쓰셔서 『마음』이라는 철학지를 김충렬 교수가 주선한 '유심회' 주관으로 창간했고, 그 속에는 정대현 교수의 글, 본인의 「'알다'라는 말의 분석」, 그 밖에 이름 있는 필자들(사회학의 김경동 교수, 음악의 이강숙 교수)의 글이 실려 당시의 분석철학적 분위기를 자아냈으나, 학술지가 창간호로 끝나고 이어지지 못했으며 전국에서 이대 도서관만이 이 저널 창간호를 소장하고 있는 것으로 근래 밝혀져 본인이 서울대에도 소장케 하려고 4, 5년 전부터 노력하고 있다.

1970년대에 시작된 소흥렬 선생님, 나아가 이화여대와의 인연은 본인이 이화여대 대학원 철학과에서 한 번 특별 강의를 한 적이 있어 더욱 특별해졌다. 당시 의미론에서 중요시되던 함의(entailment) 관계와 전제(presupposition) 개념의 구별을 중심으로 강의했던 것으로 기억된다. 강의가 끝나고 철학과의 두 분 교수와 학생들이 나오다가 국문과 어느 여자 교수 분의 조상을 위한 굿이 벌어져 장시간 푸짐하게 다 같이 보고 나니 저녁 늦어졌다. 그때 늦게까지 남은 두 학생 중의 하나는 최근 정대현 교수에게 물으니 오해숙이었고, 「실존과 역사 해석에 관한 연구: K. Jaspers의 역사철학을 중심으로」라는 논문으로 계명대학교에서 1993년에 박사학위를 받고, 강의를 했다는 이야기까지 자상하게 알려주셔서 제자들에 대한 관심이 대단함을 알고 감탄하게 됐다. 당시 소 선생님과 정 교수 모두 학생들의 특성을 잘 파악하고 계셨다. 늦게까지 굿을 본 또 한 학생은 나중의 김혜숙 교수였다. 늦어 집까지 바래다주고 그 댁에 필자의 고교 동창이 있어 놀랐다. 형부라 했다. 정대현 교수는 김 교수에 대해서 "김혜숙 총장은 이화를 잘 섬겼고 큰 기여를 했습니다."라고 술회했다. 김 교수와 2008년에 세계철학자대회에서 인사 나누었고 이 분이 한국 철학자들의 영문 논문들을 편집해 책을 내놓은 것도 알았다. 그 뒤 이 분이 한국인문학총연합회장으로 활약할 때 한국연구재단의 학술지 평가 기준이 형식 7 대 내용 3이던 비율을 형식 3 대 내용 7로 역전시키자고 본인이 건의해 관철시켜준 일도 있다. 그 무렵 이 분이 어느 칼럼에 인문학과 관련해 '의식'을 강조해 공감한 일이 있다.

논리학 정기 모임은 주로 이화여대 대학원 강사실에서 정대현 교수 주관(총무)으로 꾸준히 시행됐는데, 연세대 수학과 임정대 교수는 발표 사례비도 사양한 기록이 있고, 훨씬 뒤 1990년에 임 교수가 재차 회장을 맡고 이종권 교수와 학회를 활성화시킨 때에 정인교 교수도 수준 높은 강독 발표를 해주었다. 1970년대 중반에 논리학회가 성립되면서 초대 회장에 소흥렬 교수, 2대 서강대 철학과 이한조, 3대 연세대 수학과 임정대, 4대 이초식, 5대 여훈근(1983년부터 1989년까지 연임) 회장으로 이어졌다. 초기의 김정선 박사는 오로지 논리학에만 몸 바친 기대되는 좋은 학자였으나 일찍 1977년에 작고해 너무 아쉽게 되었다. 초기에 서강대에서도 모였고, 또 성균관대의 이좌용 교수가 논리학회를 오랫동안 이끌었다. (본인은 분석철학회에도 참여, 김여수 회장 때 운영위원으로 돕기도 했다.)

서울대 철학과에 김여수, 차인석, 이명현 교수 등이 들어오던 무렵, 본인이 욕심에 당시 송욱(영문학자이자 시인) 인문대 학장에게 소흥렬 교수를 구두로 추천한 일도 있다.

1980년대 중반에 본인은 서울대 어학연구소 연구부장으로 있으면서 인지과학 및 인공지능 세미나를 하나의 운동 차원에서 몇 년에 걸쳐 개최했고(이때 LISP, Prolog도 연습시켜 신촌의 대학들에서도 반겨 참가했다), 이어 심리학의 조명한 교수와 상의해 인지과학 주제로 대우 공동 연구를 시작했다. 여기에 여러 대학 인지과학 관련 분야 교수들과 소흥렬 교수도 적극 참여하셨고, 이어서 1987년에 창립된 한국인지과학회의 초대 회장으로 소흥렬 교수가 추대되었다. 학회 활동으로 소흥렬 교수는 인지, 인식론적 문제와 결부해 불교의 깨달음과 해탈에

깊이 들어가셨다. 본인은 십 수 년 전부터 고대 국어/구결에 대한 관심으로 한국구결학회에 매달 참여하면서 고려시대 주요 불교 경전들의 토에 해당하는 구결을 공부해 옛 한국어 구조를 살피면서 조상들의 깨달음을 위한 경건한 자세를 엿보게 되었다. 1978년 『마음』지의 졸저 논문도 어찌 보면 앎, 인식과 관련된 인식론적, 의미론적 탐구의 시작이었다. "나는 [그 친구가 떠난 것을] 알고 있다"는 [ ] 안의 내용 즉 그 친구가 떠났음을 사실로 전제해 알고 있는 데 반해, "나는 [그 친구가 떠난 것으로] 알고 있다"는 그렇지 않아서 떠났을 수도 있고 안 떠났을 수도 있어 비사실성(non-factive) 내용을 담는다. 그럼에도 영어 'know'에는 없는('before' 같은 특정 언어적 맥락에서만 나타나고) '알다'의 이 구별이 한국어 연구에서 논의된 적이 최근 2019년 필자가 재론할 때까지도 없었다. 최근에 본인이 조사 연구한 결과, 몽골어, 만주어, 위구르어, 튀르키예어 등 알타이 제어가 한국어와 똑같이 '알다'라는 태도 술어에 사실성과 비사실성의 구별이 모두 있는 것으로 드러나 놀라움을 안긴다. (일본어에는 '인식하다' 등에는 구별이 있지만, '知っている(알고 있다)'에는 없다.)

한국어에 " '-ㄴ 것으로' 알고 있다"가 문법에 설명되어 있지 않아 서양인이나 일본인이 당황하고 힘들어한다. 그래도 내국인은 직관을 가지고 있어 그 구별을 다 안다. 그럼에도 사실 확인의 질문에 대해 예컨대 "그런 일 없습니다", "아닙니다"라고 드러난 사실을 부정해 모순이 일어나도 '소극적'인 거짓말이라고 2심의 '허위사실 유포죄'를 파기하는 대법원 판례가 서고, 대법관 50억 뇌물 수수 혐의가 나오고, 또 그 판례 '덕'에 서울시장이 "제 임기 중이 아니었던 것으로 기억합니다"라고 '거짓말' 했다고 허위사실 유포죄로 고소당한 사건을 '대법원 판례'에 의거 무혐의 처분한다는 어처구니없는 이유의 결정을 내렸다. 처음부터 '-ㄴ 것으로 기억한다'는 '허위사실'일 수가 없다는 것을 몰라서 또는 일부러 따지지도 않아서일 것이다. 거짓과 진실이 가려지지 않는 부끄러운 사법 운용이다. 좀 더 깨달아야 할 것이다.

음악의 문법을 늘 외치던 유쾌한 성격의 이강숙 교수가 『마음』 지에 「음악 양식의 다원성」이라는 글을 실었고, 한예종의 초대 총장으로 확고한 예술 연마의 마당으로 전통을 세워 문하생들이 세계적인 콩쿠르에서 (최연소) 우승하고 세계인들을 놀라게 하고 있다. 이렇게 보면 당시 소흥렬 교수와 고려대 김충렬 교수가 뜻을 합쳐 낸 『마음』 지가 한국 지성을 대표했고, '마음'이라는 제목이 서양의 'mental'과 연결되는 뜻으로 서양에도 *Mind* 지가 있지만, 우리말에서 '몸과 마음'이라 할 때의 뜻과 '따뜻한 마음'이라 할 때의 '가슴'이나 '정'과 같은 뜻까지 아우르는 개념으로 잘 쓰여 인지과학과 철학의 중심 과제라 할 수 있겠다. 『마음』 지 창간호에 인지과학과 분석철학의 씨앗들도 들어 있어 연속되지 못한 아쉬움이 너무 크다. 소 교수의 창간사에 해당하는 첫 글에도 '몸과 마음', '두 가지 마음', '마음의 개선'이 소제목으로 나오고, 이유를 물어 정당성을 확보하는 마음, 논리적 사유를 하는 마음, 합리적 결정을 하는 마음을 내세웠다. 이번에 다시 살피면서 당시 대학원생이던 김혜숙 교수의 논문도 실린 것을 보고 이미 유망주로 보셨구나 하는 생각이 들었다.

소 교수가 나중에 포항공대로 옮기실 때에는, 인지과학 분야 사람들은 그분이 그곳에 가서 인지과학을 퍼뜨리고 제대로 과학 분야들과 협동 연구를 펼치실 수 있기를 기대했으나, 기대가 무산되어 크게들 실망했다. 그 이유가 초청했던 총장의 갑작스러운 죽음 때문이었음을 이번 교정쇄에서 이명현 교수의 설명을 보고 알게 되었고, 명문대학의 중요한 제도 개혁이 총장 한 사람의 죽음으로 물거품이 될 수 있다는 우리의 현실에 실망을 금할 수 없다. 애초의 공과대학이 앞서가는 언어학과와 철학과를 가진 MIT 같은 대학으로 클 수는 없을까?

소홍렬 선생님은 논리적 추론에서 상정 논법/가추/귀추 등으로 다양하게 엮어가 나와 있는 abduction에 대해서도 설명을 위해 유용하다고 보는 입장이셨던 듯하다. 또한 평소 자신의 행동과 예측 및 대처 방식에서 통계적 개연성을 중요시한다고 솔직히 말씀하셨다. 과학과 논리를 믿으시면서도 깨달음 면에서는 불교적인 깊이에 매혹되셨던 듯하다. '언어도단'은 불교에서는 원래 말로 미치지 못할 경지를 말한다. 선생님은 그 경지에 다다르고 싶으셨던 듯하다.

소홍렬 선생님은 가셨어도 그 온화하신 성품과 큰 가르침은 동료, 후학들의 가슴에 길이 큰 울림을 주실 것이다.

다시금 고인의 명복을 빕니다.[1]

1) 이 글은 『마음』지 창간호(1978, 유심회)를 참조했다. 1970년대, 1980년대, 1990년대 일의 기억과 기록 참조로 도움을 주신 정대현 교수, 김여수 교수, 정인교 교수께, 그리고 임정대 교수의 제자 현황 정보를 주신 강진호 교수께 감사의 뜻을 표하고, 동시에 이 뜻 깊은 추모집을 구상하신 분들, 그리고 편집에 정성을 쏟아주신 한자경 교수, 김도연 편집간사와 그 밖의 분들께도 감사드린다. 아울러 고운 글들로 함께해주신 소영 교수와 다른 유족 분들께도 깊은 위로와 감사의 마음을 전한다.

철학자 소흥렬 교수를 회상하다

이명현

서울대학교 철학과 명예교수

내가 소흥렬 교수를 처음 만난 것은 그가 미국 미시간 대학교에서 박사학위를 받고 이화여자대학교 철학과 교수로 재직하던 때였다.

나중에 내가 알게 된 그의 삶의 여정은 이러했다. 그는 경상도 사나이로 태어나서 대구에 있는 기독교 계통 고등학교를 다녔다. 그 당시 동기생으로 최고 성적을 다투었던 친구가 있었는데, 그가 현재 서울대학교 사회학과 명예교수인 김경동이었다고 한다. 그 기독교 고등학교는 최고 졸업자를 미국 대학에 유학을 보냈는데, 그가 미국 알마 대학에서 학사학위를 받은 것은 그의 고등학교 시절의 뛰어난 성적 때문이었다고 한다.

젊은 시절 그는 여러 분야의 학문에 관심이 많았던 모양이다. 그래서인지 그는 알마 대학을 졸업한 후 프린스턴 신학교에 진학하여 수학하다가 중도에 하차하고, 미시간 대학 철학과 대학원에 진학하여 석사학위를 받은 후 귀국하였다고 한다.

그가 대학교수에 발을 처음 디딘 곳은 대구 계명대학교 철학과였다.

그 당시 계명대학교 철학과에 동료 교수로 있었던 분은 동양철학 교수인 김충열 교수와 김상기 선생이었다고 한다. 그 후 그는 연세대학교 철학과로 자리를 옮겼으나, 오래 재직하지 않은 채 미국 미시간 대학교 철학과에서 Ph.D. 과정을 밟기 위해 연세대를 떠났다. 미시간 대학교 철학과에는 그 당시 김재권 교수가 계셨는데, 김재권 교수의 지도 아래 Ph.D. 과정을 마쳤다고 한다. 내가 소 교수를 처음 만난 것은 그가 미국에서 Ph.D. 학위를 마치고 귀국하여 이화여자대학교 철학과에서 재직하던 때였다.

나는 소 교수가 미국에서 귀국하기 전에 이화여자대학교 대학원 기독교학과에서 철학을 공부하는 학생들을 강사로서 가르쳤다. 그때 이대에 자리 잡고 계셨던 서광선 교수가 나를 초청하여 철학을 가르치도록 하는 한편, 이대에 철학과를 설치하려는 준비를 하셨다. 서광선 교수는 평안북도 강계 출신으로 부친은 목사님이셨는데 공산주의자들에 의해 죽임을 당했다고 하였다. 부친이 세상을 떠난 후, 그는 월남하여 해군 사병에 입대하여 군복무를 마치고 미국에 가서 대학 공부를 할 수 있는 행운의 역정이 시작되었는데, 학부를 끝내고 미국에서 신학을 공부한 후, 종교철학으로 박사학위를 받고 귀국하여 이대에서 교편을 잡았던 분이었다.

내가 알기로는 이화여자대학교에 철학과를 창설한 사람은 서광선 교수였고 소흥렬 박사를 이대 철학과 교수로 초빙한 사람도 서광선 교수였다.

서광선 교수는 소흥렬 교수가 세상을 떠난 후 최근에 세상을 떠났다. 두 분은 서로 앞서거니 뒤서거니 세상을 떠났다. 서광선 교수는 1931년생으로 92세에 세상을 하직하였으나, 소흥렬 교수는 1936년생으로 83세에 별세하였다.

나는 1973년에 미국 브라운 대학교 대학원 철학과에서 Ph.D. 학위를 끝내고 귀국하여 한국외국어대학교에서 철학을 가르쳤다. 1970년대 중반에 이르렀을 때 김여수 교수가 독일 본 대학교에서 박사학위를 끝내고 귀국하여 성균관대학교 철학과에 재직하였으며, 연세대학교 철학과에는 박영식 교수가 계셨고, 이화여자대학교에는 서광선 교수와 소흥렬 교수가 계셨다.

이때 우리는 종로에 있는 종로서적에서 방을 빌려주어서, 거기서 일주일에 한 번씩 만나 주로 서양 영미 철학의 중요 논문들을 읽는 토론 모임을 가졌다. 이것이 한국 철학계에서 처음 있었던 분과철학 모임이었다. 우리는 나중에 '분석철학'이라는 이름 아래 정식 모임을 조직했다. 이때 열심히 모였던 사람이 김여수와 소흥렬 그리고 나였다. 초창기에는 박홍규 교수, 한전숙 교수와 같이 분석철학과 무관한 분들도 참석했다. 심지어 당시에 기업에 간부로 종사하던 이헌조 사장 같은 분도 참석했다.

정대현 교수를 소흥렬 교수에게 소개한 기억도 있다. 그것이 계기가 되어 정대현 교수가 이대 교수가 되기도 했다.

1980년에 미국에서 귀국한 엄정식 교수가 정대현 교수와 함께 분석철학 모임에 열성적인 멤버로 합류했다. 그 뒤를 이어, 김광수 교수와 김영진 교수도 합류했다.

내가 소흥렬 교수와 동지가 되어 한국철학회의 발전을 위해 여러 가지로 합심했던 일 가운데 가장 기억에 남는 일은, 서울대의 소광희 교수와 소흥렬 교수 그리고 내가 지방을 돌아다니며 지방에 있는 핵심적인 교수를 만나 한국철학회의 발전을 위해 힘을 합치자고 운동을 함께 전개했던 일이다.

그런데 소흥렬 교수가 62세가 되던 해, 그는 그 당시 포항공대 총장으로부터 묘한 제의를 받았다. 그 묘한 제의란 포항공대에 인문사회과학부를 신설하여 모든 학생들에게 인문사회과학 계통 학문을 교육하려고 하는데, 소흥렬 교수가 인문사회과학부의 책임자로 와달라는 요청이었다. 그리하여 소 교수는 이화여대 철학과에서 정년을 몇 년 앞두고 이대를 떠났다.

그러나 그가 이대를 떠나 포항공대에 갔을 때는 그를 초청했던 총장이 급작스레 별세하는 바람에 다른 분이 포항공대 총장으로 부임했다. 신임 총장은 전 총장이 구상했던 인문사회과학부의 생각을 전수받지 못했던지 인문사회과학부 신설 건은 무산되었다. 그래서 결국 소 교수는 포항공대에서 교양철학을 가르치는 일에 전념하게 되었다. 이것이 내 생각에는 소흥렬 교수 앞에 닥쳤던 커다란 시련이 아니었던가 한다.

그런 탓인지 소 교수가 포항으로 떠난 후 그는 서울에 있는 철학 교수들과 매우 소원한 상태로 계시다가 세상을 떠나셨다.

매우 유감스러운 일이 아닐 수 없다. 이것은 비단 가깝게 지내던 나에게만 한정된 유감스러운 일이 아니다. 그를 따르던 많은 후학들에게도 매우 유감스러운 일이 아닐 수 없다. 우리 시대 철학계 거목의 별세를 진심으로 추모하는 바이다.

소홍렬 선생님을 추모하며

송준만

이화여자대학교 특수교육과 명예교수

"We missed you."

1998년 미국 동부 보스턴의 근교 멋진 호숫가의 아름다운 캠퍼스가 있는 웰즐리 대학(Wellesley College)에서 1년간 안식년을 보내고 귀국하여 학기 초 복잡한 학관 앞에서 마주친 소홍렬 선생님께서 첫 번째 하신 말씀이었다. 귀국한 지 얼마 되지 않아 인사도 못 드렸는데 그간 보고 싶었다는 말씀에 반갑고 고마웠다. 함께한 20여 년을 항상 친절하고 소탈하게 대해주신 선생님은 내 마음엔 학자의 귀감이었다. 멋을 부리거나 꾸밈이 없던 청년의 모습을 한 소탈한 모습, 수수한 옷차림에 항상 가방을 가지고 다니시던 선생님의 모습은 아직도 눈에 선하다.

소홍렬 선생님을 생각하면 머리에 떠오르는 선생님들이 있다. 현영학, 서광선, 김치수, 정대현 선생님이다. 현영학 선생님과 서광선 선생님은 이미 이대에 재직 중이셨고, 소홍렬 선생님이 나보다 2년 전에 부임하셨다. 정대현 교수는 내가 온 다음해에, 그리고 김치수 선생님은 조금 더 후에 이대에 부임하였다. 나 말고는 다 '예수쟁이'들이었는데

도 천성이 선하고 교리에 얽매이지 않은 자유로운 영혼들이었던 선생님들은 나 같은 이방인을 흔쾌히 받아주셨다. 우리는 함께 너무도 잘 어울리며 철학적 사유만이 아니라 시대의 아픔을 서로 나누었다.

'영원한 청년'이라 불렸던 서광선 선생님은 별칭에 걸맞게 자유로우셨고, 현영학 선생님은 신을 택하고도 도취에 빠지지 않으려 춤과 소리로 한을 푸는 고난의 종을 섬기는 신학자셨다. 점잖고 꾸밈없는 소흥렬 선생님은 신중하고 친절하셔서 우리의 도전을 여유 있게 받으시곤 했다. 문학비평의 예리함을 갖춘 김치수 선생은 서글서글한 성품으로 사물의 진수를 찾아내는 폭넓은 식견을 갖추고 대화를 잘 풀어나갔다. 성실한 정대현 선생은 항상 자상하고 친절한 배려를 몸으로 실천하여 흐트러짐이 없었다.

우리가 같이했던 때는 기독교 선교사들이 탄압을 무릅쓰고 앞장서며 인권운동을 전개하여 신촌의 기독교 대학들은 어느새 변화의 선두에 서게 되었다. 군부의 억압적 탄압은 심해져 대학을 억압하려고 교수들을 강제로 잡아가 심문하고 해직시켜 우리 선배 선생님들은 해직의 고초를 겪으셨다. 1988년까지도 우리는 암울한 시절을 살아야 했다. 이러한 시기에 우리의 신촌 음식점에서의 모임에서 기독교인으로서 반역(?)을 하면서 술을 마시며 나눈 깊이 있는 대화는 나라 걱정만이 아니라 희망을, 나아가 서로에게 위로와 격려를 해주는 것이었다.

당시 우리가 처해 있던 상황을 잘 말해주는 연세대에서 열린 고 이한열 열사의 장례식 모습에서 볼 수 있듯이, 우리는 자유를 향한 강렬한 소망에 차 있었다.

"건물마다 가득히 사람들이 말없이 멀리 신촌 쪽을 응시하고, 차 없고 인적 없는 아스팔트 길섶은 벌써 사람들로 가득 메워져 있었고 많은 이들은 미리 옥상으로 올라가 다가올 행렬을 기다리고 있었습니다. 연세대학을 떠났다는 사람들의 애기가 있은 지도 상당히 지났는데 아직 아무런 물체도 보이질 않고 양쪽 길가를 메운 사람들이 만든 빈 공간은 강 같은 검은 아스팔트길을 더 고요하게 만들고 있었습니다. 이 침묵, 이 긴 두려움이 끝나리라는 예감! 드디어 멀리 행여 선두가 보이기 시작하면서 만장과 사람의 행렬이 가물가물 움직였습니다.

길놀이 춤이 지나가고 꽃상여가 지나자 구경꾼들은 손수건을 꺼냈고 사진사들은 이리저리 분주한데 사람의 행렬은 처음과 끝이 보이질 않았습니다. 붉은 깃발 흰 깃발 검은 만장을 하늘로 치킨 채 자유 펄럭이는 검은 리본은 침묵으로 이야기하고 굳게 다문 입은 말을 잊었습니다. 길가를 메운 사람들은 더 높은 곳으로 올라가 끓어오르는 오열을 손수건으로 막으며 충혈된 눈으로 지켜보고 있었습니다. 큰 강물이 물살 소리 없이 아현 고갯길을 잘도 치켜 올라갔습니다. 넘지 못할 자유고개라 누가 말했습니까? 물결 누가 막을 수 있다 했습니까? 깃발이 흐르고 흐느낌과 외침이 한 입에서 나오는 눈물의 절규가 고개를 적셨습니다. 참았던 설움, 이 억제할 수 없던 눈물이 장마처럼 우리 가슴에 내려 메마른 우리의 영혼을 적셨습니다."

이 시절 김치수 교수는 다음과 같은 글로 우리 시대의 공감을 토로했다.

"이 시대의 시는 분노의 시이며 비판의 시이다.
모든 야만에 대해서 분노하며 모든 폭력에 대해서 비판한다.
거짓을 규탄하고 진실을 절규한다.
때로는 야수처럼 큰 소리로 포효하고 때로는 문명인처럼 낮은 목소리로 호소한다.
그러나 마음속에는 그리움이 있고 사랑이 있다.
찬란한 슬픔이 감춰져 있다. 문명 속에 묻힌 야성의 보이지 않는 아름다움이 있다."

이와 같이 우리가 같이 살아온 시기는 한국사에 있어 커다란 소용돌이 속이라 학문이나 국가의 발전으로 변화가 급속도로 이루어지는 도전과 시련의 시기였다. 1970-80년대에 걸쳐 근대화 작업이 산업화로 경제적인 성취를 어느 정도 이루며 그에 걸맞은 의식적 상승의 결과는 민주화라는 시대적 요구에 에너지가 모여 커다란 소용돌이를 이루며 한국사회를 휩쓸었고, 그 가운데 학문과 실천, 세속과 성스러움이 뒤엉키고 요동치는 도가니 속에 캠퍼스가 놓여 있었다. 이러한 시기에 현영학 선생님과 서광선 선생님은 민중신학, 에큐메니컬 운동, 민주화 운동으로 현실적인 사회문제에 관심을 가지셨다. 학부부터 미국에서 교육을 받은 소흥렬, 서광선 선생님은 개방적이고 자유로워 교목 등 직책을 수행하실 때도 과감한 발상으로 학교 일을 하셨다.

철학의 1세대인 소흥렬 선생님은 새로운 학문의 산고를 몸소 겪으신 분으로 나는 선생님이 새로운 학회를 만들고 운영하시는 것을 지켜보며 내 생각의 폭을 넓힐 수 있었다. 매사에 사심이 없으셔서 소흥렬 선생님이 맡으시면 학회가 기초를 잘 다지고 발전해가는 것을 여러 번 보았다. 한국철학사상연구회 창립 멤버, 한국인지과학회 창립 멤버 및 1대 회장, 한국논리학회 1대 회장 등이 그 예이며, 철학계의 믿음을 얻으신 선생님이 사람들의 존경을 받는 것을 확인할 수 있었다.

소흥렬 선생님과 대화를 해보면 선생님의 폭넓은 과학철학적 배경에 자연과학에 대한 지식이 풍부하게 깔려 있어 좋았다. 내가 소 선생님과 많은 대화를 나눌 수 있었던 것은 바로 나의 자연과학에 대한 관심과 생물학과 이양림 선생, 물리학과 김성구 선생과의 잦은 만남이 한 역할을 하였다고 생각된다. 나는 학부 시절엔 미국 피바디 대학이 주최한 새로운 물리교육 방법인 PSSC 연수에 참여하였고 천문학 등을 수강해서 자연과학에 친근한 편이었다. 그뿐 아니라 미국 대학원에서 박사과정 부전공인 생리심리학을 이수하였다. 또한 이대에서 강의를 하면서 집필한『정신문화와 두뇌: 두뇌생리학적 문화 분석』이라는 나의 졸저가 선생님과의 거리를 좁히지 않았나 생각된다.

　다른 한편으로는 서울사대 재학 시절 사회철학을 가르치시던 이상철 교수님의 강의를 수강하였던 것이 소 선생님과 가까워질 수 있었던 이유라고 생각한다. 관악 캠퍼스가 생기기 전에 이상철 교수님은 사회생활과에서 철학을 담당하셨는데, 나는 선생님의 강의를 부전공으로 수강했다. 겸손하시고 자상하셨던 선생님의 강의는 철학을 어렵게만 가르치시던 교수님들과는 다르게 철학사적인 흐름에서 쉬운 언어로 풀어 근원을 가르쳐주셔서 잘 이해할 수 있어 철학에 대해 알고 이해하고 싶은 나의 배고픔을 해결해주셨다. 선생님도 나의 마음을 아셨는지 후에 철학 학회에서 만나면 "송 군"이라 부르시며 반가워하셨다. 이대 철학과 고 이규성 교수의 연배들도 이상철 교수님의 강의에 매료되어 사회철학적 기반을 쌓았다고 하였다. 이규성 교수나 인문대 젊은 선생들과 이대 후문 맥줏집 '예스터데이'에서 모여 시간 가는 줄 모르고 즐거운 대화를 나누기도 하였다.

　나는 평소 소홍렬 선생님이 계간지『과학사상』에 쓰셨던 글들에 관심이 많았다. 이러한 관심으로 나는 1997년 보스턴에서 안식년을 보낼 때,『과학혁명의 구조』로 알려진 토머스 쿤(Thomas Kuhn) 사망 1주년을 맞아 추모하며 그의 업적을 기리는 학회에 참석을 하게 하였다. 이 학회는 MIT Dibner 과학사연구소에서 열린 것으로, 수많은 학자들이 자신이 이해한 쿤의 모습을 과학과 과학사 그리고 철학과의 연관관계에서 밝히며 그 업적을 평가하는 학회였다. 과학이라는 청정한 거울조차 없음을 표명한 쿤의 도전에 자신의 마음의 거울에 놀라는 과학자들의 태도를 보며 그들이 받은 충격을 짐작할 수 있었다. 기존 자연과학적 태도에 반성적인 충격을 준 것으로 평가하였다.

대상에 대한 전혀 다른 모델이 존재할 수 있고 이들 간에 서로 번역되거나 이해될 수 없는 부분이 있으며 진보 개념이 가정하고 있는 자료가 무시간적, 연속적, 누적적이라는 주장에 반하는 사례가 있다는 주장을 하는 학자들도 있었고, 패러다임 간의 상대주의적인 극복은 불가능하다는 면에서 쿤의 위치는 확고하다는 주장, 그리고 진리의 형이상학적 근거나 확실성을 잃어버린 현재의 맥락에서 과학도 하나의 내러티브(narrative)라는 면에서 그의 주장은 새로운 거대 담론을 요구하는 역동적인 역할을 하고 있다는 주장도 있었다. 학문 자체에 대한 무비판적인 풍토 속에 시간성과 맥락을 과학의 폐쇄 구조에 도입하여 숨쉴 수 있는 열린 공간을 마련하였다는 면에서 지대한 업적을 남겼다고 주장하는 이들도 있었다.

측근에서 쿤을 지켜본 학자나 제자들은 쿤이 평생 노력한 것은 철학을 향한 것이었으나 그 부분은 두드러지지 않았다며 아쉬움을 표명하였다. 하지만 과학사라는 학문이 인문사회과학과 예술 등 다양한 분야에 과학에 대한 이해를 불러일으키고 학문 발전에 다양한 영향을 미친 점은 부정할 수 없음을 참석자 모두가 인정했다.

쿤에 대한 상반된 주장을 하면서도 일치된 견해로 쿤이 자연과학이라는 학문 자체에 대한 자의식과 논의로 학문에 긴장성을 불러일으켰으며 분업 노동자로서 전락하는 과학의 타성적인 태도를 비판함으로써 폐쇄적인 학문 전반에 반성적인 시각을 가능하게 했다는 것에 대하여 세미나를 참석하며 많은 것을 느낄 수 있었다. 새로운 세기를 여는 길이 각각 학문 분야의 자의식뿐만 아니라 문화적인 자의식과 우리 역사의 인식을 새로운 개념으로 승화시키는 일임을 인식해야 한다는 생각에 이르게 했다. 학회에 참석하여 얻은 인상을 1998년 『과학사상』 여름호에 실었다.

쿤이 『과학혁명의 구조』에 제시한 견해와 같이 소흥렬 선생님도 공학기술이 기술학문 자체에 대한 자의식 없이 단순 기술자로 전락하는 공학의 타성적인 태도를 벗어나 폐쇄적인 학문 전반에 대한 반성적 시각을 갖도록 공대생들에게도 인문적 소양을 교육시켜야 한다고 생각하셨다. 소흥렬 선생님의 학문적 지향은 인문학과 자연과학, 공학의 융합이 이루어지진 균형 잡힌 교육이 이루어져야 한다는 것이었다. 이러한 필요성을 느끼시고 포항공대에서 공학도를 위한 인문적 소향을 심어주려는 야심찬 계획을 가지고 우리 곁을 떠나셨으나 여건이 받쳐주지 않아 그 꿈을 실현하지 못했다는 소식에 가슴이 아팠다.

세월이 흘러 현영학 선생님이 먼저 돌아가시고 안타깝게 젊은 김치수 선생이 그 뒤를 이었다. 이렇게 소흥렬 선생님이 돌아가시어 추모하는 중에 갑자기 서광선 선생님도 돌아가시어 겹친 슬픔에 가슴이 미어진다. '신이 떠난 자리에 남은 외로운 인간의 모습'처럼 선생님들이 떠나신 자리에 외로이 남은 우리는 가신 선생님들의 명복을 빌 뿐 허전함을 금할 수가 없다. 우리를 남겨놓고 가신 '예수쟁이' 선생님들은 천국에서 다시 만나 즐겁게 지내시며 지상에 남겨진 우리를 애처롭게 바라보시겠지. 우리는 바버(Barber)의 아다지오(Adagio)로 넋을 위로하고 슬픔을 어루만지며 소천하신 선생님들의 명복을 빌며 슬픔을 겪으시는 사모님과 자손들에게 하나님의 위로와 평화가 있기를 기원한다.

참고문헌

송준만, 『나 지금 여기에』, 청동거울, 2003.
송준만, 『떠도는 넋들, 잊혀진 전쟁』, 문학나무, 2008.

소흥렬 선생님과의 인연

황경식

서울대학교 철학과 명예교수

1. 글머리에 부쳐

소흥렬 선생님과 필자는 평생 어느 한 번도 아주 가까운 거리에서 친밀한 인연을 맺은 적은 없지만, 많지 않은 만남 속에서 그때마다 선생님은 큰 울림으로 다가온 느낌 때문에 필자에게는 지금도 깊은 인상으로 기억 속에 또렷이 남아 있는 듯하다. 서울대 철학과에 입학하기 전 필자가 고등학교 시절(대구 경북고) 애국 동아리인 '수양동우회' 회원으로 활동하고 있을 때 계명대학 철학과 교수로 계시면서 그 동우회의 자문 교수로서 뵈었던 첫 만남, 그 후 서울대 철학과와 대학원을 마치고 필자가 육군사관학교 교수 요원으로 재직 시 이화여대 철학 강사로서 그 학교 교수로 계시던 선생님과 여러 차례 만나 함께 나눈 담화들이 기억에 아련하다.

그리고 필자가 하버드 대학교 대학원 비지팅 펠로로 다녀온 후 서울대에 박사학위 논문을 제출했을 때 학위 논문 심사위원 중 한 분으로 참여하신 후 단행본으로 출간되었을 때 한국철학회 잡지 『철학』에 과분한 서평을 써주심은 물론, 필자를 이화여대 대학원 특강에 여러 차례 초대해주셔서 정의론과 관련한 갖가지 강연 기회를 주셨던 일들이 지금도 뇌리에 아련하다. 이상과 같은 몇 가지 인연과 관련해서 기억나는 대로 생각을 더듬어 정리해보고자 한다.

그리고 우선 선생님과 관련된 생각들을 떠올리기에 앞서 한 가지 양해의 말씀을 올리고 싶다. 선생님의 건강이 좋지 못하다는 말씀을 진작 간접적으로 전해 듣기는 했지만 유명을 달리하셨다는 소식을 제대로 접하지 못했던 것은 전적으로 필자의 불찰로 여겨진다. 늦게나마 선생님 영전에 용서를 구하고 안식을 축원드리고자 한다.

2. 철학 이전의 수양동우회 인연

앞서 언급한 바와 같이 선생님과 필자의 만남은 사실상 철학과의 인연에 앞서 필자가 서울대 철학과에 들어오기 이전(1965년 즈음)으로 거슬러 올라간다. 고등학교 시절(대구 경북고 2년) 필자는 도산 안창호 선생님께서 돌아가시게 된 계기가 되었던 '수양동우회' 사건을 기념하기 위해 만들어진 고등학생 중심의 '수양동우회'라는 애국 동아리에 가입하여 활동하던 중, 당시 계명대학교 철학과 교수이시던 소흥렬 교수님을 자문위원으로 모시면서 선생님의 존재를 처음 알게 되고 그 후부터 존경의 마음을 간직하게 된 것이다.

비록 당시 '수양동우회'는 순전히 고등학생 중심의 단체이긴 했으나 안창호 선생님이 직접 만드시고 또한 그의 유지를 잇고 있던 서울의 '흥사단'이라는 큰 단체와 횡적인 연결을 가지고 있었으며 통합의 요청을 받기도 했으나 끝까지 고등학생들만의 조직이기를 고수했다. 이 단체와의 인연은 대학에 들어와서도 계속되었고 10여 년 전부터 과거

회원들이 '수양 21'이라는 모임을 결성, 최근까지 모임을 갖고 있으며 필자가 회장으로 있기도 하다. 여하튼 소 교수님과의 인연은 철학 이전 도산 선생을 통한 애국 이념과 관련된 점이 특이한 기억으로 남아 있다.

고등학교 시절 뵈었던 선생님의 인상은 매우 소탈하시면서 대인 풍모를 지닌 분으로 느껴졌다. 더욱이 도산 안창호라는 의인을 사이에 두고 만났던 탓이었는지 선생님 역시 나에게는 현대판 의인의 모습으로 비쳤다. 우리 '수양동우회'는 선생님과 더불어 경북대 법대 이태제 박사를 지도교수로 모시고 있었는데, 이 박사님은 선비의 모습이었다면 소 선생님은 의인이나 애국지사로 비친 것이 필자만의 편향된 시각은 아닐 것으로 생각된다.

3. 이대 철학과 강사 시절의 담화

어린 나이로는 이해하기 어려운 불우한 사연들로 인해 필자는 인생을 좀 더 깊이 알고자 하는 욕심으로 학자가 되고자 했고 고3 담임선생님의 안내로 서울대 철학과에 응시, 합격함으로써 철학도로서 생애가 시작된 셈이다. 대학 시절에도 스스로 학자금을 충당해야 하는 등 힘든 세월을 보내면서 학교 공부에도 진력함으로써 대학 3학년 때는 철학과 최우수생으로 선정, 상패와 더불어 상을 받기도 했다. 그 후 대학원 석사과정을 마치고 군복무도 겸해서 육사 교수 요원으로 철학과 교수가 되어 사관생도들에게 철학, 논리학, 국민윤리 등을 가르치기도 했다.

그러면서 선생님과는 철학회 활동을 통해서 이러저러한 일로 뵈었지만 특히 한국철학회 회장으로 지내시면서 철학계의 주요 사업들을 처리하시던 모습이 아련하다. 그러다 선생님을 본격적으로 그리고 자주

뵙게 된 것은 필자가 육사 교수 요원으로 재직하면서 선생님이 교수로 계시던 이화여대 철학과에 강사로 출강을 하던 시절이다. 당시 대위 계급이라 장교이기는 하나 다소 짧은 두발에 사복을 한 필자가 무척 어리게 보였던 모양이라 강의를 하러 이화여대 철학과에 드나들 즈음에는 늘상 교문을 지키던 수위들과 부딪치게 되었다. 그들은 나를 보면 항상 "학생 어디 가?" 하고 용무를 물었고 그럴 때면 나는 항상 철학과 강사 신분을 밝히고 교문을 가까스로 통과하던 생각이 난다. 다소 기분이 유쾌한 것은 아니지만 이렇게 나를 어리게 보아주다니 한편 얼마나 신나는 일이던가?

여하튼 총각 신분에 이같이 아름다운 여인들이 가득한 이화여대에 강사 자격을 얻게 된 데도 소 교수님의 입김이 물론 작용했을 터이지만, 강의 전후해서 시간이 허락할 때면 선생님과 이러저러한 이야기로 더욱 친해졌던 느낌이다. 이야기는 옛 대구 시절 추억담을 비롯한 각자의 신변 이야기랑 그 밖의 철학과 관련된 담론을 나누면서 선생님의 체취를 더욱 가까이 느끼게 되었다. 그리고 선생님의 관심사는 과학철학에서부터 종교철학, 그리고 도덕 및 사회철학에 이르기까지 다양해 화제의 빈곤을 느낄 겨를이 없었던 것으로 기억된다. 육사 교수 요원으로 재직하는 6년 동안 이화여대에 여러 차례 출강할 수 있었던 영광을 누린 셈이며 그때 필자가 뵙던 다른 교수님은 정대현, 남경희 교수 등이었던 것으로 기억된다.

4. 학위 논문 심사와 학술적 인연

그 후 필자는 육사 교수 요원 생활을 마무리하고 풀브라이트 스칼라십을 받아 비지팅 펠로 자격으로 미국 하버드 대학원 철학과에 방문 연구원으로서 두 학기 동안 체류할 수 있었다. 이미 1972년부터 은사이신 김태길 교수님과 박사과정에서 존 롤스의 『정의론(*A Theory of Justice*)』(1971)을 3학기에 걸쳐 강독하고 1975년 미문화원 지원 한국철학회 주관으로 롤스의 '정의론 심포지엄'을 갖게 되었다. 워낙 대작이라 전체 3부를 김여수 교수, 차인석 교수, 필자, 세 사람이 나누어 성황리에 발표하였다.

그 후 필자는 바로 『정의론』 번역에 착수하여 1977년부터 1979년까지 3년에 걸쳐 『정의론』을 완역하고 세 권의 책으로 간행하게 되었다. 더욱이 필자는 이미 롤스 『정의론』과 관련된 학위 논문의 초고를 완성하여, 미국에 갔을 때 『정의론』 3권의 번역서와 학위 논문 그리고 『주역』에 나오는 정의와 관련된 글귀(利, 義之和也: 각자의 몫을 고루 나눔이 이롭다)를 족자로 표구해 롤스 방문 시 선물로 드렸더니 매우 흡족해했다. 그 후 학위 논문은 두 번에 나누어 롤스 앞에서 프레젠테이션하고 적절한 코멘트를 받았으며, 롤스 교수는 매월 한 번씩 점심 식사를 나눌 수 있는 기회를 주는 등 필자에게 과분한 호의를 베풀었다.

하버드 대학에 유학하는 1년 동안 존 롤스 교수를 만나 정의론 담론을 나눈 일이 가장 중요했지만 그일 이외에도 한 가지 특기할 일은 한국 철학계에서 그리도 유명했던 도올 김용옥 선생과 가까이 사귈 수 있었던 점이다. 그와는 연배가 비슷한 데다 그 당시 그는 중국 철학자 '왕부지의 철학관'이라는 주제로 하버드 옌칭 스쿨에서 학위 논문을 쓰고 있던 때였다. 필자는 서양철학 전공자이긴 하지만 그와 만나면 주로 철학 이야기를 나누는 사이였다. 그때 필자는 서양의 비트겐슈타인의 철학관을 이야기하는 가운데 도올에게 도움이 되는 여러 가지 아이디어를 주었던 모양이다. 학위 논문은 대부분 완성되었으나 미처 서문을 쓰지 못해 마무리를 짓지 못하던 상황에서 필자와 나눈 담론이 크게 도움을 주어 논문을 종결할 수 있었다고 후일 감사의 표시를 했던 걸 보니 우리의 담론이 다소 도움이 되었던 것으로 짐작이 된다. 그와의 교류는 귀국해서도 다소간 지속되기도 했다.

이렇게 해서 하버드 유학 생활 1년을 끝내고 귀국한 후 운이 좋게도 동국대학교 철학과 조교수로 채용되었고 유명한 황필호 교수와 터줏대감 격인 김용정 교수님의 도움을 받아 학교생활에도 안착할 수 있었다. 준비해간 박사학위 논문은 롤스의 조언 덕분으로 개선, 수정하여 이듬해 서울대학교 철학과에 제출하게 되었다. 지도교수는 고 김태길 교수님이었고, 심사위원은 서울대 김여수, 차인석 교수님, 고려대 철학과 김영철 교수님, 그리고 이화여대 철학과 소흥렬 교수님으로 정해졌다.

이렇게 해서 소흥렬 교수님과의 오랜 인연은 학술 지도를 통해 대단원에 이르게 되었다. 특히 소 교수님은 논문을 꼼꼼히 읽으시고 갖가지 필요한 조언을 해주심은 물론 학위 논문이 통과된 이후에는 이화여대 대학원 특강에 몇 차례 초대해주셔서 정의론 담론이 보다 다져질 수 있는 멋진 기회를 제공해주심에 감사드린다.

학위 논문은 무사히 통과되어 1983년 서울대에서 철학박사학위를 수여하게 되었고 학위 논문의 주제는 「고전적 공리주의와 J. 롤스의 정의로운 비교 연구」였다. 그 후 박사학위 논문에 정의론과 관련된 여타 논문 10여 편을 추가하여 문학과지성사에서 『사회정의의 철학적 기초』라는 제목의 단행본으로 출간하였다. 그리고 이 책은 한국철학회에서 후원하는 고 열암 박종홍 저작상 후보에 올라 시상하는 영예를 누리게 되었고 주요 일간지들이 앞다투어 소개하는 환대를 받기도 했다.

그 후 소흥렬 선생님은 나의 학위 논문을 과분하게 평가하셔서 이화여대 대학원에서 롤스 정의론 관련 특강을 여러 차례 마련하여 학생들과 소통할 수 있는 기회를 제공하셨고, 그 덕분에 논문의 디테일까지 손질하여 개선할 수 있는 여지를 마련해주셨다. 선생님께서는 내 논문에서 특히 자유와 평등의 조정 방식의 문제나 최소 수혜자 최우선 배려라는 부분에 각별한 관심을 가지시고 지속적인 질문을 해주셔서 그 점에서 논문을 다듬는 데 많은 도움을 주신 것으로 기억된다.

5. 『사회정의의 철학적 기초』 서평

소흥렬 선생님은 한국철학회에서 간행하는 『철학』지에 필자의 저서 『사회정의의 철학적 기초』에 대해 자발적으로 서평을 써주셨다. 서평은 "자유와 평등의 가치를 함께 추구할 수 있는가? 민주화와 사회정의의 실현을 함께 추진할 수 있는가? 그 두 가지 가치 중 어느 한 쪽을 강조해야 하지 않는가?"(소흥렬 1985, 133)라는 화두를 전제하고서 "자유를 강조함으로써 평등을 제한하거나 평등을 강조함으로써 자유를 제한할 수밖에 없으면서도 명분상으로는 그 두 가지를 다 함께 중요시하는 것처럼 내세우는 것이 아닐까? 예컨대 자유주의적 평등주의라고 할 때 그것은 자유를 사실상 더 중요시하자는 것인가, 아니면 평등을 사실상 더 중요시하자는 것인가?"(133)라는 후속 의문들을 제시하면서 서평을 시작하고 있다.

나아가 "이런 문제는 오늘날 우리 사회가 직면하고 있는 정치적 문제이기도 하며 정치사상의 문제 또는 사회윤리의 문제이기도 한 것이다. 그 문제의 심각성을 어떻게 느끼며 그것에 대한 관심의 차원을 어디에다 두느냐에 따라서 현실 정치의 문제로 볼 수도 있고 정치사상이나 사회윤리의 문제로 볼 수도 있는 것이다"(133)라고 전제한 후, "황경식 교수의 이 책은 그 제목에서 말하듯 사회정의의 문제를 철학적 관점 즉 사회윤리적 관점에서 논의해본 역작"(133)이라고 평가하면서 "한마디로 말하자면 존 롤스의 자유주의적 평등주의를 사회윤리적 이론의 관점에서 고찰해본 것이다"(133)라고 규정한다.

이어서 교수님은 롤스의 윤리사상이 "그가 현존하는 미국의 윤리학자로서 미국의 정치 현실과 정치사상적 논쟁에 큰 영향을 미치고 있다는 사실만으로도 우리의 관심을 끌 만하다"(133)고 말한 후, "이것은 우리 사회가 미국과 맺어온 정치경제적 현실 관계와 정치사상적 관계를 고려해볼 때 그럴 수밖에 없다는 뜻"(133)이라고 풀이한다. 그러나 소 교수님은 "롤스의 윤리사상은 그의 현실적 및 정치사상적 관계를 떠나서 현대 서양 윤리학의 주류를 이루는 것으로도 중요하다"(133)고 하면서 "롤스의 윤리사상은 이런 뜻에서 우리가 반드시 거쳐야 할 하나의 철학적 관문이라고 할 수 있다"(133)고 한다. 나아가서 소 교수님은 "황경식 교수는 우리가 그러한 관문을 통과하는 데 있어서 아주 충실한 안내자 역할을 하고 있다"(133-134)고 하면서 단행본의 기여를 다음과 같은 몇 가지 관점에서 정리하고 있다.

우선 첫째로 소 교수님은 "황 교수의 안내에 따르면 우리는 먼저 분석철학이 지배해온 영국과 미국에서의 윤리학이 종래의 분석철학적 관심에서 규범윤리학적 관심으로 방향 전환을 하고 있다는 사실을 엿보게 된다"(134)고 지적한다. 이어서 "롤스의 사회정의론이 철학 분야 밖의 다른 여러 분야들에서 크게 반응을 보이게 된 것은 그것이 분석윤리학의 풍토에서 피어난 규범윤리학적 업적이기 때문인 것이다"(134)라고 말한다.

그러나 소 교수님은 "롤스의 윤리사상이 널리 관심을 사게 된 이유에는 그의 윤리학적 관심 자체가 개인윤리적인 것에서 사회윤리적인 것으로 나아가게 된 것도 중요하다"(134)고 하면서 개인윤리와 사회윤리를 구별하는 것도 "우리가 황 교수의 안내를 따라가면서 보게 되는 현대 서양 윤리학의 한 측면"이라고 지적한다. 따라서 윤리학의 관심 문제에는 "항상 개인의 덕성과 개인의 행위를 윤리적으로 판단하는 문제가 중요하기는 하나, 그런 개인적 문제에 못지않게 중요시되어야 할 것이 사회제도나 구조상의 문제로서 이 같은 사회윤리적 관심 문제는 정치사상의 문제와 밀접한 관련성을 가질 수밖에 없다"(134)고 말한다.

그런데 좀 더 실질적으로 중요한 것으로 소 교수님께서 지적한 한 가지는, "롤스가 그의 사회윤리적 문제를 '사회정의(justice)'라는 개념을 중심으로 하여 풀어나가고 있다는 사실이 또한 중요하다"(134)고 전제하고서 "이렇게 함으로써 그는 자유보다는 평등을 더 중요시하는 윤리관을 선택하게 되었으며 그러한 자신의 사회정의론을 주장하기 위하여 기존의 공리주의를 비판하는 작업으로 시작한다"(134)고 하였다.

이어서 소 교수님에 따르면 "공리주의는 개인주의적이고 자유주의적인 서구 중 특히 영국과 미국의 정치사상을 더 잘 대변해주는 윤리관이라 할 수 있다고 한다. 그러나 공리주의의 입장에서도 평등의 문제 즉 사회정의의 문제를 다루지 않을 수 없기는 하지만 공리주의적 근거가 평등의 문제를 다루기에는 부적합하다"(134)는 것은 쉽게 짐작할 수 있다고 하면서 "그러므로 사회정의의 문제를 부각시킨 롤스는 공리주의를 비판하는 데 있어서 적어도 그것이 평등의 문제를 충분히 고려할 수 없음을 쉽게 비판할 수 있게 된다"(134)는 것이다.

끝으로 소 교수님은 "황 교수의 안내를 따라가면서 우리가 관심을 갖게 되는 또 한 가지 중요한 사실은 윤리학의 접근 방법에 관한 것"(134)이라고 언급하면서 두 가지 대표적인 접근 방식으로서 목적론적(teleological) 방법과 법칙론적(의무론적, deontological) 방법을 든다. 그리고 공리주의는 목적론적 방법을 택한 윤리관이며 롤스의 사회정의론은 법칙론적(의무론적) 방법을 택한 윤리관이라 하며, '고전적 공리주의와 롤스의 정의론' 간의 장단을 논구함으로써 정의론의 우위를 입증하고자 하는 필자의 주장에 대한 나름의 문제점을 지적하였다.

필자의 저서『사회정의의 철학적 기초』에 있어서 가장 핵심적인 논변은 위에서 말한바 고전적 공리주의와 롤스의 정의론을 대비하면서 정의론이 공리주의보다 윤리 이론으로서 우선적인 것으로 간주되어야 할 정당 근거를 제시하는 일이다. 이 점에 있어서 서평을 써주신 소 교수님의 입장은 필자의 입장과 다소 다르다는 생각인데, 선생님의 입장은 정의론과 공리주의는 양립 가능한 이론으로서 변증법적 지양의 가능성도 있는 것으로 본다. 그러나 필자의 저서에서도 명시된 바와 같이 공리주의적인 원칙과 롤스의 정의의 두 원칙은 다음과 같은 근본적인 입장에서 상반된 길을 가는 것이 명약관화하다는 점을 강조하는 것으로 글을 마무리하고자 한다.

우선 롤스 자신도『정의론』에서 지적한 바와 같이 정의의 제1원칙과 제2원칙에는 공리의 원칙이 들어설 여지가 없으며, 굳이 서열을 매긴다면 공리의 원칙은 제3의 원칙이 될 수 있다는 것이다. 따라서 정의의 제1원칙은 최대의 평등한 자유의 원칙(Principle of Equal Liberty), 제2원칙은 기회균등에 의거한 차등의 원칙(Difference Principle)이라 할 수 있고, 굳이 우선순위를 매긴다면 제3의 원칙은 공리의 원칙(Utility Principle)이라 할 수 있다. 그리고 이들 원칙 간에는 축차적 서열이 엄격히 적용된다 할 것이다. 다시 말하면 앞선 원칙이 충족된 다음에라야 후속 원칙이 고려될 수 있을 뿐 그들 간에 교환이나 흥정은 불가하다 할 것이다.

그리고 롤스 자신이 명시적으로 밝히고 있듯 정의의 원칙은 정의의 일반 원칙과 정의의 특수 원칙으로서 정의의 두 원칙으로 구분된다. 그리고 일반 원칙은 사회경제적 발전이 미진한 단계에 적용되는 원칙이라면 특수 원칙은 사회경제적 발전이 상당 수준에 이르렀을 때부터 적용되는 것으로서, 미진한 단계에서는 자유의 가치와 다른 사회경제적 가치의 상호 교환이 가능하나 상당한 수준에 이르러서는 자유의 우선적 가치가 양보될 수 없다는 것이다. 그래서 정의의 두 원칙 중 제1원칙은 평등한 자유 우선의 원칙이라 하게 된다는 것이다.

결국 공리의 원칙과 정의의 원칙은 양립 가능하거나 변증법적 지양의 가능성이 있다고 할 수는 없으며 위의 논의에서 알 수 있듯 정의의 원칙과 공리의 원칙은 우선순위에 있어서 상호 교환 불가능하다 할 것이다. 그리고 사회경제적 발달 과정에 있어서도 각기 다른 단계와 타이밍에 적용 가능한 것으로서 정의의 두 원칙이 적용되는 상황에서 더 큰 사회경제적 가치를 위해 우리의 인간으로서의 자유나 인간으로서의 자존감(self-respect)을 희생할 수 없는 것이다. 이는 롤스 정의론이 가장 강조하고자 하는 것으로서 인간은 어떤 정치적 명분이나 사회경제적 흥정에도 희생될 수 없는 인간으로서의 불가침성(inviolability)을 갖는다는 표현이 웅변적으로 보여주고 있다 할 것이다.

참고문헌

소흥렬, 「황경식 저, 『사회정의의 철학적 기초』」, 『철학』 23집, 한국철학회, 1985, 133-136.

철학자 소흥렬 선생님을 추억하며

김혜숙

이화여자대학교 철학과 명예교수

갑작스럽게 전해 받은 소 선생님의 부음은 현실감이 들지 않았다. 소 선생님이 세상을 떠나셨다니…. 나이 들어 부모님을 비롯하여 주변 분들이 떠나실 때면 언제나 그랬던 것 같다. 얼마 전 서광선 선생님께서 돌아가셨을 때도 마찬가지였다. 세상을 떠나셨다는 말이 머릿속 빈 공간을 울릴 뿐 현실적으로도 실체적으로도 느껴지지 않는 것이다. 너무나 당연히 손 닿을 수 있는 그곳에, 전화 드리면 예의 그 목소리로 받아주실 줄 알았던 선생님들께서 한 분, 두 분씩 우리 곁을 떠나고 있다. 하기는 나의 나이도 70을 바라보고 있으니 더 할 말이 없기는 하다. 시간이 끊임없이 흘러가고 있고 아무것도 제자리에 머물러 있지 않으며 인간 삶이 유한하다는 것을 분명히 알고는 있지만 내 주변은 항상 그렇게 변함없이 머물러 있을 것 같은 어리석은 믿음과의 괴리를 이런 때면 느끼곤 한다.

소 선생님을 처음 어떻게 뵙게 되었는지는 기억에 남아 있지 않다. 1976년 대학을 졸업할 때까지는 아마도 소 선생님을 뵌 적이 없었던 것 같다. 철학과 대학원 진학을 하기 위해 당시 학과장을 맡고 있으셨던 소 선생님을 뵈었던 것이 첫 만남이었던 것 같다. 당시 철학과는 1974년에 첫 학부 입학생을 받았기 때문에 대학원 과정이 없었고 나는 기독교학과 철학 전공으로 1977년 대학원에 진학했다. 당시 기독교학과에는 철학 분야와 가까운 지경에서 연구하고 강의를 하셨던 허혁 선생님과 서광선 선생님이 계셨는데, 나는 서광선 선생님의 '현대 서양철학' 강의를 4학년 때 들었던 경험이 있었다. 대학을 졸업할 당시에 나는 공부를 할 생각을 갖고 있지 않았고 경제적으로 독립을 하고 싶은 욕구에서 취직을 했다. 그러나 직장생활을 한 지 1년 정도가 지나면서 계속 이렇게 살 수는 없겠다는 생각이 들었고 대학원에 진학해야겠다는 생각을 하게 되었다. 무언가 좀 더 알아야겠다는 생각 때문이었다. 무언가 중요한 판단을 하고 결정을 해야 하는 상황에 처함에 있어 나의 앎이 얼마나 피상적이고 표피적인지를 느낄 때마다 이렇게 살 수는 없겠다는 생각이 들었던 것이다.

지금 같으면 어려웠을 것 같기도 한데 당시 허술했던 사회환경에서 나는 직장에 양해를 구하고 대학원 공부를 병행하는 생활을 대학원 졸업 때까지 했다. 당시 철학과와 기독교학과는 교수들이 상당히 자유롭고 가깝게 지내고 있었던 것으로 기억한다. 당대 기라성 같은 신학자들이 기독교학과에 계셨고 신생 철학과에는 소흥렬 선생님과 신옥희 선생님, 그리고 미국에서 갓 돌아오신 청바지 차림의 정대현 선생님께서 강의를 나오고 있으셨다. 박정희 정권 막바지였던 학부 시절, 입학한 첫 학기를 제외하고는 단 한 학기도 제대로 수업이 이루어진 적이 없었던 대학생활을 했던 나로서는 대학원 생활이 참으로 신선했다. 거기에 더해 철학과와 기독교학과 선생님들이 학생들에 대해 보여주신 자유롭고 친밀한 태도는 답답한 독재정치의 현실 속에서도 새로운 대학생활의 즐거움을 주었다.

1. 대화의 철학자

철학과 대학원 수업을 들으면서 겪은 어려움은 철학 텍스트 읽기와 글쓰기에 있었다. 소설과 사회과학 분야의 글들을 주로 읽었던 나로서는 '논변'의 중요성과 논리적 사고방식, 논증적 글쓰기에 대한 개념이 별로 없었고, 소설이나 사회과학 책을 읽을 때처럼 대강의 줄거리와 문제되는 상황 파악을 하는 데 익숙해 있었다. 철학을 공부하면서 나는 이런 나의 독서 습관을 철저하게 바꾸어야 했으며 몇 번씩 다시 들여다보면서 자세하게 정독하는 법을 익혀야 했고 논증적 방식의 글쓰기를 하기 위해 노력해야 했다. 이 공부의 기초는 내가 미국 유학을 가서 공부하는 데 많은 도움이 되었다.

영어가 모국어가 아닌 외국인으로서 철학을 공부하면서 가장 중요한 것은 그들이 이해할 수 있도록 말하고 글을 쓰는 일이었다. 이런 목적을 달성하는 데 명료하고 논리적으로 사고하고 글을 쓰는 일만큼 효과적인 것은 없다. 멋진 글을 쓰는 것은 무엇을 말하는 것인지를 명료하게 하는 것 다음의 문제였다. 소홍렬 선생님으로부터 나는 논리적 사고와 글쓰기의 중요성을 배웠다. 소 선생님의 탁월성은 상대방의 말과 글을 매우 정확하게, 그리고 매우 현실적인 방식으로 이해하고 풀어주시는 데 있었다. 소 선생님은 말과 글과 의도를 액면가(face value) 그대로, 조금의 덤이나 에누리 없는 그 값으로 파악하고 말씀하셨다. 나는 그렇게 느꼈다. 지금껏 살아오면서 이 면에서 소 선생님보다 더 탁월한 사람을 본 일이 없었던 것 같다. 때로 냉정하다 못해 냉혈적으로까지 느껴질 정도로 객관적으로, 상대방의 인간에 개입함이 없이 판단하는 능력은 너절한 감정으로부터 자유롭고 싶었던 나에게는 경이롭게까지 보였다.

당시 이화여대 철학과에서는 소홍렬 선생님과 정대현 선생님 중심으로 언어분석철학적 방법이 매우 중시되고 있었다. 대학원 학생들과 함께 중요 논문들을 읽고 열띤 세미나가 이루어지는 일이 다반사였다. 아직도 "프랑스 왕은 대머리이다"라는 문장이 진리치를 갖는가 아닌가에 관한 러셀과 스트로슨 사이의 논쟁을 다루면서 어려운 수학 문제를 풀 듯이 머리를 싸매고 생각하며 토론을 이어갔던 일이 기억에 남아 있다. 그런 세미나를 하고 나면 정신이 정화되는 느낌과 함께 알 수 없는 깊이를 가지는 인간 사유 세계의 끝까지 가보고 싶다는 열망이 생겨나고는 했다. 그만큼 당시 수정과도 같은 지식의 결정체를 갖고 싶어 했던 젊은 날의 나에게 분석철학은 특별한 매력으로 다가왔다.

철학과 대학원 세미나에는 학생들이 매우 활발하게 참여하였고 소 선생님을 비롯한 모든 교수들이 학생들의 토론과 자기 논리의 전개를 끝없이 격려해주셨다. 과 형성 초기였기에 교수들은 매우 열성적으로 학생들을 지도하고 격려해주셨다. 학부생들에게도 마찬가지였고 당시 그런 철학과 분위기를 만드는 중심에 소 선생님이 계셨다. 학생들의 어떤 엉터리 말이라도 진정성 있는 태도로 들어주셨고 그에 대해 대응을 해주셨다. 나는 모든 교수들이 그러한 줄로 알았다. 그래서 기독교 학과의 어느 교수님 강의를 들으면서 그냥 내 마음속에 생각과 의문이 생기면 질문을 하고는 했는데, 그 교수님은 내가 당신의 강의를 일부러 방해할 요량으로 그런다고 생각하시고는 몹시 화를 내신 일도 있었다.

소 선생님은 철학이 혼자의 사유 속에서가 아니라 대화와 토론을 통해 성장하는 것임을 몸소 보여주셨고 본인 스스로 그 힘을 믿으셨던 것으로 보인다. 선생님의 글은 매우 평이하게 쓰여 있어서 술술 읽힌다. 그것은 현실과 상식에 기초하면서 다른 사람과 대화하듯이 사유를 진행해나가는 소 선생님 특유의 스타일 때문이라고 생각한다. 그것은 독단과 교조적 신념에 기초해 철학을 강의하고 연구하는 많은 철학 교수들과는 다른 태도였다. 소크라테스의 대화의 철학이 한국의 소흥렬에게서 꽃피웠던 것이 아닐까 한다. 이제 2024년이 되면 50주년이 되는 이화여대 철학과의 지난 역사는 그 열매라고 할 수도 있을 것이다.

2. 고뇌하는 철학자

소 선생님을 생각하면 떠오르는 모습이 있다. 허름한 트위드 천의 재킷과 헐렁한 바지에 낡은 구두와 오래된 누런 투박한 모양의 소가죽 가방, 그러나 모든 것이 결코 싼 티가 나지는 않는 그런 차림으로 약 45도 각도로 땅을 보시면서 무언가 생각하듯 빠르지 않은 걸음걸이로 걷는 모습. 학생들은 그런 소 선생님을 철학자의 모습이라 받아들였던 것 같고 또 그런 선생님을 흠모하는 학생들도 많았다. 소 선생님을 선생님으로 뵈었고, 또 같은 과 교수로 뵈었던 시간이 따지고 보면 꽤 길었다. 그럼에도 선생님의 내면을 가까이할 기회는 많지 않았던 것 같다. 매우 개방적이고 자유로운 사고를 가지셨지만 또 한편으로 매우 내성적인 성격을 가지셨던 것 같다. 일제강점기에 태어나 어려운 시절을 지나온 내 위 세대들이 그러하듯이 소 선생님 또한 많은 우여곡절과 이야기가 있으셨을 테지만 그 이야기를 직접 하시는 일은 없었다. 그럼에도 그런 시대를 지나온 그 세대 사람들과 달리 소 선생님이 서양철학을 받아들이고 공부한 방식은 틀에 매이지 않고 자유로웠다. 나는 소 선생님에게서 문제 중심으로 철학을 접근하는 태도를 배웠고 철학의 역사에 매몰되지 않고 철학 문제들을 자기의 관점에서 주제화하는 것이 가치 있는 일이라는 것을 배웠다. 분석철학 자체가 그런 성격을 갖고 있었던 것이기도 하지만 유난히 자존심과 고집이 강하셨던 소 선생님에게서 두드러진 태도이기도 했다. 내 기억으로 소 선생님은 당신의 문제들을 가지고 철학을 공부하셨고 이런 태도는 시종여일했다고 본다. 이것이 당연하다고 생각할지 모르지만 대체로 거꾸로인 경우가 많다. 즉 철학이란 제도적 학문을 공부하다 거기에서 얻은 문제들이 자기 문제가 되는 경우가 많다는 것이다.

내가 대학원을 다니던 시기는 1977년에서 1979년 사이였고 교수 생활을 시작한 것은 1987년이었다. 당시 대학은 여전히 정치적 구호가 난무하는 혼란의 공간이었다. 내가 대학 다니던 시절에는 운동권 학생은 아주 소수였다. 그러나 1987년 유학에서 돌아와서 보니 내 눈에는 거의 대다수가 운동권 학생이 되어 있었다. 시위와 최루탄은 일상이 되어 있었다. 운동권 학생이 소수였음에도 매 학기 휴교령이 내려졌던 학부 시절과 달리 내가 교수를 시작할 당시에는 휴강도 휴교도 없이 강의는 진행되었고 학생들은 시위에 참여하여 붉게 상기된 얼굴로 강의실에 들어와 수업을 받고는 했다. 내가 부재했던 시간 속에서 상황은 더 악화되었고 지식인들의 고뇌는 더 깊어져 있었다. 가까이 또는 멀리서 해직된 교수들이 있었고 대학은 매우 어수선하였다. 한국철학회 내에도 이념적, 정치적 대립이 생겨나면서 분열되는 상황이 생겨나고 있었다. 소 선생님 또한 그런 상황 안에서 심적으로 매우 힘드셨던 것 같았다.

지금은 '지식인의 사회적 역할'이란 말이 과잉으로 들리는 말이 되었지만 당시에는 많은 지식인들이 고민해야 했던 화두였다. 당시 교수들은 해직이 되어도 걱정, 해직이 안 되어도 자괴감을 느끼는 그런 불안정한 감정의 상태 속에서 살아야 했다. 소 선생님은 그런 상황 속에서 분석철학을 떠나 사회철학, 정치철학, 윤리학 쪽으로 관심을 많이 기울이시게 된 것 같았다. 논리실증주의의 영향을 많이 받은 분석철학의 철학적 경향은 유물론과 경험적 실재론이라고 할 수 있다. 그런 의미에서 보면 소 선생님의 지적 여로는 일관되다고 할 수 있을 것이다. 어려운 사회 상황 안에서 맞닥뜨리게 된 문제들을 철학적으로 주제화하고 그것을 자기 나름의 방식으로 풀기 위해 애쓰던 선생님의 모습이 무거운 낡은 소가죽 가방을 들고 천천히 땅을 보며 걷던 선생님의 모습에 오버랩되어 떠오른다.

3. 자연주의자의 신

소 선생님은 신학에도 많은 관심을 가졌던 것으로 알고 있고 승가대학에 오랫동안 강의를 나가셨던 것으로 안다. 선생님께서 특별하게 기독교 신앙을 보이셨던 적은 없었으나 언젠가 당신이 기도를 드린 일화를 말씀하셨던 것이 기억난다. 아드님이 공부하기 위해 미국행 비행기를 타고 떠난 뒤 기도를 했다는 말씀을 하셨다. 사람의 힘으로 어찌할 수 없는 상황에서 우리는 나를 넘어선 알 수 없는 큰 힘에 의지하고자 하는 마음을 갖게 된다. 소 선생님 또한 초월적 인격신으로서의 하나님의 존재에 대한 명시적 신앙을 가지지 못하였음에도 당시 기도를 하고 싶었던 아비의 마음을 이기지 못하셨던 것이리라.

과 교수들이 만나 이야기를 나누는 기회에 선생님은 심리철학자로서 종종 우주적 마인드를 언급하시고는 했던 것으로 기억한다. 결국 신이란 우주가 아닐까, 우주 자체가 하나의 거대한 마음이 아닐까 하고 소 선생님은 생각하셨다. 나는 과학자가 아니어서 과학자들이 어떻게 기독교 신을 받아들이는지는 잘 알지 못한다. 분명 과학적으로 증명할 수는 없을 것이고 과학을 공부하면서 자연의 신비로움과 인간 이성의 한계를 경험하면서 더 큰 초월적 존재를 받아들이게 되는 것인지 모르겠다. 그러나 철학자들은 신을 받아들이기 위해 우선 논리적으로 신적 존재를 이해하고자 노력하였다. 그래서 어떤 철학자는 신의 존재를 증명하고자 노력하기까지 하였다. 반면 아예 그런 이성적 노력을 포기하고 질박한 신앙을 강조했던 에라스무스 같은 철학자도 있었다.

데카르트는 신이 자유의지를 갖는다고 생각했다. 인간은 수학적 필연이나 논리적 필연에서 자유롭지 못하지만, 신은 인간의 논리를 넘어서 있는 존재라고 생각했다. 그래서 신은 모순율도 위반할 수가 있다고 보았다. 인간은 모순율을 위반할 수 있는 존재를 이해할 수도 상상할 수도 없다. 반면 스피노자는 신이 존재한다면 신 또한 세상에 존재하는 것을 넘어설 수 없다고 보았다. 신 또한 논리적, 자연적 필연을 벗어날 수 없으며 그런 의미에서 자유의지를 가질 수 없다고 보았다. 라이프니츠는 적절히 타협하여 신의 은총이라는 개념을 통해 최선의 세계 존재의 근거를 설명하고자 하였다. 결과론적으로 보았을 때 이 세계는 이미 존재하고 있고 이 세계가 존재한다면 거기에는 이유(원인(cause)이 아니라 이유(reason))가 있을 것이고 신의 은총이 그 이유가 된다. 어찌 보면 소 선생님의 신은 스피노자의 신에 가까운 듯하다.

나는 소 선생님을 자연주의자라고 생각한다. 소 선생님의 철학적 합리성의 관점에서 초월적 신을 받아들이는 일은 쉬운 일이 아니었을 것이다. 『이기적 유전자』를 쓴 도킨스는 '인간이 만든 신'이라 조롱하였지만, 나는 신의 존재나 신앙이 도킨스와 같은 과학적 유물론자들에게서 조롱받을 일은 아니라고 생각한다. 인간은 아직 태양계도 다 탐색하지 못했고 이제 겨우 태양계의 끝이 어디쯤일까를 추정하고 있을 뿐이다. 지구상에도 알 수 없는 것들이 얼마나 되는지도 알 수 없다. 하물며 신에 관해, 전체 존재와 그 근거에 관해 무엇을 알 수 있다는 말인가. 자연주의자는 자연을 넘어서는 초월을 받아들이지는 못하지만 자연이 지니는 초월적 특성을 부정하지는 않는다. 자연 자체가 우리에게는 거대한 심연으로, 거대한 신비로 있음을 받아들이면 그것이 우주적 마음이라고 볼 수도 있을 것이다.

우주적 마음이 근원적 실체라면 모든 것은 그 마음의 일부이며 그 마음의 한 양상, 한 양태가 될 것이다. 이것은 모든 것이 마음에 달려 있으며 모든 현상은 마음이 만들어낸 하나의 상(象)이라는 불교의 '일체유심조(一切唯心造)'와 일맥상통하는 것이 된다. 어쩌면 소 선생님은 당신 학문의 출발점이었던 심리철학으로 결국 돌아와 불교를 통해 신과 마주한 것이 아닌가 하는 생각이 들기도 한다. 유물론자가 자연주의를 통해 유심론과 만나게 된 것은 아이러니같이 보인다. 그러나 왜 태어났는지, 왜 사는지도 모른 채 죽도록 애를 쓰며 살다 죽는 인간의 삶 자체가 아이러니가 아닌가.

대학원생 시절 아무도 없는 일요일 학과 사무실에 나와 정적이 흐르는 캠퍼스 속에서 공부를 하고 있던 적이 있었다. 오후 시간에 사무실 문을 여는 소리에 돌아보니 소 선생님께서 가족들과 함께 들어오고 계셨다. 내가 있는 줄 모르고 가족과 함께 밖에서 점심을 드시고 잠시 들르신 것이었다. 당시 내 눈에 비친 소 선생님의 행복한 하루가 내 기억 속에 선명히 남아 있다. 총장이 된 직후 내가 드린 인사 전화에 축하 말씀을 주셨던 밝고 힘 있는 선생님 목소리도 아마 잊지 못할 것 같다. 항상 빙긋한 그 웃음과 청아하게 울리는 선생님의 목소리는 철학이 내게 준 행복을 기억하는 한 내 기억 안에 남아 있을 것이다. 어느새 우리 모두에게 시간이 많이 흘렀다. 길다면 길다고도 할 수 있는 시간의 한 장을 넘기면서 소 선생님을 함께 보내드려야 할 것 같다.

선생님과 함께했던 시간들이 행복했고 좋은 기억들 만들어주신 것에 대해 감사를 드립니다. 이제 당신의 신을 만나 영원한 평안과 안식을 누리시기를 바랍니다.

'궁극적 관심'의 화두를 품고 걸어간
철학적 수행의 길

노성숙
한국상담대학원대학교 상담심리학과 교수

1. 고(故) 소흥렬 교수님의 부재를 통해 다시 만난
철학자로서의 은사(恩師)의 의미

　내가 소흥렬 교수님의 부고를 접한 것은 모처럼 오랜 기다림 끝에 그리스 여행길에 올라 막 아테네에 도착했을 때였다. 만약 한국에 있어서 문상이라도 갈 수 있었더라면 교수님의 마지막 영정사진이라도 접했을 것이다. 또한 교수님을 추모하러 모인 옛 교수님들, 선후배, 동료들을 만나, 더 이상 뵐 수 없다는 현실의 슬픈 감정을 이야기하고 뭔가 조금이라도 애도의 시간을 가졌을 것이다. 그런데 그저 급작스럽게 전해진 비보만을 접했을 뿐, 그 이후는 그저 뚝 끊어져버린 관계의 완벽한 단절로 남아 있었다.

　새삼 뒤늦은 원고 청탁을 받고 소 교수님과의 인연을 되돌아보자니, 조금은 막막했고 단편적인 만남의 장면들이 소환되었다. 어디서부터 어떻게 그 인연의 족적을 정리해야 할지 막연하기만 했다. 물론 나는 이화여대 학부와 대학원에서 교수님의 강의를 들었다. 그러나 교수님의 지도 학생도 아니었고, 돌이켜보니 교수님을 가까이에서 사적으로 만날 수 있었던 인연은 아니었다. 소 교수님을 떠올리면서 내게 가장 강력하게 남아 있는 장면은 내가 하이데거에 대한 석사 논문을 쓰고 나서 논문 심사를 받았을 때였다. 그 당시 신촌의 철학과들은 '영미 분석철학'의 메카라고 해도 과언이 아닐 정도의 자부심을 드러내던 분위기에 휩싸여 있었다. 소 교수님의 심사평을 들으면서 나는 이대에서 철학과를 다녔는데도 분석철학을 전공하지 않고 오히려 '하이데거의 진리의 문제'에 대해 논문을 썼다는 사실에 대해 이미 언짢아하고 계셨다는 것을 충분히 느낄 수 있었고, 그에 대해 나 역시도 잊을 수 없는 당혹감을 느꼈다.

소 교수님께서 우리 곁을 떠나시고 나서 한참이 지나서야 이 추모의 글을 쓰면서 나는 학창 시절을 회상할 때 지녀왔던 단편적인 기억의 조각들을 넘어서서 오히려 '철학자'로서의 은사(恩師)의 의미를 회고하며 되짚어볼 수 있는 기회를 얻게 되었다. 이 글에서 나는 선생님(이후 선생님은 소 교수님을 지칭)께서 마지막으로 남기신 철학 강의 자료인 『철학적 수채화』를 읽으면서, 선생님의 부재 속에서도 여전히 남아 있는 스승의 가르침과 그것이 지금 내 삶에 계속해서 어떤 의미를 만들어내고 있는지에 대해 생각해보고자 한다.

2. 『철학적 수채화』에서 만난 한 외로운 철학자의 오솔길

『철학적 수채화』는 선생님께서 "한 폭의 수채화를 그리듯 쓴 글"(소흥렬 2009, 5)이다. 선생님은 평소대로 철학 강의의 내용을 글로 쓰시면서 선생님의 생각을 가능한 한 명쾌한 논리로 전개함으로써 학생들이 함께 생각하도록 초대하셨다.

내가 이 책을 접하면서 참으로 좋았던 점은 첫째로 내가 알고 기억하던 선생님의 모습이 한 인간 전체로 볼 때 얼마나 단편적이었고 빙산의 일각에 불과했는지를 깊이 깨달을 수 있었다는 것이고, 둘째로 철학 학자이자 철학자로서 선생님의 마지막 여정을 조금은 더 가까이 접할 수 있었다는 것이다. 나는 워낙 분야를 막론하고 학자로서 일생을 살았던 교수가 정년퇴임을 할 때 무슨 말을 하는지에 개인적으로 관심이 많다. 더욱이 철학 학자로서 교단을 떠날 때 과연 어떤 말로 그 삶의 궤적을 정리해서 표현하는지에 대해 호기심을 지니고 있다. 특히 소 선생님께서, 내게는 다소 갑작스럽게, 이화여대에서 포항공대로 자리를 옮기셨기 때문에 그분의 마지막 교단생활을 딱히 접할 기회가 없었다. 그런데 『철학적 수채화』는 정년퇴임 즈음 선생님이 '철학 학자' 이자 '철학자'로서 무엇을 느꼈고 어떤 말을 남기고 싶으셨는지를 확인할 수 있어서 참으로 반갑고 매우 흥미롭게 다가왔다.

『철학적 수채화』는 철학자로서 선생님 자신의 인생에 대해 의미를 물어보고 사색하는 작업을 담고 있다. "자신의 인생에 대하여 철학적으로 음미해본다는 것은 인생의 의미를 물어본다는 것이다. 인생의 역사에 대한 의미를 물어보는 것이다."(13) 선생님의 인생을 철학적으로 음미하는 작업이자 선생님 개인의 인생을 하나의 역사로 보고 철학적 소설로 작성하는 작업은 시간을 거슬러서 1958년 크리스마스 방학에서 시작되었다. 당시 선생님은 대학 캠퍼스에 홀로 남아 건축학을 포기하고 철학으로 전공을 바꾸는 중요한 결정을 외롭게 내리셨다.

그런데 선생님은 미국 유학 시절 건축학에서 신학, 신학에서 철학으로 전공을 바꾸면서 느꼈던 지독한 어려움과 외로움의 여정을 버텨오면서 생긴 힘이 그 이후 한국에서 45년여 동안 철학 교수 생활의 역경과 위기를 이겨낼 수 있는 강인한 뿌리가 되었다고 쓰셨다. 선생님의 미국 유학 생활은 '수도승'과 같은 삶이었다고 한다. 수도승 같은 수행의 길을 통해 살아남았기 때문에 오히려 강인함과 함께 유연함과 침착함이 몸에 배었고, 바로 그 힘이 한국에서 교수 생활을 하는 데에 온갖 역사의 짐이 던져준 고통을 이겨내고 한 철학자로서의 수행의 길을 걸어갈 수 있는 원동력이 되었으며, 그 긴 과정은 마침내 이화여대에서 포항공대를 거쳐 종지부를 찍게 되었다.

선생님은 예수, 노자, 소크라테스, 붓다를 스승으로 삼으셨다. 선생님께 소크라테스는 철학자의 길을 보여주었고, 예수는 역사적 사건의 의미를 이해할 수 있게 해주었으며, 노자는 자연주의자가 되는 길을 열어주었고, 붓다의 길은 선생님의 순례와 수행의 과정이 계속해서 완성도를 지향하는 의미 있는 것임을 인정해주는 것이었다. 이렇게 종교와 철학 사이의 오솔길을 평생 걸어가신 그 모습이 『철학적 수채화』에 진솔하게 담겨 있다.

3. 교수 생활의 버팀목이 된 유학 생활의 강인함

선생님이 사셨던 인생의 역사에 대한 의미를 접하면서, 나는 선생님께서 유학 시절에 겪으셨던 미국 문화의 사회적이고 역사적인 맥락, 그리고 한국에서 감내해야 했던 사회적이고 역사적인 맥락을 매우 구체적으로 뒤따라갈 수 있었다.

나는 선생님을 대학 시절에 그저 '분석철학'에 대한 강의를 통해서 만났고 선생님의 개인사는 정말로 잘 모르고 있었다. 그래서인지 선생님께서 유학 시절에 미국 문화의 역사적 맥락에서 자신 앞에 놓인 삶에 대한 '실존적' 고민과 갈등을 매우 치열하게 하셨다는 사실이 내게는 신선하고도 감명 깊게 다가왔다. 선생님께서 "Bridge Over Troubled Water"와 "You Raise Me Up"을 들으시면서 자신도 주체할 수 없이 하염없는 눈물을 흘리셨다는 장면은 더욱 촉촉하게 마음속 깊이 젖어 들었다. 이 음악들은 선생님의 지나온 삶 속에서 지혜만으로 해결할 수 없었던 힘든 과거를 떠올리게 했으며, "그 어려운 유학 생활에서도 그 험난한 강을 건너게 해준 그런 다리가 없었다"(18)는 생각이 울컥 치밀도록 했다. 나도 너무나 좋아하는 팝송들을 선생님도 좋아하셨다는 걸 알게 되면서, 선생님을 다시 만나는 장면의 BGM으로 이 두 노래를 틀어놓고 싶어졌다.

선생님은 45년 교수 생활에서의 수많은 위기와 역경을 유학 시절에 생긴 힘, 즉 "반항할 수도 있고, 저항할 수도 있고, 투쟁할 수 있는 강인함"(19), 의지력의 강인함으로 견디어냈다고 술회하셨다. 선생님의 유학 생활과 교수 생활이 만만치 않았다는 것도 새롭게 알게 된 사실이다. 선생님의 유학 생활을 지켜본 한 미국 친구가 "왜 수도승(monk)처럼 살아가느냐?"(20)고 물어보았다고 했다. 힘든 유학 생활에서 처음에는 우수했지만 사라져버린 선배들이 기독교 신앙의 힘만으로는 버틸 수 없었던 데에 반해, 수도승 같은 수행의 길을 살았던 선생님은 살아남았다고 쓰셨다. 유학 생활을 버텨낸 힘이 수도승과 같은 유연함과 침착함을 겸비한 강인함이라는 말이 매우 묵직하게 와 닿았다.

나는 선생님이 건축학을 포기하고 철학의 길을 택한 이유가 매우 궁금해졌다. "내가 건축학을 포기하고 철학의 길을 택한 것은 건축학도로서의 성장 가능성을 의심했기 때문이다. 건축학도로서 필요한 문화적 체험과 교육이 내게는 없었던 것이다."(21) 나 역시도 한국에서 석사 논문을 썼던 '하이데거'라는 사상가로부터 '아도르노'라는 새로운 사상가로 박사 논문 주제를 바꾸고 나서 독일 유학 시절에 부딪혔던 가장 큰 난관은 독일어만이 아니라 아도르노가 전제하고 있던 유럽 문화와 예술에 대한 경험의 결핍이었다는 사실이 머릿속에 다시 떠오르는 대목이었다.

4. '궁극적 관심'이라는 삶의 화두

이 책에서 내가 가장 반전이라고 느낀 점은 선생님이 스스로 철학자가 되어 문화 창조에 참여할 수 있는 능력을 확인하게 된 계기로 폴 틸리히의 '궁극적 관심(the ultimate concern)'을 언급하신 데에 있다. 나는 정말로 깜짝 놀랐다. 틸리히의 '궁극적 관심'이 선생님께서 철학을 계속할 수 있게 해준 화두였다니! 선생님께서는 이 개념이야말로 자신의 삶의 화두였다고 여러 번 명시적으로 서술하셨고, 건축학, 신학, 철학 공부를 옮겨가면서 뿐만이 아니라 종교와 예술, 문학과 철학의 분야에서 자신의 일생을 관통했던 관심이었다고 쓰셨다.

틸리히는 정말로 많은 철학자, 신학자, 상담자에게 영감을 주었던 독일의 신학자이다. 또한 그는 오늘날 미국에서 '실존주의 심리학'이 탄생하는 데 아주 중요한 역할을 했던 롤로 메이의 스승이기도 하다. 틸리히로부터 메이로 이어져 내려온 실존주의 사상의 역사적 흐름은 최근 들어 미국에서 어빈 얄롬에 이르러 새로운 꽃을 피우고 있다. 다시 말해 틸리히의 '궁극적 관심'은 이제 단순히 신학과 철학의 이론적 차원을 넘어서서 얄롬의 '실존주의 심리치료'의 굳건한 실천적인 토대가 되었다. 얄롬은 자신의 내담자들이 겪는 심리적 고통을 지켜보면서 그 안에 실존적 인간으로서의 '공통 요인'이 자리 잡고 있다고 보았다. 따라서 그는 '궁극적 관심'을 '죽음', '소외', '자유', '무의미'로 나누어서 치료적 국면으로 심화시켰으며, 상담 및 심리치료자들이 이러한 네 가지의 궁극적 관심에 관심을 기울일 것을 당부한 바 있다.

소 선생님은 철학과 종교 사이의 영역에 놓인 '궁극적 관심'을 단순히 '마음'의 기능이라기보다는 '영혼의 관심'으로 간주하셨다.

" '궁극적 관심'은 영혼의 관심을 말한다. 영감을 얻게 하는 관심이며,

그런 영감을 영혼의 감동으로 전하게 하는 관심을 말한다. 그러면서도 영혼의 기능에 민감해지는 것을 말한다. 현실세계 속에서도 다른 사람들의 영혼에 관심을 갖게 하는 것이다. 영혼의 아픔을 느끼게 하고, 영혼의 소리, 영혼의 갈망을 듣게 하는 것이다. 뿐만 아니라 역사 속에서도, 역사의 이상을 추구하는 데서도 영혼의 문제를 심각하게 받아들이도록 한다. 이처럼 영혼의 문제에 관심을 둘 때, '궁극적 관심'은 현실적 관심과 역사적 관심, 그리고 이상적 관심과 연관이 되어 전체적 관심으로 표현될 수 있다는 것이다."(86)

이 부분을 읽으면서 나는 학창 시절에는 감히 짐작하지도 못했던 선생님의 근본적인 철학적 동력이 바로 소크라테스로부터 시작되어 키에르케고르까지 이어져 내려온 '영혼에 대한 관심'이라는 것을 아주 뒤늦게야 깨닫게 되었다. 이는 최근 들어 내가 가장 큰 관심을 쏟고 있는 철학 상담의 정신과 일맥상통하는 부분이다. 즉, 소크라테스를 필두로 하는 철학적 대화이자 오늘날 '철학 실천으로서의 철학 상담'이 표방하고 있는 정신인 것이다.

5. 소크라테스를 따르는 혁명적 비판자로서의 철학자의 역할과 역사적 사명

선생님께서 소크라테스의 매력에 푹 빠져 계셨던 것은 결코 우연이 아니었다. "소크라테스는 내게 철학자의 길을 보여주었다. 철학 강의를 시작하면서 점점 더 나는 소크라테스의 역할을 하게 된 철학자임을 확인해갔다."(26) 그런데 유학 생활을 마치고 나서 선생님이 가고자 했던 소크라테스와 같은 철학자의 길은 과연 어떠했을까? 선생님의 표현을 그대로 옮겨보자면, "유학 생활에서의 고통이 성장의 짐 때문이었다면,

교수 생활에서의 고통은 역사의 짐 때문이었다."(22) 소크라테스를 뒤따르면서 교수로서 선생님이 느낀 역사의 짐이란 대체 무엇이었으며, 그 짐을 어떻게 짊어지고 사셨을까?

선생님은 철학 강의가 "권력자의 입장에서 볼 때는 젊은이들을 타락시키는 강의가 되어야 한다"(27)고 생각하셨다. 그러나 철학으로 군중을 선동할 수는 있으리라는 것은 착각이자 망상이라고 보았으며, 철학자가 보는 현실은 구체적이기보다는 일반적이고, 전체 숲을 보는 것과 같아서 나무 하나하나를 보는 것으로부터는 멀어질 수밖에 없다고 하셨다. 철학이 현실에 대해 비판을 감행할 경우, 이는 구조와 체제의 전체적인 변화나 조직과 사람의 변화를 생각하기 때문에 매우 근본적이고 본질적이어서 곧 혁명을 말하는 비판이 되고 만다는 것이다. 따라서 현실을 지배하는 권력 체제나 지배 집단은 철학자의 발언을 반기지 않는데, 이는 바로 소크라테스를 정치적 재판에서 처형한 이유이기도 했다.

"철학의 입장에서 볼 때, 소크라테스가 정치적 재판으로 처형된 것은 불가피한 귀결이었다. 다만 소크라테스 자신은 정치권력에 도전하지 않았으며, 철학을 바탕으로 한 정치적 혁명을 획책하지 않았다는 사실이 중요하다. 정치적 재판으로 독배를 마셔야 하는 운명을 받아들임으로써 소크라테스는 그의 철학적 비판이 유의미하다는 것을 후세에 남기게 되었다."(99)

철학자로서 역사적 발전의 이상을 말하기 위해 현실을 비판하기는 하지만, 결코 전술가가 되거나 정치권력을 장악하지 않을 경우, 그 철학자의 길은 이미 소크라테스가 보여준 바와 같다. 선생님의 말씀처럼 한평생 '철학을 강의한다'는 것과 한평생 '철학을 한다'는 것은 두 가지 전혀 다른 길을 걷는 것과 같다. 이 점에서 우리는 아카데미아에서 '철학을 강의'했던 플라톤과 아테네 시장 바닥에서 '철학적 대화를 즐겨 했던' 소크라테스의 차이를 생각해보게 된다.

나 역시도 최근 '철학 상담'에 관심을 가지게 되면서 '철학 학자'로부터 '철학자'로서의 변모를 꿈꾸고 있다. 선생님의 말씀처럼 "철학을 한평생 계속한다는 것은 철학자로서 계속 성장하고 성숙해간다"(136)는 것을 의미한다면, 이는 멈출 수 없는 수행의 과정임에 틀림이 없다.

선생님은 철학계와 연관해서는 철학을 창조적으로 할 수 있다는 것을 생각조차 못하는 철학 교수들이 많다는 사실을 개탄하셨다. 그뿐만이 아니라 강의실 밖에서 만나야 했던 동료 교수들과의 악연으로 인해 받은 상처에 대해서도 토로하셨다. 소피스트들의 질시와 비난을 한 몸에 받았던 소크라테스와 뭔가 참 많이 닮은 모습이 선생님의 『철학적 수채화』 4부 '마지막 강의'라는 절에 잘 묻어나 있다.

어느 부처님 오신 날 포항공대에서의 '마지막 강의'를 앞둔 선생님의 소회는 강의실에서 만난 포항공대 학생들과의 특별한 인연의 소중함, 그리고 이와 동시에 이를 위해 불가피하게 맺어야 했던 동료 교수들과의 악연의 상처라는 교수 생활의 이중성을 고스란히 드러내고 있다. 선생님은 열정적으로 경청해준 학생들에게 단순히 지식을 전달하는 것이 아니라 '지혜를 배울 수 있는', 아니 '스스로 지혜롭게 될 수 있는' 철학 강의의 꿈을 간절하게 전했다. 그리하여 그 젊은이들이 선생님 세대가 이루지 못한 꿈의 맥을 역사적으로 이어나갈 수 있기를 바랐다. 선생님은 마지막으로 '논리철학', '역사철학', '실천철학'의 교과목을 통해서 세대 간의 꿈을 역사적으로 연결하고 있는 철학자로서의 소명을 강렬하게 느끼고 계셨다.

'논리철학'의 마지막 강의에서 선생님이 전하고 싶은 꿈은 "논리학을 계속 발전시키면서 자기 자신이 논리적으로 성숙해가는 일을 생애의 과업으로 해보라는 것"(231)이었다. 스스로를 논리적으로 성장하게 하는 사람이 타인들의 논리적 성장을 도울 수 있기 때문이다. '역사철학'의 마지막 강의에서 선생님이 남겨주고 싶었던 것은 "역사적으로 생각하는 사유방식에 익숙해지라는 것"(231)이었다. 이는 과학도들이 익숙한 법칙적 질서의 세계를 넘어서는 역사적 변화를 사유하기를 당부한 것이다. '실천철학'의 마지막 강의에서 심어주고 싶었던 것은 "우리 역사에 대하여 진보주의자가 되어보라는 것"(233)이었다. 이공계 출신들이 나중에 대부분 보수주의자가 되는 것이 현실이기는 하지만, 선생님은 한국이 분단 시대를 벗어나 통일 시대를 열어가기 위해서는 이공계 출신의 이상주의자이자 진보주의자가 정치 지도자가 되기를 간절히 바라셨다. 선생님의 꿈은 오늘날 과연 얼마나 이루어졌을까?

6. 꿈속에서 못다 한 역사적 꿈을 이어가며

이대 대학원 시절에 설악산 자락에서 진행된 교수님들과 학생들이 함께하는 '동계 집중 세미나'에서 나는 선생님의 꿈 이야기를 들은 적이 있다. 선생님도 『철학적 수채화』의 앞부분에 그 꿈에 대해 적고 계셔서 매우 반가웠다.

"노자를 내 마음의 스승으로 받아들이면서 나는 자연주의자가 되었다. '노반(老盤)'이라는 호를 선택한 것도 노자와의 관계 때문이었다. 이화여대로 옮겨간 직후 어느 날 꿈에 노자를 만난 것은 참으로 이상한 체험이었다. 노자의 자연주의를 받아들인 내가 기독교 대학인 이화여대에서 할 수 있는 일의 한계를 예고하는 꿈이었다."(26)

기억의 왜곡일까? 내가 기억하는 바로 선생님은 이대 정문에서 노자를 만났고 구름처럼 제자들이 많이 모여들었다고 말씀하셨던 것 같다. 나는 오랫동안 선생님과 이대 철학과의 관계는 영원히 헤어질 수 없을 것이라고 무의식적으로 받아들였다. 선생님의 존재가 너무나 컸고, 학과의 든든한 터줏대감과 같다고 여겼기 때문이다. 선생님께서 포항공대로 자리를 옮기신다는 얘길 듣고 나서, 나는 당시에는 내색하지 않았지만 내심 적잖은 충격을 받았다. 그래서인지 선생님의 '마지막 강의'가 포항공대생들을 향해 있다는 것을 읽으면서 처음에는 다소 서운함이 느껴지기도 했다.

그러나 『철학적 수채화』를 다 읽고 나니, 소크라테스를 따르고자 하셨던 선생님의 '철학자'로서의 역할과 사명을 이제는 충분히 이해할 수 있게 되었다. 비록 내가 아테네 청년으로 소크라테스를 직접 만나지는 않았지만 소크라테스를 스승으로 가슴에 품고 따르고 있는 것처럼 이제는 선생님의 이직이 별반 서운할 것도 없을 것 같다.

선생님께서 『철학적 수채화』라는 철학 강의 자료를 남기지 않으셨다면, 아마도 '철학자'로서 선생님의 내면에 깊숙이 담긴 실존적 고민에 좀 더 다가서지 못했을 것이다. 이화여대 안에서 이화여대 밖으로 나서시면서, 또한 철학 학자에서 철학자로, 철학과 학생들만이 아니라 미래의 과학도들에게 '지혜에 대한 관심'을 불러일으키고자 소크라테스의 모범을 따라 사셨던 선생님이 바로 지금 사뭇 그립다. 오늘날 철학의 새로운 실천적 쓰임을 위해 나 역시 철학 상담자의 길을 걸어가면서, 선생님이 느끼셨을 강의실 안과 밖의 뚜렷한 온도 차이, 인연과 악연의 이중적 현실이 예사롭지 않게 폐부를 파고든다. 파문과 추방에도 굴하지 않고 한 그루의 사과나무를 심는 스피노자의 심정으로 남긴 그 꿈, 그리고 '궁극적 관심'을 품고 사는 철학자로서의 수행의 삶은 이제 우리의 역사적 몫으로 고스란히 남겨져 있다.

끝으로 엉뚱한 생각일지 모르지만 '궁극적 관심'을 가슴에 품고 철학적 수행의 길을 걸어가셨던 선생님이 미국의 실용주의적 유학 생활의 환경에서가 아니라 유럽의 문화와 예술의 환경에서 공부하셨다면 과연 어떤 삶을 사셨을까 하는 질문이 생겨났다. 물론 비현실적인 질문이지만, 선생님의 '문화적 심각성', 즉 종교와 예술, 문학과 철학에서의 '심각성'이 조금은 다른 역사적, 문화적 맥락을 만났다면 어떻게 전개되었을지 자못 궁금해지면서 혹시 꿈에서라도 선생님을 뵙게 되면 얼른 여쭙고 한바탕 소란스럽게 이야기를 나누어보고 싶다.

참고문헌

소흥렬, 『철학적 수채화』, 서광사, 2009.

소흥렬, 그 사유의 텃밭에서

이주향

수원대학교 교양대학 교수

1.

선생님 장례식장에서 '학생 소흥렬'이라고 적힌 위패가 눈에 들어왔다. 선생님이 직접 적은 것은 아닐 테지만 선생님답다고 생각했다. 버리고 갈 것만 남아서 참 홀가분하다고 했던 박경리 선생처럼 세상의 무게를 모두 내려놓고 아무런 미련 없이 훌훌 털고 떠난 모습이라고 생각했다.

나는 '소흥렬'을 불가지론자, 심신수반론자, 회의주의자로 기억한다.

2.

세월이 참 빠르다. 한 살 더 먹는 일이 이렇게 쉽고 무서운 일인 줄 대학 다닐 때는 몰랐다. 한 살 한 살 나이를 먹어 내 나이도 벌써 선생님을 처음 만났을 때 선생님의 나이보다 훨씬 더 많다. 그리고 선생님은 우리 곁에 없다. 우리 곁에 없는 선생님을 추억한다는 것은 무슨 의미일까?

그것은 선생님을 위한 일은 아닐 것이다. 선생님을 통해 내가 배우고 보고 느낀 것을 기억하는 것일 것이다. 살아오면서 순간순간 삶의 모퉁이를 돌고 있다고 느낄 때가 있었다. 지금과는 다른 삶이 기다리고 있는 것을 마주하고, 어디로 가야 하나 막막하고 먹먹했을 때 문득문득 선생님의 가르침이 지팡이가 되고 있음을 보았다.

3.

대학에 들어가니 선배들이 이화 캠퍼스에서 꼭 들어야 할 명강의를 추천해주었는데, 그중에 선배들이 무조건 꼽는 것이 소흥렬 교수의 강의였다. 처음에 나는 기대 없이, 소문난 잔치에 먹을 게 없다는데 뭐 그리 대단하겠나 하는 자만심으로 선생님의 강의를 청강했다. 그리고! 나는 생각했다. 소문은 괜히 나는 게 아니구나 하고. 처음으로 선생님의 강의를 들었던 기억은 아직도 생생하다. '철학개론'이었다. 차분하게, 따뜻하게, 유연하게, 하고자 하는 이야기를 풀어내는 선생님의 방식에 나는 처음부터 감탄했다. 무엇보다도 선생님은 물음을 던지는 자였다. 현재를 사는 우리가 관습적으로 받아들이고 있는 상식이나 도덕, 혹은 정의까지도 꼭 받아들여야만 하는 진리가 아닐 수 있다는 자세를 가지고, 나와 그것을 분리하여 물음을 던지는 태도, 선생님에게는 그 태도가 몸에 배어 있었다. 그리하여 선생님에게 철학은 그 어떤 것으로도 정의하기 힘든 것이었지만 그럼에도 불구하고 세상사 모든 일과 관계하는 것으로서 인간이 처한 부조리한 상황을 인지하게 하는 힘이었다. 선생님은 그 사유(선생님은 '사색'이라는 말을 많이 쓰셨다)의 힘으로 자기를 풀어주고 우리를 풀어줘야 한다고 믿었던 것 같다.

내가 이해하는 선생님은 회의주의자였다. 물론 선생님은 회의를 위한 회의는 좋아하지 않았다. 생각하는 사람들은 저마다 자기 방식으로 세계를 구축해간다고 할 때 선생님의 방식은 방법적 회의주의다. 실제로 선생님은 데카르트를 중요하게 여겼다. 심리철학에 조예가 깊은 학자로서 선생님이 왜 이원론자인 데카르트에게 가해지는 비판을 모르겠는가.

때로는 소크라테스와 맞장을 뜨는 선생님이지만, 소소한 비판거리 때문에 그 철학을 전적으로 무시하거나 버리지 않는 것이 또한 선생님의 힘이었다. 선생님은 세계를 지켜보면서, 자기 세계를 구축하면서 어떻게 어디에다 발을 내딛어야 할지 판단하고 선택할 때 방법론적 회의주의가 도움이 된다고 했다. 그 방법적 회의주의로 선생님은 기존의 상식과 권위에 괄호를 치시면서 선생님의 세계를 구축해갔다.

내가 아는 한 철학자로서 선생님은 불가지론자이기도 했다. 불가지론자로서 선생님은 기독교를 알았지만, 보수적인 기독교가 만들어내는 분위기는 좋아하지 않았다. 보수적으로 신을 믿는 입장에 대해서는 철학적이지 않다며 선을 그었다. 불가지론자인 러셀은 자신의 불가지론은 현실적으로 무신론과 다르지 않다고 공언했는데 선생님의 불가지론은 그것과는 결을 달리했다. 신이 있는지 없는지는 존재증명이 될 수 없는 이상, 신의 존재에 대해 받아들일 수 없다는 입장을 취하면서도 독특하게도 종종 성서에 나오는 이야기를 중요한 상징으로 삼았다.

지금도 기억하는 것은 신의 천지창조 이야기다. 선생님께서 주목하신 점은 신이 천지를 창조한 이유였다. 선생님은 "보시기 좋았더라"에 방점을 찍었다. 내 마음에 좋은 것, 그것이야말로 창조의 에너지라는 것이다. 그것으로 선생님은, 옳고 그름을 강박적으로 따졌던 시절에 슬쩍 어떤 해방의 씨앗을 뿌리신 것 같다.

좋아하는 것 속에 창조의 에너지가 흐르는데, 문제는 내가 좋아하는 것, 내가 원하는 것이 무엇인지 아는 일이 생각보다 쉽지 않다는 것이다. 우리는 종종 부모나 가족이 원하는 것을 혹은 사회적 평판이 좋은 것을 내가 원하는 것이라 착각하는 시절을 거치기 때문이다. 아마도 그것은 지금 내가 누리고 있는 것, 가지고 있는 것, 혹은 적어도 이 정도는 가져야 한다고 믿는 것을 가지지 못할지도 모르고 누리지 못할지도 모른다는 두려움 때문일 것이다.

그 두려움 때문에 종종 하고 싶은 것을 미루고 해야 하는 것을 하다가 마침내 하고 싶은 것이 무엇인지조차 알지 못하는 그런 삶을 살게 되기도 한다. 니체는 그런 삶을 자기 짐도 아닌 남의 짐을 지고 그저 성실하게 사막을 걷는 '낙타'에 비유했다. 생각해보면 인생에서 낙타의 시기가 있는 것 같다.

창조는 혼돈에서 온다. 낙타의 시기를 거치며, 지치고 좌절하는 혼돈의 시간이 내 마음의 '좋은 것'을 따라가는 창조의 에너지가 되는 것이다. 시간이 지날수록 "보시기 좋았더라"에 방점을 찍은 선생님의 말씀이 살아난다. "그래, 창조의 에너지는 '좋은 것' 속에 있는 거야. 해야 하는 것이 아니라 하고 싶은 것 속에 있는 거야!"

4.

나는 심리철학자인 선생님에게서 심신동일론과 수반론을 배웠는데, 차라리 심신동일론의 약점을 배웠고 수반론의 한계를 배웠다고 하는 편이 더 정확할 것 같다. 몸과 마음이 동일하다는 심신동일론이 팽배하던 시절에, 선생님은 몸 없는 마음은 있을 수 없지만 그렇다고 마음과 몸이 동일하다고는 할 수 없다면서 마음은 몸에 수반되는 것이라는 이론으로 물리주의와 화해했다. 몸에 올라타 나타나는 마음은, 물감으로 이루어진 고흐의 그림이 물감으로 환원될 수 없는 독특한 미적 세계를 창조하는 것처럼, 몸과는 다른 독자적인 세계를 열어간다는 것이다. 수반론은 몸으로 환원될 수 없는 마음의 영역을 확보해주지만, 몸이 없으면 마음도 없다는 면에서 물리주의 전통에 있다.

젊은 날 나는 그 수반론이 매력적이라 생각했었다. 보이지도 않는 '마음'이나 '영혼'이 육체적인 것을 무시하고 억압하는 폭력적 개념으로 너무 오랫동안 작용해왔다고 믿었기 때문이다. 그래서 파울로 코엘료가 「11분」에서 마리아라는 매력적인 여성을 내세워 "나는 영혼을 담고 있는 육체가 아니다. 나는 '육체'라 불리는, 눈에 보이는 부분을 가진 영혼이다."라고 선언했을 때 얼마나 통쾌했는지. 육체가 사라지면 영혼도 사라진다는 선언이야말로 몸의 해방을 위한 강력한 믿음 체계였던 것이다.

그렇듯 선생님이 강의하신 '심리철학'에서 나는 수반론을 잘 배웠는데, 왜 나는 수반론의 '한계'를 배웠다고 느낄까? 수반론은 철학의 시작일 뿐, 거기가 종착지일 수 없기 때문이다. 선생님은 심리철학을 전공했지만 그것은 그를 전문 철학자로 시작하게 한 출발점일 뿐, 선생님에게는 전공이 벽이 되는 일이 없었던 것 같다.

5.

나는 선생님의 지도하에 석사 논문을 썼는데, 헤겔 철학에 대해 썼다. 선생님은 석사 논문을 쓸 때에는 지엽적인 철학자가 아니라 봉우리로 우뚝 솟은 철학자를 공부하는 것이 좋다고 했다. 그래야 그를 둘러싸고 일어나는 철학적 논쟁과 상황이 보인다는 것이었다.

선생님과 토론했던 한 문장이 기억난다. "순수한 존재와 순수한 무(無)는 동일한 것이다."라는 헤겔의 문장이었다. 그 문장은 사르트르에게도 영감을 준 문장이었다. 어떠한 범주적 규정도 적용받지 않는 무

(無)적인 존재를 사르트르는 '순수의식'이라고 불렀다. 선생님은 이 텅 빈, 전(前)반성적 의식이 논리적 추론이 아니라 몸에 밴 사유인지를 알기 위해서는 삶의 마지막까지 봐야 한다고 했다. 사르트르가 삶의 마지막까지 순수의식에 머무르는 법을 알고 있었는지, 무신론자였던 사르트르가 삶의 마지막에 죽음을 두려워하며 갈팡질팡했는지, 그것이 그가 주장한 무신론과 실존철학의 힘을 가늠하는 중요한 열쇠라고 했다. 그런 점에서 선생님은 요란하게 세상을 떠난 사르트르보다는 조용히 독배를 마신 소크라테스를 높이 평가했다. 그렇듯 선생님에게 있어 철학은 단지 질서정연한 논리가 아니라 삶 전체를 움직이는 사유 체계였다.

거기가 어디였을까? 아마 과 사무실이었던 것 같다. 과 사무실에서 고대 철학을 전공하고 있는 김혜경 선배와 나, 그리고 선생님이 『파이돈』을 놓고 대화했던 기억이 난다. 김혜경 선배는 『파이돈』에서 영혼의 존재를 믿었던 소크라테스를 봤고, 선생님은 죽음에 이르는 끝까지 이성적으로 자기를 관찰하고 있는 소크라테스를 봐야 한다고 했다. 그렇게 해프닝으로 지나갈 수 있었던 작은 사건이 내 나이 불혹을 넘어 『파이돈』을 집어 들었을 때 마치 어제 일처럼 선명하게 살아났다. 『파이돈』은 소크라테스가 독배를 받고 죽음에 이르게 된 바로 그날의 대화록이다.

기원전 5세기 아테네는 문명의 꽃을 피운 시기이기도 했지만 어수선한 시기이기도 했다. 근 30년을 이어온 펠로폰네소스 전쟁에서 마침내 패한 아테네에겐 희생양이 필요했다. 그리하여 젊은이를 선동한 죄와 이상한 신을 섬긴 죄라는 이상한 죄목으로 기원전 399년, 보물 중의 보물 소크라테스에게 사약을 내린 것이다.

우리도 그렇지 않나? 욕심스런 마음, 화가 난 마음, 질투하는 마음, 그런 마음들이 범벅이 되면 이상한 판단을 하고 더 이상한 행동을 하면서도 그 판단과 행동이 어수선했던 내 마음의 그림자였음을 알아채지 못하는 것! 아테네가 그랬던 것이다.

소크라테스가 현자인 것은 어수선한 시대, 희생양이 되었음에도 불구하고 그 억울한 운명을 마치 남의 일처럼 차분하게 수용하고 있다는 점인데, 선생님은 그 점을 이성적이라고 읽으면서도 『크리톤』에서 탈옥을 거부하고 죽음을 수용하는 논리에는 선생님 식으로 문제를 제기했다.

『파이돈』의 저자 플라톤은 소크라테스가 사약을 먹고 죽어간 그날 그 자리에 있지 않았다. 그런데 어떻게 마치 그 자리에 있었던 것처럼 그렇게 선명하게 그날을 서술할 수 있었을까? 그 사실에 기대어 『파이돈』을 소크라테스의 사유가 아니라 플라톤의 사유라고 보는 학자도 있지만, 나는 그 사실을 확인하는 데는 별 관심이 없다. 내가 관심 있는 것은 죽음에 직면해 있는 현자가 우리에게 보여주고 들려주는 삶의 태도다. 지식인에게 법을 들으면 정보가 쌓이지만 현자에게 법을 들으면 인생이 바뀐다고 하지 않는가. 플라톤의 고백대로 소크라테스로 인해 관심이 바뀌고 인생이 바뀐 플라톤은 그날의 재구성을 사명처럼 느낄 수 있었을 것이라고 생각한다. 어쩌면 소크라테스의 마지막 날을 지켜본 파이돈의 이 말이 플라톤의 심정은 아니었을까. "저는 한 친구의 죽음에 임해 으레 느끼는 비애를 조금도 느끼지 않았습니다. 그도 그럴 것이 그분은 그 말씀이나 몸가짐이 아주 행복해 보였습니다. 참으로 두려움이 없는 고귀한 최후였습니다."

『파이돈』은 소크라테스가 감옥에서 나오는 장면에서 시작한다. 옥리가 발목의 사슬을 풀어주자 소크라테스는 사슬 풀린 발목의 변화를 보며 이런 말을 던진다. "쾌락이란 이상한 거야. 고통과 대립되는 것일 텐데, 고통이 지나간 자리에 쾌락이 생긴단 말이야."

젊은 날엔 혹 지나갔던 장면인데, 나이 든 나는 이 장면에서부터 소크라테스에게 빨려 들어갔다. 세상에, 발목의 사슬이 풀렸다는 것은 독배를 들어야 하는 날이라는 뜻인데 소크라테스는 곧 다가올 죽음에 대한 공포나 두려움이 없다. 그는 사슬 풀린 발목을 응시하며 오로지 '현재'에 살고 있고, '현재'를 살고 있는 것이다. 그 현재에서 소크라테스는 그의 마지막을 배웅할 제자들에게 말을 건네고 있는 것이다. 쾌락의 원인이 고통인 것처럼 죽음의 원인은 삶이 아니겠느냐고. "반대되는 것은 그 반대되는 것으로부터 생기는 것이 아닌가. 가령, 미와 추, 옳음과 옳지 않음 같은 거 말일세. … 죽는다는 것은 확실히 볼 수 있는 일이야. 그렇다면 그 반대의 생성은 없다고 보아야 할까? 오히려 죽음에 대립하는 어떤 생성이 있다고 보아야 하지 않을까?" 그리고 한 발 더 나아가 묻는 것이다. 그렇다면 삶은 죽음으로부터 오는 것이 아닐까 하고.

나는 『파이돈』에 나오는 대로 소크라테스가 죽음 이후 혹은 이전의 삶을 믿었는지, 믿지 않았는지는 아직도 별 관심이 없다. 그저 현재에 귀를 기울이며 현재를 살 수 있었던 존재의 흔적에 귀 기울이게 되었을 뿐이다. 그러면서 죽음에 이르는 끝까지 이성적으로 자기를 관찰하고 있는 소크라테스를 봐야 한다고 했던 선생님을 이해했다.

6.

선생님에게는 권위가 있었다. 그러나 선생님은 권위를 주장하는 권위주의자는 아니었다. 선생님에게서 풍겨나는 권위는 차라리 품위라고 해야 옳은 것 같다. 선생님은 계급도 없고 권위주의도 없는, 오로지 지적 호기심이 낸 논리의 놀이를 사랑했다. 그 놀이에서 명제와 명제가 부딪치며 만들어내는, 거추장스러운 무지의 장식들이 떨어져나가는 기쁨을 사랑했던 것 같다. 선생님은. 촉과 촉들이 만나 부딪치고 깨지며 어떻게 길을 찾아가야 하는지 알아가는 느낌, 그것이 철학자들의 대화라고 했다. 시간이 흐르고 난 뒤 문득문득 선생님이 왜 그렇게 소크라테스의 '무지의 지'를 자기 이야기인 것처럼 친근하게 하셨는지 이해가 될 것도 같았다. 안다는 것, 아니 안다고 생각하는 것, 그것이야말로 지 혹은 지로의 길을 가로막는 함정이기 때문이다.

선생님에게 소크라테스는 특정 이론으로 자기 세계를 건설하고 그것을 무기로 세계를 공략해가는 이데올로그가 아니라 '무지의 지'를 잊지 않는 힘으로 편견의 장벽을 뛰어넘는 회의주의자, 나아가서 그 힘으로 현재를 살고 있는 현재의 철학자였던 것이다.

문득문득 선생님과 대화한 그날들이 신선하게 다가온다. 소크라테스에게도, 사르트르에게도 기죽지 않고 마치 친구처럼 대화할 수 있는 힘의 씨앗이 우리에게 있음을 배우면서 생각의 힘을 가지게 된 것 같다.

7.

30년 전 쯤으로 기억한다. 「모래시계」를 좋아했던 선생님의 연구실에 가면 「모래시계」 테마곡이 흐르고 있었을 때니. 그즈음 선생님은 대학원 학생들을 모아 '인지과학회'를 시작했다. '인지과학회'라고는 했지만 그 모임의 성격을 제대로 설명하자면 '인지과학 공부 모임'이라고 하는 것이 더 적확할 것 같다. 과학철학과 심리철학, 뇌과학에 배경이 있는 학도들이 끝을 모르게 발전해가는 과학기술의 도전 속에서 철학이 무엇을 할 수 있고 해야 하는지 모색하는 공부 모임이었다. 구성원은 대부분 이대, 서강대, 연대 대학원생들이었고, 그리고 대학에서 강의를 하는 몇몇 선생들이었다. 그 모임이 오랫동안 지속된 것은 무엇보다도 그 중심에 '소흥렬'이라는, 품이 넓은 철학자가 있었기 때문이었다.

그때 그 모임을 통해 내가 얼마나 많은 것을 배웠는지는 잘 모르겠다. 그러나 선생님을 중심으로 매주 만나, 함께 논문을 읽고, 논문을 쓰고, 발표하고, 비판당하고, 비판하는 경험 속에서 중요한 것을 배웠다는 것을 나중에 알게 되었다. 그것은 철학의 내용이라기보다 철학하는 방법이었다. 무엇보다도 선생님은 느슨했다. 그에게는 먼저 읽고, 많이 읽고, 빨리 읽고, 오래 읽어야 한다는 강박이 없었다. 텍스트가 있는 공부는 한 시간쯤 하고, 자리를 밥집으로 옮겨 저녁을 먹으며 본격적으로 대화를 했다. 거기서는 인지과학, 심리철학, 혹은 인지철학뿐 아니라 모든 이야기들이 허용되고 확장되었다. 공부는 열심히 해야 하는 것이라는 강박이 있었던 시절이었으니 문득문득 이렇게 놀 듯 공부해도 되나 하는 마음이 스며들기도 했지만, 생각해보면 그 느슨함 때문에 그 모임이 오랫동안 지속될 수 있었던 것 같다. 그것이야말로 공부와 놀이의 경계가 없었던 자유로운 시간이었고, 그런 자유를 배우는 시간이기도 했다.

나는 생각한다. 만약 그때 논문을 발표하고 비판하고 비판당하는 일로 매주 3시간씩을 가득 채워 진행했다면 그 모임이 그렇게 오래 이어질 수 없었을 것이라고. 그랬다면 인지과학과 관련된 정보는 많이 얻을 수 있었겠지만 그것으로 철학하는 사람은 만나기 어려웠을 것이라고.

우리만 가면 아예 신을 벗고 앉아 토론할 수 있게 밥상을 만들어준 그 소박하고 정겨운 밥집에서 나는 종종 과학과 기술의 언어를 포함해서 모든 언어를 철학 언어로, 철학적으로 사유하는, 자신감 있는 선생님의 편한 방식을 확인할 수 있었다. 그때 세미나실이나 선생님의 연구실에서 누군가가 발표하고 비판당했던 내용엔 지금도 별 관심이 없다. 그러나 서로를 존중해주는 그 분위기는, 마음이 어떻게 열리고 마음과 마음이 어떻게 만날 수 있는지를 배운 그때 그 분위기는, 아직도 내 안에서 뿌리를 내려 철학하는 힘이 되고 있음을 느낀다.

생각해보니 그것은 선생님이 좋아했던 소크라테스의 방식이기도 했다. 선생님께서 플라톤의 『심포지엄』을 설명했던 방식이 기억난다. 그때까지만 해도 내가 『심포지엄』에 줄을 친 곳은 비극 시인 아가톤과 소크라테스의 대화 내용이었다. 나는 사랑의 신 에로스를 통해 인간이 어떤 존재인지를 드러내는 대화의 방식의 묘미를 느끼고 있었다. 그런데 선생님은 달랐다. 선생님이 주목한 곳은 『심포지엄』의 분위기였다. 선생님은 지인의 입봉을 축하해주는 자리에 모여, 먹고 마시는 자유로운 분위기에서 만들어내는 철학적 대화의 긴장감을 사랑하신 것이다.

선생님에게는 특별히 철학적 소재가 있지 않았다. 그 어떤 주제도 철학적 대화의 계기가 될 수 있었지만, 주제나 소재만으로 철학이 되는 일은 없었던 것 같다. 소재가 비록 선생님이 닮은 '소크라테스'여도 그랬다.

8.

선생님은 우리의 사유의 텃밭이었고 울타리였다. 그는 정말로 좋은 멘토였다. 이제 선생님을 추억하며 생각해보니 그는 우리의 데미안이었다. 헤세 작품의 주인공들에겐 그때그때 그를 도와주는 멘토가 있다. 그 멘토는 주인공이 '자기'가 될 때 사라진다. 『데미안』의 주인공 싱클레어도 그렇지 않나. 전쟁 중에 포탄을 맞고 상처를 입어 누워 있던 싱클레어 옆에 상처를 입은 데미안이 나타나 누워 있다. 그는 이런 말을 한다. "싱클레어, 난 가야 해. 너는 언젠가 나를 필요로 하겠지. … 그때는 네가 불러도 나는 갈 수 없을 거야. 그럴 때 너 자신의 내부에 귀를 기울여야 해. 그러면 내가 너의 내부에 있음을 알아차릴 거야."

선생은 많아도 스승은 없는 시대라고 한다. 스승의 날에도 생각나는 스승이 없다고. 그런 삭막한 시대에 고마운 것은 내게는 추억할 만한 스승들이 있다는 것이다. 그 스승들이 고마운 것은 그들이 나를 추종자로 만들지 않았다는 것이다. 그들은 나를 '나'답게 성장하도록 도운 조력자들이었다. 누구보다도 소크라테스를 좋아했던 선생님이 '산파술'을 강조하셨을 때 그 묘한 표정을 잊을 수 없다. 진리는 내가 낳는 것이고, 스승은 그저 도와주는 조력자에 불과하다는 것! 그 조력자는 '겨우' 조력자가 아니다. 그는 자기 내부에 귀 기울이는 자, '자기' 앞에 서는 자이고, '자기'가 세계를 만들어내는 힘이라는 것을 아는 자이다. 그런 산파 같은 스승들을 만날 수 있었다는 것이 무엇보다도 고마운 일이다.

철학교육연구회 초대 회장, 소흥렬 선생님

이지애

이화여자대학교 철학과 교수

1. 프롤로그

1985년 11월에 발간된 『철학교육소식』제1권 제1호에 따르면, 1985년 10월 19일 오후 3시 이화여자대학교에서 한국철학회의 분과 연구회로 '철학교육연구회' 창립총회가 있었고 여기서 초대 회장으로 이화여대 철학과 소흥렬 교수가 선출되었다. '철학교육연구회'는 한국 최초의 철학교육 학회로, 교수와 교사가 학회원으로 구성되어 출발하였다. 『철학교육소식』은 1987년 3월 『철학교육연구』로 이름을 바꾸어 한국 최초의 철학교육 학회지로 자리를 잡는다. 이러한 사실을 토대로, 우리나라 철학교육의 새로운 역사를 이끌어가신 소흥렬 선생님의 삶을 추모하고자 한다. 1980년대 이화여대 철학과 학생이었던 필자는 선생님의 강의를 통해 '철학함'으로써의 철학을 경험하였기에, 1985-1986년 학회지에 실린 선생님의 글들(「철학교육의 발전을 위하여」, 「철학 교과서 소개」)을 토대로 선생님의 생각을 다듬어서 선생님과 당시 이루어졌을 법한 대화 두 편을 구상하였다. 이화여대 학관 및 교정에서 있었던 소흥렬 선생님에 대한 추억의 단편들을 떠올리면서, 우리나라의 철학교육 학회를 시작하신 선생님의 철학적 실천을 높이 기리는 바이다.

2. 학관 418 철학과 사무실에서 나눈 대화

많이 쌀쌀해진 가을 날씨지만 아직은 견딜 만하다. 공강에 학관 앞 비탈 잔디로 향하던 나는 418 과 사무실에 들러 3학년 우편함에서 내게 온 우편물을 살펴보던 중에 안쪽에서 우리 과 교수님들의 담소 나누시는 소리와 크게 웃으시는 소리를 듣게 되었다.

"언니, 무슨 일인데 선생님들께서 저렇게 호탕하게 웃으세요?"

마침 큰 물 주전자를 들고 나오는 조교 언니한테 물었다.

"응, 앞으로 철학을 고등학교에서 가르칠 수 있게 되었다는구나. 아마 너보다 후배 학번들은 우리 철학과에서 교직을 이수할 수 있을 것 같아."

우편함에서 친구가 보낸 이웃 학교 학보를 뜯으려다가 나는 깜짝 놀랐다. 교직? 고등학교에서도 철학 과목을 배운다고? 국민윤리에서 감질나게 배우던 철학 사상을 이제 제대로 고교생들이 배울 수 있다는 뜻이라면 이건 대단한 일인데? 나는 고등학교 때 윤리 선생님께서 설명하시다 말고, "이런 건 대학 가서 배워라. 철학과를 안 가도 철학은 교양과목으로 꼭 들어야 해"라고 말씀하시던 모습이 떠올랐다. 난 그럴 때마다 "그럼, 대학 안 가면 어디서 배우지? 철학을 꼭 배워야 한다면 왜 고등학교에선 안 가르쳐주지?"라고 속으로 반문했었는데. 그때였다. 과 사무실 안쪽에서 선생님들이 한꺼번에 나오셨다. 5교시가 곧 시작되는 시간이었다. 나는 꾸벅꾸벅 고개 숙여 인사를 드리며 좁은 입구에서 창고 문 쪽으로 뒷걸음질 쳤다. 선생님들께서 다 나가시자 조교 언니가 들어와 물을 받아 온 주전자를 난로 위에 급히 얹어 놓더니, "선생님, 그럼 저는 수업 들으러 가보겠습니다! 중강당까지 뛰어가려면 운동 좀 되겠는데요!" 하며 누군가에게 인사를 하고 나왔다. 아, 한 분 선생님이 남아 계셨구나.

"지애야, 너 교직에 대해 궁금하면 안에 소 선생님 계시니까 물어보렴!" 늘 친절한 대학원생 언니들이지만 그날따라 바쁘신 데도 가던 걸음을 멈추고 내게 귀띔해준 고마운 조교님. 감사하다는 내 인사도 받지 못하고 조교 언니가 나간 후 나는 호기심에 과 사무실 안쪽으로 조심해서 걸어 들어가보았다. 천장과 맞닿은 크고 높다란 유리창들을 통해 들어온, 정말이지 눈부신 가을 햇살은 학관 앞 십자로 플라타너스 나뭇잎을 더욱 황금빛으로 만들고 있었다. 따스하게 빛나던 418의 오후… 그 햇빛 눈부심 때문에 학과장님 책상에 앉아 계신 소흥렬 선생님을 알아보지 못할 뻔했다. 무언가를 읽고 계시느라 숙이신 얼굴 옆의 그 검정 뿔테 안경이 아니었다면.

"저… 소 선생님."

본의 아니게 방해가 된 내 목소리는 층고가 높은 418에 살짝 울렸다. 그러자 머쓱하게 서 있는 나를 알아보시고는 예의 그 환한 미소를 지으면서 마침 잘 왔다고 반갑게 맞아주셨다. 조교 언니가 알려준 교직에 대해 여쭙자, 선생님은 작은 소식지를 보여주시면서 마치 내가 면담을 약속한 학생인 듯 시간을 내어 설명해주셨다. 선생님의 중저음의 부드러운 목소리는 학부 학생 전체를 놓고 설명회를 하고 계신 듯, 418이 아니라 414 대형 강의실 강단에 서신 것 같았다. 잘 이해할 수 없는 부분도 있었지만, 철학과 미래에 뭔가 멋진 일이 일어난 것과 같은 분위기로 매우 확신에 차 있으셨다.

"그러니까 이제 고등학교에서 '자유 선택' 과목으로 철학 교과를 제공할 수 있게 되었단다. 벌써 강원도와 충북에서 각각 15개 학교가 넘게 실시하고 있고 전국적으로는 60여 개 고등학교에서 철학을 채택하고 있어. 내년엔 100여 개 학교에서 선택할 것이라고 해."

작은 소식지의 표를 가리키시는 선생님의 하얀 손가락 넘어 한 페이지를 빼곡하게 채우고 있는 고등학교 이름들. 놀라웠다. 나는 이제 막 문교부에서 허가가 났다는 것인 줄 알았는데 벌써 두 해 전부터 고교 철학의 시범학교들이 운영되고 있었다.

"그러면 이 고등학교들에는 이미 철학 교사 선생님이 계시나요?"

"아니란다. 그래서 한국철학회에서 철학교육연구회를 구성하여 교사 연수를 하려고 하는 것이지. 고등학생들을 위한 철학 교재도 체계적으로 만들어야 하고. 각 시도 교육위원회의 정책 방향에 따라 고등학교 철학교육의 실시 현황에 굉장히 차이가 있기 때문에, 지역별로 철학 교사 연수회와 연구 발표회가 활발하게 이루어져야 하지. 앞으로 우리 학회가 할 일이 많구나. 우리나라에는 대학에서 철학을 가르치는 학자들만 있지, 아직 철학교육을 전공하는 학자는 없거든. 그래서 앞으로 교육대학원에 철학교육 전공도 세워서 고등학교 철학 교사는 석사 수준 이상으로 향상시켜야 할 것 같구나."

"우리 이화에서 철학 교양 수업들이 인기가 많듯이, 철학을 선택한 고등학교에서도 철학 과목이 재밌게 가르쳐지면 좋겠어요. 그래서 철학을 배운 고등학생들이 대학 갈 때 철학과를 많이 선택하면 좋잖아요!"

"그렇지, 대학 철학에서 고등학교 철학으로 철학교육이 확산되었으니 중학교에서도 철학교육이 이루어지는 날이 곧 왔으면 좋겠구나. 물론 철학을 언제부터 가르치는 게 좋을지는 우리 학회의 연구과제가 되겠지만 말이야."

"아주 어린 아이들부터 가능하지 않을까요?"

나도 신이 나서 계속 여쭈었고 선생님은 빙그레 웃으시면서 철학교육은 대학의 교수뿐만 아니라, 대학원생, 철학 담당 교사 및 철학에 관심을 갖는 일반 사람들까지 다 함께 모여서 공동의 과제로 연구해나가야 할 분야라고 말씀하셨다. 대학에 와서 철학과 소속이 되어서야 철학 책들을 접하는 줄 알았던 내게는 소 선생님의 말씀은 충격이었다. 지금 대학 밖에서 이런 일들이 일어나고 있는 것도 기뻤지만, 철학을 공부하는 기쁨을 미래에는 더 많은 사람들과 함께 나눌 수 있겠다는 꿈, 그 꿈을 품을 수 있다는 기쁨이었다. 난로 위 주전자에서는 어느새 물 끓는 소리와 연기가 피어오른다. 소 선생님 두 손에 펼쳐져 있는 작은 소식지가 햇살을 받아 점점 눈부셔진다. 마치 선생님의 열정과 꿈을 담아 어디라도 실어 나를 수 있는 양탄자처럼 보였다.

3. 운동장 옆 후윳길을 함께 걸어가면서 나눈 대화

오늘도 기차 꼬리를 밟기는 글렀다. 별로 믿고 싶지 않지만, 이화교를 건너갈 때면 졸업 전에 그런 행운의 타이밍이 한 번쯤 내게도 와주길 바라는 마음이 생각하지 않아도 든다. 멀리 기차 소리만 나면 너도 나도 이화교를 향해 뛰어가고 있는 우리들…. 조금 전까지 최첨단의 과학기술과 인간의 미래에 대해 논하고 서로 논리적인 모순을 지적하며 격렬한 논쟁을 벌이던 최고의 지성인들 맞나 싶다. 누가 물어보지도 않았는데 "철학과는 달라!"라고 스스로 외치면서, 일부러 천천히 이화교를 걸어가고 있는 내가 우습다. 오늘은 정문 앞 카페에서 스터디를 마치고 다시 학교로 들어가는 중이라 이화교를 두 번 건넌다. 낮 시간이라서 그런지 기차 소리도 전혀 들리지 않는 고요한 철길 위로 가을비가 추적추적 내리기 시작한다. 회색 자갈들이 검정 조약돌처럼 짙어지고 있다. 가방에서 우산을 꺼내 펴는데, 운동장 쪽으로 걸어가는 익숙한 뒷모습이 보인다. 쌀쌀한 날씨에 살짝 얇아 보이는 고동색 코트 자락이 빗방울에 젖어 들고 있다. "아, 소 선생님이시다!" 나는 우산을 들고 뛰어갔다. 오늘의 진짜 행운을 향해서.

우산을 씌워 드리자, 선생님은 고맙다 하시면서 당신의 가방에서 우산을 꺼낼 동안만 그렇게 해달라고 하셨다. 오늘따라 선생님의 가방은 아주 무거워 보였다. 유학 시절부터 사용하시던 것이라 매우 낡았지만 아주 고풍스러워 보이는 가죽 서류 가방은 검은 뿔테 안경과 함께 소 선생님의 강하면서도 소박한 성품을 잘 드러내주는 것들이다.

"선생님, 가방이 너무 무거워 보여요. 제가 좀 들어드릴까요?"

"고맙지만 괜찮다. 네 가방이 더 무겁겠는걸. 우산 드느라 손도 없지 않니. 난 괜찮아. 내 가방에 이번에 나온 철학 교과서들이 몇 권 있어서 그렇단다. 같이 논술 세미나를 하는 대학원 언니들과 보려고 출판사한테 부탁한 게 오늘 왔거든."

"철학 교과서요? 그때 말씀하셨던 고등학생들을 위한 교재요?"

"그래, 고등학교 철학교육을 위한 것이지. 나와 다른 철학 교수님들과 함께 만들었단다. 동양철학 전공하시는 분도 같이."

"그럼 동서양의 철학사를 모두 총망라하여 다루셨나 보네요!"

"아니란다. 대학에서도 그렇지만 고등학교는 특히 철학적 지식 전달이 주가 되어선 안 되지. 철학적으로 사고하는 방법을 가르치는 것이 중요하기 때문에 우리는 철학의 역사적 순서를 따르지 않았단다. 철학적으로 중요한 문제들을 중심으로 전개했단다."

"그러면 형이상학, 인식론, 윤리학과 같은 철학의 제 분야들의 주제를 다루셨나요?"

"크게 보면 그렇다고 볼 수 있지. 다만 그런 용어들을 풀어서, '진리와 인식', '존재와 초월', '윤리와 규범', '사회와 역사' 등의 이름으로 바꾸었단다. 마지막 장에는 동양철학을 아우를 수 있게 '인간과 자연'

단원을 넣었고, 아직은 서양철학 부분이 많은 것이 좀 안타깝지만, 그래도 우리는 어떤 철학자를 다루든, 단편적인 철학적 지식을 나열하지 않고, 그 철학자들이 제기한 철학적 문제들을 묻고 이에 대한 해답을 찾기 위해 어떠한 논지를 전개해갔는지를 설명하려고 했단다."

선생님께서 만드신 고등학교 철학 교과서가 점점 더 궁금해질 때 즈음, 우리는 운동장 옆 후윗길을 오르고 있었다. 무거운 가방과 우산을 들고 이야기하다 보니 보통 때보다 숨이 조금 더 차올라, 나도 모르게 진짜 "후유~" 하고 크게 숨을 내쉬었다. 비만 아니면 궁금해하는 내게 교과서를 꺼내어 보여주고 싶으셨던 선생님은 후윗길 끝나는 길목에서 중강당 쪽으로 가자고 하신다. 우리 과 선생님들의 연구실과 대학원 강의실이 있는 그 건물이 늘 궁금했는데….

정확히 말하면 중강당 멋진 문 옆에 입구가 있었고 들어가자마자 오른쪽에 작지 않은 방이 있었다. 친절하신 우리 소 선생님은 나의 궁금한 눈빛을 읽으시곤 이곳은 대학원 수업에 강의하러 오시는 외부 교수님들을 위한 방이고, 이곳에서 최근에 철학교육연구회 월례 발표회를 가지고 있다고 설명해주셨다. 두 분의 강사님들이 담소 나누고 계신 소파 옆으로 낮고 기다란 테이블이 있었다. 선생님께서는 코트의 빗방울들을 툭툭 털고 매우 편해 보이는 투박한 랜드로바에 붙은 낙엽을 발판에 털고 성큼성큼 다른 소파 쪽으로 들어가신다. 선생님을 따라 들어가 함께 앉았다. 선생님께서 보여주시는 고등학교 철학 교과서. 아까 말씀하신 '철학적 문제들'을 중심으로 전개하시느라 애쓰신 흔적이 보인다. 마치 대학 강의에서 우리 대학생들에게 던지시는 토론 물음들 같았다. 다섯 영역은 각각 네 가지의 물음들로 구성되어 있었다. 놀라웠다. 목차의 내용을 표로 그려보면 다음과 같이 된다(소흥렬 외 1985).

	영역명	영역별 네 가지 철학적 문제들	
I	진리와 인식	1. 무엇이든 의심해볼 수 있는가	2. 마음은 흰 종이와 같은가
		3. 진리는 실용적이어야 하는가	4. 과학적 진리는 절대적인가
II	존재와 초월	1. 존재하는 것은 무엇인가	2. 신은 존재하는가
		3. 인간은 자유의지가 있는가	4. 나는 어떤 존재인가
III	윤리와 규범	1. 윤리적 사고란 어떤 것인가	2. 도덕규범의 근거는 무엇인가
		3. 행복은 궁극적 목적인가	4. 객관적 도덕 원칙은 있는가
IV	사회와 역사	1. 전체는 개체보다 중요한가	2. 이상적 사회는 실현될 수 있는가
		3. 역사는 인간이 만들어가는 것인가	4. 현대 문명은 인간을 행복하게 하는가
V	인간과 자연	1. 인간에게는 착한 본성이 있는가	2. 도(道)는 말로 표현할 수 없는 것인가
		3. 사람의 일은 모두 인연 때문에 생기는가.	4. 가장 궁극적 실재는 이치(理)인가

"선생님, 근데 이 철학적 주제들, 고등학생들에겐 너무 어렵지 않을까요?" 속으론 놀라움과 감탄이 가득했지만, 평소 수업에서 날카로운 분석력으로 핵심을 지적하시는 선생님처럼, 나도 소 선생님께 나름 비판적 관점을 두려움 없이 말씀드렸다.

"우리 집필진들도 그 점이 우려된단다. 철학적 사고의 전개과정을 소개하는 것이 결코 쉬운 일이 아니더구나. 되도록 쉽게 이해할 수 있도록 최선을 다했지만 만족할 만한 결과가 나온 것 같진 않네." 겸손하신 선생님의 솔직한 고백에 또 한 번 놀랐다.

"이 교재를 이용해서 누가 어떻게 가르치느냐가 중요하겠네요. 고등학교 선생님들은 토론식 수업에 익숙하지 않거든요." 나는 철학적 주제 중심의 철학 교과서가 고등학교 교실에서 어떻게 사용될까 궁금해졌다. 시험에 나올 부분에 '밑줄 쫙!' 하는 방식으로 철학적 사고방법을 익힐 수는 없을 테니 말이다. 대학에 와서 친구들과 토론하는 맛을 느낀 나에겐 그런 수업이 고등학교에서 어떻게 가능할지 상상이 잘 안 된다.

"그래서 우리는 학생들의 참여를 돕기 위해 각 장의 끝에 '생각해볼 문제'를 제시해두었지. 이 문제들은 교실에서의 토론 주제가 될 수도 있고 논술문의 주제가 될 수도 있으니까. 하지만 우리가 제시한 것으로는 충분하지 않을 거야. 철학 수업을 하는 교사와 학생들이 각 장의 내용들을 다루면서 새롭게 생각해볼 문제들을 더 많이 만들어낼 수 있겠지. 그게 우리가 기대하는 '철학적 사고방법 교육'의 성공적 결과이거든."

고등학교 수업 분위기를 떠올리며 걱정이 앞서는 내게, 소 선생님은 밝게 웃으시면서 갑자기 철학 수업을 연극에 비유하신다. 아까 후웃길 이곳저곳에 붙어 있던 가을 공연들의 포스터들이 생각나신 걸까. 아무튼 우리 소 선생님 설명에는 예시와 비유가 재미있으신데, 이건 너무나 신선한 은유여서 오래 기억할 수 있을 것 같다.

"우리가 집필한 교과서는 한 편의 희곡 작품이라고 할 수 있을 거야. 이것이 공연되기 위해서는 연출가와 배우가 필요하듯이, 이 교과서를 가지고 교사는 연출가, 학생들은 배우 역할을 하는 것이지. 연출가는 작품을 이해하되 시대 상황과 배우들한테 맞게 희곡을 얼마든지 각색할 수 있고, 배우도 연기를 하다 보면 자신의 느낌과 인물에 대한 이해에 따라 대사의 내용을 다르게 표현할 수도 있잖아? 철학 교실에서 교과서는 기본적인 대본일 뿐이야. 아마 연극보다 더 많이 자기 생각으로 '각색'을 해나가야 하는 점이 다르겠지만. 난 오히려 학생들이 교과서에 소개된 철학자들의 사상에 매몰되지 않고 자기가 이해한 철학 내용을 자신들의 언어로 다양하게 표현할 수 있게 하는 것이 진정한 철학 수업이라고 생각하거든!" 선생님의 목소리가 다소 떨리신다.

"그러니까 선생님도 강의 시간에 철학자들의 '대본'을 각색하여 지금 여기 우리에게 맞게 연출을 하고 계신 거였네요. 우리는 그 수많은 '대사'들의 의미를 곱씹고 자신에게 맞는 문장으로 만들어가는 것이었구요." 나도 흥분되어 맞장구를 쳤다.

그런데 연극이라 하기엔 우리의 철학적 사고 전개는 감정을 되도록 배제하고 냉철하게 논리적으로 자신의 논지를 펼치는 작업이 아닐까 싶어 다시 질문을 하려던 때, 강사실에 선생님의 지인이 들어와서 선생님과의 그날 대화는 끝내야 했다. 아쉬웠지만 오늘 소 선생님과 고등학교 철학 교과서에 대해 이런 대화를 나눌 수 있었던 것은 행운 중의 행운이었다. 대강당 쪽으로 나가 학관을 향해 내리막길을 걸으면서 선생님과의 대화를 다시 곱씹을 수밖에 없었다. 철학과에서 듣는 선생님의 수업도 딱딱하지 않고 늘 생활과 연결된 많은 예시들과 질문들을 던져주시지만, 오늘 연극에 비유하신 철학 수업, 그리고 선생님께서 그렇게 고민하면서 만드신 교과서를 누구나 각색하여 활용할 수 있는 희곡에 비유하신 것은 잊히지 않는다. 나도 언젠가 그런 '대본'을 쓰고 싶다. 철학하는 기쁨을 함께 나누는 교실에서 활용될 수 있도록.

4. 에필로그

2022년 2월 5일, 필자는 '한국철학교육학회' 회장을 맡게 되었다. 37년 전 소흥렬 선생님께서 회장으로 선출되어 이끌어오신 한국 최초의 철학교육학회 '철학교육연구회'는 그 후 '한국철학교육연구회', '한국철학·윤리교육 연구회', '한국철학교육학회'로 학회명은 바뀌었지만,

그 철학함의 실천 정신은 그대로 이어져, 철학교육 관련 교사와 교수들의 학술적 모임으로 여러 가지 교육 활동도 함께 해오고 있다. 특히 회원들이 두 개의 철학 교과서를 집필하고 있는데, 이를 비롯하여 현재 진행되고 있는 철학교육학회 이모저모를 선생님과 나누고 싶은 마음이 간절하다. 선생님을 추모하는 이곳에 선생님과의 대화를 사실과 허구를 융합한 서사로 구성한 것은, 선생님을 홀로그램이나 VR 안경을 쓰고 가상현실에서 다시 만나 뵙는다면 얼마나 좋을까, 선생님도 참으로 기뻐하실 텐데 하는 심정이 크기 때문이다. 선생님께서는 언제나 학생과 함께하는 '대화'를 좋아하셨고, 철학 교실은 학생들이 능동적으로 탐구할 수 있는 '발신형(發信型)' 수업 방식이어야 함을 선생님의 고등학교 철학 교과서 머리말에서 강조하셨다. 선생님께서 소천하신 지 3년이 되어오는 시점에, 살아계셨을 때 왜 좀 더 자주 찾아뵙고 이런 대화를 더 깊이 나누지 못했을까 하는 후회와 회한을 안고 이 글을 마친다.

참고문헌

소흥렬, 「철학교육의 발전을 위하여」, 『철학교육연구』 1(1), 한국철학교육학회, 1985, 1-3.

소흥렬, 엄정식, 황경식, 이삼열, 정인재, 『고등학교 철학』, 대한교과서, 1985.

소흥렬 외, 「철학 교과서 소개」, 『철학교육연구』 2(2), 한국철학교육학회, 1986, 16-19.

세 가지 만남을 이루라

소홍렬 선생님이 내신 과제

윤수민
성천문화재단 아카데미 실장

1.

대학 생활의 시작과 마무리로 각인된 기억이 있다. 내 대학 생활 첫 시작은 입학식 날 '만남'을 주제로 한 소홍렬 선생님의 강연이었고, 대학 학부에서의 마지막 수업은 남경희 선생님의 '철학 연습' 수업이었다. 아직도 생생한 이 두 기억이 내 대학 시절의 두 축이 되어 버티고 있다. 두 기억은 현재성을 갖고 그 외 여러 경험들에 의미를 부여하면서 여전히 나에게 말을 걸어온다.

대강당에서 열린 입학식 행사 가운데 소홍렬 선생님의 특별강연이 있었다. 내가 입학하는 철학과 교수님의 강연이었기에 더욱 귀를 쫑긋하고 들었다. 선생님은 입학생들에게 '세 가지 만남'을 당부하셨다. 스승, 친구, 책과의 만남이 그것이다. 대학 4년 동안 반드시 이 세 만남을 이루라고, 이 만남이 삶의 이정표가 될 수 있을 거라고 말씀하셨다. 그 이후 나는 만나는 선생님, 친구, 책마다 혹시 이분이 그 스승이 아닐까,

이 친구가 바로 그 친구가 아닐까, 이 책이 그 책이 아닐까 하는 마음으로 설레며 그들과 대면했다.

열정적으로 강의하시다가도 때론 그 깊이를 알 수 없는 고뇌가 엿보이던 선생님들의 모습, 오가며 마주한 우리를 향해 미소 짓던 그 눈빛이 지금까지도 참 따뜻하게 남아 있다. 내가 지금 그때 선생님들의 연배보다 더 많은 나이가 되어서야, 20대였던 우리를 바라보던 그 눈길이 어떠한 것이었는지 짐작할 뿐이다.

철학과 학우들도 참 멋있었다. 군사정권 시절의 우리 과 학우들은 시위에 참여하느라 수업에 많이 빠졌다. 시위에 참여한 학우의 과제를 대신 작성해 제출하여 자기 과제보다 더 좋은 성적을 받게 하는 것도 종종 있는 일이었다. 그만큼 우리는 민주화를 위해 자신을 희생하는 친구들을 존경했고 자기 성적보다 그들의 성적을 더 염려했다. 졸업정원제가 시행되던 시기였기 때문이다. 외모 치장에 신경 쓰는 멋쟁이 친구든, 맨날 허름한 옷차림의 운동권 친구든, 이도 저도 아닌 평범한 친구든 우리는 서로를 존중했고 아낌없이 서로를 챙겼다.

개인적으로든 사회적으로든 우리의 미래가 불투명했지만, 중앙도서관 열람실의 폐문을 알리는 성악곡 '생명의 양식'은 서가에 꽂힌 책들과 함께 우리의 조바심을 가라앉히고 안심케 했다. 서가의 책들이 간직한 지혜의 양식은 내가 그것을 선택하는 순간 분명히 내 것이 되리라는 믿음이 있었다.

그것으로도 그때 이미 나는 스승과 친구와 책, 이 세 가지 만남을 어느 정도 이룬 것인지 모른다. 그런데 이것만으로 충분했을까? 소흥렬 선생님이 말씀하신 그것은 이 정도쯤에서 만족한 만남이 아니라, 내 존재를 뒤흔들 만큼 사고의 전환, 존재의 각성까지 일으키는 만남을 말씀하신 것은 아니었을까.

2.

의미 있는 만남이란 기대만으론 부족하다. 절박함이 있어야 했다. 또한 그것은 준비된 자에게 이뤄지는 게 맞다. 준비되지 않으면 바로 옆에 최고의 스승과 친구와 책이 있어도 알아볼 수 없다는 것을 당시엔 알지 못했다. 지금 생각해보면 소흥렬 선생님께서 당부한 그 만남을 이루기엔 내게 절박함이 부족했다. 그래서였을까. 최고의 스승, 친구, 책이 내 곁을 수없이 스쳐갔지만, 그 시절 나는 그들을 제대로 알아보지 못했다.

뒤늦게 나는 시공을 달리한 그들의 다른 흔적들로 아쉬움을 달랜다. 지나쳐버리고 만 만남은 그것을 수용할 만큼의 그릇이 갖춰진다면, 그 그릇의 크기만큼 다른 시간과 공간에서 다른 형태로라도 실현된다고 생각하기 때문이다. 이뿐만 아니라 굳이 염두에 두지 않았던 만남까지도 모여 현재의 나를 이뤄왔고, 이루는 중이고, 이뤄갈 것이라 믿는다. 그렇기에 사소해 보이는 것으로 다가온 만남일지라도, 어느 것 하나 내게 사소하지 않다.

청소년기까지는 모든 게 답이 정해져 있었고, 그렇게 정해진 대로 살면 다 되는 줄 알았다. 그런데 세상은 그렇게 간단하지 않았다. 20대에 진입한 내게 세상은 모든 게 질서정연하고 일목요연하던 예전과 달리 엉킨 실타래처럼 뒤죽박죽이었다. 학교 주변에는 소위 '닭장차'가 언제나 진을 치고 있었고, 전경들이 지켰으며, 얼굴이 따끔거리고 눈물 콧물을 쏟게 하는 최루탄 냄새가 진동하곤 했다. 그리고 과 사무실로 오는 우편물은 누군가에 의해 늘 찢겨 있었다. 시위에 참여하는 운동권 학생이 아니었음에도 내 우편물이 검열 대상이 된 까닭을 훗날에야 알았다. 다른 학교에 다니고 있는 고향 친구에게 가끔 이대 학보를 보내며 안부를 전하곤 했는데 이 친구가 수배 대상이었다는 사실을 그때는 전혀 몰랐다. 우리 과 학생들은 다 전공 특성상 위험인물로 간주되어 검열 대상이 된 줄로만 알았다.

가끔 시위가 있는 날엔 사복 전경들 여러 명이 시위 학생의 팔다리를 낚아채 '닭장차'로 잡아갔다. 이를 막느라 시위에 참여하지 않은 학생들과 지나가던 교수님들까지 잡혀가는 학생을 붙들고 매달리는 등 한바탕 전쟁을 치르곤 했다. 현장엔 잡혀간 학생들의 벗겨진 신발이 수북했다. 남겨진 학생들도 울었고, 교수님도 "나쁜 놈들!" 하시며 울었다. 최루탄이 매워서도 울었지만, 끌려가는 학생들을 지키지 못해서 울었고, 어떻게 살아야 하는지 알 수 없어서 답답해 울고 다녔다.

그 시대의 20대들, 대학 진학이 가능했던 선택된 20대들은 대부분 그랬을 것이다(상급 학교에 진학하지 못한 우리 세대의 다른 20대의 눈물은 또 다른 것이었으리라. 더 짜고 더 슬픈 어떤 것이 아니었을까). 사실, 이보다 더 많은 20대는 공장이나 다른 현장에서 생계를 위해 일했다(내 고향 초등학교 동창들 절반은 중학교에 진학하지 못했다). 대학생이 된 소수의 선택받은 20대들은 운동권 학생으로서 불의에 항거하거나, 아예 애써 눈과 귀를 막고 청춘을 즐기거나, 혹은 열심히 공부하며 미래를 위해 준비했다.

하지만 나는 어느 쪽도 아니었다. 우선 내가 불의에 항거하지 못한 이유는 비겁함과 게으름 탓이 컸고, 다른 한편으로 시위와 구호 등의 방법으로는 사람이든 사회든 절대 바꿀 수 없다는 막연한 신념 때문이었다. 근원적인 어떤 방법이 있어야 문제를 해결할 수 있다고 생각했다. 그렇다고 20대 청춘을 맘껏 즐기는 것은 양심이 허락하지 않았다. 게다가 살아갈 방향도 세우지 못한 형편에 미래를 준비하는 것은 더더욱 불가능했다. 무엇보다 나의 내적인 문제가 풀리지 않았기 때문에 나 자신이 변화되지 않는 한, 사회의 불의에 항거하는 것은 내게 언감생심이었고 미래를 준비하는 것은 그 문제가 풀린 후에 편안한 상태에서나 가능할 듯싶었다. 20대 전반부, 대학 시절의 나는 약간 병적인 상태로 20대의 혼란과 방황을 호되게 겪어내야 했다.

그렇게 나는 스승이나 친구나 책과 제대로 된 만남을 이룰 준비도 안목도 갖추지 못한 암울한 시기를 보냈다. 하지만 단 하나, '마음에 가득한 자애와 연민'에서 의도되지 않은 것은 그 어떤 대단한 신념과 가치나 이념도 다 가짜라고, 이것에 기반한 것이 아니라면 그 무엇도 개선할 수 없다는 것만은 어렴풋하게나마 확신하고 있었다. 하지만 그러한 '자애와 연민이 가득한 마음' 역시 내겐 고갈되어 있었다.

3.

50대가 되고 60대를 바라보는 지금의 내가 그때의 나처럼 암울한 20대 후배를 만나면 어떤 말을 해줄 수 있을까? 내 20대가 생각나서 아무 말 없이 꼭 껴안아줄 수밖에 없을지 모른다. 아니면, 잠시 모든 판단을 보류하고서 올바른 판단을 내릴 수 있는 지혜를 먼저 기르라고, 그 판단을 실현할 힘을 키우라고 할지도 모르겠다. 지금 네가 어떤 힘도 가지지 못했으니 철저하게 이기적으로 오직 너의 역량을 키우는 것에 몰두하라고, 그것이 결국 훗날 모두를 위해 더 값진 일을 할 수 있는 거라고 말해주는 것이 가장 현명한 조언이 될 수 있을까? 요즈음의 20대에게는 어떤 조언이 가장 적절할까?

그럼 나는 소흥렬 선생님께서 지금 다시 2022년을 사는 50대 후반의 나에게 당신이 말씀하셨던 '세 가지 만남'을 이뤘냐고 물으신다면 뭐라 말씀드릴 수 있을까? 그때 입학식 장소에서 함께 소흥렬 선생님의 강의를 들었던 우리 84학번 동기들은 뭐라 대답할까? 그들은 선생님께서 말씀하신 그 만남을 어떤 모습으로 이루고 있을까? 그리고 그것을 어떻게 성장, 변형, 확장시켜서 본인도 누군가에게 값진 만남의

세 가지 만남을 이루라: 소흥렬 선생님이 내신 과제 137

대상이 되어 살고 있을까?

30년도 훨씬 넘게 훌쩍 지나버린 지금, 소흥렬 선생님께서 거의 40여 년 전, 84학번 이화여대 입학생들에게 던진 '만남'의 의미를 되새겨본다. 소 선생님은 스승, 친구, 책과의 만남을 말씀하셨지만, 그것은 단지 이 세 가지 만남만을 말씀하신 게 아니었을 것이다. 세 가지 만남을 축으로 그로부터 무한히 확장된 만남까지 이룰 것을 우리에게 제시하신 게 아닐까. 다만 아직 사고가 충분히 무르익지 않은 어린 입학생들이 소화할 수 있는 정도까지만 말씀하신 듯하다. 혹시 그 이상을 말씀하셨는데 내가 그 정도까지밖에 이해하지 못해서 그것까지만 기억하고 있는지도 모르겠다. 선생님께서는 분명 사람만이 아니라 다른 생명체와 그 생명체들을 유지해주는 무한 연쇄 고리들과의 만남, 그리고 생명의 내적 영역까지, 나아가 아직 알려지지 않은 세계와의 미지의 만남까지도 염두에 두시지 않았을까.

4.

우리말 어원 자료에 의하면, '만나다'의 15세기의 표기 형태는 '맞나다'였다고 한다. 그래서 그 어간인 '맞나'는 '맞＋나'로 분석될 수 있는데, '맞'은 '마주'라는 뜻이고, '나'는 '나가다'의 '나'에 해당한다고 설명한다. 그러니까 '만나다'의 어원인 '맞나다'는 '마주 나다'란 뜻으로 상대방을 향해 서로 마주 대하고, 안에서 출발하여 바깥의 어느 지점에서 '만나다'라는 행위가 이루어지는 것을 함축한다. 이러한 '만나다'의 어원에 비춰볼 때, '만남'이 성립되려면 '마주하는 두 대상'이 있어야 하고, 이 두 대상이 물리적인 거리를 좁혀 접촉해야 하며, 그 접촉의 시작점은 '밖'이 아닌 '안'이어야 한다. 이 세 조건에 따라 '만남'을 우리 삶에 적용해보면 결국 삶이란 자기 내면으로부터 타자로, '분리'

에서 '일치'를 향한 과정, 즉 '만남'의 연속이라 할 수 있을 것이다.

단순히 인간을 기준으로 살펴볼 때, 모든 인간은 처음에 하나의 세포인 수정란으로 시작되는데 어머니 자궁에서 잉태된 수정란은 자궁이라는 환경과 만나 세포분열을 거듭하면서 태아로 성장한다. 그 후 태아는 출산을 통해서 이 세상과 만난다. 태어난 아기는 오감을 통해 구체적인 감각으로 세상 속 개별 대상들과 대면한다. 개별 대상들은 공감각적으로 인식되면서 아기의 지적인 능력이 발달할수록 좀 더 구체적으로 이미지, 이름 등 추상화된 개념으로 대상을 구별한다. 그렇게 성장한 인간에게 세상은 점점 더 자신과 분리된 대상으로 확고히 자리 잡는다. 이때 만남의 두 주체(혹은 두 대상, 혹은 양변)는 각각 그 자체로 이미 끊임없는 변화의 과정 중에 있다. 그리고 그 변화는 만남을 통해 서로에게 가해지는 자극이 되어 더욱 역동성을 띠게 될 것이다.

이상의 예와 같이 인간과 세계는 분리된 관계 속에서 한편은 다른 한편과의 다양하게 변주된 만남을 통해, 또 새롭게 변주되는 만남과 분리를 거듭할 것이다. 나와 너, 나와 그것, 나와 너희, 나와 그것들, 우리와 너, 우리와 그것, 우리와 너희, 우리와 그것들, … 무한한 형태로 관계 설정이 가능하다. 이것은 단지 인간을 기준해서 살펴본 것일 뿐인데, 동물이나 식물 혹은 물질이나 여타의 다른 어떤 것을 주체로 놓고 보면, 주체가 된 '그것' 이외의 모든 것 — 인간을 포함해 — 은 '그것'의 만남의 대상이 된다. 즉, 분리로부터 일치의 대상이 되는 것이다.

이렇듯 만남의 두 주체(때론 주체가 되기도 하고 대상이 되기도 하는 양변)의 관계와 그들의 상황 및 사태의 전모를 파악하고 이해하는 것은 진정 가능할까? 무한한 연쇄의 고리로 이어진 이 만남의 수수께끼는 각자의 방식으로 풀어나갈 것이다. 철학으로, 과학으로, 예술로, 종교로, …. 나는 무엇으로 이 신비를 풀어가고 있는가? 나는 그저 철학자가 철학으로, 과학자가 과학으로, 예술가가 예술로, 종교인이 영성으로, … 저마다 전문 분야에서 풀어놓은 결과물들을 내가 감당할 수 있는 정도만큼 부분적으로 향유하면서 만남의 불가사의에 동참할 뿐이다. 그리고 내게 주어진 소소한 일상과 책무 안에서 일어나는 축약된 만남을 통해, 무한대로 이어진 만남의 전모를 어렴풋이 가늠할 뿐이다. 언젠가는 알려지지 않은 만남의 수수께끼를 나만의 방식으로 그 전모의 언저리까지라도 풀어낼 수 있는 날을 고대하면서.

5.

이 만남의 여정은 죽을 때까지 계속될 것이다. 그러나 잠시 멈추고 현재 이 시점에서 내가 잠정적으로 파악한 '만남'의 전모는 무엇인지 헤아려본다. 그리고 소흥렬 선생님께 "선생님, 입학식 날 저희에게 내주신 과제를 아직 다 마치진 못했습니다. 이제까지 마친 것만이라도 확인받고자 합니다. 제 대답이 적절한지 살펴봐주세요." 하면서 보여드리고 싶다.

비록 표면으로 드러난 만남의 대상이 나와 분리된 '어떤 것'이지만 실로 그것은 원래 그 대상과 하나인 '나 자신'이라는 것이다. 지금도 시시각각으로 내 만남의 대상이 되는 것들은 실은 바로 나다. 마치 거울 앞에 서서 거울에 비친 나 자신을 보듯이, 내가 상대하는 그 대상들은 바로 나 자신, 이런 모습 저런 모습으로 드러난 나 자신을 내가 보는 것이고 만나는 것이다. 아름다운 음악을 들으며 감미로움에 휩싸일 때 실로 그 음악은 내 안에 이미 흐르고 있는 선율에 가락을 얹은 것이고, 멋진 풍광에 감탄할 때 실로 그 풍광은 내 안의 풍광을 반사한 것이다. 어미 잃고 헤매는 어린 길고양이가 가엾은 것은 실은 내 외로움이 가엾은 것이고, 시들어가는 꽃과 수명을 다한 화초가 안타까운 것도 실은 점점 나이 들어가는 나 자신이 안타까운 것이다. 누군가가 참으로 곱게 느껴지면 내 안의 어떤 것이 고운 것이고, 자랑스럽게 느껴지면 내 안이 어떤 것이 자랑스러운 것이다. 누군가의 탐욕, 분노, 폭력, 거짓, 어리석음 등도 실은 바로 내 안의 어떤 것이다. 어떤 대상에게서 느끼는 희로애락의 온갖 감정은 사실 나에 대해 느끼는 희로애락의 감정인 것이다. 외계의 어떤 대상에게 느끼는 온갖 감정이나 판단, 생각은 바로 나에 대한 것이라는 점이다. 내가 만난 모든 게 바로 나다! 소 선생님께서 말씀하신 '세 가지 만남'은 바로 나 자신과의 만남이었다! 이것이 현시점에서 '만남'에 대해 내가 내린 결론이고 소흥렬 선생님의 과제에 대한 나의 대답이다.

이것을 좀 더 정교하게 풀어가는 것, 그리고 삶으로 그 풀이를 구현하는 것은 앞으로의 과제일 터다. 거의 40여 년이 되어가는 현재에 이르기까지 소흥렬 선생님이 입학식 날 화두로 던진 '세 가지 만남'은 이화여대 철학과에서 소흥렬 선생님을 비롯한 여러 선생님께 배운 철학적 사유를 통해 여전히 내 삶의 유효한 과제로 작업 중이다. 그 과제의 결론은 이미 내려졌다. 소흥렬 선생님께서 제시한 만남은 궁극적으로 '나 자신'과의 만남이라는 것, 그리고 그 '나 자신'이 누군지를 밝히라는 것이었다! 이 결론의 도출 과정을 정교화하여 나 자신을 확실하게 설득하려면 매 순간의 만남에 깨어 있어야 한다. 그리고 그 만남의 과정과 그 무한한 연쇄적 관계를 섬세하고 치밀하게 지켜볼 일이다.

6.

『논리와 사고』, 『철학적 산문』 외에 선생님의 다른 저서들을 찾아 챙겼다. 『누가 철학을 할 것인가』, 『부드러운 논리 아름다운 생각』, 『철학적 수채화』, 『철학적 인생론』 등의 저서를 앞에 두고, 이제 다시 소흥렬 선생님과 뒤늦은 해후를 하고자 한다. 이 해후는 오래 계속될 것이다. 당신이 과제로 내신 '만남'의 사유를 더욱 풍성하고 깊어지게 할 것이다. 그 과정에서 어쩌면 나는 선생님의 저서 행간으로부터 언어 너머의 새로운 화두를 받을지도 모르겠다.

선생님의 글 「누가 철학을 할 것인가」(소홍렬 2004, 10-11)를 옮겨 적으면서 나는 어떠한 태도로 내 사유를 발전시킬 것인지, 그리고 어떠한 과제를 새롭게 받게 될 것인지 하나씩 점검해본다. 선생님께 "너는 철학을 할 수 있다"라는 희망 가득한 격려를 들을 수 있기를 기대하면서.

누가 철학을 할 것인가

별을 쳐다보며 걷다가 우물에 빠질 수 있는 사람
하루 종일 홀로 사색에 잠겨 있어도 외롭지 않은 사람
술에 취하지도 않고 사랑에 빠지지도 않는 이지적인 사람
종교를 믿지 않아도 불안하지 않은 사람
하늘이 무너져도 당황하지 않을 사람
열렬히 자살론을 주장하면서도 스스로는 자살하지 않는 사람
마음만 먹으면 부자도 되고 권력자도 될 수 있지만 관심이 없는 사람
확신만 있으면 누구든 설득할 수 있는 사람
어떤 수준의 어떤 문제에 관해서든 쉽게 대화할 수 있는 사람
어떤 논쟁에서든 끝까지 흐트러지지 않고 버틸 수 있는 사람
남의 말을 잘 알아들으면서 자기 말을 정확하게 하는 사람
요청이나 질문을 받은 것 이상의 해답을 하지 않는 사람
모든 분야의 모든 지식을 섭렵해 보고픈 사람
스스로 따져보지 않고서는 아무것도 믿지 않는 사람
자신의 사유 세계를 언제나 정리하고 체계화하는 사람

합리적 판단에 자신이 없는 한 행동하지 않는 사람
모든 사람에게 영원히 비밀이 될 수 있는 것은 없다고 믿는 사람
더 많은 정보가 공개될수록 더 합리적인 판단이 가능하다고 믿는 사람
생명의 위협을 무릅쓰고 진리를 말할 수 있는 사람
불의를 보면 분개하는 정열을 잃지 않은 사람
현실과의 타협을 거부하면서 이상을 포기하지 않는 사람
세상의 모든 걱정을 혼자서 짊어질 수 있는 사람
생각은 과격하면서도 말은 부드럽게 하는 사람
겉모습에는 신경 쓰지 않지만 멋있게 보이는 사람

이런 사람은 철학을 할 수 있다.

참고문헌

소흥렬, 『누가 철학을 할 것인가』, 이화여자대학교 출판부, 2004.

사람을 키우는 정원사

박연숙

숭실대학교 베어드교양대학 교수

1.

저는 '만약 ○○라면'이라는 가정을 하는 사람이 아닙니다. 주어진 현실이 전부라고 믿고 돌진하며 사는 유형입니다. 그런데 소흥렬 선생님에 관해서는 그런 가정이 연이어 떠오르곤 합니다. "만약 선생님을 만나지 못했더라면"을 시작으로 "선생님께서 그것을 권하지 않으셨더라면"까지 인생의 중요한 부분에서 선생님께서 결정적인 역할을 하셨다는 것을 뒤늦게 깨닫게 됩니다. 그런데 소흥렬 선생님은 저에게 뿐만 아니라 제자들 모두를 제 나름의 개성에 맞게 보살펴주시고 정성을 기울이신 분입니다. 어떻게 가꾸어야 더 잘 성장할 수 있는지를 훤히 파악하고 있는 정원사와 같았습니다. 제자들 모두 선생님의 보살핌으로 자라나 지금은 모두 각자에게 가장 잘 맞는 일을 하고 있으니 선생님이 얼마나 유능한 정원사인가를 알 수 있습니다.

그런 선생님을 뵙지 못한 지가 너무 오래되었습니다. 몸이 나빠지신 것을 스스로 알아차리신 이후 반포 커피숍에 모인 제자들에게 "제자들 만나는 것이 이번이 마지막"이라고 하시고는 그 이후 제자들의 방문을 일체 거부하셨기 때문입니다. 왜 그러셨을까요? 집 앞에 꽃과 선물을 두고 굳게 닫힌 현관문만 멍하니 한참 바라보다 돌아서야 하는 제자들의 마음을 모르실 리 없는데 그토록 강하게 뿌리치셨던 이유를 지금도 알지 못합니다. 댁에 계신 선생님은 전화로만 고맙다고 하시고 제자들이 자리를 뜨기 전까지 현관문을 열지 않으셨습니다. 선생님은 그렇게 당신의 모습을 감추신 채로 떠나셨습니다.

그렇지만 그렇게 오래 뵙지 못했는데도 제자들과 선생님은 서로 깊이 연결되어 있었다고 생각합니다. 선생님이 돌아가시기 며칠 전 제자들이 모두 한자리에 모인 적이 있습니다. 불현듯 서둘러 모임을 만들어야겠다는 생각이 들어 급하게 일정을 잡았는데도 선후배들이 다 모이게 되었습니다. 경상도 양산에 거주하고 있는 제자까지 아들을 데리고 함께하여 참 풍성한 하루였습니다. 되돌아보니 그날은 선생님께서 돌아가시기 불과 사흘 전이었습니다. 오랜만에 만난 제자들은 모두 선생님을 그리워하며 선생님과 연락이 닿을 길을 모색하다가 인터넷으로 검색하여 따님의 학교로 전화를 걸었습니다. 따님은 선생님께 연락하고 싶으면 반포 집으로 편지를 보내라고 했습니다. 그러면 그 편지를 요양원에 계신 선생님을 방문할 때 전달해주겠다고 했습니다. 아쉬운 답변이었지만 선생님과 연락하는 것이 아예 불가능하지는 않다는 것을 위안 삼아 한나절을 즐겁게 이야기하다 헤어졌습니다. 점심 식사 모임으로 만났다가 저녁 식사 때까지 시간을 보내며 우리가 모두 선생님의 제자로 연결되어 있다는 것을 깨달았습니다.

그런데 그날로부터 나흘 후 제자들은 장례식장에서 다시 만나게 되었습니다. 그 사이 선생님과의 이별에 관한 꿈을 꾼 후배들이 있었습니다. 한 후배는 꿈에 선생님께서 연꽃이 그려진 예쁜 찻잔 두 개를 가방에 넣으시고, 좋은 곳에서 좋은 사람들과 만나기 위해 길을 떠나신다고 말씀하셨다는 것입니다. 그런 꿈을 꾸어준 후배가 고맙습니다. 선생님께서 어디로 가시는지 직접 들려주신 것처럼 마음이 편안해졌기 때문입니다.

　저 역시 선생님의 이별과 관련하여 특별한 체험을 했습니다. 2019년 12월 29일 일요일이었습니다. 당시 저는 죽음에 대한 주제로 책을 쓸 계획을 하고 있었는데, 문득 선생님께 이 주제에 대해 말씀드리고 싶었습니다. 2018년 4월, 선생님과 마지막으로 통화했을 때 선생님께서 우편으로 받아 보신 저의 신간 『소설이 묻고 철학이 답하다』를 다 읽으시고 '오리지널'하다고 격려해주신 것이 떠올랐고, 그때 마침 선생님의 격려가 다시 한 번 필요했고, 죽음에 대한 책을 구상하고 있다는 것을 꼭 말씀드리고 싶었기 때문입니다. 선생님께 당장 연락을 해야겠다는 생각이 들었지만 선생님과 곧바로 연락이 닿을 방법이 없었습니다. 선생님께서 개인 전화를 사용하지 않으신 지 이미 오래되었고, 이메일은 사용하지 않으셨기 때문입니다. 게다가 요양원에 계신다는 것만 겨우 며칠 전에 알게 되었을 뿐 어느 요양원인지 알 수 없었습니다. 그래서 따님의 학교 이메일을 인터넷에서 검색해 선생님께 메시지를 전달해달라고 요청하며 선생님께 처음으로 이메일을 보내게 되었습니다. 선생님에 대한 감사의 마음과 새로운 집필을 시작했다는 것을 말씀드리는 내용이었습니다. 그러나 그 메일은 전달되지 못했습니다. 따님으로부터 자정 즈음에 이메일 답장이 왔으나 그날 오후 3시 반경에 선생님께서 돌아가셨다는 내용으로 돌아왔습니다. 그 시간은 제가 이메일을 보낸 지 세 시간 후였습니다. 갑자기 평생 처음으로 선생님께 이메일을 보내야겠다는 생각이 든 것이 괜히 든 생각이 아니었다는 것을 알게 되었습니다. 만약 제가 유난스럽게 따님의 메일 주소를 검색하여 메일을 보내지 않았더라면 선생님 마지막 가시는 길조차 배웅해드리지 못했을지 모릅니다. 선생님께 메시지를 전하고자 한 저의 갑작스러운 충동이나 좋은 곳으로 떠나신다고 당신이 직접 말씀해주신 후배의 꿈에는 이유가 있다고 생각합니다. 선생님은 어떻게든 제자들에게 신호를 보내주신 것입니다. 제자들에게 당신이 어떤 분이신가를 되새기도록 기회를 주셨고, 앞으로 어떻게 살아야 할지를 말씀해주신 것입니다.

2.

선생님은 저 자신도 모르는 저의 가능성을 꿈꾸게 하신 분입니다. 선생님께 특별히 더 감사드리는 것은 학업을 이어갈 수 있도록 격려해주신 것입니다. 저는 학문을 업으로 하는 집안에서 자라지 않았습니다. 대학원 진학을 추천하거나 박사학위가 필요하다고 말해주는 사람이 주변에 없었습니다. 그런데 선생님은 저에게 학문적 관심을 불러일으켜주셨고 칭찬과 격려를 아끼지 않으셨습니다. 심지어 박사과정 입학시험에서 과락으로 떨어졌을 때 선생님은 당신을 위해 시험을 한 번 더 치러달라고 부탁하셨습니다. 당시 저 자신을 돌아보면 지나치게 우울했고 비관적이어서 도저히 지금의 제가 될 수 없는 상태였지만, 선생님은 끊임없이 저에게 희망을 불어넣어주시며 저의 잠재력을 발굴해주셨습니다. 저를 대신하여 선생님께서 저에 대해 희망을 품어주신 덕분에 혼자만의 세상에 갇히지 않고 넓은 세상으로 나올 수 있었습니다.

선생님은 제게 박사과정 1학기 때부터 대학 강의를 맡겨주셨습니다. 강의 기회를 기다리는 여러 제자들이 있었지만 저에게 기회를 주신 것은 제가 더 나아서가 아니라 제게 더 필요하다고 판단하셨기 때문입니다. 다른 제자들은 혼자서도 잘하지만 저는 선생님의 도움이 없으면

안 되는 상황을 간파하신 것입니다. 그렇게 하여 저는 1995년 12월 계절학기부터 선생님의 바람대로 강의하는 사람으로 살고 있습니다. 1997년에는 이화여자대학교 평생교육원에서 논술 지도자 과정을 개설하며 소흥렬 교수님께 강의를 의뢰하였는데, 그 강의를 저에게 주셨습니다. 강의 첫날 소흥렬 선생님께서 수강생들에게 저를 소개하기 위해 강의실에 함께 들어섰을 때, 수강생들은 제가 선생님의 조교로 들어왔다고 생각했습니다. 선생님께서 저를 소개하고 나가시자 평생교육원 수강생들 중에는 적잖이 실망한 사람들이 있었습니다. 이렇게 평생교육원 논술 지도자 과정의 첫 강좌를 제게 주셨고, 이후 그 과정이 초등, 중등으로 세분되고 심화과정까지 확장되자 그때서야 선생님께서 직접 심화 과정을 담당하셨습니다. 지금까지 만나고 있는 평생교육원 1기 제자들은 강의 첫날의 실망감을 저에게 생생하게 전해주곤 합니다. 다행히 그분들은 1년 후 평생교육원 논술 지도자 심화 과정에서 선생님을 다시 만날 수 있었습니다.

언젠가 이처럼 선생님께 받은 많은 은혜를 떠 올리며 제가 어떻게 은혜를 갚을 수 있을지 모르겠다고 말씀드린 적이 있습니다. 그러자 선생님께서는 당신에게 갚을 필요는 없고 제가 제자들에게 잘해주면 된다고 하셨습니다. 그 덕분인지 저는 27년째 한 학기도 빠짐없이 강의를 하며 학생들을 만나는 것을 가장 큰 행복으로 느끼고 있습니다. 저에게 소 선생님이 계셨듯, 저 또한 학생들에게 자기 자신도 모르는 가능성을 먼저 알아봐 주고 격려하는 역할을 하고자 노력합니다. 뿐만 아니라 저는 누구에게나 자신을 돌봐주는 선생님이 필요하다는 생각을 합니다. 언제든 격려 받을 수 있고 도움 청할 수 있는 존재가 선생님이고 저에게 소 선생님이 그런 역할을 해주셨던 것과 마찬가지로 이제 제가 제자들에게 그러한 존재가 되어야 한다는 마음입니다. 그런데 사실 선생님과 같은 존재는 중년이 되어서든 노년이 되어서든 누구에게

나 필요하다고 생각합니다. 그래서 그런 존재가 필요할 때는 조용히 선생님을 떠올리며 힘을 모아보곤 합니다. 그리고 그 힘을 필요로 하는 분들과 나누고자 합니다. 누구나 생존하기 위해 엄마를 필요로 하듯 잠재능력을 펼치기 위해서는 자신의 영혼을 돌봐주는 선생님이 필요하다는 생각입니다. 이제는 제가 바로 그러한 선생님으로 역할 할 때임을 알고 있습니다.

3.

제가 석사과정에 입학했을 때 소 선생님께서는 인지과학 모임을 이끌고 계셨습니다. 금요일마다 타 대학의 대학원생들까지 모여 당시 최첨단의 학제적 학문인 인지과학을 연구하는 모임이었습니다. 그곳에 모인 분들이 지금까지도 좋은 동료이자 친구, 특별한 인연으로 남아 있습니다. 인지과학 모임이 좋았던 것은 단지 학문적 성과뿐만 아니라 자유로운 분위기에서 여러 실험을 할 수 있었다는 것입니다. 어느 날은 논문에 매이지 말고 자유로운 형식으로 글을 써서 발표할 수 있게 했습니다. 그래서 저는 소설을 써서 발표했습니다. 당시 고민하고 있던 연애 문제를 소설로 써보는 유치한 시도를 하였습니다. 무엇을 하든 눈치 보지 않고 자유롭게 발표할 수 있는 분위기 덕분에 결과적으로는 창작 수업 한 번 듣지 않고 『나나의 논리 대왕 도전기』를 3개월 만에 집필할 수 있었습니다. 물론 그 철학 동화에도 저의 깊은 연애 문제가 담겨 있습니다. 그 책은 저에게 지금까지도 소중한 첫 단독 저서입니다.

선생님은 인지과학 모임을 오케스트라로 비유하시면서 각자 자신을 어떤 악기라고 생각하느냐는 설문을 하시기도 했습니다. 20여 명의 제자들에게 각자의 개성을 악기에 비유하여 생각하게 하셨습니다. 그때 저는 '첼로'와 '드럼' 사이를 고민하며 저 자신의 개성을 알아갔습니다. 이처럼 자유로운 상상과 표현을 자극해주신 덕분에 제자들은 철학 전공자면서 동시에 화가로, 동화 작가로, 요가 강사로, 종교 지도자로, 지역 교육 활동가로, 최첨단 분야의 연구자로 다양하게 성장할 수 있었습니다. 인지과학 모임의 회원들은 유학 등의 변수로 늘 변동이 있었는데 바로 그렇기 때문에 더 역동적이고 생기가 가득했습니다. 유학을 마치고 새로 들어오는 회원과 유학을 떠나는 회원, 갓 들어온 석사 1학기 학생과 늦깎이 박사가 동등하게 존중받고 토론하였는데, 그러한 민주적인 문화를 선생님께서 이끌어주셨습니다.

청소년기부터 불안정한 심리 상태를 겪고 있던 저에게 선생님은 누구보다 탁월한 치유자였습니다. 열등감을 자신감으로, 외로움을 자유로움으로 변화시켜주셨고, 동료들과 함께 작업하며 혼자만의 방황을 극복할 수 있게 해주셨습니다. 선생님께서 들려주신 음악들과 이야기들뿐만 아니라 제자들이 기운 내서 연구하도록 특별히 제공해주신 '브레인 푸드' 또한 큰 역할을 했습니다. 학위 논문을 앞둔 제자가 있으면 특별한 영양식을 사 주시기 위해 모든 제자들을 다 이끌고 다니셨기 때문에 즐거운 대화의 향연이 자주 펼쳐졌습니다. 소크라테스가 향연을 즐기듯 선생님은 그렇게 여유 있게 철학을 즐기셨습니다.

4.

선생님과 마지막으로 뵐 때 선생님께서 눈물을 흘리신 적이 있습니다. "고맙다"고 말씀하셨고, "자랑스럽다"고 말씀하셨습니다. 그 바로 전해 모임에서도 그러셨던 것을 기억합니다. 아무것도 해드린 것이 없는데 무엇이 고맙고 자랑스러운지는 잘 모르겠습니다. 다만, 제자들이 자신할 수 있는 단 한 가지는 제자들 모두 선생님 덕분에 지금의 모습으로 성장할 수 있었다는 것, 그리고 선생님의 정성과 돌봄에 깊이 감사드린다는 것입니다.

죽음이 무엇일까요? 완전히 무가 되는 것일까요? 이 세계 너머의 다른 세계로 여행을 떠나는 것일까요? 그 무엇이든 선생님은 제자들의 영혼에 새겨져 제자들이 자신의 주어진 삶을 성실히 다 살아내는 동안 함께하신다는 것을 알고 있습니다.

선생님, 사랑합니다.[1]

---

1) 이 글의 제목인 '사람을 위한 정원사'의 비유는 생텍쥐페리의 『인간의 대지』에 나온다. 작가는 우리 안에 살해된 모차르트가 있다고 했다. 사람을 위한 정원사가 없어서라고 했다. 사람을 위한 정원사가 있다면 우리 안의 모차르트가 살아 있을 수 있다는 말이다. 제자들에게 소흥렬 선생님이 바로 '사람을 위한 정원사'라는 생각이 들어 이 글을 쓰게 되었다.

그대, 부디 그런 응답자가 되시게

소홍렬 교수님을 기억하며

도승연

광운대학교 인제니움 학부대학 교수

1. 기묘한 부조화

1992년. 내가 이화여대 철학과에 입학한 해이다. 그리고 소홍렬 교수님을 처음 뵌 것은 학력고사 전날 예비소집일이었다.

'하루만 지나면 학력고사라니…' 우울하기 이를 데 없는 마음으로 나는 기차가 지나가는 인상적인 이화교를 지나, 하늘로 닿을 듯 끝없이 이어진 대강당의 층층 계단 언덕을 넘어 드디어 시간의 켜켜가 살아 있는 듯한 고풍스러운 건물인 학관에 도착하였다. 웅성웅성 마른 먼지 같은 소리를 내며 덩어리처럼 옮겨 다니던 그날의 우리를 고사실로 인도해주신 분들은 두 분의 전공학과 교수님들이셨다. 교수님들께서는 직접 시험 감독을 하신다고 말씀하시며 긴장하지 말고 임하라는 통상적인 이야기를 하셨다.

그런데 지금도 생생하게 기억나는 것은 두 교수님의 기묘한 부조화였다. 한 분은 안경을 쓰신 젊어 보이시는 여성 교수님이셨는데 그냥 그것이 이상했다. 나도 철학을 전공하기 위해 이화를 선택했으면서도 젊은 여성이 철학 교수님이라는 것이 다소 생경하게 느껴졌던 것 같다. 작은 키에 마른 체구, 카랑카랑한 목소리와 반짝이는 눈빛을 가진 분이었다. 무엇 때문인지 정확히는 알 수 없지만 나는 '이 교수님이 감독을 하신다니 다행이다'라고 생각했다.

또 다른 한 분은 당시 고등학생의 눈에도 '교수님'이라는 직함이 정말 잘 어울리는 버버리코트를 입으신 노교수님이셨다. 머릿속에서 이상적으로 떠오르는 '철학'이라는 학문의 특성과 '교수님'이라는 이미지가 정확히 일치하는 개념의 원형을 만난 느낌이었다. 하지만 그렇다고 해서 예비 소집일의 수험생 입장에서는 교수님의 그 이상적인 인상이 꼭 좋은 것만은 아니었다. 여성 교수님에 비해 다소 어렵게 느껴진다고 할까. '음, 시험 볼 때 내 옆에 오랫동안 서 계시면 좀 긴장되겠는걸' 하는 생각이 잠시 들기도 했다. 하여튼 두 분 교수님은 닮은 듯 다른 기묘한 부조화를 발산하셨고, 그때의 두 분의 인상은, 이 정도 추위는 어림도 없다는 듯 뜨거운 화력을 내뿜던 학관 고사실의 라디에이터와, 하필 라디에이터 옆에 위치한 고사실 내 자리와, 나의 경쟁자들이며 동시에 몇몇은 나의 동기가 될 친구들의 얼굴보다 더 생생한 기억으로 남아 있다. 그렇게 나의 이화에서의 첫 인연이 시작되었다.

안경을 쓰신 여성 교수님은 나의 석사학위 지도교수셨던 이상화 교수님이시고, 다른 한 분은 이화여대 철학과의 이름을 더욱 자랑스럽게 해주셨던, 우리의 소흥렬 교수님이셨다. 사랑하고 존경하는 이상화 교수님은 이제 더 이상 젊지 않으시고, 이화여대 철학과 학생임을 소개할 때 나보다 먼저 호명되셨던 자랑스러운 소흥렬 교수님은 이제 더 이상 우리와 함께 계시지 않는다. 그리고 나는 평온하면서도 치열했던 1990년대의 이화에서 철학을 공부하면서 때로는 좌절하기도 기뻐하기도 하면서 지금은 철학을 가르치는 중년의 교수가 되었다. 시간이 그렇게 물처럼 고요히 흐르고 동안, 소중한 많은 이들이 세상을 떠났고 그곳은 또 다른 새로운 사람들에 의해 이전과는 다른 모습으로 변화하고 있었다.

2. 7개의 다면체가 주는 균형과 긴장

극심한 취업난으로 그 편차가 최근 더 커지기는 했지만, 인문사회계열보다 이공계열의 인기가 높은 것은 한국의 대학 입시 현장에서 크게 새삼스러운 일도 아니다. 하지만 1990년대만 하더라도 인문사회계열의 수험생들이 '방송, 미디어, 문화 콘텐츠'와 같은 트렌디한 전공만을 선호한 것은 아니었으며, 특히 문학, 사학, 철학 같은 전통 인문학에는 그 전공만의 학문적 매력이 살아 있었다. 어쩌면 지적인 자부심일 수도 있는 그 학문적 독특성이 일종의 매력으로 우리를 이끌었던 그런 시대였다.

나 역시 진심으로 철학과를 가고 싶었는데, 그렇다고 해서 딱히 입시 공부 외에 철학책을 따로 읽거나 철학자들의 사상에 관심이 있던 것은 아니었다. 그렇기에 철학에 대해 가지고 있는 나의 이상은 그저 막연한 것이었고 막연한 만큼 야심 찬 것이기도 했다. 어쩌면 부분의 진실일 수도 있는 실체 없는 이상 속에서, 당시의 나는 철학을 공부하면 세상 모든 일에 일갈 정도는 할 수 있는 지식인이 되는 것으로 생각했다. 신체의 능력이 소진되어 전성기의 기량이 나오지 않는 음악가나 미술가의 태생적 한계에 비한다면, 문헌을 다루는 인문학 연구자는 나이가 들수록 깊어지는 것으로만 알았다. 천재들이 만든 예술작품을 비평하고, 자신의 독창적인 사상을 만들어내는 사람들의 일, 그런 것이 철학인 줄로만 알았다. 물론 이러한 철학의 이상은 치열하게 공부하는 이들에게만 주어지는 선물 같은 것이겠지만, 철학에 대한 나의 일방적

동경은 그저 불투명한 내용과 형식으로 어쩌면 현실과는 다른 모습으로 그려져 있던 시절이었다.

하지만 철학에 대한 나의 막연한 이상에 비한다면 학문 공동체로서 이화여대 철학과를 선택하게 된 계기는 현실적인 이유였는데, 그것은 일종의 풍문 때문이었다. 두 다리만 건너면 아는 사람을 만나게 된다는 한국사회에서 철학과에 간다는 용감한 딸을 위해 부모님은 여러 이야기를 듣고 전해주셨는데, 그중에서 내 귀를 쫑긋하게 한 것은 '7인의 교수진'에 대한 것이었다. 7인의 교수님들의 세부 전공들이 철학의 중요한 주제들을 담고 있기에 그들이 만든 7개의 다면체의 균형과 긴장이 학생들을 철학이라는 광대한 바다로 이끌고 종국에는 자신만의 바다를 향해 헤엄치게 할 것이라는 그런 풍문이었다. 7개의 다면체의 이야기는 철학도를 꿈꾸는 나의 자부심에 보다 강력한 배경이 되어주었다. 학부 시절 수업을 들었던 순서대로 나의 지적 거인들, 만신전과 같았던 당신들의 이름을 감히 호명해본다.

플라톤을 닮으신 서양 고대 철학자 남경희 교수님, 독일 사회철학의 아우라를 보여주셨던 이상화 교수님, 칸트와 헤겔 중 분명 칸트를 더 사랑하셨던 예술철학자 김혜숙 교수님, 동양철학자는 비록 한 분이셨지만 동양철학의 모든 것을 우리에게 주실 수 있었던 독보적인 학자 이규성 교수님, 특유의 억양과 몸짓으로 어려운 인식론 수업을 즐겁게 인도해주셨던 언어철학자 정대현 교수님, 바젤에서 건너오신 실존철학자 신옥희 교수님. 그리고 마지막으로 한국 과학철학계의 거두 소흥렬 교수님이시다.

비록 철학에 대한 나의 이상은 막연한 것이었지만 적어도 아름답게만 들렸던 그 풍문은 대체로 진실이었다. 그때도 그리고 지금도 그분들의 존재감은 여전히 유효하다.

하지만 이 위대한 7면체는 결코 안정적인 다면체가 아니다. 이 다면

체는 마찰 없는 공간의 원형처럼 빠르게 굴러가지도 않았지만, 그렇다고 완벽한 정육각형의 도형처럼 한자리에 고정되어 있지도 않았다. 주활동지는 학관이었지만 이 다면체는 언제나 자신의 철학과 다른 철학을 융합하고, 철학을 중심에 두고 어딘가를 가로지르고, 전통 철학의 세계에 살고 있으면서도 주변과 바깥과 외부와의 만남을 통해서만 접할 수 있는 이질적인 사유의 공간들을 우리에게 만들어주셨다. 고대 철학자 남경희 교수님은 비트겐슈타인을 가르쳐주셨고, 김혜숙 교수님과 이상화 교수님은 여성철학적 통찰력을 강조하셨고, 정대현 교수님은 국립현대미술관에서 작가론, 예술론을 종종 특강하셨다. 그뿐인가. 신옥희 교수님과 이규성 교수님께서는 당신들의 세부 전공을 떠나 '어떻게 살아야 하는가'의 철학의 본령을 우리로 하여금 자문하게 하셨다.

때로는 당신들이 연구년을 수행하시거나 유망한 신진 학자들이 학위를 받고 오면 그분들을 강사진으로 모셔 우리의 마음에 또 다른 철학의 불을 지피기도 하셨다. 당시의 우리가 열광했던 과목들은 이남인 교수님의 현상학, 홍윤기 교수님의 정치철학, 고 심재룡 교수님의 불교철학, 고 장춘익 교수님의 독일 사회철학이었다. 철학의 풍요로움을 넘치게 향유할 수 있었던 행복했던 학부 시절이었다.

하지만 희한하게도 소흥렬 교수님의 수업에서 '새로운 무엇을 배우게 되었다', '어느 정도 내가 알게 되었다'라고 자신 있게 말할 수 있는, 손에 잡히는 성취감 혹은 뛸 듯이 기뻤던 인정의 순간들이 나에게는 딱히 떠오르지 않는다. 곰곰이 생각해보면 과학철학 때문인가 싶기도 했다. 과학철학은 내가 아는 한 철학과 전공 4학년 교과안에 개설되어 있는데 그 이유는 과목의 난이도 때문이다. 서양 근대 철학을 배우면 칸트의 위대함을 알 수 있고 칸트를 배웠다면 이후의 독일 현대철학의 분위기에 낯설지 않게 다가갈 수 있다. 하이데거의 실존철학을 열심히 공부하면 그의 스승인 후설의 현상학으로 겨우겨우 넘어가면서

양자를 비교해볼 수도 있다. 더디지만 한 걸음씩을 떼면서, '이제 한 계단을 겨우 올랐구나' 하는 기쁨과 성취감을 맛볼 수 있었고 그것이 이 지난한 학문이 나에게 희소하게 주었던 배움의 즐거움이었다.

하지만 과학철학은 앞선 과목들과는 성격이 다소 달랐다. 실존철학처럼 삶의 등불이 되어주지도 않았고, 사회철학처럼 가슴 뛰게 하지도 않았고, 현상학처럼 의식 본연의 활동이라는 그 심장 속으로 지금 다가가고 있다는 긴박감을 주지도 않았다. 적어도 나에게는 다른 세상의 언어로 들릴 정도로 어려운 영역이었다. 감정 개입이 어려워 낯설었고, 추상적이고 메타적인 언어였기에 더더욱 손에 잡히지 않는 어렵기만 한 과목이었다. 그저 당시에는 '제발 지금까지 열심히 쌓아온 내 학점을 낮추지만 말아줘'라는 생각뿐이었다. 마치 지구과학 시간에 화석의 종류를 배웠던 학생이 갑자기 우주론을 듣는 것 같은 아득한 거리가 나와 과학철학의 사이에 있었다. 어쩌면 그것은 인간적 거리이기도 했다. 소흥렬 교수님의 과목은 학부 졸업 전에 꼭 들어야 한다고 선배들은 당부를 했고 한국철학회 등 학회 행사가 홍보되던 과 사무실 게시판에서 늘 당신의 이름을 발견할 수 있었지만, 한국 철학계의 거두, 과학철학계의 대부와 같은 교수님을 지칭하는 거창한 이명들은 오히려 나를 주눅 들게 했다.

지도교수님처럼 개인적으로 만나 이야기를 나눈 적도 없었고 과학철학에 대해 아는 것이 없으니 당연히 질문하고 싶은 것도 없던 나에게 교수님은 대학원 박사 선배님들과 담소를 나누시는 모습이 더 어울리시는, 분명 거리의 교수님이셨다.

이대 철학과를 다닌다고 소개를 하면 "아, 거기는 소흥렬 교수님이 계시지요?"라는 주변의 반응은 늘 한결같았지만 그 거리를 좁힐 수 있는 계기는 쉽사리 마련되지 않았다. 그렇게 나는 1996년 졸업을 했고 그 이듬해 1997년, 소흥렬 교수님은 27대 한국철학회 회장이 되셨다.

(정대현 교수님께서는 33대, 김혜숙 교수님께서는 43대 한국철학회 회장을 역임하셨다.)

하지만 놀랍게도 소흥렬 교수님과 마주 앉아 이야기를 나누게 된 사건은 졸업 이후 얼마 되지 않아서였다. 대학원 석사를 지원하고 싶다고 지도교수님께 말씀드렸더니, 교수님께서는 지원서를 내기 전에 학부의 교수님들을 찾아뵙고 지원의 동기, 계획 등을 간단히 말씀드리면 좋을 것 같다는 조언을 해주셨다. 대학원 진학이 아니었다면, 이상화 교수님의 특별 조언이 아니었다면, 나로서는 엄두도 내지 않을 미션이었지만 의외로 소흥렬 교수님께서는 흔쾌히 시간을 마련해주셨다. 학부 시절 이후 두껍게만 보였던 철문이 비로소 열리고 있었지만 교수님과의 개인적 대화의 기회도, 연구실 방문도 처음이어서 마음은 더욱 긴장되었다.

"대학원을 진학하고 싶다고? 좋은 결심을 했네. 학업 지원서나 학점에 관한 서류 평가가 통과되면 이후 면접이 진행되겠지만 면접은 크게 당락이 결정되는 사안은 아니니 편안한 마음으로 준비하면 되겠지."

그리고 잠시 동안의 침묵. 교수님은 다시 말씀을 이어가셨다.

"아, 그리고 말이지… 면접에서 질문을 받게 되면 말일세, 나의 대답이 이미 분명히 정리되어 있는, 그런 운 좋은 질문을 만날 때가 있지. 혹은 질문이 끝나자마자 즉답을 해서 면접관들에게 강한 인상을 남기고 싶은 자신의 마음을 만날 때도 있을 거야. 그런데 그런 상황일수록 이런 태도 또한 필요하지. 약간의 여유, 잠시 동안의 침묵, 어쩌면 생각의 정리와 같은 자신만의 시간을 가지는 태도 같은 것. 승연이는 학부 시절 동안 과대표도 하고 성적도 좋고, 무언가 열심히 활동을 했던 학생으로 알고 있네. 그러다 보면 질문이나 미션이 주어지면 얼른 그 질문을 받아 답을 하고, 얼른 미션을 완수하여 칭찬을 받고, 그런 일들에 익숙한 삶을 살았을지도 모르겠네.

하지만 그런 마음이 들수록, 또 자신이 그런 능력이 있을수록, 침묵의 시간은 더더욱 필요하다네. 긴 시간은 아닐세. 이를테면 질문이 주어지고 몇 초 정도 자신의 생각을 정리해보는 거야. 이미 머릿속으로 정리가 되었다면 그냥 몸의 숨이라도 고르는 거야. 능력도 중요하지만 그런 여유를 가진 응답자가 되었으면 하네."

3. 그런 여유를 가진 응답자

지적인 자부심을 채워줄 수 있는 철학의 매력에 빠져, 훌륭한 교수님들의 수업을 듣고, 좋은 학점을 받으면 철학도로서의 준비가 된 것이라는 안일한 생각을 하던 나에게 그런 여유 따위는 애시당초에 없었다. 침묵의 시간은커녕 질문의 요지를 빠르게 파악하고 신속히 답을 말해야 한다고 스스로를 닦달하던 내게 교수님은 여유를 가진 응답자가 되기를 조언하셨다. 거리의 교수님은 어쩌면 나를 알고 계셨을까. 아니, 교수님 정도의 연륜이시면, 당신의 수업을 들었던 학생들에 대한 약간의 관심만 있다면, 이런 나의 오만과 오해 같은 건 쉽사리 보이셨던 걸까. 과학철학에는 시큰둥하면서 이런저런 자기변명을 하던 내 마음도 알고 계셨던 걸까. 이런 혼돈스러운 질문과 함께 총총걸음으로 교수님의 연구실을 나왔다.

그리고 며칠 뒤의 면접일. 나에게 주어진 질문은 두어 가지 정도였는데, 어느 분이 주신 질문인지, 어떤 내용이었는지는 지금은 잘 기억도 나지 않지만, 적어도 나는 그런 여유를 가진 응답자가 되기 위해 어색한 몇 초의 시간을 견디고 답변을 마무리했다.

살아가면서 그날의 교수님과 나누었던 짧았던 대화가 종종 생각이 난다. 특히, 내가 누구인지, 어떻게 살아야 하는지, 어떤 마음으로 철학을 공부해야 하는지, 삶에서 만나게 되는 어려움들은 어떻게 마주해야 하는지, 나이를 들어갈수록 해결해야 할 문제의 수위가 높아지고 맡은 책임이 무거워질 때마다 나는 그런 응답자가 되어야 한다고 스스로에게 되뇌었다.

여유 있는 응답자는 성과와 결과에 연연하는 태도를 버리고 그 상황과 과정을 직시해야 하며, 눈앞의 큰 사건이나 광경에 집착하기보다는 그 그림이 작게 보일 때까지 멀리 주시하는 응시자의 눈을 가져야 한다고. 그리고 침묵의 시간을 거쳐 진심의 태도로 스스로를 용기 있게 드러내는 그런 인간이 되어야 한다고 말이다.

지금, 여기, 소흥렬 교수님을 다시 떠올려본다. 그는 멀리 계신 듯 아득한 이름을 가지셨지만 누군가 그 이름을 이화와 함께 부를 때에는 자부심과 함께 기억되는 분이셨다. 따스하고 소탈한 인품을 가지셨지만 학생의 장래와 관련된 사안이라면 엄격한 태도로 일관하셨다. 비록 친밀한 사제관계는 아니었지만 늘 그 곁에 가까이 가고 싶었다. 나에게 소흥렬 교수님은 이런 거리의 교수님이셨지만 삶의 중요한 시기에 스승과 제자로 만나 함께 나누었던 작은 이야기들은 누군가의 삶을 바꾸는 그런 힘을 가진다. 특히 그것이 20대의 삶의 가장 빛나는 시기, 하지만 그렇다고 특별히 무언가를 할 수도 없는 그런 무기력한 시기에 만난 인연일 경우에는 더욱 그러하다.

광운대학교에는 철학과는 없지만 인제니움 학부대학에서 철학을 가르치는 나에게는 각기 다른 전공에서 모인 학생들이 있다. 그들 모두는 어쩌면 나로 인해 삶의 무언가가 바뀔 수도 있는 연약하면서도 소중한 나의 제자들이다. 때로는 철학과 무관한 시험을 앞두고 나에게 자신들의 미래를 고민하며 도움을 청하는 학생들을 만나기도 한다. "교수님, 내일이 면접입니다. 정말 잘하고 싶어서 나름 준비도 많이 했는데 너무 긴장되네요." 하소연 반, 걱정 반의 이야기들을 들을 때면 20대 내가 소 교수님께 들었던 그 이야기를 다시 들려주게 된다. 이 작은 이야기는 어쩌면 면접의 성공 여부와는 큰 관계가 없을지도 모르겠다. 하지만 그들이 더 나이가 들어 세상에 던져져 삶의 고비, 돌부리를 만나게 될 때 분명 숨을 고르게 하는 신비한 힘을 발휘하게 될 것이다. 세월은 그 누구도 기다려주지 않는다. 하지만 부디 30년 전 현명한 교수님이 들려주신 나지막한 음성이 나를 가로질러, 그리고 세월을 관통하여 나의 학생들의 삶에도 깊숙이 스며들기를 바랄 뿐이다.

그대, 부디 그런 응답자가 되시게.

그리운 아빠께

소영
건국대학교 핵의학과 교수

아빠, 벌써 아빠께서 세상을 떠나신 지 2년여가 지났습니다. 저에게는 아빠께서 갑자기 돌아가신 그날의 기억이 아직도 생생하지만요. 아빠께서 입원해 계시던 요양병원에서 급작스럽게 연락이 와 달려갔지만, 아빠 임종도 지켜보지 못하고 보내드려야 해서 슬픔이 더 컸어요. 돌아가시기 전날에 아빠와 엄마께서 박사학위를 받으셨던 미국 미시간주 앤아버의 미시간 대학에 아빠의 손녀딸 하영이가 방문했다는 소식을 전해드렸던 게 아빠와 저의 마지막 대화가 되었고요.

아빠 장례식 때 많은 고마운 분들께서 문상을 와주셨어요. 그리고 2019년의 마지막 날, 날씨가 많이 찼던 날에 아빠 발인을 해드렸던 기억이 나요. 상심이 너무 크실 엄마께는 아빠께서 돌아가셨다는 사실을 바로 알려드리지 못했어요. 아빠 장례식이 모두 끝나고 나서야 엄마께 아빠께서 돌아가셨다고 말씀드렸고, 엄마께서 큰 충격을 받으셨던 모습, 그리고 많이 슬퍼하셨던 모습이 아직도 생각나요.

아빠께서 돌아가신 지 2년여가 흐른 지금, 저희는 아빠를 떠나보낸 슬픔을 조금씩 극복해나가고 있어요. 처음에는 아빠께서 돌아가셨다는 사실이 쉽게 받아들여지지 않았어요. 그래서 저는 한동안 슬픔과 죄책감을 안고 지내야 했어요. 저의 슬픔과 죄책감을 극복하고자, 저는 한동안 주말이면 새벽에 차를 몰면서 기독교방송 채널에서 틀어주는 찬송가를 듣기도 했어요. 하지만 이제는 아빠께서 편안하게 쉬시기를 바라는 마음이에요. 엄마께서도 한동안 아빠를 여읜 슬픔에 힘들어하셨어요. 집 여기저기서 아빠께서 살아서 나오실 것 같다고도 하셨고요. 하지만 엄마께서는 이제는 아빠 살아 계셨을 때 얘기를 비교적 담담히 많이 하셔요.

아빠께서는 우리 가족 모두의 든든한 기둥이셨지요. 우리 가족에게 한여름의 뜨거운 햇볕을 가려주고, 비가 오면 비를 피하게 해주는 큰 나무 같은 존재이셨지요. 아빠께서는 엄마께는 자상한 남편이셨고 평생 반려자이자 친구이셨지요. 늘 엄마와 많은 대화를 나누셨고, 두 분이 산책도 많이 다니셨지요. 또 엄마와 이런저런 학문적 교류도 많이 나누셨고요. 그뿐만 아니라 설거지를 비롯한 온갖 집안일도 마다하지 않으셨지요. 집 안 여기저기 수리할 일은 모두 도맡으셨고, 그래서 엄마께서 가끔 아빠를 '공돌이'라고 칭하시기도 하였지요.

아빠께서는 저희 셋에게는 인자한 아빠셨지요. 저희는 어려서부터 아빠와 많은 대화를 나눌 수 있었고, 저희가 아빠와 논쟁을 하는 것도 허락하셨지요. 초등학교 때 방학 미술 숙제는 늘 아빠와 함께하는 즐거운 일이었고, 일요일 아침 식사는 아빠께서 준비해주시는 팬케이크, 프렌치토스트 등 맛있는 양식 메뉴였지요. 온 가족이 집에서 TV로 영화를 볼 때면 팝콘을 만들어주셨고요.

또 아빠께서는 하영이, 민이에서 너무나 자상한 할아버지이셨지요. 하영이와 민이가 어렸을 때 대화도 많이 하시고, 하영이, 민이 사진도 많이 찍어주셨지요. 특히 하영이 초등학교 때는 병원에 출근하는 저를 대신해서 하영이 방과 후에 하영이 영어 숙제를 봐주셨지요.

제가 아주 어렸을 적 아빠와 엄마께서 미국 미시간주 앤아버에 있는 미시간 대학에 유학 중이셨을 때 오빠와 따라갔던 일이 어렴풋이 기억나요. 겨울이면 눈이 많이 내리던 미시간에서 저희는 아빠와 함께 눈밭을 뒹굴고, 눈사람도 만들고, 눈썰매도 탔었지요. 제가 유치원에 들어가기 전에 아빠와 엄마께서 수업 시간을 조정하여서 저를 번갈아서 돌보아주셨다고 들었어요. 한번은 아빠께서 저를 맡기실 곳이 마땅치 않으셨는지, 수업하시는 강의실로 저를 데려가셨지요. 아빠께서 수업하시는 동안 저는 교탁 옆의 작은 책상에 앉아서 그림을 그렸던 기억이 납니다.

또 한번은 네 가족이 앤아버에서 캐나다 토론토로 아빠, 엄마 지인 분을 만나러 다녀왔었죠. 그런데 토론토까지 갔지만 우리는 나이아가라 폭포를 보고 오지는 못했어요. 그 일로 엄마께서 아빠께 여러 번 아쉬운 마음을 토로하기도 하셨죠. 비록 온 가족이 나이아가라 폭포를 구경하는 경험을 하지는 못했지만 25년이 지난 1998년에 전 결국 나이아가라 폭포를 눈에 담았습니다. 정말 장관이었어요. 아빠께서도 보셨다면 분명 좋아하셨을 거예요.

이렇듯 우리 가족은 엄마, 아빠의 미시간 유학 시절에 참 재미있는 추억을 많이 쌓았던 것 같아요. 그런데 지금까지도 한 가지 마음에 걸리는 점은, 막내 영원이는 그 추억들 속에 함께하지 못했다는 거예요. 사진 찍는 것을 참 좋아하셨던 아빠셨지만, 같이 오지 못했던 막내 영원이를 생각해서 미시간 유학 시절에 오빠와 저의 사진을 많이 찍지 않으셨지요. 영원이는 당시 만 1살로 너무 어렸기 때문에 우리와 같이 미국에 가지 못하고 외할아버지, 외할머니 손에 맡겨졌었지요. 그리고 외할아버지, 외할머니의 과보호 속에 자란 영원이는 여느 또래 아이들처럼 집 밖에서 이리저리 뛰어놀지 못하였다고 들었어요.

귀국하여 김포공항에 도착하였을 때 영원이가 너무 반가웠던 아빠는 영원이를 보자마자 안아 올리셨지요. 그 순간 영원이가 울음을 터뜨렸던 일이 기억납니다. 귀국해서 현재까지 영원이는 앤아버에서의 추억을 공유하지 못해 늘 소외감을 느끼고 있어요. 제가 당시 너무 어려서 몰랐지만, 지금 생각해보니 저도 영원이에게 미안한 마음이 들어요. 그 중요한 어린 시기에 온 가족과 3년가량을 떨어져 있었으니 무척 외로웠을 거란 생각이 들어요. 아빠께서는 늘 마음 한구석에 영원이에 대한 미안함을 저보다 더 크게 품고 계셨을 것 같아요.

어렸을 적 온 가족이 함께 여행 다녔던 기억도 많이 납니다. 1970년대 중반 무렵으로 기억이 나는데, 당시 이화여자대학교 팀을 따라서 충청남도 서천군 비인 해수욕장에 놀러 갔던 것으로 기억해요. 해수욕장에서 여러 교수님 가족들과 어울리며 즐거운 시간을 보냈었지요. 오빠는 밤에 대학생 누나들을 따라서 노래에 맞추어 춤도 추었고요. 처음 비인 해수욕장에 갔을 때 막내 영원이가 바다를 무서워해 바닷물에 들어가지 못하는 것을 아빠, 엄마께서는 많이 안타까워 하셨어요. 다른 아이들은 모두 튜브를 허리에 끼고 물장구를 치면서 즐겁게 놀 때 영원이는 엄마와 둘이서 모래사장에서만 놀았으니까요. 결국 마지막 날에 엄마께서 영원이를 업고 바닷물에 들어가서 겨우 영원이 발에 바닷물을 적시었지요.

조금 커서는 돌아가신 김옥길 전 이화여자대학교 총장님께서 계시던 고사리 수련관에 놀러 갔었던 기억이 납니다. 1층의 커다란 방에서 여러 교수님 가족들이 함께 기거하면서 많은 추억을 쌓았지요. 낮에는 경치 좋은 주변 곳곳으로 산책도 많이 했고요. 밤에 아빠를 포함한 여러 교수님들이 캠프파이어 앞에 모여서 참 어려웠던 그 시절의 이런저런 뜻 깊은 대화를 나누시던 모습이 생각납니다.

1989년 여름, 아빠, 엄마 두 분의 은혼식 기념으로 약 한 달간 유럽 여행을 다녀온 일은 평생 잊지 못할 기억이에요. 당시 미국 유학 중이던 오빠가 함께 못하여서 네 식구가 다녀오긴 했지만요. 당시 의대 본과 2학년이었던 저와 대학교 신입생이었던 영원이에게는 새로운 세상을 접하고 추억을 쌓은 소중한 시간이었지요. 독일에서 아빠 지인 댁에 열흘간 머물면서 그 집 식구들과 자동차로 독일의 여러 도시를 방문했던 일, 프랑스 파리의 엄마 친구 분 댁에 머물면서 지하철을 타고 다니며 파리의 명소들을 방문했던 일, 여행사를 따라다니기는 했지만, 이탈리아 로마를 비롯한 여러 도시를 여행한 일, 그리고 잠깐이지만 스위스를 방문하여 융프라우와 제네바를 방문했던 일 등, 저와 영원이에게는 평생을 간직할 즐거운 기억이 되었어요.

아빠께서는 체면을 중시하지 않았던 분이셨지요. 저희가 어렸을 때 아빠께서는 처가가 어려움에 직면하자 처가살이도 마다하지 않으셨어요. 또 아빠께서는 늘 "이 세상 살아가면서 무슨 옷이 그렇게 많이 필요하냐"고 말씀하시는 분이셨지요. 제가 고등학교 동기들로부터 이대에서 아빠의 별명이 '단벌 신사'라는 말을 전해 들을 정도였어요. 엄마께서 사 드린 새 옷도 옷장에 그냥 묵혀두시곤 하셨고, 제가 내과 레지던트 때 큰맘 먹고 아빠께 선물해 드린 캐시미어 코트도 결국은 한 번도 입지 않으셨지요. 제 결혼식 날에는 엄마께서 사 드린 새 구두를 두고 늘 신으시던 헌 구두를 신고 결혼식장에 오셨고요. 또 아빠께서는 늘 대중교통을 애용하셨지요. 제가 결혼하기 직전에 아빠, 엄마께 사 드린 차를 너무 아끼시다가 한번은 주유소 직원이 우연히 계기판의 미터기를 보고 미터기 숫자가 너무 적은 것을 이상하게 여겨 도난 차량으로 의심된다고 신고를 하였던 일도 있었어요. 그 일로 아빠께서 차도둑으로 몰렸던 일은 우리 가족뿐 아니라 친척들에게도 두고두고 회자되는 참 재미있는 일이 되었지요. 하지만 저희는 한 번도 아빠의 이러한 소박하신 모습을 부끄럽게 여긴 적이 없었어요. 저희에게는 아빠의 선비 같은 삶을 추구하는 모습이 늘 귀감이 되었고 존경스러웠지요.

아빠의 첫 손주 하영이가 태어났을 때 아주 기뻐하셨던 일도 생각납니다. 아빠께서는 갓 태어난 하영이의 왼쪽 볼에 아빠처럼 큰 점이 있는 것을 보시고 마냥 신기해 하셨지요. 저랑 하영이가 있던 산후조리원에 오셔서 시아버님께 "바깥사돈도 왼쪽 볼에 점이 있어요?"라고 물어보시던 모습도 생생해요. 사진 찍는 것을 무척 좋아하셨던 아빠께서는 어린 시절 하영이 사진을 정말 많이 찍어주셨지요.

아빠께서 말년에 많이 편찮으셨던 일은 지금 생각해도 너무나 가슴이 아픕니다. 당뇨병을 앓으셨던 아빠께서는 2014년 가을 즈음부터 인슐린을 맞으셔야 해서 제가 아침마다 아빠께 인슐린 주사를 놓아드렸었지요. 매일 아침 아빠께 인슐린을 놓아드리는 일이 조금 힘들기도 했지만, 매일 아빠를 뵐 수 있었기에 좋기도 하였어요. 그러나 아빠께서는 아픈 오빠를 보시며 점점 더 낙담하셨고, 그로 인해 말년에 술에 너무 의존하셨던 것 같아요. 그로 인하여 아빠의 건강이 많이 악화되었고, 많이 약해지셨지요. 저는 지금도 문득문득 당시에 아빠께서 술을 드시지 못하게 강하게 말리지 못한 것에 대한 후회가 듭니다. 그랬다면 아직 아빠께서 살아 계시지 않을까 싶기도 하고요. 하지만 제가 점점 커가는 하영이를 보면서, 자식이 아프다는 것이 부모에게 얼마나 큰 고통이 되는지를 어렴풋하게나마 짐작하게 되었어요.

아빠, 이제는 남은 저희에 대한 걱정을 털어버리시고, 아빠께서 편안히 쉬시기를 기원해요. 엄마께서는 이제 건강을 많이 회복하셔서 요즘은 식사도 잘하시고 좋은 일이 있으면 환하게 웃기도 하셔요. 오빠도 조금씩 안정되고 있고요. 영원이도 씩씩하게 살고 있어요. 아빠를 대신하여 제가 미진하나마, 엄마, 오빠, 영원이 잘 챙기겠습니다. 그리고 아빠, 저희를 낳아주시고, 길러주시고, 큰 사랑을 베풀어주셔서 정말 감

사합니다. 저희도 아빠를 정말 많이 사랑해요. 그리고 아빠가 너무너무
보고 싶습니다. 하늘나라에서 저희를 지켜봐주세요.

　　아빠의 사랑하는 큰딸 영아 올림

사랑하고 보고 싶은 우리 할아버지

이하영

서경대학교 프랑스어학과 학생

　스무 살의 마지막을 미국 작은아빠 댁에서 보내던 중이었습니다. 폭신한 사촌동생 방 침대에서 평소보다 조금 일찍 눈을 뜬 저는 시간을 확인하려 휴대폰을 집어 들었습니다. 그리고 켜진 화면에서 가장 먼저 눈에 들어온 건 시간이 아닌 "하영아"로 시작하는 엄마의 메시지. 한국 시간으로 12월 29일 오후 3시 반경에 할아버지께서 돌아가셨고 엄마와 아빠는 빈소를 지키고 문상객들을 맞고 있다며, 저는 멀리 있어 장례식이 끝나기 전까지 도착하기 힘드니 미국에서 할아버지 명복을 빌어드리라는 내용이었습니다. 장문의 메시지를 모두 읽고 미동도 않은 채 허공을 응시하며 한참을 멍하니 침대 위에 앉아 있었습니다. 그리고 곧 엄마에게 보낼 답장을 적었습니다. "엄마는 괜찮아? 내가 옆에 못 있어줘서 미안해."

　천 년 만 년 제 곁에 든든히 수호신처럼 계실 줄 알았던 할아버지께서는 점점 건강이 악화되시며 급속도로 연로해지셨습니다. 외할아버지의 약을 챙기러 매일 새벽같이 일어나 할아버지 댁으로 가는 엄마를 보며 전 수도 없이 다짐했었습니다. 절대 오지 않았으면 하는 미래이지만, '언젠가 할아버지께서 돌아가신다면 아빠와 함께 엄마의 슬픔을 나눠 가지고 최선을 다해 힘이 되어주어야지' 하고 말입니다. 하지만 미국에서 엄마의 기나긴 메시지를 받은 것은 이미 8시간 전 할아버지를 여읜 후였습니다.

눈물은 생각보다 늦게 그리고 오래 흘렀습니다. 1층에서 아침식사를 준비하시는 작은엄마를 보고 할아버지의 부고를 전하려 입을 뗐을 때까지도 아직 눈물은 나오지 않았습니다. 아마 그때까지도 전혀 실감하지 못하고 있었나 봅니다. 그런데 "작은엄마, 외할아버지 돌아가셨어요." 하고 제 입을 통해 그 사실을 인정해버리자 저는 곧 갓 태어난 아이마냥 온 얼굴을 일그러뜨리고 슬픔을 쏟아냈습니다. 그때서야 알았습니다. '아, 이제 정말 더 이상 할아버지께서 계시지 않는구나. 난 아까부터 엄청나게 슬퍼하고 있었구나. 벌써 할아버지가 너무 보고 싶다.' 그때 미국에서 느꼈던 슬픔과 상실감은 2년이 넘게 지난 지금까지도 가끔 저를 찾아오곤 합니다. 그럴 때면 저는 눈물을 참으려 애쓰지 않고 그저 흐르는 대로 내버려두다 멎어갈 때 쯤 찬물로 세수를 한 번 합니다. 아직도 할아버지가 너무 보고 싶고 그런 할아버지를 그리다 울기도 하지만, 전 이제 눈물이 날 때면 종국엔 오히려 조금 기뻐집니다. 돌아가신 할아버지가 보고 싶어 눈물이 난다는 건 제가 정말 할아버지께 사랑받았고 저도 할아버지를 사랑했다는 뜻이니까요.

제가 2019년 12월 29일에 잃은 분은 할아버지이자 선생님이자 친구였습니다. 초등학생이던 때, 영어학원이나 학교에서 내준 영어 숙제를 하기 위해 하교 후 할아버지 댁으로 가는 건 유년 시절 제 일상의 한 부분이었습니다. 미국 대학을 다니시고 미국에서 석박사를 마치신 할아버지는 8살 손녀딸과 식탁에 앉아서 안경을 쓰고 "Tom is a singer", "She likes rabbits" 같은 문장을 읽어주시며 영어 숙제를 봐주셨습니다. 제가 가장 좋아했고 잘하는 과목이었던 영어는 어린 시절 할아버지와 절 이어주는 매개이기도 했습니다. 할아버지께 배우는 영어는 재미있었고 학원이나 학교에서는 가르쳐주지 않은 어려운 표현들도 할아버지를 통해 배울 수 있었습니다. 숙제를 하다 곧잘 조잘조잘 말하기를 좋아하던 저는 문제를 풀다 말고 할아버지께 이런저런 이야기를 하기도 했습니다. 영어학원에서 처음으로 발음만 듣고 스펠링을 유추해 내 'after'라는 단어를 혼자 정확히 써낸 일을 신이 나 말씀드리자, 할아버지는 정말 좋아하시며 외삼촌이 어렸을 적 'different'라는 긴 스펠링을 배우지도 않고 혼자 써낸 이야기를 들려주셨습니다.

영어만큼이나 즐거웠던 건 할아버지와의 대화였습니다. 영어 숙제가 생각보다 빨리 끝나면 저녁 시간에 맞추어 집에 돌아가기 전까지 남는 시간 동안 할아버지 뒤를 졸졸 쫓아다니며 이런저런 이야기를 듣거나 했습니다. 64년의 나이 차가 무색할 만큼 할아버지와의 대화는 단 한 번도 지루했던 적이 없었습니다. 초등학교 저학년인 어린아이가 하루에도 수십 개씩 던지는 예측 불허의 질문들에 할아버지는 한 번도 건성으로 답하신 적이 없었고, 오히려 제 질문에 대해 깊이 생각하시거나 질문에 대한 답을 알려주기 위해 자료를 찾아보기도 하셨습니다. 늘 흥미롭고 유익한 답을 주시는 할아버지께 제가 던진 질문들은 정말 다양했습니다. "하느님은 남자예요, 여자예요?" "버스 기사 아저씨들은 어떻게 사람들에게 어디로 가고 싶은지 묻지도 않고 내리고 싶은 곳에 딱 내려줘요?" "칼과 창 중에 어떤 무기가 더 세요?" "메타세쿼이아처럼 큰 나무도 새싹일 때가 있어요?"

세상이 온통 궁금증투성이였던 어린 손녀딸의 질문들은 그 범위가 인간 세상에만 국한되지도 않았고 그 깊이가 깊지도 않았으나 할아버지는 언제나 성심성의껏, 당신이 알고 계신 범위 안에서 최대한 양질의 답변을 내주려 하셨습니다.

하느님은 성별이 없으며 믿는 사람이 상상하기에 달려 있다. 그렇다면 하느님은 어디에 계신가, 그리고 왜 우리는 하느님을 볼 수 없는가? 하느님은 '어디에' 계신 것이 아닌 '어디든' 계시는 분이고 또 언제나 계신다. 지금 우리 곁에도 계시는 분이다. 버스 기사님들은 정해진 길이 있고 매일 그 길을 따라 운전하신다. 버스를 타는 사람이 자신이 가고 싶은 장소와 가장 가까운 정류장에 서는 버스를 타는 것이다. 칼은 적과 가까이서 싸우는 사람에게 유리하고 창은 멀리 있는 적을 공격할 때 유리하니 싸우는 사람이 둘 다 써보고 더 잘 맞는 쪽을 선택할 것이다. 메타세쿼이아의 새싹은 본 적이 없지만 아마 묘목을 심을 것이다.

할아버지를 아시는 많은 분들은 할아버지를 교수님 또는 철학자로 기억하실 거라 생각합니다. 하지만 제가 기억하는 할아버지는 예술가이자 작가이셨습니다. 할아버지는 손재주가 참 좋으셨습니다. 할아버지의 침실이자 작업실이었던 복도 끝 오른쪽 방에는 할아버지께서 손수 재료를 붙이고 자르고 그림을 그려 만들어내신 공예품들이 정말 많이 있었는데, 저는 그 공예품들을 정말 좋아했습니다. 책상 위에 줄지어 놓여 있기도, 책상 위 스탠드와 벽 사이에 고정되어 있던 긴 줄에 일정한 간격으로 달려 있기도 했던 그 작품들은 곧 할아버지의 예술세계였습니다.

할아버지의 공예품에 사용된 재료들은 놀라울 만큼 소박한 것들이었습니다. 흙바닥에서 주운 납작하고 둥근 돌, 우유통의 뚜껑, 방바닥에 굴러다니던 골프공, 언젠가 할아버지 댁에 두고 간 병아리 인형. 할아버지는 재활용 쓰레기통에 들어갈 법한 물건들을 접착제로 붙이고 가위로 자르고 유성매직으로 얼굴을 그려 재탄생시키곤 하셨습니다. 그 중에서도 제가 가장 좋아했던 건 '노랑이'였습니다. 노랑이는 주황색 플라스틱 캡을 옆으로 쓰고 있는 귀여운 병아리 인형이었습니다. 그 플라스틱 캡은 외할머니와 엄마와 함께 갔던 백화점의 한 아이스크림 가게에서 아이스크림을 담아 주었던 그릇이었습니다. 저는 그 특이한 모양의 아이스크림 그릇이 마음에 들었는지 아이스크림을 다 먹고도 그 플라스틱 캡을 버리지 않고 할아버지 댁으로 가져왔습니다. 그 손바닥만 한 플라스틱을 한참 갖고 놀던 저는 여느 어린아이가 그렇듯 금방 관심을 잃고 할아버지 댁에 내버려 둔 채 집으로 돌아갔습니다. 그런데 며칠 후 저는 할아버지의 방 책상 위에서 그 주황색 플라스틱 캡 모자를 쓰고 있는 병아리 인형을 발견할 수 있었습니다. 제가 언젠가 할아버지 댁에서 갖고 놀던 병아리 인형에 할아버지께서 아이스크림 그릇이던 캡을 씌워 접착제로 붙이신 것이었습니다. 전 단숨에 무척 특별해진 그 인형이 너무도 마음에 들었고 할아버지께 그 병아리 인형의 이름을 '노랑이'라고 붙여주고 싶다 말씀드렸습니다. 할아버지는 제게 유성매직을 쥐어주시며 직접 병아리 인형이 쓰고 있는 모자에 이름을 써주라고 하셨고 전 삐뚤삐뚤한 글씨로 '노랑이'라는 세 글자를 모자 위에 적었습니다. 노랑이는 엄마도 할머니께서도 기억하시는 할아버지의 작품 중 하나입니다. 할아버지의 예술세계 덕분에 플라스틱 재활용 쓰레기통에 들어갈 뻔했던 물건은 온 가족이 공유하는 추억의 일부가 되었습니다.

언젠가 할아버지께 나중에 커서 작가가 되고 싶다 말씀드렸더니 아주 기뻐하시던 모습이 기억납니다. 전 그때 할아버지께서도 여러 권의 책을 집필하신 분이기 때문에 제 작가의 꿈을 유난히 더 좋아하신 것이라 생각했었습니다. 하지만 이제 와 다시 생각해보니 할아버지는 제가 뮤지션이 되겠다고 말씀드렸어도 똑같이 좋아하셨을 거란 생각이 듭니다. 할아버지는 제가 흥미를 보이거나 재미있어 하는 일은 무엇이든 같이 좋아해주시고 적극적으로 응원해주시는 분이었습니다. 인형들을 데리고 놀던 제가 인형들을 기차놀이처럼 끌고 다닐 수 있도록 줄로 연결해 손잡이까지 만들어주시기도 하고, 그림 그리는 것을 재미있어 하면 다음 날 할아버지 댁에는 크레파스와 도화지가 있었으며, 조그만 스틱형 자석들을 이리저리 연결해 마음껏 원하는 모양을 만들 수 있는 자석 세트도 제가 가지고 놀 수 있도록 항상 거실 한편에 보관해주셨습니다. 이렇게 제가 다양한 경험을 재미있게 할 수 있도록 언제나 지원해주시고 응원해주신 할아버지께서는 제가 어떤 일을 하고 싶다고 말씀드렸어도 진심으로 지지해주셨을 겁니다. 그래서 전 글을 쓰는 창작 활동에 대한 열의가 어느 때보다 뜨거운 지금, 할아버지가 너무나 보고 싶습니다.

할아버지, 전 작가가 되고 싶었던 어린 시절의 꿈을 잊지 않고 '웹소설 작가'라는 꿈을 향해 나아가고 있어요. 글을 쓴다는 것이 얼마나 멋진 일인지, 그리고 얼마나 재미있는 일인지 할아버지를 통해 알게 되었고, 언젠가 이 꿈을 이루게 되면 가장 먼저 할아버지 생각이 날 것 같아요. 최근 저는 팀을 이루어 웹 소설을 창작해 유료 연재를 할 수 있는 대외 활동에 작가로 합격했어요. 너무나 하고 싶었던 활동이었기에 합격 소식을 알고 할머니 댁에서 엉엉 울기까지 했답니다. 할머니께서는 장하다며 절 몇 번이나 안아주시고 용돈도 주셨고 엄마 아빠도 저와 함께 몇 날 며칠을 기뻐했어요. 글을 쓴다는 건 참 재미있지만 참 힘이 드는 일인 것 같아요. 그래서 전 같은 결의 고민을 나눌 사람이 절실해요. 물론 할아버지께서 집필하신 원고들에 비하면 제 글은 애들 장난 수준이지만, "글을 쓰고 있는데…"로 시작하는 고민을 스스럼없이 털어놓고 글에 대한 조언을 구할 수 있는 사람이 제 주변에 많지 않은 것 같아요. 중학교 1학년 때 그림 잘 그리는 친구와 함께 만들었던 소설책이 할아버지께 보여드린 제 마지막 글이라는 게 참 안타까워요. 전 그 이후로 길고 짧은 글들을 여럿 쓰며 조금씩이지만 성장했고 그럴 때마다 언젠가 마음에 드는 몇 편을 골라 할아버지께 꼭 보여드려야지 하고 다짐했었거든요. 조금만 더 자주 찾아뵐걸. 미숙한 글이라도 종이로 뽑아서 할아버지께 보여드릴걸. 우리 할아버지는 내 글이 아무리 유치하고 멋없는 문장들이어도 잘했다 해주셨을 텐데. 무어가 그리 바쁘고 시간이 없었을까. "계실 때 잘해라." 누구나 한 번쯤 들어봤을 익숙한 클리셰 같은 말. 이미 때를 놓친 후에야 그 말의 의미를 실감하게 되어 마음이 아파요.

전 아마 평생을 노력한다 해도 할아버지께 받은 사랑의 반도 다 돌려드리지 못할 겁니다. 지금 이 글을 쓰면서도 몇 번을 울고 후회하고 감사했어요. 할아버지를 그리워하는 건 제가 평생 간직해야 할 마음이고 계실 때 좀 더 찾아뵙지 못한 것에 대한 후회 또한 제 몫이겠죠. 사랑하는 할아버지, 전 언제나 할아버지를 사랑했고 존경했습니다. 그리고 앞으로도 언제나 그럴 거예요. 이 글이 할아버지께 닿았으면 하는 마음으로 열심히 써보았는데 아무리 문장을 고르고 골라도 제 마음이 온전히 다 담기지는 않는 것 같아요. 하지만 할아버지를 추모하는 이 책에 조금이나마 제 몫을 더할 수 있다는 게 참 행복합니다. 할아버지께서 말씀하셨던 "언제나 계시며 어디든 계시는 하느님처럼" 언제나 어디서라도 제 곁에 계셔주세요. 할아버지를 무척 사랑했고 사랑하는 손녀의 글은 이만 줄이겠습니다.

2부

소흥렬의
철학을
논함

포괄성을 지향하는 자연주의

김여수

서울대학교 철학과 명예교수

소홍렬 교수의 『자연주의적 유신론』은 그것을 읽는 사람으로 하여 금 가벼운 흥분감을 느끼게 한다. 소 교수 특유의 담담하면서도 박력 있는 문체에 담겨 분명한 개성을 가진, 우리 철학계가 오랫동안 갈망 해오던 창의적 철학의 목소리가 들리고 있기 때문이다. 그것은 자연주 의의 목소리다. 물론 자연주의 철학은 오랜 역사와 지지 세력을 가지 고 있다. 특히 콰인(W. V. O. Quine)의 등장 이후 지난 10-20년간 자 연주의는 새로운 세력과 형태로 철학계, 특히 영미 철학계에 대두되고 있다. 그러나 대부분의 자연주의적 기획이 환원주의적이거나 제거주의 적이었다면, 소 교수의 그것은 이른바 물질세계뿐만 아니라 하느님, 역 사성, 마음, 우주적 마음의 실재까지도 포용하는 매우 폭넓고 너그러운 자연주의다. 소 교수는 그의 포괄적 자연주의 기획을 "마치 자연 그 자 체가 모든 존재론적 설명의 조건을 갖추고 있는 것처럼 가정하고 그것 을 역사관이나 가치관의 근거로 해보자는 것"(소홍렬 1992, 17)이라고 설명한다.

이러한 설명에서도 나타나듯이 소 교수의 폭넓은 자연주의의 핵심은 존재론이다. 모든 자연주의 존재론이 그랬듯이 그의 출발점도 자연과학의 압도적 업적이다. 그중에서도 특히 신경생리학, 인공지능학, 그리고 진화론으로 구성되는 '우리 시대의 첨단과학'(118)으로서의 인지과학이다. 소 교수가 제시하는 자연주의의 세계는 '중층적 구조'(17)를 갖는다. 가장 직접적 관심의 대상이 되는 세계는 개체로서의 생명체를 단위로 하는 세계다. 그러나 현대 과학은 물질세계를 보다 더 미시적 차원의 세계로 환원 분석해주고 있다. 생명체로서의 우리 몸은 세포로 이루어져 있다. 그리고 세포들은 분자들로 이루어져 있다. 소 교수에 의하면 이러한 환원적 분석은 결국 아무런 구조적 성질이나 형체적 속성을 갖지 않는 에너지의 상태로 환원된다. 실재하는 세계의 근원은 형체 없는 에너지의 흐름만이 존재하는 상태다. 소 교수는 이러한 차원의 세계를 불교에서 말하는 '공(空)'의 세계와 동일시하는 데 주저하지 않는다(19).

소 교수가 그려내고 있는 자연주의적 세계는 정적이거나 순환적이 아니다. 그것이 만일 정적이거나 순환적인 것에 불과하다면, 그의 자연주의는 과거와 현재의 많은 자연주의 철학이 그렇듯이 환원주의적일 수밖에 없다. 그러나 그의 자연주의적 세계는 중층적 구조를 이루면서 끊임없이 '구조적 차원'을 이동하는 진화적 변화를 계속한다. 무형태적 에너지의 상태에서 미시적 물질 단위로, 분자의 기능으로부터 세포의 기능으로 진화하며, 결국 뇌세포의 기능으로부터 두뇌의 기능이 창출된다. 그러고는 그것이 무형태적인 에너지이건 고도의 기능을 가진 두뇌이건 물질에는 결여되어 있던 새로운 특성을 가진 '마음'이 등장한다. 즉 '지향성'과 '목적성'(95)을 가진 마음이 창출된다. 이러한 마음은 하위 차원의 기능만으로는 설명할 수 없는 '창출적(emergent)'(38) 성질을 나타낸다.

한 차원에서 보다 높은 차원으로의 이동에 수반되는 '창출적' 성격 때문에 자연주의적 세계의 변화는 한갓 순환 과정이 아닌 끊임없이 상향적 차원 이동을 하는 진화의 과정이 되며, 이러한 진화의 과정은 마음의 창출과 함께 '지향성', '목적성', '방향성'(38)을 갖게 된다. 바로 이 점이 소 교수의 자연주의로 하여금 한편으로는 환원주의나 제거주의를 피하면서 다른 한편으로는 스피노자적 범신론이나 물활론으로부터 자신을 차별화할 수 있는 근거가 된다.

그리고 마음의 기능은 '추상화'하고 '비약'하고, '신비화'하면서 종교, 예술, 철학, 과학을 창출하고, 궁극적으로는 '공동체적 영혼'(38), '우주적 마음'(42)을 창출한다. 이것이 바로 소 교수의 자연주의 기획이 궁극적으로 목표하는 '자연주의적 내재주의'와 '유신론적 역사관'을 종합한 '자연주의적 유신론'의 하느님이다. 그것은 동시에 '초월주의적 신관'을 정통으로 지키는 기독교와 '자연주의적 종교'(16)로서의 불교가 함께 받아들일 수 있는 하느님이기도 하다. 여기서 제시되고 있는 자연주의적 포괄주의는 적어도 그 기획에 있어서 헤겔의 절대 관념론 체계에 버금가는 '과감한 철학적 가설'이라 아니 할 수 없다.

소 교수의 자연주의적 세계는 이와 같이 보다 '높고 전체적인' 차원으로 끊임없이 '상향적' 차원 이동, 즉 진화한다. 이러한 '상향적' 차원 이동이 자연주의적으로 의미 있는 것이 되기 위해서는 그것은 항상 '하향적' 관계를 바탕으로 한 것이어야 한다. 소 교수는 김재권의 '수반' 개념을 넓게 해석하면서, 정신력도 비물질적 힘이 아니라 물질세계 안에서 작용하는 '동력적 기능'(123)에 불과한 것으로, 물질적 바탕을 떠나서는 존재할 수 없다고 말한다. 그런데 소 교수가 주장하고 있듯이 '많은 경우' 상위 차원의 기능은 하위 차원의 기능만으로는 설명할 수 없는 창출적 성질에 의존하고 있다면, 바로 이러한 창출적 요소 때문에 상위 차원에서 하위 차원으로의 단순 환원이 불가능해진다. 왜냐하면, 예를 든다면, 신경현상에서 심리현상으로의 상향적 차원 이동은 '일종의 질적 비약'(127)을 나타내기 때문이다. 이러한 질적 비약은 어떻게 설명될 수 있는가? 자연주의는 물론 모든 형태의 이원론적 대답을 거부한다.

이 물음에 대한 소 교수의 대답은 인과 개념의 포괄주의적 재구성이다. 상향적 차원 이동에서 발생하는 일종의 질적 비약은 종래의 물리과학적 방법론이 의존하는 인과적 설명 모형만으로는 설명될 수 없다. 이러한 설명 모형이 전제하고 있는 인과 개념은 '선형적 인과관계'(25)이며, 많은 사람들은 이것을 인과관계의 유일한 유형인 듯 착각한다. 그러나 소 교수에 의하면 "이 세상에는 비선형적 인과관계의 다양한 종류"(25)들이 있다. 미세한 물질세계로부터 '우주적 마음'으로 이어지는 끊임없는 상향적 차원 이동의 과정은 다양한 종류의 원인 작용에 의하여 일어난다. 거기에는 자연과학에서 일차적 관심을 갖는 선형적 원인뿐만 아니라 현상의 종류에 따라 '분포적' 원인, '구조적' 원인, '지양적' 원인, 그리고 '수반적' 원인도 있다(41). 소 교수는 이들 다양한 원인들을 '연기(緣起)'(41)라는 불교적 개념으로 뭉뚱그린다. 연기적 변화에서는 선형적 원인뿐만 아니라 다른 종류의 원인들이 함께 작용할 수 있다.

따라서 신경현상에서 심리현상으로 상향적 차원 이동에서 발생하는 질적 비약을 이해하기 위해서는 연역적 논리뿐만 아니라 변증법적 논리가 필요하다. 아니, 마음의 기능을 올바로 이해하기 위해서는 연역적 논리와 변증법적 논리뿐만 아니라 우리가 자연현상을 설명하기 위해서 사용해온 '모든 종류의 논리'가 다 필요하다. 위 두 가지의 논리뿐만 아니라, '분포적' 원인에 적합한 귀납적 논리, '구조적' 원인 규명에 적절한 유추적 논리, 그리고 '수반적' 법칙을 설명해줄 수 있는 귀추적 논리가 모두 포함된다. 소 교수에 의하면 논리는 위 다섯 가지로 제한되는 것이 아니다(28). 이것들은 마음의 대상세계를 어느 정도 충실하게 모의할 수 있기 위해서 필요한 기본 유형들일 뿐이다. 소 교수의 논리적 포괄주의는 이들 다양한 논리들이 모두 평행선을 달리는 것이 아니라 "진리에 가까워질수록 서로간의 간격이 더 좁아져가는"(16) 다양한 길들일 뿐이라는 주장에서 절정을 이룬다.

이들 다양한 논리 중에서도 소 교수의 각별한 관심의 대상이 되는 것은 변증법과 귀추법이다. 신경현상으로부터 심리현상으로의 차원 이동에 관해 언급하면서 소 교수는 일련의 개연문장과 가언문장을 사용하고 있다. 여기에서 일어나는 질적 변화는 "변증법적 비약이라고도 할 수 있는 변화이다. 변증법적 불연속의 현상이라고도 할 수 있다. 그렇다면 이러한 불연속의 관계는 신경현상 그 자체에도 나타날지 모른다. … 이것이 사실이라면, 신경과학적 탐구에도 변증법적 논리같이 새로운 방법론이 필요할 것이다. 그리고 어쩌면 이것은 물리과학의 방법론 일반에 필요한 논리의 확장을 뜻하는지도 모른다. … 우리가 막연하게 변증법적 논리라고 한 것이 구체적으로 어떤 방법론적 도구로서의 논리가 될 것인지에 대한 작업이 함께 수행되어야 한다."(127) 그러나 안타깝게도 소 교수는 이 작업을 '중요한 과제'(128)로 남겨놓고 있으며, 적어도 논자가 확인할 수 있는 한에 있어서는 이러한 강령적 선언을 넘어서는 논의는 자연주의적 유신론에 담겨 있지 않다.

반면 "인간의 사유 능력과 함께 진화된 가장 기본적이고 보편적인 추리 방식"(153)으로서의 이른바 '귀추법'의 논리에 대하여 소 교수는 비교적 많은 지면을 할애하고 있다. 그것은 당연한 배려일지도 모른다. 왜냐하면 귀추법은 어떤 의미에서 그의 포괄적 자연주의의 방법론적 핵심을 이루고 있다고도 말할 수 있기 때문이다. 물질에서 마음으로의 '질적 변화'를 자연주의의 틀 안에서 설명하기 위하여 변증법적 논리가 필요했다면, 귀추법은 마음에서 그것의 바탕이 되고 있는 물질로의 한갓 환원이 아닌 하향적 연결고리를 제공할 수 있어야 한다. 그래야만 이원론적 가설에 의존함이 없이 물질과 그것과는 질적으로 다른 마음과의 관계를 설명할 수 있을 것이다. 소 교수의 보다 야심적인 표현을 빌린다면 '자연주의적 유신론'이 '귀추법적 타당성'을 갖기 위해서는 그것은 "사회철학과 윤리학의 기반뿐만 아니라, 예술철학, 종교철학, 과학철학 등의 기반"(46)까지도 마련해줄 수 있어야 한다.

소 교수에 의하면 귀추법이란 현상에 대한 다양한 설명들에 대하여 "그것이 필요로 하는 전제를 제시해보는 것, 가정해보는 것, 추측해보는 것"(145)이다. 귀추법이란 퍼스(C. S. Peirce)의 귀추법(abduction) 또는 가설의 방법(the method of hypothesis)에서 유래하는 것으로 발견의 논리에 대한 탐색과 관련하여 과학철학의 주제로 간헐적으로 다루어져왔다. 소 교수가 지적하고 있듯이 과학적 가설이 설정되는 과정은 단순한 귀납법으로는 설명될 수 없다는 인식에서 출발한 발상이다. 그러나 소 교수의 진지한 모색에도 불구하고 이른바 '귀추법적 추리'의 애태우는 매력과 좌절은 그것이 창조적 상상력을 필요로 하는 과정이지 결코 형식화될 수 있는 추리의 과정이 아니라는 데 있다. 귀추법적 추론을 삼단논법의 형식으로 표현했을 때, 매개념의 오류가 발행한다는 것은 널리 알려진 논리학적 현상이다. 이것은 이론의 성공으로부터 이론의 참이 연역될 수 없다는 사실의 다른 표현에 불과하다. 왜냐하면 참인 이론의 귀결은 모두 참일 것이고, 따라서 성공적이라고 할 수 있으나, 역으로 이론의 성공으로부터 이론의 참으로의 추론은 이른바 후건긍정의 오류를 범하게 되기 때문이다.

이러한 난점에 대한 한 가지 대처 방식은 이론의 성공과 참 사이의 관계를 유일하게 참인 설명으로부터 '최선의 설명', 즉 일종의 설명적 관계로 완화시키는 것이다. 이렇게 완화된 형태의 귀추법은 여러 가설들 중에서 현상을 가장 잘 설명해주는 '최선의 가설'을 참인 것으로 받아들이는 추론 형식이 된다. 이른바 '최선 설명에로의 추론(Inference to the Best Explanation)'이다. 그런데 이러한 추론은 과연 가능한가? 우선 어떤 것이 '최선의 설명'인가를 판정함에 있어서의 어려움을 차치하고라도, 최선 설명의 개념이 설명항의 참을 보장해줄 수 없다는 것은 비교적 명백하다. 왜냐하면 관련 현상을 잘 설명하면서도 참이 아닌 설명적 이론이나 가설들의 사례는 과학사와 일상생활에서 흔히 발견되기 때문이다. 또한 최선 설명의 판별 기준이 될 수 있는 정합성, 단순성, 포괄성 등의 특성들 역시 설명항의 참을 보장해줄 수 없다. 소 교수가 요구하는 '자연주의적 유신론'의 '귀추법적 타당성'의 정도가 분명치 않다. 그것이 만일 엄격한 의미에서의 귀추법적 '논증'이라면, "먼저 정리되어야 할 작업은 귀추법을 좀 더 구체적으로, 좀 더 이론적으로 정립하는 일"(154)이라는 소 교수의 말은 단순한 겸양의 표현만은 아닐 것이다. 그런 의미에서 '자연주의적 유신론'은 아직까지는 '과감한 철학적 가설'의 단계에 머물러 있다고 여겨지는데, 그렇다고 해서 그러한 시도가 갖는 가치마저 전적으로 부정되는 것은 아니다.

『자연주의적 유신론』은 지난 2-3년간 주로 철학 외적 학술지에 발표된 10편의 논문으로 구성되어 있고, 이 책의 제목을 제공하고 있는 글도 50여 쪽에 달하는 비교적 긴 논문의 형식을 가지고 있다. 따라서 소 교수의 『자연주의적 유신론』은 그가 마음속에 그리고 있는 하나의 자연주의적 기획을 제시하고 있는 것이 아닌가 하는 짐작을 해보게끔 한다. 철학과 더불어 신학과 건축학을 섭렵한 소 교수는 철근과 시멘트로 지어야 할 집을 설계하는 대신, 그 안에서 하느님을 위시한 우주의 삼라만상이 조화롭게 살아갈 수 있는 거대하고도 화려한 마음의 집을 설계하고 있는 듯하다. 그 집은 환원주의자들이나 제거주의자들에게 그 존재 자체를 부정당했던, 그리고 이원론자들에 의해서 분가되었던 마음, 정신, 가치들도 포용할 수 있게끔 대담하게 소묘되어 있다.

이러한 설계의 과정이야말로, 소 교수의 통찰력 깊은 표현을 빌린다면, "진화의 과정과 반대되는 하향적 작용을 모의하는 것이고 우리 인간의 창조 능력"(67)을 보여주는 것이다.

그런데 문제는 이러한 소묘가 과연 소 교수가 기획하는 마음의 집을 짓기에 적절한 설계도면으로 구체화될 수 있겠느냐 하는 데 있다. 이 과감하고도 새로운 설계의 기본 자재는 자연주의적인 것 이외의 어떤 것도 허용할 수 없다는 제약 때문에, 환원주의자들의 설계나 이원론자들의 설계와는 달리 이에 걸맞은 새로운 건축기법이 필수적이다. 그리고 소 교수는 그러한 새로운 건축기법을 적어도 부분적으로는 보여주고 있다. 그러나 앞서 우리의 논의는 그러한 기법들인 변증법과 귀추법의 모습이 아직도 매우 불분명할 뿐 아니라, 이들 기법들의 타당성이나 적실성에 대한 우리의 오랜 불신을 불식시키기에는 미흡하다는 것을 드러냈다. 어느 한 시점에서 자연과학이 제시하는 인간과 세계의 모습을 가장 믿을 만하고 값진 것으로 존중하는 자연주의의 입장에 공감하지 않을 사람은 극히 드물다. 그러나 많은 경우, 특히 철학적 자연주의는 어느 한 시점에서 자연과학이 제시하는 세계에 대한 정보를 있는 그대로 받아들이고 만족하는 것이 아니고, 그것을 철학적 일반화와 이론화의 소용돌이 속으로 몰아넣는다. 이러한 시도가 그 어느 때고 모든 철학적 모색이 궁극적으로 겨냥하는 진리에 도달하기 위한 올바른 방향 설정이라는 것을 선험적으로 부인한다면 그것은 지나친 독단이 될 것이다. 그러나 분명한 것은, 자연과학이 제시하는 인간과 세계에 대한 정보를 넘어서서 그것을 일반화하고 이론화했을 때, 그에 대한 평가의 잣대는 철학적일 수밖에 없다는 점이다. 그것은 일반화와 이론화의 근거 제시가 분명하고 설득력이 있어야 한다는 것을 핵심으로 한다.[1]

참고문헌

소흥렬, 『자연주의적 유신론』, 서광사, 1992.

1) 이 글은 소흥렬의 『자연주의적 유신론』(서광사, 1992)의 서평으로 『철학과 현실』, 16호(1993)에 실렸던 글이다.

소흥렬 문화자연주의의 지향

정대현

이화여자대학교 철학과 명예교수

소흥렬은 문화자연주의에 대한 자신의 생각을 내게 이야기해주곤 하였다. 나는 그의 생각을 듣고 그의 글을 읽으면서 그의 관심의 방향을 대강 짐작하고 있었다. 그러나 그의 주저의 하나가 된『문화적 자연주의』가 출판되었을 때 아쉽게도 이를 체계적으로 깊이 천착하는 것을 차일피일 미루다가 오늘에 이르렀다. 맞음, 내 마음, 이것 등의 주제에 빠져 헤어나지 못했던 것이다. 늦었지만 그의 철학적 기여로부터 이 주제를 공부하여 보고하고자 한다.

문화와 자연은 전통적으로 대립적인 개념으로 해석되었다. 인간의 생각이나 손이 개입했는가의 여부로 두 개념이 적용되는 현상들이 달리 분류된 것이다. 소흥렬은 이러한 전통적 이분법에 저항하여 '문화자연주의'라는 통합적 존재론의 철학을 제시하였다. 기존의 사고방식으로는 자기모순적인 개념으로 들릴 수밖에 없다. 따라서 소흥렬의 철학적 과제는 심각하고 어렵게 보이지만, 역설적이게도 소흥렬은 현대 과학의 성취에 주목하여 전통적인 이분법적 세계관에 대조되는, 새로운 융합적 세계관을 제시하고 있다. 이 글은 그러한 철학적 지향이 어떻게 구조화되어 제시되고 있는가를 가늠하는 하나의 조감도이다.

1. 메타과학적 인식론

소흥렬 철학에 접근할 수 있는 개념 중의 하나는 '메타과학'이다(소흥렬 2006, 70-78). 그는 과학이 학문의 전형이라고 믿는다. 과학은 법칙적 질서의 세계를 향해 수학으로 이론화하고 반복 가능한 실험을 통해 이론적 가설을 확인하는 문법의 학문이라는 점을 인정하면서도 그는 자연세계는 그러한 법칙적 질서만으로 지배되지 않는다고 생각한다. 인간 의식이나 생명 현상은 수학적 법칙으로 접근되지 않기 때문이다. 인문학과 사회과학은 엄밀한 의미에서 과학이 아니라 총체적 이해나 온전한 설명을 향한 노력이다. 과학은 자체의 한계를 인정하고 그 영역을 넘어 인문학과 사회과학을 만날 수 있어야 한다는 것이다. 그는 이렇게 만날 수 있는 공간의 언어를 '메타과학'이라 부른다. 메타과학에선 수학의 언어와 정서의 언어가 만나고 의식세계와 영성세계가 통합될 수 있다고 본다.

소흥렬의 메타과학의 관점에서는 모든 종류의 이분법이 정당하지 않다. 심/신 이분법만이 아니라, 과학/비과학, 인간/자연, 문화/자연, 인과/비인과 등의 이분법이 수용될 수 없다. 그는 학위 논문(So 1974)에서 인간 행위에 대한 인과적 설명을 시도했지만 그 후로 인과적 설명과 비인과적 설명의 통합에 주력하면서 심신동일론이나 환원론에 대해 유보적이 되었다. 그는 김재권의 물리주의적 심리철학을 논의(소흥렬 1980, 116-126)하면서 자신의 통합적 관점을 선명하게 보여준다. 소흥렬은 "인간의 존재는 인간의 인식을 선행"한다는 것을 인정하지만, 그 선행성이 심신동일론으로 그칠 수 없는 까닭은 그 구조에서는 "가치의 세계라든지 의미의 세계에 관한 철학적 근거"를 제시할 수 없기 때문이라고 말한다. 소흥렬은 존재의 형이상학적 선행성을 허용하지만 인식의 가치론적, 개념적 선행성을 강조한다. 존재의 선행성은 형식적이지만 인식의 선행성은 내용적이게 된다. 그리고 이러한 인식의 선행성은 가치, 창조, 심리뿐만 아니라 존재까지도 종합할 수 있다는 것이다.

소흥렬이 가장 주목한 이분법은 인과적 설명/비인과적 설명의 이분법이다(소흥렬 1988, 76-78, 73-87). 설명이란 의문의 해소이고 인과적 설명은 과학적이고 비인과적 설명은 비과학적이라는 통념으로 이분법이 정당화되어왔기 때문이다. 그러나 소흥렬은 인과적 설명만을 요구하는 인과주의라는 방법론적 일원론이나 환원주의는 "인간이 체험하는 세계가 아니"라고 보며, 비인과적 설명이라 해도 우연성만이 지배하는 것은 아니라며 "원인 없는 사건은 없다"는 원리를 수용한다. 그는 원인을 좁은 원인과 넓은 원인으로 구분하고, '좁은 원인'은 지배 법칙 아래 있는 것이고, '넓은 원인'은 어떤 결과를 가져오게 하는 조건 모두를 포함한다고 본다. 인과적 설명과 비인과적 설명의 관계는 일방적으로 결정할 선험적 방법은 없지만, 비법칙적 원인이 될 수 있는 것으로 성향적, 구조적, 이유적(동기, 지향, 작전, 계획, 프로그램), 역사적(발전, 진화, 진보, 창조) 원인 등을 예로 든다. 덧붙여, 수반적 원인을 소개하면서, 기계적, 물리적, 화학적, 생물적, 심리적, 사회적 차원들을 서로 연결하는 것이라고 한다. 그러면서 위 차원의 사건(예: 심성 사건)은 아래 차원의 사건(예: 신체 사건)에 의존하고 맨 아래 차원은 '새로운 것의 출현'을 가능하게 하는 기본 차원이라고 본다. 인과적 설명과 비인과적 설명이 종합될 수 있는 논리를 제시한 것이다.

소흥렬에게서 인과적 설명과 비인과적 설명의 종합은 그의 메타과학적 인식론의 출발점이 된다. 소흥렬의 메타과학은 전통적으로 이해되어온 분석철학이나 과학철학이 아니라 다음 절에서 보이는 단일성 존재론이 강요하는 융합철학 또는 사변철학적 형이상학이라 할 수 있다. 이 융합철학에서라야 문화적 지향성과 자연적 지향성은 본질적으로 연속적일 수 있게 되는 것이다. 이 메타과학에서 과학언어와 철학언어가 연결되고 예술언어와 종교언어가 마땅한 자리를 가질 수 있다. 마음의 창조 능력도 자연의 창조 능력에서 비롯된 이차적 창조 능력이라 보기 때문이다. 그러한 창조 능력은 자연의 진화 역사에서 나타난 중층 구조의 최상위 차원이다. 그렇다면 이제 소흥렬의 메타과학적 인식론은 종점에 도달한다. 자연을 경외하는 것이 지식의 근본이며 지혜에 이르는 길이지만, 그는 최종적으로 자연과 지식의 이분법을 넘어서고자 한다(소흥렬 2003, 23-25). 그에게 정보는 세계에 관해 알게 된 것이 아니라, 세계를 만드는 바로 그 자체이다. 소흥렬은 자신의 메타과학적 인식론에서 얻은 정보 개념으로 중층적 존재론을 완성해간다.

2. 중층적 존재론

어떠한 철학도 특정 존재론을 전제하거나 주장하는 것처럼 소흥렬 철학도 특유의 존재론을 가지고 있다. 그는 인과주의를 넘어선 메타과학론으로 존재론을 추구한다. 그는 이 존재론을 '중층적 존재론'이라 호명하고, 심신이원론의 지양, 단일성 논제, 정보론, 문화형이상학 등을 내용으로 구성한다. 그는 먼저 심신관계를 두 국면의 상호작용의 관계로 해석하고, 관념론과 유물론은 심신관계를 이원론적으로 해석했기 때문에 발생했지만 그런 대립은 지양되어야 한다고 본다(소흥렬 1992, 173-183). 그는 관념론은 이 물질세계의 존재 원인을 물으면서 제일원인, 영원존재, 창조주 같은 관념을 요구하거나, "나는 생각한다. 고로 나는 존재한다"와 같은 주관적 방법론을 채택하거나, 종교, 도덕, 예술 같은 영역에서 이상적 가치를 추구하는 인간의 지향성에서 비롯

되었다고 본다. 또한 유물론은 관념론에 대한 반응으로 자연주의적으로, 기계론적으로 또는 마르크스주의적으로 환원하는 데서 나타났다고 본다. 그러면서 소흥렬은 이러한 양자의 대립은 지양될 수 있다고 믿는다.

소흥렬은 관념론과 유물론을 종합하는 통합적 존재론을 구축하기 위하여 현대 물리학이 제시하는 가설들에 주목한다(소흥렬 1992, 186-187). 가설 중의 하나로 우주가 138억 년 전의 대폭발(big bang)로 시작되었다고 보고 그 폭발의 시점에서 구성된 시간과 공간의 특성을 지칭하는 성질을 'singularity'라고 부른다. 그는 많은 한국 학자들이 이를 '특이점'으로 해석하는 것은 우주의 시간과 공간이 시작되었다는 '정성적' 성질에 주목한 번역어라고 지적하고, 자신은 빅뱅 이후의 만물들이 그 시점에서 하나였다는 '정량적' 성질을 강조하는 번역어로 '단일성'이라는 표현을 제안한다. 빅뱅 이후 진화해온 물질, 생명, 의식, 관념, 사회제도들이 그 뿌리에서는 결국 하나였다는 점에 주목한 것이다. 우주의 현재의 다양한 현상들은 서로로부터 달리 나타나지만 빅뱅의 시점에서는 단일성으로 집약되어 있었다는 것이다.

물리주의 같은 전통적 존재론은 개별자들이나 사건들을 연결하는 고리로서 인과 개념에 의존하였지만, 소흥렬은 자신의 중층적 존재론을 위하여 한국과학철학회 회장 강연(소흥렬 2003, 1-28)에서 정보 개념에 호소하고 이를 정교화한다. 예를 들어, 생명 개념은 "물리적 법칙만으로 설명할 수 없는" 현상과의 관계를 갖는다고 한다. "다양한 개체들과 다원화된 개체들의 세계를 허용하면서 총체적인 질서의 세계(cosmos)를 유지해가기 위해서는 개체들 간의 상호작용이 필수적"인 동시에 "중층적인 차원별 영역들 간의 상호작용도 필수적"이라고 하여 이러한 상호작용을 '정보기능'이라 부른다. 소흥렬의 이러한 상호작용론은 최근 네이의 부분전체론(mereology), 예를 들어, "H, H, O의 세

원자와 H$_2$O라는 분자"의 관계는 그에 대한 투명한 법칙은 없지만, 부분의 속성과 전체의 속성의 관계로부터 그 형이상학적 기반을 얻을 수 있다는 관점으로 더욱 강화될 수 있을 것이다(Ney 2021, 229-249).

소흥렬은 시간-공간의 연속체와 정보-논리의 연속체를 별도의 존재 영역으로 간주하면 이원론에 빠진다고 염려한다. 시공의 물리세계는 매체로서 기능하는 정보-논리의 세계일 수밖에 없고, 매체 없는 정보-논리는 물리세계에 영향을 줄 수 없기 때문이다. 소흥렬은 중층적인 차원별 간의 상호작용적 정보기능의 근거를 뇌세포의 양자역학적 입자 정보의 기능에 두면서, 정보의 존재론은 시간-공간의 4차원 연속체에서 벗어나 '정보-논리-시간-공간의 연속체'의 6차원에서 보고, 정보-논리는 추상적인 것이 아니라 자연에 기초한 것임을 강조한다. "몸으로 자연을 체험한다"는 것은 생물학적 차원만이 아니라 정보와 논리의 차원의 활성화도 포함한다는 것이다. 자연주의적 존재론은 이처럼 자연으로부터의 정보에 민감할 것을 포함하고 있다. 소흥렬은 스피노자를 적극적으로 해석(소흥렬 2003, 24-25)하여 "정보가 세계에 관한 지식이 아니라 바로 세계를 만드는 것"이라는 통찰을 얻고, 자연과 지식의 이분법을 넘어 세계와 정보의 일체화에 도달한 것이다. 무용수의 무용에서 시그니피앙과 시그니피에가 통합되어 있는 것처럼, 정보도 최종 단계에서 그 기호와 내용이 동일한 것이다. 소흥렬에게서 정보는 세계의 기표이면서 기의인 세계 자체이다.

소흥렬이 중층적 존재론을 위한 핵심 요소로서 정보 개념을 확보한다면 그러한 핵심적 장치로써 우주의 중층적 구조를 그릴 수 있게 된다. 펜로즈(R. Penrose)는 수학세계(형상계)의 독립성과 이를 통한 물리세계(사물계)의 설명 가능성, 그리고 이로 환원될 수 없는 의식세계(정신계)를 상정하여 일방적인 3원 세계관을 피력하지만, 소흥렬은 여기에 생명세계를 추가하고 이들의 관계에 쌍방성을 도입한다(소흥렬

2003, 13-14). 소흥렬은 소립자 같은 작은 것들이 모여 물리적으로는 계속 큰 것, 즉 원자, 분자, 물체, 지구, 태양계, 은하계, 우주를 형성하는 방식으로 중층적인 구조를 이루고, 관념적으로는 세포, 몸, 마음, 영혼, 신 같은 존재구조에 이른다고 믿는다. 이러한 중층적 단계들 간이나 대상들의 관계는 그에 대응하는 정보의 중층적 단계들을 유지하고 있다고 본다. 그리고 소립자의 아래 단계를 무한히 내려가면 결국 그 단계가 소멸(drainage)하여 공(空)에 이른다고 가정한다(소흥렬 1996, 10-15). 그러면 쌍방성 가설에 의해 의식도 그 단계에서 없어질 수 없는 것이고, 무심(無心)의 심이 된다. 소흥렬은 이러한 중층적 존재론을 상정했을 때 '돈오(頓悟)'는 우주의 마음이 직관 정보를 전달되게 하는 정신기능이라 해석한다(소흥렬 1996, 26).

3. 문화자연주의 형이상학

소흥렬은 자신의 문화자연주의 이론을 위해 메타과학이라는 방법론적 인식론을 도입하고 중층적 존재론을 소개하지만 그 존재론의 상위 차원들, 인간 의식, 우주적 마음, 하느님 등에 대해서는 형이상학적으로 사변적 성찰을 해야 했다. 먼저 그는 '자연'이란 공(空)에서부터 신(神)에 이르기까지 중층적 존재론의 모든 차원의 개별자를 관조한다. 그의 자연은 출발부터 내재적일 뿐 초월적일 수 있는 여지를 허락하지 않는다. '문화'라는 것도 자연으로 환원할 수는 없지만 그에 의존하는 연속성의 실재이고, '일상 언어'라는 것도 유비, 변증, 실천, 귀납 등 수학언어가 포함하지 않는 비연역논리를 추적하게 하는 자연언어의 논리를 안고 있다는 것이다(소흥렬 1996, 9-10).

소흥렬이 펜로즈의 수학, 물리, 의식의 3원적 세계의 독립성과 일방적 관계 대신에, 이들 간에 쌍방적 관계가 있다고 생각한 것은 중층적 존재론의 내재주의를 일관되게 추적했기 때문일 것이다. 이를 근거로 그는 "우주의 역사 속에서 일어나는 작은 역사들은 물리적 법칙에 의한 질서를 바탕"으로 하고, 인간의 의식이 기능하는 "모든 역사적 현상은 그러한 우주적 역사가 연출해주는 것을 반영 또는 재현"하는 것이라 믿으며 "하늘 아래 새로운 것은 없다"라는 말에 공감한다(소흥렬 2003, 21). 그는 보다 구체적으로 문화적 지향성과 자연적 지향성 사이에 연속성을 주장하고 "문화적 지향성을 추구하게 하는 것은 근본적으로 자연적 지향성이 드러내고자 하는 가치"라고 믿는다(소흥렬 1996, 23-25). 소흥렬은 의식세계를 지성적 기능과 정서적 기능의 세계로 나누면서도 "지성적 정서의 길이나 정서적 지성의 길을 통해서 심화된 체험의 세계가 영성의 세계일 수 있다"고 생각한다(소흥렬 2006, 76-77).

소흥렬이 도달한 영성의 세계는 그의 중층적 존재론의 마지막 단계이다. 우주의 마음이 하느님의 마음이 되는, 시적 영성이면서 또한 형이상학적 개념의 통합성에 이른다. 우주의 신비를 이해할 수 있을 때 "우리는 하느님의 마음을 헤아릴 수 있게 되리라"는 호킹(S. W. Hawking)의 말에 공감한다(소흥렬 1996, 36-45). 우주의 마음과 하느님의 마음을 이어주는 연결체는 앞 절의 중층적 존재론에서 소개한 정보 개념이다. "개체의 모든 기능은 사실상 정보기능"이고 "정보기능은 물리적 정보, 화학적 정보, 생물적 정보, 의식적 정보 등의 다양하고 중층적인 구조를 이루는 복합적 기능"이기 때문이다. "개별 사건들을 어떤 중심점들로 모이게 하여 전체적인 형태를 만들어간다"고 하는 카오스 패러다임의 '이상한 끌개(strange attractor)'나 사람의 역사에 의미를 부여한다는 문화적 지향자는 모두 그러한 정보 처리자(processor), 정보 대행자(agent)이기 때문이다.

4. 우주와 하느님: 정보 공유 동일체의 두 국면

소흥렬은 우주와 하느님을 "정보 공유 동일체의 두 국면"으로 해석하는 것 같다. 이를 위한 그의 복잡한 논변(소흥렬 1966, 62-64)은 다음과 같이 5개의 형이상학적 명제로 단순화시킬 수 있을 것이다. <하느님은 초월적일 수 없다.> 초월적 하느님은 존재까지 포함하는 완전성 개념으로 무소불위, 무소부재의 속성적 술어를 요구한다는 점에서 추상적 대상일 뿐 그러한 술어를 이해할 수 있는 경험적, 우주적 언어문법을 벗어난다. 따라서 <하느님은 내재적이다.> 하느님은 자연적 조건이나 우주적 현상을 통하여 드러나는 존재이다. 인간이 경험하는 세계 안에 존재하는 하느님이다. 그리고 중층적 존재론에 대한 부분적 해석을 사용하면 <하느님은 마음, 우주는 몸이다>라는 명제를 얻을 수 있다. 또한 이미 제시된 소흥렬의 정보 개념을 적용하면 <하느님과 우주는 정보론적 존재이다>라고 말할 수 있고 <하느님과 우주는 정보 공유 동일체의 두 국면이다>라는 결론에 이를 수 있다.

소흥렬은 "정보 공유 동일체의 두 국면"으로 파악한 우주와 하느님의 관계를 다음의 5개의 정보적 명제로 구체화한다(소흥렬 1966, 64-70). 하느님을 우주의 마음, 말씀, 목적, 역사, 기적이라고 보는 것이다. <하느님은 우주의 마음>이라 믿는 것은 우리의 몸이 두뇌의 기능을 가능하게 하면서 마음의 정보기능을 가능하게 하듯 물질적 우주의 기능도 더 높은 차원의 정보기능을 가능하게 하기 때문이다. <하느님은 우주의 말씀>이라 생각하는 것에는 어떤 통념들이 있다. 기독교 성서에 하느님을 '말씀(로고스)'으로 표현하고 노자는 우주의 말씀을 도(道)로 개념화하고 스피노자는 자연을 하느님이라 명명하고 아인슈타인은 우주의 신비로 하느님을 체험한다고 한다. <하느님은 우주의 목적>이라 할 수 있는 근거는 하느님은 우주의 모든 대행자를 통해 자신의 뜻을 이루어가는 행위자라는 것이다. 성인, 진인, 도인, 신인, 천자만이 아니라 모든 사람이, 모든 개별자가, 모든 정보 처리자가, 모든 정보 대행자가 총체적으로 하느님 뜻의 구현자라는 것이다. <하느님은 우주의 역사>라고 할 수 있는 것은 하느님은 모든 부분적 역사의 과정을 수렴하는 전체 우주의 역사로 볼 수 있기 때문이다. 그리고 <하느님은 우주의 기적>이다. 우주의 전체적인 현상은 분포적으로 일어나는 일반 현상일 뿐이지만, 개별적 필연성은 갖지 않는다는 의미에서 하느님 경험은 행운, 은혜, 신기, 신력의 기적적 사건인 것이다.

우주와 하느님을 "정보 공유 동일체의 두 국면"으로 파악하는 소흥렬에게 종교는 특별하게 다가온다. 종교에 대한 그의 개념적 규정과 고백적 성격이 주목을 끈다(소흥렬 2006, 11-35). 먼저 종교에 대한 그의 개념성은 세 가지 주제에서 나타난다. <하느님>이 전지전능하고 무소부재하다면 편재적(ubiquitous) 정보의 기능을 갖는다는 의미에서 '말씀(로고스)'으로 이해되어야 한다고 한다. '불성무물(不誠無物: 논리 언어의 이룸이 없이 만물은 없다)'이라는 중용적 존재론(정대현 2005, 73-88)을 상기시키는 것 같아 흥미롭다. <영혼불멸>도 정보론적으로 제시되고 있다. 유전자 같은 자연법칙, 수학적 진리, 도덕규범, 심미적 원리 등을 우주적 정보라고 할 수 있다면, 그러한 정보는 마음이 작품을 통해 다른 사람들의 마음속에 살아남을 수 있듯이 모든 영혼에 살아남을 수 있는 것이다. <천국과 지옥>은 절대적 시공의 실체로 본다면 개념적 오류에 빠지게 되므로 인간관계의 구성적 체험으로 간주한다. 정보론에 입각한 소흥렬의 자연주의적 하느님론은 최근에 차머스의 디지털 실재론(Chalmers 2022, 133-144)에 의해 지지되는 것 같다.

종교는 소흥렬에게서 개념적이지만 또한 고백적이기도 하다(소흥렬 2006, 36-58). 개념적 필연성 못지않게 고백적 총체성이 소중하기 때문일 것이다. 그의 고백적 종교관도 세 가지 주제로 구성된다. 낱생명이 존엄한 것은 그것을 가능하게 하는 문화적 창조의 능력 때문이지만 또한 낱생명은 온생명으로 온전해지는 경험으로부터 <생명의 존엄성>을 확인하는 것이다. 어떻게 사느냐가 중요한 만큼 어떻게 죽느냐도 중요하다. 선택할 수 없는 죽음에 대해서는 초연해야 하지만, <죽음의 선택> 앞에서는 인간이 에덴동산을 떠나야 했던 이유와 같은 능력 발휘의 은혜가 주어지는 것이다. 소크라테스의 독배 죽음이나 예수의 십자가 죽음은 불의한 사건이었지만 인간 역사에 선물로 오는 감동인 것이다. 마지막으로 <종교적 체험>이라는 것은 물리적이거나 양적인 것이 아니라 영적이고 인격적인 것이라고 본다. 무한한 자비와 사랑의 느낌, 신비로움, 성스러움, 숭고함, 영혼의 순수함의 체험, 자신의 삶에서 은혜와 축복에 대한 감사에서 종교적 체험은 가능하다는 것이다. 소흥렬의 이러한 고백적 종교관은 그의 부모님(소태평, 박금순)의 종교적 삶에 기반한 것으로 추측할 수 있다.

마무리하자면, 소흥렬 철학에 대한 이와 같은 조감은 한국 철학의 지향에 대한 그의 소망을 드러내는 것 같다. 소흥렬은 현대 물리학의 빅뱅 'singularity'로부터 '단일성'이라는 철학적 존재론의 함축을 읽어내고 관념론과 유물론 같은 대립적 이분법을 거부하여 통합적인 문화자연주의의 철학적 지향을 제시한 것이다. 소흥렬은 이러한 철학적 시각에서 유신과 신군부 시대의 독재를 일관되게 비판하고 저항하면서 여러 가지 고초를 마다하지 않았다. 또한 우주와 하느님을 정보적 일체성의 두 국면으로 해석하는 그의 철학에서처럼 그의 삶과 생각은 종교와 분리되지 않았다고 보인다. 소흥렬은 한국 현대철학 제1세대의 한 성원으로서 다음 세대를 향한 한 소중한 귀감이 된다.

참고문헌

소홍렬, 「심신동일론: 김재권 교수의 이론을 중심으로」, 『철학연구』 15, 철학연구회, 1980, 116-126.

소홍렬, 「인과적 설명과 비인과적 설명의 논리」, 『철학연구』 23, 철학연구회, 1988, 73-87.

소홍렬, 『자연주의적 유신론』, 서광사, 1992.

소홍렬, 『문화적 자연주의』, 소나무, 1996.

소홍렬, 「자연주의 철학과 과학」, 『과학철학』 6(2), 한국과학철학회, 2003, 1-28.

소홍렬, 『자연주의』, 이화여자대학교 출판부, 2006.

정대현, 「성(誠)의 지향성: 이원적 지향성에서 음양적 지향성에로」, 『철학논집』 9, 서강대학교 철학연구소, 2005, 73-88.

Chalmers, David J., *Reality +: Virtual Worlds and the Problems of Philosophy*, Allen Lane, 2022.

Ney, Alyssa, *The World in the Wave Function: A Metaphysics for Quantum Physics*, Oxford University Press, 2021.

So, Hung-Yul, *Causal Explanation of Human Action*, Ann Arbor: University of Michigan, 1974.

소흥렬 교수의 포괄적 자연주의

엄정식

서강대학교 철학과 명예교수

1.

소흥렬 교수의 철학 사상을 간결하게 정리하기는 결코 쉬운 일이 아니다. 우선 그의 사유 체계가 매우 방대하고 포괄적인 데 비해 이를 뒷받침하는 세밀한 논의를 찾기가 쉽지는 않다. 그의 사상에 접할 때 우리는 거대한 건축물 안에서 길을 헤매고 있는 것이 아닌가 하는 의구심을 가질 때가 자주 있는 것이다. 가령 그는 '우주의 마음'이라는 것을 개념화함으로써 철학은 물론 종교와 과학, 예술과 윤리, 이념 등 모든 문화적 현상의 유기적 관계를 설명하고자 한다. 그는 비교적 쉬운 문체로 자신의 입장을 명료하게 개진하는 편이지만 낯익은 표현들을 종종 낯선 뜻으로 활용하고 있기 때문에 당혹스러운 경우도 적지 않다. 가령 '마음'이라는 표현을 인간뿐만 아니라 우주나 컴퓨터에까지 확대 적용함으로써 개념적 혼란을 야기할 수도 있다는 것이다. 그럼에도 불구하고 넓은 의미로 '자연주의'라고 할 수 있는 그의 사상이 설득력을 지닐 뿐만 아니라 심지어 감동을 주는 이유는 무엇일까?

소흥렬 교수의 철학 사상이 지닌 호소력은 그의 사유 체계가 전반적으로 일관성을 유지할 뿐 아니라 주로 현대의 첨단과학이 제시하는 개념들에 의존하고 있기 때문이라고 생각된다. 그 좋은 예를 우리는 '우주'와 '마음'에서 찾을 수 있다. 우선 그는 자신의 자연주의에서 근간이 되는 우주를 이해함에 있어서 선형적 인과론으로 설명될 수 있는 기계론적 자연관을 폐기한다. 그 대신 양자역학이나 상대성이론으로 구성될 수도 있는 유기체적 자연관을 전제로 하고 있는 것이다. 한편 소 교수가 즐겨 사용하는 '마음'은 생물과 무생물을 구분하는 속성도 아니고 몸과 독립해서 존재하는 정신적 실체는 더구나 아니다. 그것은 오늘날 주로 인지과학에서 다루어지고 있는 두뇌의 기능으로서 컴퓨터가 모의할 수 있는 그런 인지적 기능일 뿐이다. 이러한 개념의 틀을 통해서 그는 전통적인 자연주의를 현대적으로 재구성하고 있는 것이다. 이제 이러한 점들을 좀 더 자세히 살펴보자.

2.

소흥렬 교수의 핵심적인 철학 사상은 그의 논문 「자연주의적 유신론」에 잘 집약되어 있다. 이것을 정리해보자. 우선 우주적인 '연기적' 변화는 목적 지향적이다. 우주적 역사에는 '지향적 목적'이 있다는 것이다. 우리의 마음은 우주적 지향성을 뜻하는 진화의 산물이면서 마음 그 자체로서의 지향성을 가지고 있다. 마음의 지향성에는 스스로를 이해하고자 하는 자의식적 혹은 자기실현적 지향성이 있으며 이것은 마침내 마음을 모의해주는 컴퓨터를 개발하는 데까지 이르게 했다. 컴퓨터의 마음이 사람의 마음을 모의하는 것처럼 사람의 마음은 우주의 마음을 모의하고자 한다. 우주의 몸은 물질적 우주이며 우주의 마음은 우주적 지향성이다. 그는 이러한 우주적 마음을 자연주의적 유신론의 '하느님'이라고 부른다. 그러나 이것은 종교적 맥락이 아닌 철학적 입장이기 때문에 '철학의 하나님'일 뿐이다(소흥렬 1992, 44-45).

소 교수에 의하면 이른바 '우주의 마음'이란 우리가 직접 체험적으로 또는 지시적으로 확인할 수 있는 대상의 이름이 아니므로 그런 의미로 실재성을 갖는 것은 아니다. 그것은 가장 추상적이고 높은 차원의 개념이므로 다른 어떤 존재에 근거해서 입증될 수 있는 것도 아니다. 그러나 우주적 마음의 개념화는 논란의 대상이 되고 있기는 하지만 이른바 '귀추법'에 의한 논증이 가능하다고 본다.

황필호 교수도 지적하는 바와 같이 소흥렬 교수는 건축학도 출신답게 '아주 큰 집'을 지으려고 한다. "물질과 정신의 갈등, 마음과 영혼의 차이, 문화와 자연의 반대 등이 모두 동거할 수 있는 지상 최대의 집을 지으려 한다. 이 집 안에서는 컴퓨터의 마음도 하느님의 마음과 연결될 수 있으며, 지금까지 서로 다른 영역으로 간주되었던 과학, 철학, 예술, 종교가 적과의 동침이 아니라 동지로 동거할 수 있다."(황필호 2002, 300)

이 포괄적인 새로운 자연주의는 자연현상 속에서 마음의 기능이라는 특수 현상이 나타날 수 있음을 주장한다. 또한 이 자연주의는 그 기능의 일환으로 초월주의와 다를 바 없는 역사관을 제시할 수도 있다. 즉 정신현상까지도 그 속에 포함하는 포괄적 자연주의의 입장에서 볼 때 모든 현상은 연결주의적 측면과 원자주의적 측면을 가지고 있다. 이러한 자연주의로부터 소 교수는 일종의 유신론을 도출하기도 한다. 그러나 그것은 전통적인 초월적 유신론이 아닌 것처럼 범신론적 유신론도 아니다. 그렇다면 그의 유신론은 모든 존재와 구분되지만 그것을 초월하는 것도 아닌 이른바 '범재신론'인가? 그의 입장은 분명하지 않다.

한편 소흥렬 교수는 인간의 존재 자체를 자연적인 진화의 산물로 보면서, 또한 우리 인간이 지향하는 문화적 창조, 즉 세계관의 추구 그 자체를 자연적인 역사의 과정으로 보는 '자연'이나 '우주'로서 전체 세계를 설명하려고 한다(소흥렬 1996a, 62). 그러한 맥락에서 자연주의적 '하느님'도 등장한다. 그에 의하면 초자연적인 세계나 존재가 개입하지 않더라도 종교, 예술, 철학 및 과학을 통한 세계관의 구현을 모색하는 마음이 출현할 수 있었던 것은 우주 자체에 그런 창조적 마음이 있었기 때문이라는 것이다. 그는 이어 이렇게 주장한다. "인간의 언어가 그런 세계의 모형을 만들 수 있게 하는 것은 우주 그 자체가 언어적으로 해독 가능한 프로그램을 가지고 있기 때문이라고 할 수 있다. 이러한 우주의 마음과 우주의 언어를 물질적 우주와 함께 생각해볼 때 초월주의적 하느님을 받아들이지 않으면서도 '하느님'으로 설명할 수 있는 모든 현상을 설명할 수 있으리라 믿는다. 초월주의적 하느님이 아닌 자연주의적 체험도 설명할 수 있을 것이다."(소흥렬 1996a, 62) 이러한 설명이 어느 정도 설득력을 지니려면 과학적으로 검증된 우주관이나 마음에 관한 이론을 근거로 하지 않으면 안 된다.

황필호 교수가 잘 지적하듯이 소 교수의 유신론은 그 얼개를 보여주고 있을 뿐 아직 체계적으로 정립된 이론이 아닐지도 모른다. 어쩌면 김영정 교수도 지적하듯이 그는 '애매어의 오류 및 은밀한 재정의의 오류'를 범하고 있다고 볼 수도 있을 것이다. 그가 자주 사용하는 '컴퓨터의 마음', 자연주의적 '하느님', '우주의 마음' 등도 마찬가지다. 무엇보다 불교적 세계관과 우주론을 제시하면서 기독교적 유일신을 연상하게 하는 어휘를 사용하는 이유가 무엇인가? 그럼에도 불구하고 그의 포괄적 자연주의가 우리의 관심을 끌고 설득력을 지니는 이유는 또한 무엇인가?

3.

소흥렬 교수의 사상 체계에서 우선 주목을 끄는 것은 그의 자연관 혹은 우주론이 매우 과학적이며, 근대의 자연관과 현격하게 달라진 현대의 자연관에 호소하고 있다는 점이다. 근대를 대변하는 데카르트와 뉴턴의 자연관에는 '현상'이 있을 뿐 '역사'가 없다. 자연의 법칙은 기계적으로 적용되며, 자연은 일종의 자동기계로서 규칙적으로 반복될 뿐이다. 그러나 현대 과학자들은 문화에 역사가 있듯이 자연에도 어떤 의미의 역사가 있다고 보는 경향이 있다. 그들에 의하면 '대폭발(big bang)'에 의하여 우주가 발생하고 태양계가 형성되었으며 그 과정에서 지구가 태어났다. 그 후 40억 년의 역사 속에서 생명이, 그리고 그 가운데서 인간이 등장한 것이다.

인간들이 엮어낸 '이야기'에만 역사의 의미가 있고 자연이 엮어낸 그 장엄하고 장구한 이야기에는 역사의 의미가 없는 것일까. 물론 우리는 자연이 지향하는 방향을 제대로 가늠할 수 없다. 바로 그렇기 때문에 우리는 '우주의 마음'을 제대로 읽어내기가 어렵고, 자연의 '신비'에 경외감을 표시하면서 다양한 방식으로 관계를 설정해온 것이 아닐까. 초월신이든 범신론이든, 다신론이든 일신론이든 그 밖의 어떠한 신관이든 자연의 이러한 속성에 대한 종교적 태도를 부정하는 것이 과연 합리적이고 자연적이며 과학적인 태도일까. 가토 히시다케(加藤尙武)도 지적하듯이 "우리가 파괴를 두려워하고 있는 생명과 인간성이라고 하는 자연은 이 자연이 지닌 역사의 소산"일 수도 있는 것이다. 그러므로 철학적 탐구는 자연과 인간이 공유하는 이 역사성의 인식을 목표로 하지 않으면 안 된다(가토 히시다케 2003, 222). 소 교수는 바로 이러한 자연관을 공유하고 있음이 분명하다.

소흥렬 교수가 즐겨 찾는 호킹(Stephen W. Hawking)의 『시간의 역사(*A Brief History of Time*)』에는 다분히 우주의 지향성을 암시하는 대목들이 많이 있다. 그는 이 책의 1장에서 "과연 우주에 시작과 끝이 있는가, 아니면 영원히 같은 상태로 존재하는가?"의 질문을 제기하고 이러한 철학적 질문이 1929년 천문학자 허블의 우주 팽창을 입증하는 관측에 의하여 이제는 과학적 영역으로 들어왔음을 설명한다. 특히 이에 대한 '대폭발(big bang)' 이론과 아인슈타인의 일반상대성이론, 그리고 양자역학의 중요성을 언급한다. 이러한 이론들에 의하면 시간이 관측자의 운동에 따라 상대적으로 다르게 측정되고, 또한 이와 같은 시간과 공간은 그 안에 있는 질량의 중력에 의해 뒤틀린다는 사실을 설명하고 있다. 무엇보다 우주가 정적이기보다는 계속 팽창하는 동적인 상태가 될 것으로 예측하고, 특히 '대폭발'이라는 특이점이 존재한다는 것을 보여준다. 더구나 8장부터 11장까지는 불확정성 원리의 양자이론과 일반상대성이론을 통합한 양자 중력(quantum gravity) 이론에서 예측되는 우주의 기원과 종말, 시간의 방향, 창조주의 역할, 그리고 물리학 기본 상호작용들의 대통합 가능성에 대해 기술하고 있다. 이러한 과학자의 증언에 대해서 철학적 함축을 읽어내는 것은 극히 자연스러운 현상이라고 할 수도 있을 것이다.

한편 소흥렬 교수에 의하면 이른바 '우주의 마음'이란 우리가 "직접 체험적으로 또는 지시적으로 확인할 수 있는 대상의 이름이 아니므로 그런 의미로 실재성을 갖는 것은 아니다. 그것은 가장 추상적이고 높은 차원의 개념이므로 다른 어떤 존재에 근거해서 입증될 수 있는 것도 아니다." 그러나 그의 경우 우주적 마음의 개념화는 이른바 '귀추법'에 의한 논증이 가능하다고 본다. 이러한 맥락에서 그는 인공지능학적 '마음'의 이론에 주로 의존하고 있으며 이것을 그의 철학 체계의 중심에 자리매김하는 듯하다.

인공지능학의 '교조'이며 불교의 '연기' 사상의 영향을 받은 것으로도 알려진 민스키(Marvin Minsky)에 의하면 인간의 두뇌는 불완전한 부품이 결합된 것에 불과하다. 이들 부품은 제각기 정해진 기능을 지니고 있다. 그것들은 일정한 장소에 배치가 가능하며 파괴될 수도 있고 자극받기도 한다. 이 부품들을 민스키는 '대행자(agent)'라고 부르는데, 그러나 그것은 사고력이 필요 없는 단편적인 기계 작용만 수행한다. 그런데 모든 부품이 합쳐지면 마치 하나의 사회처럼 기능한다. 우리가 '마음'이라고 부르는 것은 이러한 결합 안에서 일어나는 복잡한 관계들의 총칭일 뿐이다. 그는 특히 인간의 '지능'에 관하여 "만일 기계가 인간의 지능이라고 할 만한 것을 생산할 수 있게 된다면 인간의 두뇌가 기계와 다름없음이 입증될 것"이라고 지적하고, 그것은 "복잡한 기계이고 기나긴 진화과정을 거쳤을 뿐"이라고 주장한다(Minsky 1986, 325).

소흥렬 교수도 이러한 입장을 받아들이고 있으며, 그에게도 자연지능과 인공지능을 구별하게 하는 것은 그것이 진화의 산물이라는 사실 뿐이다. 자연지능의 사유 능력은 생존을 위해 필요하기 때문에 진화된 능력의 일종이다. 따라서 연역적 계산만이 아닌 다양한 추리력이 진화되었으리라고 짐작할 수 있다. 역사적 현상에 관한 변증법적 추리, 목적과 수단에 관한 실천논리적 추리 및 수반적 현상에 관한 귀추법적 추리가 그러한 능력에 속한다고 할 수 있다. 그러나 이러한 능력으로 산출한 마음의 세계도 일종의 가상현실이라고는 것이 소 교수의 입장이다(소흥렬 1996b, 40-45).

4.

현대 과학은 분명히 새로운 세계관과 가치관의 형성에 영향을 끼치고 있다. 우주가 단순히 기계적으로 작동하지 않고 있다는 과학적 사실은 유기체적 자연주의나 진화론적 역사관의 형성과 관계가 있을 것이다. 인간이 인격신이나 다른 동물들보다는 인간 자신이 만든 기계와 비교하는 것이 더욱 익숙해질 때 인간의 본성에 관해 새로운 해석을 내리게 되는 것은 극히 자연스러운 현상일 것이다.

그러나 과학은 끊임없이 발전하고 있으며 자기부정을 통해서 변신을 거듭하고 있다. 가령 최근의 과학적 접근 방식의 관점에서 볼 때 인간과 기계가 점점 더 많은 유사점을 보여주고 있다는 것은 객관적 사실이다. 그러나 컴퓨터가 대행자로서 과연 자의식을 경험하는 자아를 지닐 수 있다고 단언할 수 있을까. 대행자 컴퓨터가 가능하기 위해서는 컴퓨터가 자율성, 응답성, 유연성, 학습 가능성 및 진화 가능성의 특성을 지녀야 하고 이를 위해 추론 방식, 데이터의 저장 및 검색 방식, 의사소통 방식에 있어서 기법상 획기적인 변화와 발전이 있어야 한다고 한다. 그러므로 우리는 아직 컴퓨터의 자의식과 자아에 대해서 기술적으로 확언하기 어려운 처지에 있다.

더구나 이 문제와 관련하여 다양한 인문학적 접근이 밀접하게 서로 연관되어 있음도 인정해야 한다. 자아 개념의 정립은 물론 논리적 및 심리철학적 논의가 함께 다루어지지 않으면 안 되는 것이다. 이것이 철학은 종교와 너무 밀착되어서는 안 되는 것처럼 과학과도 어느 정도 거리를 유지해야 하는 이유일 것이다.

소흥렬 교수에 의하면 개념화된 우주적 마음은 예술적 창작의 개념적 바탕이 될 수 있고, 종교적 영역에 있어서도 종교적 배타성이나 폐쇄성의 벽을 허물어뜨리는 기능을 할 수 있으며, 과학이 엄밀성의 조건을 잠시 벗어나서 추상화, 비약, 신비화의 세계에 동참하는 계기를 만들어줄 수 있다. 그리고 그것은 철학으로 하여금 이념적 및 윤리적 선택을 가능하도록 도울 수도 있다는 것이다. 우주적 마음의 개념화는 이와 같이 "철학에서의 그러한 하향적 작업의 길을 열어준다"고 그는 주장한다(소흥렬 1992, 46). 아마 그렇게 해석할 수도 있을 것이다. 그러나 그가 제한된 근거와 자료로 너무 많은 것을 주장한다고 해석할 수도 있을 것이다. 한 가지 분명한 사실은 우리가 어디서 어떻게 출발해야 하는지의 이정표를 소흥렬 교수가 우리에게 확실하게 제시하고 있다는 점이다.

참고문헌

소흥렬, 『자연주의적 유신론』, 서광사, 1992.
소흥렬, 『문화적 자연주의』, 소나무, 1996a.
소흥렬, 「인공지능과 자연지능」, 여명숙 편, 『인공지능과 인간』, 1996b.
황필호, 『종교철학 에세이』, 철학과현실사, 2002.
Minsky, M., *The Society of Mind*, Simon & Schuster Paperbacks, 1986.
가토 히시다케, 『20인의 현대철학자』, 표재명, 황종환 옮김, 서광사, 2003.

문화는 인간의 자연

남경희
이화여자대학교 철학과 명예교수

1.

문화와 자연은 통상 상반되는 개념이다. '문화적 자연주의'라는 어휘는 긴장감을 느끼게 한다. 자연이 어떻게 문화적일 수 있으며, 문화가 어떻게 자연과 조화할 수 있는가? 소 교수는 문화적 자연주의를 제안하여, 이런 긴장감을 해소하고 인간 삶의 특징을 해명하고자 한다. 문화적 자연주의의 주요 논지를 전개함에서 소흥렬 교수는 현대 철학이나 과학의 다양한 개념들을 연결하고, 불교의 공에서 기독교의 신까지 포괄적으로 논의하면서 자유롭게 큰 그림을 그리고자 시도한다. 이런 시도에서 독자는 활연한 사유의 비상을 경험하게 된다.

소 교수의 문화적 자연주의는 "초자연적 또는 초월적 세계를 함축하지 않는다는 ⋯ 반초월주의적 존재론"을, 다른 한편으로 "종교, 예술, 학문에서 창조되는 문화의 세계는 자연의 세계로 환원하여 설명할 수 없는 특수한 차원의 실재세계를 이루고 있다는 ⋯ 반환원주의적 실재론"을 주요 강령으로 한다(소흥렬 1996, 9).

"문화현상도 자연현상에 의존하는 연속성을 가지고 있으므로 '자연 주의'가 되는 것이며, 그러면서도 문화현상으로서 특수 차원을 이루는 불연속성을 나타내므로 '문화적' 자연주의가 되는 것이다."(10)

"새로운 자연주의, 즉 정신현상까지도 그 속에 포함하는 포괄적 자연 주의의 입장에서 볼 때 모든 현상은 연결주의적 측면과 원자주의적 측 면을 가지고 있다."(90)

소 교수의 의도는 자연과학의 성과, 그리고 이에 기반한 자연주의적 존재론을 수용하면서도 종교, 철학, 예술의 현상을 설명하며, 자연적 요소로 환원하기보다는 적극적으로 수용하려는 전략으로 이해된다. 문 화는 인간 삶의 핵심적 특징이며, 문화의 근간을 이루는 것은 철학, 종 교, 예술 등이다. 이들 중에서 가장 중요하다고 소 교수가 거론하는 것 은 예술이고, 문화의 가장 중요한 특징, 가치는 창조력이라는 것이다 (216-264).

문화의 창조력에서 핵심적인 매체는 언어인데, 인간의 언어가 통신 의 수단이나 매체 이상일 수 있는 이유, 실로 문화 창조력의 기반이 될 수 있는 이유는 '가상현실'을 만들 수 있는 능력이라는 것이다.

"문화적 지향성은 적어도 이 지구상에서는 우리 인간에게만 특이하 게 나타나는 것이며, 이것은 마음의 창조 능력을 전제하고 있다. 어떻게 우리의 마음은 이런 창조 능력을 갖게 되었을까? 그것은 아마 모든 정 보를 언어 정보화하면서 언어적 표상으로 된 가상현실(virtual reality)을 만들 수 있는 능력이 진화했기 때문이었을 것이다. … 우리 인간의 언어와 다른 동물의 언어가 질적인 차이를 보이는 점도 언어적 가상현실을 만들 수 있게 하는 것과 그렇지 못한 것의 차이에서 오는 것 같다." (24)

소 교수가 '가상현실'이라 부르는 바는 아마도 우리 일상적 삶의 현실, 삶의 세계를 이르는 것, 요사이 많이 논의되는 의식세계 또는 현상계를 의미하는 것으로 보인다. 이 '가상현실'은 우리 구체적 삶의 세계라는 점에서 '현실'이고, 우리의 마음 저편에 객관적으로 있는 그 자체로서의 세계가 아니라, 우리의 마음이 만든 것, 그러므로 인간 종에게만 타당한 세계라는 점에서 '가상'현실이라는 것이다. 이런 가상현실을 가능하게 하는 매체는 인간의 소통 수단인 언어이다.

"우리의 마음은 정보 처리를 하면서 가상현실을 만든다. 그리고 우리의 언어는 그런 정보 처리의 매체가 되면서 언어적 가상현실을 가능하게 한다. … 종교, 예술, 철학 등을 창조적으로 발전시킬 수 있었던 것도 … 우리의 언어 때문이라고 생각된다. … 물론 이런 언어적 가능성은 그 언어를 사용하는 마음의 능력을 전제한다."(61)

인간의 마음은 정보를 처리하여 가상현실을 만드는데, 그럴 수 있는 것은 언어를 매체로 이용하기 때문이라는 것이 소 교수의 입장이다. 인간의 창조성, 문화 전개의 능력, 마음의 등장, 가상현실의 구축이 모두 언어의 사용과 밀접하게 연관되어 있다는 논제에는 동의할 수 있다고 여겨진다. 그러나 언어와 마음 간의 관계에서 어느 것이 선재적인지 여부는 논의를 요한다. 우리가 자연주의적 관점을 취한다면 마음보다는 언어활동이 선행적이라 해야 할 것이다. 그런데 오히려 마음의 능력이 있기에 언어를 사용하는 것이라 한다면, 마음의 존재를 설명해야 하는 부담을 안게 된다.

2.

아래에서 우리는 소 교수의 의도와 제안을 살리는 방향에서 문화적 자연주의를 다음의 세 갈래에서 이해하고 발전시켜보고자 한다. (1) 가상현실, 의식, 그리고 언어, (2) 두 종류의 자연 개념, (3) 신, 불성, 도, 우주의 마음 등의 개념.

인간은 의식을 지니고, 인간의 문화는 의식세계를 기반으로 한다. 인간에게 문화의 현상이 가능한 것은 인간이 의식적인 존재이며, 의식 상태를 매개로 하여 삶을 영위하기 때문이다. 의식세계의 감각질들은 우리에게 다채로운 감정, 정서, 상념을 불러일으키며, 이런 심적 세계를 체험하기에 인간은 철학, 종교, 예술세계를 전개할 수 있다. 그러므로 문화적 자연주의가 해결해야 하는 중요한 과제는 의식의 현상을 자연주의적 관점에서, 또는 정보 개념을 통해서 해명하는 일이다. 의식의 존재는 언어 능력이나 정보 처리 능력과 긴밀하게 연관되어 있는 것으로 보이나, 그것만으로는 충분히 해명될 수 없는 측면이 있다.

AI나 로봇은 분명, 정보를 수용, 처리하고, 인간의 마음이 행하는 거의 대부분의 기능을 인간보다 탁월하게 수행하지만, 의식을 지닌 존재라 하기 어렵다. 기억, 추론, 연역, 귀납, 개념화, 패턴 인지 등의 능력을 발휘하고, 심지어 자신의 오류를 수정할 수도 있다. 이런 고도의 기능을 수행함에도, AI가 감각질을 지니며 그런 것들을 기반으로 하는 의식세계를 전개한다고 보기 어렵다. 고성능의 슈퍼컴퓨터를 해체하면, 그 내부에서 우리가 발견할 수 있는 것은 금속, 반도체, 회로, 그를 움직이는 알고리즘 등일 것이다. 인간의 정신적 기능은 의식 상태의 영향을 받고, 이를 매개로 하여 다양한 기능을 수행하고 문화활동을 하는 의식 주체이지만, 인공지능은 일정한 알고리즘에 의해 움직이는 정교한 기계일 뿐이다. 이는 언어나 정보 처리 능력만으로는 인간의 문화현상을 설명, 해명할 수 없음을 시사한다.

마음의 정보 처리 능력이나 언어적 능력이 의식세계 또는 가상현실의 전개를 위해 충분한 것은 아니나 필수적임은 수용할 수 있을 것이다. 단 우리는 이 지적에, 그 이유는 언어가 지닌 매체로서의 특성, 즉 일의적이고 사회적인(통용 가능한) 규정력 때문이라는 점을 추가하고자 한다. 의식 내용이 행위의 기반이 되고, 나의 행위가 타인에게 의미를 지니기 위해서는 규정성, 그것도 일의적이고 객관적인, 또는 사회적인(통용 가능한) 모습을 지녀야 하는데, 그것은 언어에 의해서만 확보될 수 있다. 이런 점에서 의식이나 '가상현실'은 사회적인 측면을 지닌다. 이 점에서 마음이 사회적이라는 소 교수의 지적(60)은 적절하다.

가상현실 또는 의식세계의 전개와 관련하여, 언어는 또 하나의 핵심적, 아마도 더 근원적인 역할을 하는 것으로 보인다. 인간 종은 다른 생명체와 마찬가지로 행위자(agent)이다. 행위주체로서 외계의 대상들과 일정한 관계를 맺어야 한다. 이를 위해서는 외계의 모습, 그것도 외계에 대한 전체상을 그릴 수 있어야 할 것이다. 이를 세계상이라 할 수 있다.

인간은 동물들과는 달리 외계에 대해 감각적 또는 동물적 확실성을 누릴 수 없는 존재, 나아가 동종의 타자와 소통적 확실성도 누릴 수 없는 존재였다. 외계에 대한 불확실성, 그리고 타인과의 소통에서의 불확실성이라는 이중의 불확실성이 인간의 원초적 상황이었다. 인간적 인간의 단초, 인간 언어의 단초는 바벨적 상황이다. 불확실성의 상황에서라도 생존하고 행위해야 하며, 행위하기 위해서는 외계에 대한 그림이나 세계상이 있어야 한다. 우리는 세계상에 대한 생존적 필요가 의식세계를 구축하게 된 주요 요인이었으리라 추정해볼 수 있다. 바벨적 상황은 비트겐슈타인이 말하는 게임, 언어 게임적 상황과 중요한 요소를 공유한다. 게임적 상황은 불확실성 하에서 지속적으로 결단을 내릴 것을 요청한다. 이런 결단이 요청되는 상황에서 취할 수 있는 것은 데이빗슨이 말하는 원초적 해석의 활동일 것이다. 해석적 활동에 의해 소통의 매체인 자연언어의 체계가 구성되며, 자연언어를 통해 세계의 모습이 그려진다.

자연언어는 세계를 측정하는 공유의 척도이면서 사물을 대리하는 신표로 기능한다. 세계상이란 타인과 함께 공유하는 삶의 공간이기에, 홀로 구축하기보다는 타인과의 사회적 관계에서 수렴적 합의에 의해 구축되어야 한다. 그리고 이 세계상은 소통의 매체인 언어에 의해 조율됨으로써 객관성을 확보한다. 불확실성의 상황은 인간의 열악한 처지를 의미하지만, 이런 열등성은 오히려 인간에게 주도적인 행위, 자유로운 선택을 불가피하게 한다. 인간은 동물적 확실성을 누릴 수 없었지만, 그 대가로 자유를 획득하게 된 것이다.

3.

인간은 자연적인 동물이자 동시에 문화적인 주체이기에 이 양 측면을 조화시킬 수 있는 전략이 필수적이고, 이를 위한 소 교수의 제안이 문화적 자연주의이다. 이 전략의 유효성을 위해서는 자연의 개념을 좀 더 명확히 할 필요가 있다. 우리는 두 종류의 자연을 구분할 수 있다: 자연과학의 대상으로서의 자연(물리적 자연)과 우리 생활세계의 대상, 또는 의식의 대상으로서의 자연(일상적 자연).

물리적 자연의 관점은 우리 주위 경험세계를 궁극적으로 보다 근원적인 것으로 환원되어야 하는 이차적인 것, 복합적인 현상으로 본다. 이런 자연관에서 궁극적인 실재는 물리적 입자나 힘과 수식들이다. 우리가 체험하는 세계는 실재성이 없고, 자연과학적 환원을 거쳐, 소수의 궁극적 물질로 변환되는 이차적 현상이라는 것이다. 근대 이후의 자연과학은 우리 주위의 생활세계를 궁극적인 물질로 환원하여 설명하며, 물리적 자연의 영역을 확장하면서 현대 과학기술의 터전을 마련하였다. 이들의 설명력과 실용성은 자연과학적 실재가 궁극적 실재임을 설득하는 것으로 보인다. 과학적 실재론이나 물리주의는 이런 설득력을 기반으로 한다.

일상적 자연은 우리의 구체적 삶의 바탕이 되는 세계로, 감각질 또는 현상적 질, 의식 상태를 구성하는 질들을 구성원으로 한다. 우리가 체험하는 경험계는 이차적 현상이 아니라 그 자체로 실재, 불가환원적인 실재자들이다. 이들은 우리 의식의 직접적 체험 대상으로서 감각질이나 현상적 질의 모습으로 존재한다. 여행, 등산, 트레킹을 하면서 체험하는 자연이며, 우리의 다양한 일상적 감정, 정서, 사념들을 불러일으키는 존재자들이다. 이들은 우리 의식상의 존재자들, 의식 대상으로서의 자연이다.

의식되는 자연은 인간의 신체와의 연장선상에 존재하며, 신체를 바탕으로 체험된다는 점에서 전자의 물리적 자연과 유사하기는 하나, 이와는 질적인 차이를 지닌다. 물리적 존재는 의식의 대상이 아니라 물리적 환원의 결과 등장하는 이론적인 존재이나, 일상적 자연은 우리의 의식의 대상으로, 아마도 의식과의 관계에서 존재하는 것일 것이다. 이들은 AI나 슈퍼컴퓨터 등이 경험할 수 없는 그런 자연이다. 물리적 자연은 수나 등식에 의해 정리되고 계산될 수 있음에 비해, 의식 대상으로서의 자연은 자연 언어에 의해 지칭되거나 그 모습이 규정될 것이다.

의식 대상으로서의 자연은 자연과학적 탐구까지 포함해서 우리의 모든 문화적 활동의 토대가 되는 자연이다. 우리에게 물음을 던지게 하고, 외경감, 신비감, 탄성을 자아나게 하며, 두려움과 공포의 대상이 되기도 하는 그런 자연이다. 삶의 희로애락 역시 이를 바탕으로 할 것이다. 그런 점에서 오히려 일상적 자연이 물리적 자연보다 더 근원적일 수 있다.

양자는 모두 '자연'이라 불리지만, 물리적 자연은 환원의 결과이며 계산과 조작의 대상임에 비해, 일상적 자연은 환원이 되지 않는 질적인 것으로 서사적 기술의 대상이 되고, 우리의 자연언어와 함께 구축된 것이다. 전자는 환원의 결과이기에 어느 정도는 인위적이나, 후자는 우리가 삶의 환경으로 자연스레 수용하여 생활세계를 구성하게 되는 바의 것이다.

자연주의자들은 대체로 전자의 자연을 보다 기초적인 것이라 평가하지만, 실제로는 후자가 더 기초적이고 포괄적인 것일 수 있다. 그 이유는 전자는 후자를 전제로 해야 존재할 수 있고, 의미를 지니기 때문이다. 원자, 분자는 항상 무엇의 원자이고 분자이다. 그 무엇이 선재하지 않고서는 '원자', '분자'라는 개념은 의미를 갖지 못한다. 이런 이유에서 자연과학의 궁극 환원자는 궁극적이라기보다는 이차적인 존재일 수 있다.

아마도 자연과 인위성의 구분 기준은 시간의 흐름, 이 흐름이 가져오는 변화를 수용하느냐 여부에 있을 수 있다. 이런 기준에 따르면 관습도 시간의 흐름에 따라 인간 삶의 당연한 기반으로 자리 잡으면 자연적인 것이 될 수 있고, 사회적으로 형성된 인간의 본성도 인간의 '자연적' 본성일 수 있다. 여기서 맹자의 성선론과 순자의 성악론이 공존할 가능성이 마련된다. 문화는 인간의 자연일 수 있다. 이와 대조적으로 자연과학은 오히려 인위적일 수 있다. 현재를 환원하여 시간을 거슬러 올라가려 한다는 점에서.

일상적 체험 또는 의식 상태는 모든 것의 토대이다. 물리적인 세계관마저도 일상적 의식 상태를 토대로 해서만이 의미를 지닌다. 일상적 삶의 세계는 물리적 자연보다 더 근원적일 수 있다. 우리의 마음이 '정보 처리를 해서 만든 가상현실', 또는 '언어적 가상현실', 의식세계는 '가상'적이라기보다는 오히려 인간의 관점에서는 더 구체적이고 기반적이다. 왜냐하면 그 의식세계를 전제로 해야 자연과학의 성과마저도 의미를 지니며 이해될 수 있기 때문이다. 자연과학의 세계 자체도 문화의 일부이거나 한 양상일 수 있으며, 그렇다면 구태여 우리는 자연현상과 문화현상을 중재하려는 노력을 해야 할 필요가 없을 수 있다.

자연과학의 환원주의는 기본적으로 다음의 믿음들을 전제로 하고 있다: 인간 인식 주체의 저편에 궁극적인 존재가 있다; 일의적인 모습을 지닌 진리, 진상이라는 것이 있다; 그런데 그것은 감추어져 있다. 과연 궁극적 존재, 서양철학사의 벽두에서부터 탐구의 대상이 된 아르케, 실재, 실체, 본질, 진리 그런 것이 과연 있는가? 그런 믿음은 서구 문화에만 고유한 강령에 불과한 것은 아닐까? 궁극적 존재라는 것이 없다면, 환원주의는 잘못된 전제에 기반한 것이다. 그렇다면 문화현상이 환원 제거되리라는 우려 자체가 기우일 수 있으며, 자연주의와 문화현상을 조화시키려는 시도 자체가 불필요한 것일 수 있다.

4.

문화는 자연현상에 기반하며, 인간의 생물학적 생존 노력의 소산이다. 언어는 기표 등과 같이 물리적인 요소를 필수 기반으로 하며, 인간들 사이의 소통을 위해 고안된 통신 수단이다. 그런 점에서 언어는 동물의 포효, 새들의 새소리, 개미의 페로몬 등과 같이 동종 간의 소통 수단으로 자연적인 것이다. 언어에 '자연주의적인' 것이 있을 수 있다면, 그것이 인간 종이 동류의 타자들과 소통하려는 노력의 과정에서 자연스럽게 등장한 것, 자연 진화의 과정에서 등장한 것이라는 점이다.

다른 한편으로, 위에서 지적한 바와 같이, 인간의 언어는 자연을 넘어서려는 초자연적 노력의 결과이다. 인간의 언어에는 여타 동물들의 소통 수단과 달리 의미의 차원, 심적인 차원이 있다. 언어는 의미와 마음이 매개되어야만 작동하는데, 의미는 자연 외적인 것으로, 인간들이 진화의 과정에서 수렴적 합의를 통해 구성한 것이다. 인간의 언어적 소통은 기표를 주고받는 것 이상으로, 의미를 주고받는 것, 마음을 소통하는 활동이다.

언어활동은 자율적이다. 비트겐슈타인의 지적대로, 문화의 제 양상이란 언어 게임일 수 있다. 게임의 장은 외부와는 다른 논리에 따라 자율적으로 전개된다. 인간은 언어를 사용하면서 보이지 않는 세계를 전개한다. 감각적 대상과는 다른 차원의 다양한 존재자를 인간 삶의 세계의 일부, 그것도 주축적인 존재로 출현시킨다. 언어는 비가시적인 것, 추상적인 것, 심적인 것, 보편적인 것에 실재성과 구체성을 부여하며, 그리하여 인간의 삶을 새로운 차원으로 비상케 한다. 언어적 공간에서는 특수적이고 개별적인 것, 신체적인 것보다는 일반적인 것, 사회적인 것, 심적인 것이 보다 구체적이다. 후자는 전자와 달리 타인과 공유되어 사회적 의미를 지니기 때문이다. 자유, 민주, 권리, 인권 등의 추상적 개념들이나 가치들은 인간의 삶에서는 막강하고 구체적인 힘을 발휘한다.

인간의 언어와 동물의 통신법, 페로몬, 벌춤 등 간의 본질적인 차이는 다음이다. 후자는 생물학적인 기제로 생득적으로 주어진 것이나, 전자는 적극적인 해석적 노력의 소산이라는 점이다. 해석적 노력은 의미를 산출한다. 동물의 통신법은 페로몬, 벌춤 등의 감각적 요소를 매개로 한 인과적 과정의 일부이나, 언어는 인간이 타인과 합의하여 구성한 사회적이고 보이지 않는 존재, 즉 의미와 마음을 매개로 하여 기능하는 탈인과적 문화현상이다. 러시아의 심리학자 비고츠키가 논하듯이,

아동은 언어를 학습함으로써, 자신의 행위를 통어 선택할 수 있게 되며, 그리하여 외계의 인과적 구속에서 벗어날 수 있다. 언어는 인간에게 자유를 부여한다. 인간에게 의미 있는 자유란 오직 언어적 지평에서만 가능하다. 새들의 비상은 기류의 저항을 받고, 바닷물은 물고기들에게 엄청난 수압을 가하지만, 독수리는 그런 저항을 양력으로 전환하여 날 수 있고, 범고래는 그런 수압 속에서 오대양을 유영할 수 있는 것이다. 언어는 절대군주로 우리 위에 군림하지만, 인간은 그를 수용하는 한 자유로울 수 있다.

5.

정신의 창조성은 언어에서 온다는 소 교수의 지적은 타당하다. 이런 창조성은 언어 사용이 제공하는 자유와 밀접한 관계에 있을 것이다. 언어를 통해 인간은 자연의 인과적 필연으로부터 자유로울 수 있으며, 인간의 마음은 창조적 상상력을 발휘할 수 있다. 문화세계의 풍요함과 창조성은 언어 놀이의 귀결이라 할 수도 있으나, 우리는 불교의 연기 개념을 빌려, 언어가 상호 연기한 결과라 볼 수도 있다. '놀이' 개념은 놀이하는 사람, 따라서 인간의 능동성을 함축하나, '연기' 개념은 그런 능동성이나 능동적 존재에 소극적이다. 인간은 언어 논리에 의해 인도되는 수동적 존재에 불과하다. 언어는 인간 삶의 주재자, 홉스가 말하는 리바이어던적 존재이다.

모든 것들, 특히 추상적, 심리적, 보편적, 비물체적인 것들은 개념의 형태로 존재한다는 것을 유념할 필요가 있다. 그러나 이런 개념들이 존재한다고 해서 그에 상응하는 실체가 존재하는 것은 아니다. 언어 공동체의 문맥 안에서, 언어 생태계의 일원으로서 통용성을 지니면 그 이름이나 개념은 존재 이유를 지닐 수 있는 것이다. 언어 생태계의 논리를 벗어나 의미나 유효성을 상실하거나, 언어 생태계의 환경이 변화하면, 이전에 막강한 위력을 발휘하던 어휘들은 도태될 수밖에 없다.

창조성은 진화의 본질이다. 자연 진화의 과정을 거쳐 단세포 생명체에서 인간이라는 고등동물이 등장하였다. 언어 생태계의 창조적 진화는 보다 더 역동적이고 다기적이다. 문화의 융성과 발전은 언어 생태계의 창조적 진화에 의해, 새로운 개념의 등장에 의해 가능하다. 인간은 문화적 삶의 과정에서 상호 관계하며 다종 다기한 체험을 할 것이며, 이들 체험을 효율적으로, 객관적으로 또는 사회적 의미를 지니는 방식으로 분류하고 정리하기 위해서 새로운 개념이 고안된다. 순자(荀子)가 말하듯이 제명(制名)이 필요한 것이다. 이 이름이나 개념은 다시 언어 공동체에서 사용되면서 공감대를 확대해가고, 의미 내용을 풍부하게 하면서 공유의 개념으로 등록된다.

인간 마음의 창조성이란 결국 새로운 개념을 만들어낼 수 있는 능력, 또는 그에 기반하는 현상이다. 마음의 창조성의 실체는 언어의 창조성이다. 언어 공간에서 어휘들, 개념들은 다양한 방식으로 관계하고 상호 반영 반향하면서 무수히 많은 새로운 개념들을 위한 텃밭을 조성한다. 하느님, 불성, 진리, 우주적 마음의 개념도 이런 창조적 진화의 과정에서 등장한 것, 어떤 현상을 설명하기 위한 설명항, 인간의 체험을 집약하기 위한 보따리 개념으로 등장한 것이다. 마음, 영혼 등의 개념도 마찬가지일 것이다.

새로운 개념들은 기존의 개념들이 내장하고 있는 기억들을 바탕으로 이를 변형하여 고안된다. 그 어느 것도 허공에서 튀어나오는 것은 없다. 개념들은 역사적이다. 언어 진화의 과정에서 어휘들은 다수의 언어 주체들에 의해 다양한 문맥에서 무수히 많은 어휘들과 관계하면서, 사용된다. 이 과정에서 무수히 많은 정보들, 어휘 사용자들의 행위, 태도, 자세, 믿음, 관점. 그리고 이들이 파악한 세계의 모습이나 구조 등에 관한 정보들을 내장하게 된다. 이들 정보는 언어 사용 과정에서 다른 어휘들과 관계하며 활성화되어 반향을 울리고, 반영상을 만들어내면서, 깊이를 더해간다. 언어 공간 내의 어휘들은 인드라망의 보주와 같이 중중무진의 반영상, 반향하는 울림들, 중첩적이고 심도 깊은 의미 층을 지닌 개념들을 연기적으로 만들어낸다.

언어 공간에서는 언어의 논리가 지배적이기에, 언어는 리바이어던적 주재자이다. 언어가 그런 힘을 발휘할 수 있는 것은 언어주체들 간의 수렴적 합의, 신뢰가 뒷받침되어 있기 때문이다. 개념들은 인간에게 구체적 힘을 발휘한다. 관념은 전능적이다. 그에 대한 믿음이 있기 때문이다. 시장적 공간에서 화폐의 논리가 모든 것을 주재하지만, 그 화폐가 교환 매체, 척도요 신표로서 작동할 수 있는 이유는 경제 주체들이 그를 매체로, 척도로 신뢰하기 때문이다. 시장에서 재화의 가격은 경제 주체들의 신뢰에 의해 창출된다. 언어 공간에서 개념의 의미나 힘 역시 언어 주체들의 믿음에 의해 창출된다. 그런 점에서 경제적 현상이나 인간 삶의 세계는 소 교수의 개념대로 '가상현실'일 수 있다.

6.

소 교수는 저서 여러 곳에서 불교, 기독교, 도가 등 종교적 사유에 대한 관심을 표현하며 '우주의 마음'이라는 개념을 제시한다. 인간 문화란, 철학, 학문, 예술, 종교 모두 궁극적으로는 우주의 마음을 이해하고자 하는 노력이라는 것이다. '우주의 마음'이라는 개념은 매우 흥미롭고 잠재력이 있는 개념이다. 인간 종은 자연 진화의 결과이며, 인간의 정신이란 언어활동의 결과라 하더라도, 인간 자신의 존재와 세계에 대한 인간 정신의 물음, 경탄, 호기심 등은 초자연적인 지평을 지향하는 것으로 보인다. 그러므로 인간 종, 인간 정신을 결과한 자연 진화나 언어 진화 자체가 어떤 초자연적 의도의 결과일 수 있으며, 이런 의도의 주체로서 우주적 마음을 생각해볼 수 있을 것이다.

"우주가 마침내 … 성불을 실현할 수 있게 하는 인간의 마음을 출현하기에 이르렀다면, 불성은 곧 우주적 마음에 해당하는 것이라고 할 수 있다."(134)

"종교적 수행도, 예술적 창작도, 철학적 사색도, 과학적 탐구도 궁극적으로는 우주의 마음을 헤아려보고자 하는 인간의 노력이다."(135)

"인간의 마음이 출현할 수 있었던 것은 우주 자체에 그런 창조적 마음이 있기 때문이라는 생각을 할 수 있다. … 초월주의적 하느님이 아닌 자연주의적 하느님으로 모든 종교적 체험도 설명할 수 있을 것이다."(62)

"우주 자체에 마음의 기능이 없었다면 어떻게 그 우주의 역사 속에서 인간의 마음이 진화될 수 있었겠느냐고 반문해 물어볼 수 있다. … 우리 인간이 하느님의 형상을 닮았다고 하듯이 인간의 마음은 우주의 마음을 모의하는 것이라고 할 수 있다."(65)

소 교수는 자연주의적 입장을 취하면서도, 우주적 마음의 존재에 적극적인 입장을 취한다. 나아가 우주의 마음이 선재적이고, 인간의 마음은 그를 모의한 것이라 논하면서 인간의 마음에 우주적 의미를 부여한다. 그러면서도 그 우주적 마음은 초자연적인 존재가 아니라 '자연주의적 하느님'이라고 규정한다(62 이하).

언어는 사회적이다. 인간은 자연적 진화의 과정에서 소통적 불확실성을 극복하기 위해 해석적 노력을 경주한다. 의미와 마음이란 해석적 과정에서 언어적 소통을 위한 요청적 존재로서 등장한 것이다. 그러므로 의미와 마음이란 사회적이다. '우주의 마음'이란 개념 역시 인간 언어의 개념적 능력의 소산이다. 일종의 사회적 개념이라 볼 수 있다.

하느님, 도, 불성 등 모든 것은 개념의 형태로 존재한다. 이들은 모두 개념화되어야 의미 있게 논의할 수 있다. 개념 또는 언어의 도움이 없이는 사념되거나 논의될 수 없으니 그 무엇도 실재성이나 구체성을 지닐 수 없어, 인간의 삶에서 역할을 할 수 없다. 개념이란 어떤 존재자를 지칭하는 이름이나 고정 지시적 표현이라기보다는 다양한 개념 관계망, 한 문화, 한 언어 공동체의 다양한 상념, 행위 방식, 태도, 자세 등을 포괄하는 일종의 보자기와 같은 것, 그런 것들의 연접문의 축약일 수 있다.

우리는 하느님, 도, 불성, 극락 등의 어휘, 개념을, 그에 상응하는 초자연적 존재를 상정함이 없이도 사용할 수 있다. 그것은 한 언어 공동체에서의 어떤 역할이나 기능을 수행하는 장기알과 같은 것, 그 공동체의 믿음, 행위 방식, 태도, 관점을 집합적으로 포괄하기 위해 고안되거나 상정된 개념이다. '개념(concept)'이라는 어휘는 'con-ceptio'에서 온 것으로, 이는 '함께(con)-잡는다(ceptio)'라는 의미를 지니고 있다. 하느님, 도, 불성 등의 어휘는 기독교, 중국, 인도라는 문화권의 관점, 태도, 믿음 등을 포괄하는 보따리 개념으로 볼 수 있다. 이런 식으로 이해할 때, 우리는 소 교수의 '우주의 마음'이라는 개념도 수용할 수 있을 것이다. 이 경우 '우주의 마음'이란 사회적 존재, 한 언어 공동체 내에서만 의미를 지닐 수 있는 제약적 개념이 아닐까?

우리는 '마음', '의미' 등의 개념에 대해서도 같은 언급을 할 수 있다. 이들 어휘를 수용하고 사용한다고 해서, 이들 어휘에 상응하는 보편적, 추상적 또는 초자연적인 존재자, 몸에 대립적인 존재자를 상정할 필요는 없다. 우리는 언어활동을 해나가는 과정에서 복잡 다양한 행위, 자세, 태도, 믿음들을 산출하게 되며, 이들을 적절한 방식으로 공동체의 수렴적 합의를 거쳐 하나의 개념으로 묶어 정리하고 언어 공동체의 공용의 어휘로 등록하게 되는 것이다. '자유', '민주', '경제', '권리' 등 다양한 어휘들이 이런 식으로 우리의 의사소통을 위해, 인간의 삶을 위해 고안 등록되어, 언어 생태계의 일원이 되었다. 언어 생태계의 전체 상황이 변화하면, 다시 일부의 어휘들은 도태되어 사라지기도 한다. 중세의 어휘들, 조선시대의 어휘들의 상당수는 도태 과정에 있으나, 일부는 적자생존하며 아직도 생명력을 입증하고 있다.

참고문헌

소흥렬, 『문화적 자연주의』, 소나무, 1996.

문화적 자연주의와 행화주의의 만남

이영의

고려대학교 철학과 객원교수

　소홍렬 교수님의 철학은 존재론, 인식론, 심리철학, 과학철학, 논리학 등 철학 전반에 걸쳐 있는데, 크게 보면 자연주의로 분류될 수 있다. 자연주의는 세계 내 모든 존재와 사건은 자연적이라는 존재론을 바탕으로 세계에 관한 지식은 과학적 탐구를 통해 얻어질 수 있다고 주장한다. 자연주의는 20세기 콰인(W. V. O. Quine)을 통해 내재적 토대와 인식 규범을 강조하는 전통 인식론을 자연과학적 방법론으로 대체하려는 급진적 형태로 나타났다. 심리적 사건은 물리적 사건으로 환원할 수 있다고 보는 현대 물리주의는 급진적 자연주의를 계승한다.

　소홍렬 교수님의 자연주의는 급진적 자연주의 및 환원적 물리주의를 반대한다. 급진적 자연주의는 인식론의 주요 임무를 지식의 획득 과정을 설명하는 데 제한함으로써 인식론을 심리학의 한 분야로 강등하는 결과를 낳았다. 내성적인 인식 토대를 중심으로 지식을 구성하려는 전통 인식론이 문제가 있다고 하더라도, 감각자료를 토대로 형성된 지식이 수정, 보완되는 과정이 순전히 자연주의적으로 설명될 수 없다는 것은 분명하다. 인식론에서 규범적 요소를 완전히 배제하려는 급진적 자연주의의 시도는 실패로 끝났다.

소 교수님의 자연주의는 문화적 자연주의이다. 문화적 자연주의는 급진적 자연주의의 한계와 문제를 극복할 수 있는 방안을 제시한다. 문화적 자연주의는 문화가 자연 밖에 존재하는 것은 아니라고 주장한다는 점에서 자연주의적이지만, 문화가 오직 과학적 탐구로만 설명될 수 없다고 본다는 점에서 급진적 자연주의와 구별된다. 문화적 자연주의는 인지, 인공지능, 예술, 문화, 종교 등 다양한 주제를 다루고 있다. 이 글은 문화적 자연주의를 뒷받침하는 표상과 역수반 개념을 중심으로 문화적 자연주의가 최근 인지과학에서 활발히 논의되고 있는 체화 인지 이론(theory of embodied cognition), 특히 행화주의(enactivism)와 연결되는 지점을 논의한다.

1. 표상

표상은 철학뿐만 아니라 심리학, 인공지능, 인지과학에서 중요한 개념인데, 철학에서 그것은 '심성 표상'을 의미한다. 마음의 작용을 표상을 중심으로 설명하는 표상주의에 따르면 마음은 마음 밖에 실재하는 대상을 직접 지각하는 것이 아니라 대상에 대한 표상을 지각한다. 이처럼 표상주의는 마음과 세계 사이에 존재하는 중간 존재를 인정한다.

표상을 주제로 하는 소흥렬 교수님의 논문은 두 편이다. 첫 번째 논문인 「표상의 존재론적 문제」(1990)는 표상의 존재론적 문제, 언어적 표상, 표상의 인과적 기능, 이론적 대상으로서의 표상을 다루고 있다. 두 번째 논문인 「표상의 실재성과 기능성」(1992)은 아리스토텔레스의 4원인론을 인지과학의 존재론으로 삼고, 그에 따라 신경과학과 인공지능이 제대로 마음을 설명할 수 있는지를 분석한다. 이 두 편의 논문에서 문화적 자연주의는 비환원적인 표상 이론을 지지하고 있다.

표상주의는 의식을 표상의 형태로 간주한다. 이런 점에서 문화적 자연주의는 표상주의를 지지한다. 의식과 표상의 관계에 따라 표상주의는 강한 이론과 약한 이론으로 구분된다. 강한 표상주의에 따르면, 의식은 표상 상태이거나 그것에 수반한다. 이와 반면에 약한 표상주의에 따르면, 의식은 표상의 내용뿐만 아니라 표상의 특징(태도와 양상)에 의해 결정된다. 강한 이론과 약한 이론은 모두 의식 상태가 물리적 상태로 환원 불가능하다고 보는 점에서 비환원론적이지만, 표상주의는 환원론적 동기에서 출발하기도 한다. 유물론자들은 이미 표상의 속성을 뇌의 기능적 역할이나 물리적 속성으로 환원하는 방안을 확보했기 때문에, 만약 현상적 의식을 표상적 속성으로 환원할 수 있다면, 결과적으로 현상적 의식을 뇌의 물리적 속성으로 환원할 수 있기 때문이다.

문화적 자연주의는 표상주의를 지지하지만, 표상의 세계를 온전히 이해하기 위해서는 세계에 대한 전체적 이해와 마찬가지로 인문학뿐만 아니라 사회과학, 경험과학이 참여하는 학제적 연구가 필요하다는 점을 강조한다.

좀 구체적으로 말하자면, 심리적 표상에 관한 인지과학적 탐구는 우선 신경과학을 통하여 표상의 물질적 바탕을 설명해야 하며, 그 다음으로 인공지능학을 통하여 표상의 구조적 모형을 제시할 수 있어야 한다. 그리고 나아가서는 생물학과 사회학 및 인문과학의 참여를 통하여 표상의 진화적 근거를 설명할 수 있어야 한다(소흥렬 1990, 12).

위에서 강조된 필요성, 즉 표상에 관한 학제적 연구의 필요성을 만족시키는 분야가 바로 인지과학이다. 그리고 인지과학에서 체화 인지 이론, 특히 행화주의는 문화적 자연주의가 추구하는 문화에 대한 비환원적이고 생태학적인 접근을 잘 보여준다.

2. 행화주의

인지과학은 1950년대 태동 이래로 계산과 표상을 중심으로 하는 인지주의가 주도해왔다. 인지주의는 인지를 내적 표상에 대한 계산으로 본다. 그러나 표상에 대한 계산으로서의 인지 개념은 표상의 의미와 인간 경험을 제대로 설명할 수 없다는 점이 드러났고, 1990년대 이후로 새로운 연구 프로그램이 활발히 모색되어왔다. 그중 가장 유력한 이론이 체화 인지 이론이다. 현재 여러 가지 이론이 '체화 인지 이론'이라는 명칭으로 불리고 있는데 그 대표적인 것으로 내장 인지 이론(theory of embedded cognition), 확장 인지 이론(theory of extended cognition), 행화 인지 이론(theory of enactive cognition) 등이 있다.

체화 인지 이론을 구성하는 위의 이론들은 구체적 내용에서는 차이가 나고 특정 주제에 대해서는 충돌하기도 하지만 공통으로 인지가 마음-뇌-환경 간 역동적 관계에서 창발한다고 본다는 점에서 '체화 인지 이론'으로 분류된다. 다시 말하자면, 체화 인지 이론의 특징은 인지와 마음을 오로지 뇌에 국한된 것으로 보지 않고 뇌와 몸을 가진 유기체가 세계와 상호작용하는 관계 속에서 이해한다. 체화 인지 이론이 문화적 자연주의와 연결되는 지점은 바로 표상, 지식, 문화를 뇌의 산물로 보는 것이 아니라 인간과 자연 간 역동적 관계에서 창발하는 것으로 본다는 데 있다. 여기서 중요한 것은 다음에 논의되듯이 물리적 차원에서 심성적 차원으로 작용하는 수반뿐만 아니라 역으로 심성적 차원에서 물리적 차원으로 작용하는 역수반도 인정한다는 점이다.

체화 인지 이론 중 비환원적이고 비계산적인 표상 및 역수반을 포용하는 이론은 행화주의이다. 행화주의는 인지주의가 강조하는 '표상'과 '계산'을 반대하면서, 다음 인용문에서 나타나듯이, 인지를 '체화된 행위(embodied action)'를 통해 창발하는 것으로 본다.

"체화된 마음 이라는 용어를 사용하여 우리는 두 가지를 강조한다. 첫째, 인지는 다양한 감각운동 능력을 지닌 몸의 소유로부터 유래하는 경험의 종류에 의존한다. 둘째, 이러한 개별 감각운동 능력은 그 자체로 더욱더 포괄적인 생물학적, 심리학적, 문화적 맥락에 내장되어 있다. 행위 라는 용어를 사용하여 우리는 다시 감각적이고 운동적인 과정들, 지각과 행위가 근본적으로 살아 있는 인지와 분리할 수 없다는 점을 강조한다."(Varela, Thompson, and Rosch 1991, 173)

인지는 마음-뇌-환경의 반복적인 감각운동의 결합으로부터 창발한다. 현재 행화주의는 자기생성적 행화주의, 감각운동적 행화주의, 급진적 행화주의로 나타나고 있는데, 문화적 자연주의에 가장 가까운 이론은 자기생성적 행화주의이다. 자기생성적 행화주의는 유기체와 환경의 상호작용을 자기생성적으로 이해한다. 자기생성 체계는, 세포처럼, 자신을 생성하고 자신을 조직한다. 즉 그것은 자기생성적이고 자기조직적이다. 자기생성 체계를 구성하는 요소들은 상호작용하면서 체계의 항상성을 유지한다.

자기생성적 행화주의는 인지를 체화된 행위로 본다는 점에서 인지주의를 비판하는 이론들과 양립할 수 있다. 그 대표적인 예는 깁슨(J. Gibson)의 생태주의이다. 깁슨에 따르면 지각은 환경이 제공하는 행위 지원성(affordance)에 의해 유발된 일종의 행위이다. 여기서 행위 지원성은 환경이 유기체가 자신의 행위 능력에 기반하여 특정 방식으로 행동하도록 유도하거나 쉽게 행동하도록 유도하는 성질을 의미한다. 자기생성적 행화주의는 지각에 대한 깁슨의 생태주의에 동의하지만 환경이 지각 행위와 독립적이라고 보지 않는다. 깁슨에 따르면, 환경은 지각 행위에 독립적이므로 지각은 환경에 대한 직접적인 탐지이다. 이와 반면에 자기생성적 행화주의에 따르면, 환경은 그것과 유기체 간 결합의 역사에 따라 체화된 것이므로 지각과 독립적일 수 없다. 이런 의미에서 지각은 감각운동의 행화(enaction)이다.

문화적 자연주의는 다음과 같은 점에서 행화주의와 양립할 수 있다. 첫째, 문화적 자연주의는 인지와 마음을 몸과 구별되는 실체로 보는 실체 이원론이나 그것들을 뇌의 기능이나 상태로 보는 기능주의와 물리주의를 비판한다. 둘째, 문화적 자연주의는 비계산적인 표상을 지지한다. 그렇다면 표상은 구체적으로 어떤 인지적 위상을 갖는가? 이에 대한 답변은 표상주의적이다. 즉, 표상이란 세계와 마음을 연결하는 중재자이다. 표상에 관한 논문에서는 명시적으로 드러나지 않지만, 소흥렬 교수님은 연결주의와 자기생성적 행화주의의 지지자이다. 또한 문화적 자연주의는 심리적 표상을 이론적 대상으로 간주할 수도 있다(소흥렬 1990, 10). 바로 이 점에서 문화적 자연주의는 행화주의의 반표상주의와 맥을 같이한다. 물론 행화주의는 '표상'이 아니라 '행위'에 의해 인지를 해명하는 전략을 취한다는 점에서 문화적 자연주의와 차이가 난다. 셋째, 문화적 자연주의는 역수반의 가능성을 지지한다. 이 점은 문화적 자연주의를 행화주의와 연결하는 가장 본질적인 요인이다.

3. 역수반

역수반은 심리적 사건이 물리적 사건에 인과적 작용을 미치는 것을 말한다. 이런 점에서 역수반은 수반과 반대 방향으로 작용한다. 수반은 물리적 사건이 심리적 사건에 인과적으로 작용하는 것인 데 비해 역수반은 그 반대로 작용한다.

문화적 자연주의는 심리적 사건과 물리적 사건의 관계에 대해 수반뿐만 아니라 역수반을 모두 수용한다. 이런 점에서 문화적 자연주의는 크게 보면 비환원적 물리주의로 분류될 수 있다. 이에 비해 환원적 물리주의, 심신동일론, 수반론은 모두 역수반의 가능성을 부정한다. 문화적 자연주의는 역수반이 필요한 이유를 다음과 같이 설명한다.

"심신동일론은 아니지만, 심리적 사건은 물리적 사건에 수반된다고 하는 수반론도 물리적 사건에 의한 심리적 사건의 결정만을 뜻하는 한계성을 가지고 있다. 심리적 사건이 물리적 사건을 결정하는 측면의 심신 상호작용을 설명하기 위해서는 '역수반'관계 같은 것이 가능해야 한다. 그런데 수반론은 심리적 사건과 물리적 사건을 동시적인 것으로 봄으로써 인과관계가 아님을 밝혀주게 되었다. 따라서 심리적 사건과 물리적 사건 간의 법칙적 관계도 불필요하게 되었다. 수반관계는 일종의 차원관계로 이해된다. … 물론 이것은 공간적 상하관계라기보다는 기능적 상하관계 뜨는 존재론적 상하관계를 말한다."(소흥렬 1990, 7-8)

위의 인용문에서 잘 나타나듯이, 우리가 심리적 사건의 수반을 주장한다면 역수반을 인정해야 한다. 다시 말하자면 그 두 가지는 쌍방향적이다. 예를 들어, 수반은 하드웨어가 소프트웨어를 규제하는 것이고, 역수반은 소프트웨어가 하드웨어를 제어하는 것이다. 또는 축구팀의 경우, 팀이 개별 선수의 기능에 의존하는 것은 수반에 해당하고, 하나의 팀이라는 조건이 개별 선수의 기능을 규정하는 것은 역수반이다(소흥렬 1990, 8).

중요한 점은 수반 및 역수반이 다음과 같이 차원 간 상하관계로 규정된다는 것이다.

"심리적 사건과 물리적 사건의 관계는 이처럼 수반과 역수반의 관계로 연결된 상하관계로 볼 수 있다. 심신 상호작용은 수평적 인과관계가 아니라 수직적 상하관계로 볼 수 있다. … 이처럼 수반관계는 동일성

관계와도 구별되어야 한다. 상하의 차원으로 구별되는 심리적 사건과 물리적 사건은 동일한 사건이 아니다. 차원의 구별은 새로운 속성의 출현 때문에 나타나는 현상이다. … 이것은 우리가 심리적 사건을 인식하고 그런 사건관계가 하나의 독립된 경험세계를 이루게 되는 것을 또한 인식한다는 사실에서도 볼 수 있다. 심신 상호작용을 현상적으로 인정하는 것을 의미한다."(소흥렬 1990, 8-9)

문화적 자연주의가 제시하는 역수반 논증은 다음과 같이 정리될 수 있다.

(1) 심리적 사건은 마음속에 어떤 생각이 일어난다는 의미에서 실재성을 갖는다.

(2) 몸과 마음의 상호작용은 물리적 사건과 심리적 사건 간의 인과관계이다.

(3) 심신 상호작용론은 물리적 사건이 심리적 사건의 원인이 되거나 심리적 사건이 물리적 사건의 원인이 될 수 있다는 의미에서 상호 인과작용이다.

(4) 상호 인과작용은 수반과 역수반을 통해 나타난다.

역수반에 관한 행화주의적 논의는 바렐라(Varela, 1996)에서 시작되었다. 바렐라는 찰머스(Chalmers, 1995)가 제기한 의식의 어려운 문제를 해결하기 위해 행화주의에 기반을 둔 신경현상학(neurophenome-nology)을 제시했다. 신경현상학의 핵심은 의식의 어려운 문제를 해결하기 위해서 양립 불가능한 것처럼 보이는 두 가지 요소, 즉 일인칭적 현상성과 삼인칭적 방법론을 조정, 연결, 통합하는 방안을 제시하는 데 있다.

찰머스는 의식을 인지과학의 핵심 주제로 보고 과학적 설명 가능성에 따라 의식에 관한 문제를 쉬운 문제(easy problem)와 어려운 문제(hard problem)로 구분했다. 쉬운 문제는 '인지과학의 표준적 방법에 직접 넘겨질 수 있어서' 특정 현상이 계산적이나 신경적 기제에 의해 설명되는 문제인 반면에, 어려운 문제는 그럴 수 없는 문제이다. 찰머스에 따르면, 쉬운 문제의 현상으로 환경적 자극을 구별하고 범주화하고 반응하는 능력, 인지 체계에 의한 정보 통합, 심성 상태의 보고 가능성, 자신의 내적 상태에 접근하는 체계의 능력, 주의 집중, 정교한 행동 통제, 각성과 잠의 차이 등이 있다. 이런 현상 중 상당수는 현재 인지과학에서 충분히 설명되고 있지는 않지만 원칙적으로는 만족스럽게 설명될 수 있다는 점에서 '쉬운' 문제에 속한다.

이에 비해 어려운 문제에 속하는 현상은 인지과학적 방법으로 설명될 수 없다. 가장 어려운 문제는 '경험의 문제'이다. 우리가 뭔가를 경험할 때는 언제나 뇌에서는 정보가 처리되는 동시에 주관적 느낌을 경험한다. 이런 주관적 느낌이 바로 네이글(Nagel 1974)이 말한 'something it is like to be X'이다. 예를 들어, 그것은 좋아하는 사람을 만날 때 느끼는 '반가움'이나 빨간 사과를 보고 있을 때 느끼는 '먹고 싶음'이다. 어려운 문제는 그런 주관적 느낌을 인지과학적으로 설명하는 것이다. 어려운 문제가 '어려운' 이유는 그것이 인지적 기능의 수행만을 설명하는 문제가 아니기 때문이다. 그것은 인지와 관련된 모든 기능의 수행이 설명되더라도 설명되지 않는 무언가를 남겨놓는다. 이것은 부정적 이유이다. 찰머스는 의식의 어려운 문제가 어려운 궁극적 이유를 제시했는데 그것은 바로 현상적 경험에 대한 사실은 논리적으로나 형이상학적으로 물리적 사실과 신경과학적 사실에 의해 함축되지 않는다는 데 있다. 이는 곧 현상적 차원에서 한 설명과 인지과학적 차원에서 한 설명은 구별될 뿐만 아니라 환원 불가능한 관계에 있다는 점을 보여준다.

그렇다면 신경현상학은 의식의 어려운 문제를 어떻게 해결하는가? 먼저, 신경현상학은 '경험 구조에 대한 현상학적 설명과 인지과학적 설명은 호혜적 규제를 통해 상호 관련된다'는 가설을 제시한다. 이 가설에 따르면, 현상적 경험에 적용되는 일인칭적이고 주관적인 자료와 뇌와 몸의 구조와 기능에 대한 경험적인 자료는 동일한 인식적 지위를 갖는다. 호혜적 규제는 방법론으로 나타나는데 그것은 크게 두 가지로 이해될 수 있다. 첫째, 그것은 현상성과 물리성을 연결하는 교량의 발견법으로 이해될 수 있다. 즉, 현상학적 자료는 신경과학적 자료를 해석하는 연구 지침으로 사용되고, 역으로 신경과학적 자료는 현상학적 자료를 발견하는 데 활용될 수 있다. 둘째, 그것은 호혜적 인과를 연구하려는 방법으로 이해될 수 있다.

우리의 관심을 후자에 맞추어보자. 바렐라에 따르면, 인간 뇌는 자기 생성적 체계이며 창발적 과정이 나타나는 곳이다. 뇌에서의 창발은 두 가지 방향을 갖는데, 그 하나는 국지적 차원으로부터 전반적 차원으로 진행되는 인과, 즉 상향 인과(upward causation)이고, 다른 하나는 전반적 차원에서 국지적 차원으로 진행되는 인과, 즉 하향 인과(downward causation)이다. 상향 인과와 하향 인과는 각각 앞에서 논의된 수반관계에 작용하는 인과와 역수반관계에 작용하는 인과에 해당한다. 역동적 체계 이론의 관점에서 보면, 상향 인과와 하향 인과는 의식적 사건이 대규모의 뇌 역학의 차원 변수로서 이해될 때 신경적 사건과 의식적 사건 간 성립하는 호혜적 인과관계이다.

그러나 호혜적 인과, 특히 하향 인과는 논쟁의 대상이다. 김재권(2005)의 수반 논변(supervenience argument)에 따르면, 인과적 폐쇄 원리(principle of causal closure)와 인과적 배제 원리(principle of causal exclusion)가 수용되면 하향 인과는 성립할 수 없다. 김재권을 비롯한 환원적 물리주의자들은 물론이고, 비환원론적 물리주의자들도 하향 인과 개념을 수용하지 않는 경우가 있다는 점에서 역수반 또는 하향 인과를 철학적으로 정당화하는 어려운 작업이 남아 있다.

지금까지 논의를 정리하면, 소흥렬 교수님의 문화적 자연주의는 행화주의, 특히 자기생성적 행화주의와 양립할 수 있다. 무엇보다도 문화적 자연주의는 비환원론, 약한 표상주의, 하향 인과의 가능성을 인정한다는 점에서 자기생성 행화주의와 유사하다.

참고문헌

소흥렬, 「표상의 존재론적 문제」, 『인지과학』 2(1), 1990, 3-13.

소흥렬, 「표상의 실재성과 기능성」, 『자연주의적 유신론』, 서광사, 1992, 117-133.

이영의, 『신경과학철학: 뇌중심주의에서 체화주의로』, 아카넷, 2021.

Chalmers, D., "Facing up to the Problem of Consciousness", *Journal of Consciousness Studies*, 2(3), 1995, 200-219.

Kim, J., *Physicalism, or Something Near Enough*, Princeton, NJ: Princeton University Press, 2005.

Nagel T., "What Is It Like to Be a Bat?", *Philosophical Review*, 83, 1974, 435-450.

Varela, F., Thompson, E. and Rosch, E., *The Embodied Mind: Cognitive Science and Human Experience*, Cambridge, MA: MIT Press, 1991.

Varela, F., "Neurophenomenology: A Methodological Remedy for the Hard Problem", *Journal of Consciousness Studies*, 3(4), 1996, 330-349.

연속성의 철학

소흥렬 교수님과의 가상 대담

최종덕[1)]

독립학자

최 (가상 대화자 최종덕): 소흥렬 선생님, 안녕하세요. 서울 교대역 앞 카페에서 선생님께 인사드린 것이 벌써 몇 년 지났어요. 오늘 다시 새 카페에서 만나 대화를 할 수 있게 되어 선생님께 감사드립니다. 선생님의 공부 이력을 훑어가며 그동안 궁금했던 문제들을 질문 드리면서 선생님의 철학을 귀담아 듣고자 오늘 이렇게 찾아뵙습니다.

소 (가상 대화자 소흥렬): 최 선생을 만나니 나도 반가워요. 1990년대 인지과학 공부 모임에서 최 선생을 처음 만났던 기억이 새롭습니다. 특히 자연과학을 공부했던 최 선생이 자신의 전공을 '과학철학'이라 하지 않고 '자연철학'이라고 소개했던 말이 기억이 나는군요.

최: 당시 저는 독일에서 귀국하자마자 선생님께 처음 인사드린 자리였지요. 저는 처음부터 과학과 철학 사이를 오갔던 지식 방랑자였는데, 선생님을 만나 뵙고는 단숨에 자연에서 과학을 거쳐 철학으로 가는 존재의 지도를 제 마음에 새길 수 있었어요. 선생님 연구실

책장에 꽂혀 있었던 과학 잡지 『사이언티픽 아메리칸(*Scientific American*)』의 과학 기사 하나를 직접 설명하시는 것에, 순간 "아하" 하면서, 저도 선생님을 따라서 철학의 품을 전통 형이상학의 한계 안으로 가두어놓을 필요가 없다고 확신할 수 있었습니다. 우선 과학과 철학을 잇는 선생님만의 시선이 어떠한지 여쭙고 싶습니다.

소: 과학에 관여할 수 있는 철학의 자리는 과학방법론 범주로 그치지 않고 일선 과학이 탐구하여 얻어낸 성과들, 즉 자연의 존재를 다루는 존재론과 관계를 다루는 인식론 범주에까지 걸쳐 있다고 생각합니다. 그래서 방법론에 이어 존재론과 인식론, 그리고 최근 들어 생명의료윤리 같은 윤리학 등, 모든 범주에서 이미 과학과 철학은 상호 조율되고 있습니다. 나는 과학과 철학을 굳이 연결해야 한다는 의무감은 없어요. 단지 과학자가 철학을 좀 더 포용하려 하고 철학자는 과학을 좀 더 이해하려는 태도를 갖는 문화적 접근이 필요하다고 생각해요.

최: 문화적 접근이라고 말씀하시니 선생님의 책 『문화적 자연주의』(소나무, 1996)가 생각납니다. 저는 선생님의 '문화적 자연주의'를 유신론의 초월과 유물론의 자연을 서로에게 연결하고 합생(合生)시켜가는 토대였다고 봅니다. 그래서 선생님의 문화적 자연주의는 과학과 철학을 연속적인 무엇으로 보고, 그 책 안에서 강조하셨듯이 스피노자처럼 자연과 신을 합쳐가는 포괄적 연속성을 보여준 것으로 생각합니다. 재미나게도 당시로서는 아주 생소했던 인지과학에서 인공지능에 이르는 철학적 의미를 통해서 그런 연속성의 개념을 보여주시지 않았나요?

소: 예, 맞아요. 요즘 바둑에서 알파고 돌풍 이후 인공지능 이야기가 널리 퍼졌지만 당시에는 인공지능 문제를 철학에서 다루는 것을

거부했던 사람들이 많았습니다. 당시 치열하게 논의했던 계산주의와 연결주의 논쟁은 단지 인지과학만의 문제가 아니라 마음과 뇌의 관계, 하나님과 자연의 관계 등, 그런 문제 안으로 투영되었다는 점입니다. 나는 이런 관계를 일원론으로 해석하고 싶지는 않아요. 둘 사이를 동일화시키는 일원론이라는 개념의 틀보다 둘 사이의 단절을 거부하는 연속성이라는 개념 틀로 보고 싶은 것입니다. 세상은 이런저런 사건들과 사태들로 가득 차 있습니다. 그들 사이는 서로 얽혀 있지만 별개의 색깔로 칠해져 있는 것입니다. 그것들을 동일화시키지 않고 그들을 그들대로 그냥 놔두는 것이 중요하다고 생각해요. 그런 태도로 바라본 자연과 문화의 양상들이 바로 다양성이라는 이름으로 일컬어지는 것입니다. 다양성을 수용하는 철학적 사유가 바로 문화적 자연주의의 태도입니다.

최: 동일성(identity)과 차이(difference) 사이의 차이를 설명해주시니 연속성의 의미가 잘 이해됩니다. 그러면 무엇과 무엇이 연속적인지 구체적인 사례들로서 무엇이 있나요? 앞서 말한 과학과 철학 외에 말이죠.

소: 철학과 과학의 연속성은 종교와 예술의 연속성으로 접합되어 있습니다. 애초에 침팬지와 분기된 700만 년 전, 고인류에서 우리의 직접 조상으로 분화된 30만 년 전, 그리고 다시 호모사피엔스로 분화된 2-7만 년 전, 이렇게 진화의 역사가 흐르면서 후기 구석기 조상의 예술과 종교는 연속성의 양식이었지요. 이후 탈레스가 나오고 데모클리토스가 등장하면서 종교와 예술의 연속성은 아메바의 몸통처럼 전후좌우로 방향을 쓰윽 뒤틀더니 과학과 철학의 연속성을 포식하고 말았습니다.

최: 그러면 결국 철학과 종교 그리고 과학과 예술을 하나의 연속성 범주로 보면 되겠군요. 그렇다면 좀 더 구체적으로 연속성 안의 내용

들이 어떻게 연속적인지요?

소: 종교와 과학 사이, 예술과 철학 사이를 연속적이게 해주는 것들이 많은데, 예를 들면 언어와 인지입니다. 우리는 알면서 말하고 말하면서 알게 됩니다. 언어 기능과 인지 기능의 두 형질은 서로 분리되지 않는 연속체라는 사실은 3천 년 전 신화에서나 오늘의 뇌신경과학에서나 어느 분야에서든 분명히 확인되고 있습니다. 언어와 인지가 연속적임을 알게 되면 영혼과 정신, 정신과 마음, 마음과 뇌, 뇌와 신체(장기나 심장 등의 부속기관)가 서로에게 연속적임을 알 수 있을 것입니다. 결국 영혼과 신체도 연속적이라는 뜻이죠. 나는 그런 연속을 '확장된 연속'이라고 표현합니다.

최: 확장된 연속이라는 표현이 아주 흥미로워요. 그렇다면 마음과 기계 사이에도 연속성이 적용된다고 보시나요? 이렇게 되면 자칫 기계론적 유물론자로 오해받을 수 있지 않겠어요? 저는 선생님이 표현하신 내용을 어느 정도 이해하는 편입니다. 오래전에 발표하신 선생님의 논문 「관념론과 유물론의 종합」(『시대와 철학』, 1990)에서 이미 '확장된 연속'이라는 씨앗의 냄새를 느낄 수 있었거든요. 그래도 좀 더 쉽게 설명해주세요.

소: 나는 자연주의자이기는 하지만 유물론자라고 말하지는 않아요. 이런 나의 철학적 태도는 「관념론과 유물론의 종합」에서 이미 싹텄다는 말이 맞아요. 무한과 유한의 차이를 예로 들어 말해볼까요. 무한은 그 크기를 수(number)로 규정될 수 없겠죠. 수로 규정되는 순간 그 크기는 무한이 아니라 유한이 되고 마니까요. 우주를 구성하는 원자 수를 생각해봐요. 우리 은하에는 태양계가 있죠. 우리가 속한 은하계의 크기는 그 반지름만 해도 52,850만 광년입니다. 모든 은하마다 평균해서 2천억 개의 태양이 있고, 그런 은하가 우주 안에 2×10^{12}(2조) 개만큼 있다는 최근 천체물리학 이론에 따른다면

우주 안에 있는 원자들의 총수는 4×10^{80}입니다. 어마어마한 크기의 숫자입니다. 인간이 상상할 수도 없는 크기인 것입니다. 이 숫자도 실은 우주 전체의 96퍼센트 이상을 차지하는 암흑물질이 제외된 규모입니다. 그래서 암흑물질을 포함하여 우주물질의 원자단위 총수는 10^{82}입니다. 숫자로 규정된 표현과 실제 크기의 규모는 달라요. 10^{82}이라는 표현은 유한개로 표시된 숫자이지만, 실제로 이 숫자의 규모는 무한에 가깝다는 말이죠. 원리적 유한이지만 현실적 무한이라는 말입니다. 다시 말해서 원리적 유한과 현실적 무한은 서로 연속적이라는 것이 내가 생각하는 존재론의 기초입니다.

최: 우주의 원리적 유한과 현실적 무한이 서로에게 연속성이라는 뜻이 마음과 기계의 연속성에 유비된다는 말이군요.

소: 맞아요. 마음과 기계는 범주 자체가 다른 것이죠. 존재의 시선으로 볼 땐 그 둘을 같은 것으로 볼 수 없지요. 그런데 인식의 시선으로 볼 때 그 둘은 연결될 가능성을 갖고 있습니다. 무한한 마음의 영역은 실제로 그 마음의 소유자 자신도 자신의 마음을 잘 모르기도 하면서 스스로 컨트롤하기도 어렵다는 데에서 분명히 드러나는 것 아니겠어요. 한편 컴퓨터와 같은 기계는 반도체 장비와 알고리즘 장치를 파격적 속도로 증가시키면서 마음을 더 가깝게 모사하고 있단 말이죠. 기계의 물리적 성능 가운데 데이터 처리량을 예로 들어볼게요. 요즘 컴퓨터로 처리되는 데이터의 양이 일 년 단위로 60 제타바이트라고 해요. 숫자로 표현하면 10^{21} 수준인데, 한마디로 말해서 상상 초월의 규모입니다.

최: 1990년대 교수님 연구실에서 HCI(Human-Computer Interaction) 학회 이름으로 당시 홍릉 카이스트 전산학부 전길남 교수님이랑 같이 세미나를 할 때와 비교해보아도 데이터 처리량이 당시에 비해 최소 백만 배 이상 늘어났다고 하네요.

소: 그런 엄청난 기계의 확장은 여전히 양적 확장에 지나지 않지만 마음의 질적 범주로 점점 다가오고 있다는 점을 무시할 수 없어요. 그 당시 세미나에서 연결주의와 계산주의 논쟁이 가장 뜨거운 주제이지 않았나요. 철학하는 사람들은 연결주의를 계산주의에 대립하는 대안으로 보는 경향이 있었지만, 당시 전산학하는 사람들은 연결주의를 계산주의의 확장된 연장선으로 생각하는 경향이었단 말이죠. 사실 요즘은 연결주의와 계산주의를 하나로 묶는 알고리즘들이 등장하면서 그 둘 사이의 차이를 크게 부각하지 않는 경향입니다.

최: 예, 저도 그렇게 생각해요. 요즘 회자되는 딥러닝이나 강화학습 등의 말대로 인공지능은 신경망 모델을 시뮬레이션하고 있기 때문에 이미 연결주의가 계산주의의 기초로 된 것 같아요. 그래서 연결주의는 사람 뇌의 회로를 반영하고 계산주의는 컴퓨터 중앙처리장치(CPU)를 운용하는 방식이라는 기존의 이분법에서 이미 벗어나 있는 것 같습니다. 1990년대 선생님 연구실에서 연결주의와 계산주의 논쟁을 토론할 때 철학의 측면에서 그런 문제의 갈등과 고민들이 노출되었던 것으로 기억나요. 저 역시 그런 문제를 풀지 못한 채 안고 있었구요. 제가 독일에서 귀국하자마자 우연히 선생님의 「연결주의와 원자주의」(1992)라는 발표문을 접했는데, 거기서 선생님이 표현하신 '연결주의적 선회(the connectionistic turn)'라는 개념을 보고, '유레카', 신비하고 형이상학이 아닌 경험적 연결주의로도 마음을 이해할 것 같다는 철학적 아이디어를 얻었습니다. 인지과학에서 많이 논의되는 '체화된 마음(embodied mind)'이나 '연장된 마음(extended mind)'이라는 뜻이 결국 연결주의 개념을 통해 심신론을 설명하려는 것 아니겠어요?

소: 우리는 유물론적 일원론이나 데카르트 식의 심신이원론 혹은 유심

론이라는 고정된 '이즘' 하나를 선택해야 한다는 형이상학적 강박
감에 억눌려 있을 필요가 없습니다. 이 점에서 '연결주의적 선회'
는 지금도 여전히 중요한 관점이라고 생각합니다. 관점이라기보다
하나의 연구 방법론이라고 보면 더 좋을 것 같아요. 그런 방법론의
실질적 성과가 바로 '연장된 마음'이라는 인지 이론이겠지요. 연장
된 마음이란 물리적 공간에 연장된 마음이라는 뜻으로서, 마음을
신체의 연장으로 볼 수 있다는 생각인데, 내가 말하는 연장된 마음
은 마음과 신체의 연속성을 말하는 것입니다. 물론 그 둘 사이에
큰 차이가 있는 것은 아니에요. 마음과 신체의 연속성은 '연장된
마음'과 '확장된 신체'의 양면을 같이 가지고 있다고 생각하면 편
해요.

최: '연장된 마음'과 '확장된 신체'의 양면이라는 말은 제가 처음 들어
보는 개념인데요.

소: 개념으로만 처음이지, 실제로는 이미 과학과 철학, 그리고 종교와
예술에 관한 나의 글쓰기 여기저기에서 자주 나왔던 뜻입니다. 마
음에서 바라보면 연장이고 물질에서 바라보면 확장이라는 말이죠.
영어 표현으로 'extended'와 고정되지 않은 스케일 유연성(scal-
ability: 확장성)입니다. 마음에서 바라본 연장된 마음은 여전히 마
음과 신체 사이의 질적 도약을 시도해야 하는 어려움이 있습니다.
바로 앞에서 우주물질의 총합계가 유한한 수이지만 실제로 무한일
수 있다는 존재 현실의 메타포를 통해 유한과 무한이 연속적일 수
있다고 말했습니다. 일종의 양적 수준에서 연속성이며, 굳이 질적
도약을 상정할 필요가 없겠죠. 이와 마찬가지로 마음과 신체의 관
계를 신체의 측면에서 바라볼 때 양적으로 확장된 연속성이라고
표현한 것입니다.

최: 연장된 마음과 확장된 신체, 혹은 연장된 정신과 확장된 물질이라

는 양면의 특징으로 연속성을 설명하는 것은 정말 흥미롭습니다. 그러면 기존의 유물론이나 유심론의 일방향적 일원론이나 영원한 평행선을 그리는 이원론의 철학적 난관에서 벗어날 수 있다고 저도 생각합니다. 이런 연속성 개념이 예술이나 종교, 아니면 역사와 사회 문제에도 적용될 수 있을지 조심스럽게 선생님께 여쭙고 싶습니다.

소: 앞서 말한 언어와 인지의 연속성은 곧바로 직관과 개념 사이의 연속성으로 이어지구요, 마음과 몸의 연속성은 정신과 영혼의 연속성으로, 그리고 영혼과 신의 연속성으로 이어지는 것 같습니다. 더 나아가 기독교와 불교 사이의 연속성입니다. 이렇게 종교와 과학 사이, 동양과 서양 사이, 실천과 이론 사이, 구성과 해체 사이, 감성과 이성 사이의 연속성이라는 주제가 내 삶의 후반부 글쓰기에서 일상 언어로 표현된 것입니다.

최: 예, 선생님의 후기 저서인 『철학적 수채화』(서광사, 2009)나 『불심초』(호미, 2008)를 말하시는 거군요.

소: 『철학적 수채화』는 내가 만났던 사람들의 이야기이며 내가 삶을 지탱해온 이야기예요. 잔잔한 일상의 이야기 속에서 우리 사회와 개인에게 일어나는 갈등과 아픔을 표현해보려고 한 글쓰기입니다. 『불심초』는 다양하지만 서로에게 의존된 관계들의 세계를 그리고 싶었던 수필집입니다. 그 안에서 종교 이야기를 많이 했는데, 역시 종교와 과학, 그리고 예술과 철학이 어떻게 대화를 할 수 있는지를 고민한 책입니다. 다시 말해서 이들 사이의 연속성을 말하고 싶었는데, 그런 이야기를 과학의 전문용어나 철학의 추상 개념 없이 대중적인 글쓰기로 표현하고 싶었던 것입니다.

최: 과학철학자로서 선생님은 저 같은 후학들에게 공부의 길을 터주셨습니다. 선생님의 철학이 문화에서 예술과 종교로 확장되면서 저에

게는 공부의 모델이었습니다. 예를 들어 각자의 전공 분야는 논문 쓰기를 위해서 존재한다면, 진짜 철학 공부는 분야의 턱을 넘어서야 한다는 것을 일깨워주셨습니다. 철학이라는 코바늘을 갖고 예술과 종교, 그리고 문화와 역사라는 각색의 실로 뜨개질하여 한 벌의 털옷을 짜는 것과 같다고 생각합니다. 저는 그런 뜨개질의 철학을 선생님으로부터 배운 것입니다.

소: 내가 『불심초』라는 책에서 하려는 말은 초월주의와 자연주의의 결합이며 공존입니다. 종교 관점에서 말하자면 기독교의 초월주의와 불교의 자연주의가 만난다는 것이며, 예술 관점에서 말하자면 느낌의 초월주의와 이성의 자연주의가 공생한다는 뜻이에요. 문화 관점에서 말하자면 혁명의 초월주의와 역사의 자연주의가 보완된다는 말이기도 합니다. 이렇게 만나 공생하면서 보완되는 과정과 결실이 바로 연속성인 것입니다.

최: 다양한 범주에서 연속성의 의미가 재현되는군요. 앞에서도 잠시 운을 떼었지만 연속성이라는 것이 동일성이나 일원론하고 다르다고 하셨죠. 예를 들어 두 범주가 동일하다면 각각 범주의 구성요소들이 동일하다든가, 아니면 겉으론 달라 보여도 결국 같은 것으로 환원된다든가 하는 등등, 동일성을 동일성으로 만들어주는 어떤 요인들이 있잖아요. 마찬가지로 두 범주가 서로에게 연속적이려면 그렇게 연속이게끔 하는 요인들이 있을 텐데요.

소: 맞아요. 연속성은 동일성과 달라요. 예를 들어 미학적 직관과 이성적 추론은 완전히 다른 인식 작용이지만 대상을 파악하여 나의 인식 안으로 포착한다는 점에서 서로에게 연속적입니다. 화물칸과 객실 열차를 같이 연결해서 달고 다니는 기차라고 합시다. 전혀 다른 두 개의 화물칸과 객실의 기차이지만 서로 연속적으로 맞물려진 기차인 것입니다. 동일하기 때문이 아니라 오히려 다르기 때문에

연속성이 가능하죠. 미학적 직관을 통한 인식과 이성적 추론을 통한 인식은 인식 범주에서 전혀 다른 통로입니다. 그 둘은 서로에게 부족하면서 동시에 상대에게 없는 것을 갖고 있기 때문에 오히려 그 둘은 연속적으로 만날 수 있는 것이죠. 각자로서는 불완전하지만 서로 연속적이기 때문에 보완이 되고, 그래서 상생과 공존이 가능하다는 뜻이에요. 이런 점에서 내가 말하는 연속성은 일종의 생태학적 연결망입니다. 『불심초』에서 하려는 말이 바로 이것이에요. 기독교의 초월주의와 불교의 자연주의는 서로 불완전하기 때문에 같이 대등하면서도 연속적인 종교로 되어야 한다는 말이기도 합니다.

최: 구체적인 예를 들어 설명해주시니까 연속성이라는 뜻이 무엇인지 이해되었어요. 그리고 미학적 직관을 통한 인식과 이성적 추론을 통한 인식의 연속성이라는 선생님의 말씀은 저에게 중요한 의미로 다가왔습니다. 제가 요즘 과학과 예술 사이의 관계에 대해서 관심이 많기 때문이에요.

소: 과학과 예술은 전혀 다른 언어를 사용하지만 창조력에 초점을 두고 관행에 빠지지 않아야 한다는 점에서 서로에게 연속적이라고 말해도 좋아요. 철학과 예술 사이에도 마찬가지입니다. 그 둘, 각각의 표현 언어는 다르지만 예술의 표현법은 철학이나 과학의 언어를 더 풍요롭고 부드럽게 해주는 힘이 있습니다. 과학적 탐구에는 가설을 세우는 단계와 절차가 아주 중요한데, 예술적 표현법을 익힌 과학자는 예측력 높은 가설을 세우는 데 유리합니다. 철학에서도 그래요. 예술의 표현 언어를 받아들인 철학자의 글쓰기는 더 많은 사람들에게 접근할 수 있고 더 많은 공감을 줄 수 있어요.

최: 예술과 종교만이 아니라 선생님께서는 역사의 의미를 상당히 많이 강조하셨습니다. 선생님이 저에게 이메일로 보내주신 원고 중에서

한 문단을 그대로 읽어보려 합니다. "철학으로 이 세상 살아간다는 것은 세상을 등지고 살아가는 것인 것처럼 착각할 수 있다. 종교가 철학을 무시하고, 예술이 철학에 무관심하고, 문학이 철학을 필요로 하지 않는다면 철학으로 세상 살아간다는 것이 사실상 무의미하다. 그러나 철학이 살아 있다면, 철학의 존재를 무시하거나 부정할 수 없다. 철학이 있기 때문에 역사가 멈추어 있을 수 없다는 것을 의식하게 한다면, 종교와 예술 그리고 문학이 긴장하지 않을 수 없을 것이다. 그렇다. 철학은 우리를 긴장하게 하는 것이다. 철학하는 마음은 언제나 긴장하는 마음이다. 역사를 지켜보는 마음이다."
(소흥렬 미출간 원고)

소: 사람들은 오늘의 시대에 철학이 죽었다고 말하기도 하고 혹은 그 생명력을 잃었다고 말하기도 합니다. 철학이 역사라는 토양을 무시했기 때문에 그런 말들이 생긴 것 같습니다. 역사라는 현실을 떠나버리면 철학도 박물관에 진열된 교과서에 지나지 않아요. 그렇게 되면 결국 철학도 문화의 힘이 되어 역사에 참여할 수 있다는 사실을 망각하게 됩니다. 철학이 관념화되거나 연역논리의 틀 속에 갇혀버려서 우리의 삶과 유리되지 않도록 철학자 스스로 깨닫고 실천하도록 해야 합니다.

최: 어떻게 역사가 철학이나 종교와 예술에까지 연속적일 수 있는지 다시 설명해주세요.

소: 앞에서 최 선생이 내 글을 그대로 인용했으니, 나도 내 글을 한 번 더 인용해서 나름대로 말을 이어가도록 하겠습니다. 실은 최 선생이 인용한 내 글의 의미 그대로예요. 같은 말을 되풀이하는 것이라 생각하고 다시 들어보세요. "종교에 빠지지도 못하고, 예술이나 문학에 취하지도 못하는 철학자이지만, 역사를 통하여 종교와도 만나고 문학이나 예술과도 만나게 되는 것이 철학이므로 철학자는 철

학의 역사 참여를 통하여 자신의 존재의미를 찾게 된다. 철학적 비판과 파괴가 역사 발전의 필요조건이 된다는 사실에서 존재의미를 찾는다. 하지만 그런 현실 역사를 떠나버린 철학은 언제나 헛소리가 될 수 있다. 궤변이 될 수 있다. 역사의 논리와 무관한 철학 자체의 논리에만 도취되어 구름 잡는 소리만 할 수 있다."(소흥렬 미출간 원고)

최: 고맙습니다. 여러 번 되풀이해도 지나침이 없는 내용입니다. 역사는 시간이고 유한하지만 현실적인데, 역사와 무관하다는 것은 초시간적이고 초월적인 무엇이겠지요. 역사 없는 철학, 역사 없는 종교, 역사 없는 문화는 박제화된 철학이나 종교로 될 수 있다고 저 역시 생각합니다. 과학에서조차도 역사는 중요하다고 보기 때문입니다. 과학의 역사성이라는 토마스 쿤의 과학철학을 선생님도 자주 언급하셨죠. 이와 관련하여 저에게 의미 있는 제시문을 던져준 선생님의 원고 한 부분을 읽어보도록 하겠습니다. "역사의 시대는 역사를 그 자체의 다양한 논리에 따라서 이해하게 하는 시대를 말한다. 먼저 다양한 역사를 인정해야 한다. 전체 역사와 부분 부분의 역사를 따로 이해하면서 그 관계도 이해해야 한다는 것이다. 지배자의 역사와 피지배자의 역사도 대등하게 이해하면서 그 관계를 이해하고자 해야 한다는 것이다."(소흥렬 미출간 원고)
역사성은 다양성을 인정하는 태도라는 말을 저는 깊이 새겨듣고 있습니다. 그런데 몰역사성을 그렇게 비판적으로 문제 삼는다면 혹시 종교까지 문제로 될 수 있지 않나요?

소: 종교의 한 축인 초월에는 또 다른 의미의 '초월'이 있어요. 초월적으로 존재하는 하느님을 가정하지 않는 자연주의적 초월인 거죠. 예를 들어 노자는 우리 인간의 마음으로 이해하고 인간의 언어로 표현하는 도(道)1과 도(道) 그 자체의 도(道)2를 구별했습니다. 도

를 도라고 이름 지어 말할 때 이미 그 도는 도1 안에 갇혀버려서 도2로 가는 길을 놓치고 맙니다. 즉 상도(常道)와 비상도(非常道)의 차이를 보여준 것이죠. 초월도 초월1과 초월2로 볼 수 있고 내가 말하려는 초월은 초월2에 해당해요. 즉 자연주의 초월이라고 말할 수 있습니다. 붓다에게는 그것이 법(法)의 세계로 될 터이구요.

최: 그렇다면 초월1과 철학은 양립할 수 없어도 초월2는 철학이나 과학과 병존할 수 있다는 점을 암시하시는 거군요.

소: 이제 최 선생도 눈치채셨군요. 이성과 비판을 토대로 한 철학을 계시와 도그마를 토대로 한 종교와 동일시한다면 철학함의 출발부터 삐꺼덕거릴 것입니다. 종교를 부정하는 철학이라면 그때 철학은 이미 자유를 포기한 것과 같으며 아마 그런 철학조차도 또 다른 형태의 종교로 될 것입니다. 여기서 내 글을 다시 한 번 더 인용해도 될까요?

최: 물론입니다. 선생님의 글을 잘 모시겠습니다.

소: "철학은 종교를 부정함으로써 자유를 얻는 것이 아니다. 종교적 문화와 종교적 공간의 특성을 인정하면서도 철학자 자신은 어떤 종교적 공간에도 소속되지 않는 자유를 누릴 수 있고, 예수와도 만나고 붓다와도 만나는 종교적 체험을 할 수 있다는 것이다. 뿐만 아니라, 예수와 붓다를 함께 만나는 가상적 체험도 할 수 있다는 것이다."(소흥렬 미출간 원고)

최: 제가 선생님 철학의 사유를 조심스럽게 구분해본다면 '표현의 철학'과 '침잠의 철학'으로 묘사하고 싶습니다. 그러나 그것은 구획이 아니라 연속성의 철학함으로 드러난다고 말하려 합니다. 그동안 작업하신 문화철학, 논리철학, 인지과학과 심리철학, 과학방법론, 예술철학 등이 '표현의 철학'이라면, 생활철학, 종교철학 등이 '침잠의 철학'이라고 말해도 될까요? 가장 중요한 점은 선생님의 철학

의 다면성을 '연속성의 철학'으로 묶어낼 수 있다는 것입니다. 선생님이 해오신 분과철학 사이의 그 어느 것도 동일하지 않으며 선생님 스스로 지식의 완전태를 거부하셨지만 그 모두가 철학적 사유의 생태망으로 묶여 있는 것으로 여겨집니다. 선생님의 철학 생태망을 소흥렬의 '연속성의 철학(Continuum Philosophy)'으로 이름 붙이기를 허락해주세요.

소: 세상에 드러난 한 철학자의 철학은 이미 철학의 언어와 철학함의 행동으로 방산되었습니다. 철학자 자신이 자신의 철학을 규정하는 것이 아니라 뭇사람들이 나 자신을 언급하는 그대로 나는 따를 뿐입니다. 최 선생이 제안한 연속성의 철학함을 나는 받아들이지만, '연속성의 철학'이 또 하나의 제도화된 철학으로 이해되지 않도록 했으면 해요.

최: 예, 명심하겠습니다. 선생님의 철학을 '연속성의 철학'이라는 명사형 규정이 아니라 철학하는 동사형 행위로서 이어가도록 하겠습니다. 연속성 이면에 잠재된 '자유의 철학', 즉 미학과 논리, 역사와 이념, 자연과 초월 사이에서 자유로움의 사유와 실천을 보여주신 선생님의 공부법을 되새긴다는 뜻이죠.

소: 계승한다거나 명심한다는 말은 하지 않아도 돼요. 그런 말 자체가 서로를 구속할 수도 있거든요. 자유라는 의미는 내 평생 공부의 중심이었어요. 나이 들면서 자유의 언어가 아니라 자유로운 삶을 살려고 해요. 조금 어색한데, 앞서 최 선생이 말했듯이 자유를 향한 나의 삶은 침잠의 철학을 향한 생활 실천에 해당됩니다. 홀로 있음 혹은 외로움의 향유가 자유를 실천하는 한 가지 방편이라는 뜻이기도 합니다.

최: 선생님이 말씀하신 홀로 외로움이라는 철학의 의미를 저는 선생님의 후기 저서 『불심초』에서 감동으로 만났습니다. 회사 영업사원

이건 시골 농부이건, 철학자나 목수나, 성직자나 혁명가나 관계없이 생활의 바탕은 외로움을 피하지 않고 죽을 때까지 마주한다는 것이죠. 오늘은 외로움의 철학 이야기를 다하지 못하여 아쉽지만 나중에 『불심초』를 한 번 더 읽고 선생님을 찾아뵙겠습니다. 오늘 나눈 대화, 선생님께 정말 감사드립니다.

---

1) 이 글의 필자 최종덕은 1990년대 소흥렬 교수님의 인지과학 세미나팀에 참여하여 공부하면서 자연주의 인식론의 철학적 의미를 깨달았다. 이후 현대 자연철학의 한 주제인 '진화생물학의 철학'을 연구해오면서, 『생물철학』, 『의학의 철학』 등의 책을 냈다. 웹페이지 philonatu.com을 운영하면서 독립학자로 활동하고 있다.

인공지능 정보모형의 자연주의

김선희

이화여자대학교 철학과 전 초빙교수

1. 자연주의 모형

20여 년이 더 지난 오래전 일이지만 소흥렬 선생님과 나누었던 대화의 인상적인 장면이 기억에 남아 있다. 당시 선생님은 인공지능 모형의 탐색에 열중한 시기인 듯했다. 우연한 기회에 그 아이디어를 말씀해주셨다. 자연주의 우주론의 모형이 내 마음에 잘 구현되진 않았지만 선생님을 생각할 때면 가끔 떠오르는 단상이다. 모형을 설명하는 선생님은 철학자라기보다는 건축가라는 느낌이 들었던 기억도 난다. 최근에 선생님의 저서 『자연주의』를 읽으며, 선생님이 설계했던 자연주의 모형의 퍼즐 조각들이 여기저기 들어 있다는 걸 발견할 수 있었다. 여기서 그 조각들을 맞추어 선생님이 구축하려던 자연주의 모형의 윤곽을 드러내보려고 한다.

소흥렬의 철학은 본인이 스스로 규정하듯 자연주의로 요약된다. 『자연주의』의 서문에서 저자는 " '자연주의'라는 이름으로 나의 철학을 포괄하여 정리한 것"이라고 말하고 있다. 이어서 "또다시 이런 작업을 하게 될 수는 없으리라는 생각이 든다"며 자신의 철학에 대한 마지막 정리라는 것을 암시하기도 하였다. 이 책은 자연주의라는 틀 안에서 존재론, 인식론, 종교론, 진리와 정보, 과학과 논리, 인공지능과 가상공간, 사유의 논리와 자연의 논리 등의 주제들을 포괄하여 다루고 있다.

자연주의가 무엇인지는 일반적으로 알려진 바이지만, 소흥렬의 자연주의는 독특한 특징을 갖는다. 그것은 인공지능의 정보모형으로 이해된 자연주다. 나는 선생님의 모형 이야기가 상기되면서 그의 자연주의 모델을 구체적으로 그려보게 되었다. 그것은 인공지능의 사유, 존재, 인식의 모형을 닮은 자연주의인 동시에, 자연과 인공(지능) 사이의 긴장 또한 드러내고 있다. 자연과 초월의 긴장은 없으나 자연과 인공 사이의 긴장은 존재한다. 즉 자연은 인공/지능에 의해 잠식될 위험이 있는 것이기도 하다. 자연 질서에 개입하거나 자연법칙을 거스르는 신이나 기적은 없지만, 인공지능이 자연(신)을 잠식하는 것은 가능한 일이다. 자연 곧 신을 위협하는 인공, 자연인을 위협하는 인공지능은 가능한 것이다. 인공지능 모형으로 구축된 자연주의가 자연과 인공의 긴장을 어떻게 해소할 수 있을지 하는 의문의 실마리를 푸는 과정에서, 인공지능 기술시대에 우리에게 새로운 영감을 주는 매력적인 존재론 내지 형이상학을 사유하도록 초대한다.

2. 자연주의 유신론과 영혼론

자연주의자도 종교를 가질 수 있다. 신과 영혼의 개념도 포용할 수 있다. 보통 우리가 이해하는 초월적 신이나 영혼은 아닐지라도, 자연주의자도 영혼이나 신에 대해 자연 내재적으로 접근할 수 있다. 소흥렬 역시 『자연주의』의 주제를 '종교'로 시작하면서, 하느님이 존재해야 할 이유들을 제시한다. 동시에 자연 너머의 초월적 하느님을 상정하는 것은 일관적으로 설명이 안 되며 그런 하느님을 자연 내재적으로 이해할 수 있는 방식을 기술하려고 한다. 즉 자연주의 신론과 영혼론이다. 자연주의 종교의 핵심은 무엇인가? 신은 곧 자연이며, 자연 너머의 초월적 존재가 아니라는 것이다.

"초월주의적 창조주 하느님을 부정하고 나면 내재주의적 개념들로써 하느님을 이해하고자 해야 한다. 자연이라고 하는 우리의 세계가 하느님과 더불어 존재해야 한다고 해야 한다. 자연주의적 하느님으로 그를 이해하고 그의 뜻을 설명할 수 있어야 한다.

우리의 세상, 우리의 우주 자체가 스스로 존재하면서 영원한 것으로 이해할 수 있다. 완전한 진리, 완전한 선, 그리고 완전한 미가 이 세상 어디엔가 존재한다고 가정할 수 있다. 우리 인간의 인식 능력이 그런 가치를 지향하고 있는 것으로 보아 그런 진선미의 가치를 인정할 수 있다. 그런 가치들에 대한 인간의 지향적 관심을 궁극적 관심으로 볼 때 그것이 곧 하느님의 뜻이 인간을 통하여 실현되게 하는 것이라고 이해할 수 있다."(소흥렬 2006, 18)

여기서 흥미로운 것은 자연 안에 완전한 진선미가 있다고 보는 점이다. 그에 대한 인간의 지향이 그것의 존재 사실을 보여준다고 한다. 인간이 완전한 진리와 선과 아름다움을 추구하는 것이 곧 신을 향한 지향이며 그런 존재를 인정하게 한다. 또한 그것을 실현하는 것이 바로 자연 즉 하느님의 뜻이기도 하다는 것이다.

완전한 진리와 선과 미라는 전통적 신의 개념이 자연에 부여된다. 자연은 온생명의 원천으로 그 자체 긍정이다. 선하고 아름다우며 생명을 기르는 근원이다. 그 완전한 진선미를 따라 사는 것이 신의 뜻에 따라 사는 것이고 그런 인간을 통해 하느님의 뜻이 실현되는 것이다.

그런데 하느님은 말씀이고 말씀은 정보의 형태로 전해진다고 한다. 하느님의 뜻 역시 자연에 내재한 정보의 형태로 발견된다. 우주적 정보론이 제시된다.

"… '말씀'으로서의 하느님은 정보기능으로 이해되고 설명될 수 있는 하느님을 암시한다. 전지전능하고 무소부재한 하느님은 무소부재할 수 있는(유비쿼터스) 정보의 기능으로 설명될 수 있다. 하느님의 창조적 힘도 정보에 의한 창조적 기능으로 이해될 수 있다. 하느님의 계시나 영감에 대해서도 특이한 정보 전달의 방법으로 설명될 수 있을 것이다. … 하느님의 뜻으로 우리의 우주를 이해한다는 것은 그런 정보를 통하여 설명하고 이해할 수 있다는 것이다. 그런 정보가 그런 '말씀'이 어디에 어떻게 존재하고 있는지는 아직 알 수 없다. 우리는 그런 정보를 체험함으로써 그것의 의미도 파악하고 그것의 존재도 확인하게 되는 것이다."(18-19)

하느님의 창조 행위는 초월적 창조주로서가 아니라 정보의 기능으로 이루어진다. 종교 체험도 일종의 정보 체험이다. 하느님의 뜻도 우주적 정보를 통해 우리에게 전달된다고 본다.

"우주적 정보라고 할 수 있는 것이 있어야 한다. 자연의 법칙도 수학적 진리도 그런 정보이다. 이상적인 도덕의 규범이나 심미적 원리도 그런 정보이다. 유전자도 그런 자연의 정보이다. 모든 것을 포괄하는 하느님의 뜻도 그런 우주적 정보로 우리에게 전해지고 실현되어야 한다."(25)

여기서 자연의 완전한 진선미가 무엇인지 구체적으로 드러난다. 우주적 정보로 전달되는 완전한 진리란 자연 질서의 법칙을 파악하는 과학적 진리와 수학적 진리이다. 완전한 선함은 이상적인 도덕의 규범이며 이것 역시 자연의 온생명을 구현하는 자연의 정보를 통해 드러날 것이다. 완전한 아름다움을 구현하는 심미적 원리도 우주적 정보로 드러난다. 이 모든 것을 포괄하는 자연의 우주적 정보가 바로 하느님의 뜻이다.

나아가 우리의 영혼도 정보기능을 한다. 그렇다면 자연주의 정보 모델 안에서 영혼불멸은 어떤 의미를 갖는 것일까? 또한 사후에 영혼이 살아남는다는 것은 무얼 의미하는가?

"영혼의 정보기능이 가능한 세계라면, 우리가 믿는 영혼불멸은 개인의 영혼이 살아남는 것이 아니다. … 마음의 뜻이 다른 사람들의 마음에 남아 있을 수는 있다. 따뜻한 마음, 좋은 마음을 기억해주는 사람들이 있기 때문이다. … 그렇다면 자신의 영혼이 살아남게 한다는 것은 어떻게 가능한가? … 마음이 다른 사람들의 마음속에 살아남을 수 있듯이 영혼은 영혼의 기능이 만들어내는 작품을 통하여 살아남을 수 있다. 예술가의 영혼이 그의 작품에서 살아 있는 것이 그런 것이다. 철학자의 영혼이 그의 철학을 통하여 살아 있는 것이 그런 것이다. 수도자의 영혼이 그의 수행이 남긴 흔적에 살아 있는 것이 그런 것이다. 다른 사람들의 영혼이 감동할 수 있게 해주는 작품 속의 영감으로 남아 있는 것이 자신의 영혼이 살아남게 하는 길이다."(27-28)

자연주의자가 말하는 사후의 영혼은 개체가 살아남는 것이 아니다. 죽음은 개체의 삶을 종식시킨다. 이것이 자연의 법칙이고 질서다. 영혼역시 자연의 질서를 벗어날 수 없다. 그리하여 자연주의자가 받아들일 수 있는 영혼은 개체가 아니라 보편 속성이자 정보이다. 영혼불멸은 개인 영혼의 영생이 아니라 영혼의 기능이 만들어내는 진리와 선과 아름다움의 정보가 감동을 통하여 다른 사람들의 마음속에 지속적으로 살아남는 것을 의미한다. 자신이 남긴 작품— 예술작품이든 철학자의 사상이든 수행의 흔적이든, 사람들을 감화시키는 삶의 작품 등— 속의 정보가 전달되어 영감을 주고 다른 사람의 영혼을 감동시킬 수 있을 때 자신의 영혼이 살아남는 것이고 이것이 영생하는 길이다.

3. 자연세계의 도구화와 가상화

앎이란, 지식이란 '정당화된 참 믿음'이다. 무엇을 안다는 것은 그것이 참이어야 하고 그 참인 것을 믿어야 하고, 그 믿음이 정당한 근거를 가져야 한다. 이것이 전통적인 지식의 개념이다. 이에 따르면 진리가 아닌 것은 지식의 내용이 될 수 없다. 또한 그것이 자신의 지식이 될 수 있으려면 그것이 진리라는 것을 믿어야 하고, 동시에 그 믿음을 정당화하는 근거를 가진 것이어야 한다. 정당화할 수 있는 근거가 없는 단순한 믿음이나 의견만으로는 지식이 될 수 없다.

그러나 인공지능의 사유방식이 확장되고 지식이 정보로 대체되어가면서, 진리와 정당화의 문제가 사라지고 있다. 정보는 참인지 거짓인지와 무관하고 정당화를 필요로 하지 않는다. 정보 자체가 중요하지, 그것이 참인지, 정당한 근거를 갖는지는 더 이상 묻지 않는다. 이에 따라 참 기억과 거짓 기억의 구분, 가상과 현실/실재의 구분 등이 모호해지거나 무의미해진다.

소흥렬도 정보화 시대에 진리와 지식의 도구화를 염려한다. "정보가 지식이라는 생각은 지식의 도구화를 불가피하게 하고 있다. 지식은 진리 탐구와 무관한 정보로서만 의미 있는 것으로 생각하게 한다."(66)

오늘날 사람들은 정보가 우리에게 유용한지를 따질 뿐, 실제로 참인지 여부는 중요하게 여기지 않는다. 정보가 유용하다면 참으로 받아들여지면서 진리는 유용성의 도구가 되어가고 있다.

컴퓨터가 만들어낸 사이버공간에서 살아가는 우리에게 종종 실재와 가상의 혼동이 일어난다. 참과 거짓의 혼동은 진리에 대한 무감각을 불러일으킨다. 진리와 허구, 실재와 가상, 현실과 게임, 자연과 가상세계의 혼동에 무감각해진다.

"우리 인간이 보는 바의 세계는 본래 허상이고 가상이라고 가르쳐주는 성현의 말도 있다. 컴퓨터가 만들어내는 가상세계가 실재세계를 닮아가고, 어떤 면에서는 실재세계를 능가하는 가상세계를 보여준다는 사실은 인간이 인식하는 모든 것이 허상이고 가상일 수 있다는 생각을 하게 한다. 하지만 성현의 말이 뜻하는 바는 인간의 지식에 집착하지 말라는 것이다. 특히 우리의 지식을 도구화하여 이용하는 데 집착하지 말라는 것이다. 그런데 컴퓨터의 가상공간이야말로 도구로써 만들어진 세계이다. 인간의 기술이 만들어낸 최상의 도구라고 해야 할 것이다. 도구라고 하기에는 너무 압도적으로 도구의 주인인 인간을 역지배해오는 인공물이라고 해야 할 것이다."(66-67)

도구로 만들어진 인공지능 컴퓨터의 가상공간의 위력이 확대되어감에 따라 가상세계가 실재의 자연세계를 압도하거나 잠식해나갈 정도이다. 도구의 가상세계가 오히려 자연세계를 도구적으로 생각하는 수단과 목적의 전도가 일어난다.

"인간의 인식 능력은 실재세계인 자연의 진리를 인식할 수 있도록 진화된 것이다. 생존의 조건으로서 진화된 능력이다. 그런데 이런 인간의 능력이 만들어낸 가상공간은 이제 실재와 가상을 혼동하게 하고 있다. 가상공간이 도구적인 산물인 것처럼 자연세계도 도구적인 것으로만 생각하게 하고 있다. … 하지만 자연은 우리에게 생존의 도구를 제공해주는 생존의 수단이면서 동시에 자연은 우리에게 온생명 그 자체이다. … 자연의 진리를 이해한다는 것은 온생명으로서의 자연을 이해한다는 것이고, 그것은 목적으로서의 자연의 존재를 이해한다는 것이다. 그러한 자연의 세계를 가상공간의 세계와 혼동한다는 것은 목적과 수단을 혼동하고 전도시키는 심각한 과오가 아닐 수 없다. 우리 인간의 생존 자체를 위협할 수 있는 혼동이다. 도구주의적 망상이다."(67-69)

인간의 인식 능력은 자연의 진리를 인식할 수 있도록 진화된 것이며, 그것은 생존 조건으로서 자연의 생명의 원리(온생명)를 이해하는 것이다. 자연을 수단으로만 간주할 수 없는 이유이다. 자연은 인간 자신의 보존의 원리이기에 목적으로 대해야 한다. 온생명으로서의 자연은 목적 자체라는 것이 자연이 우리에게 보내는 진리의 메시지이자 정보이다. 도구주의적 망상에 사로잡혀 이 진리를 자각하지 못할 경우 인간의 생명을 위협할 수 있는 심각한 과오를 저지르게 된다.

우리는 자연의 진리와 가상세계의 정보의 차이를 간과해선 안 된다. 인간이 만든 인공지능 가상공간에 잠식당해선 안 된다. 자연세계를 도구화하는 실재와 가상의 혼동, 진리에 대한 무감각 등이 일으키는 인간의 오류와 결탁한 인공지능 기술이 인간 생명의 원천인 자연세계와 진리를 위협할 수 (그리하여 신의 뜻을 왜곡할 수) 있다. 그때 목적과 수단의 전도, 진리와 정보의 전도, 실재와 가상이 전도가 일어나고 가상세계의 도구가 자연의 실재세계를 위협할 수 있다.

그리하여 소흥렬이 구축하려는 인공지능 정보모형의 자연주의는, 자연이 인공/지능에 의해 도구화될 수 있는 위험을 직시하고 있다. 여기서 자연을 도구화하고 그 결과 인간의 생존 자체를 위협하는 과오는 자연의 목적과 신의 뜻이라고 할 수 있는 가치를 훼손하는 것이다.

4. 자연주의 형이상학: 자연의 논리와 프로그램

인공지능 모형의 자연주의가 지닌 독특한 특성은 사유의 논리로 자연의 논리를 해명하려는 시도에서 드러난다. 인간은 진화의 과정에서 자연세계와 거리를 두고 그 세계를 조명할 수 있는 사유의 세계를 만들어가게 되었다. 이는 "자연의 논리를 사유의 논리로 모형화하여 이해할 수" 있게 되었음을 뜻한다고 본다. 즉 사유의 법칙이 논리라면, 자연법칙 역시 자연의 논리 체계를 갖는다. 사유가 전개되는 규칙으로서 논리가 있듯이, 자연의 질서가 전개되는 법칙으로서 자연의 논리 체계가 있다는 것이다. 자연의 논리를 사유의 논리로 유비하려는 시도이다. 이는 자연의 필연적 논리 체계와 프로그램의 존재를 상정하는 자연주의 형이상학이라고 볼 수 있다.

"자연세계가 질서 있는 변화를 하고, 진화하고, 지향적 기능을 하는 역사의 세계를 보여주는 것은 자연의 논리로 만들어진 자연의 프로그램 때문이라고 할 수 있다. 인간의 의식세계, 즉 마음은 이러한 자연의 프로그램을 모의하고자 진화된 것이므로 사유의 논리로써 프로그램을 만들어가는 것이다. ⋯ 인간의 두뇌(하드웨어)는 자연세계의 법칙에 따라 기능한다. 그렇게 하면서 마음의 논리(소프트웨어) 기능이 가능할 수 있도록 해준다. 의식 기능은 두뇌 기능에 의존해서만 가능하다. 그러나 그런 의식 기능이 만들어내는 의식세계가 두뇌 기능의 세계 또는 몸이라는 생명세계와 독립하여 존재하는 것으로 인식되는 것은 사유의 논리로써 만들어내는 프로그램 때문이다. 프로그램된 논리 기능이 하나의 독립적인 존재세계를 가능하게 한다는 것이다. 컴퓨터 프로그램이 가상세계라는 독립적 존재 세계를 만들어내는 것과 같다."(94)

사유의 규칙이 논리라는 것을 받아들인다고 할지라도, 자연 질서에도 논리가 있고 물리적 인과법칙 이외에 논리적 필연성이 있다는 것을 어떻게 이해할 수 있을까?

"인간의 의식세계는 논리적인 프로그램을 만들어가는 세계이기 때문에 논리의 지배를 받지 않을 수 없다."(93)

"… 논리적 필연은 논리가 없는 말이나 논리에 어긋나는 말을 할 수 없게 하는 조건이다. 우리 인간의 의식세계를 지배하는 논리의 힘을 말한다. 마찬가지로 자연의 질서를 지배하는 자연의 논리도 필연성을 수반한다. 인과적 필연성과는 다른 논리적 필연성을 말한다. 인과적 필연성은 법칙이 지배하는 원인과 결과의 관계가 필연적임을 말한다. … 자연에서의 논리적 필연성은 프로그램이 지배하는 필연성이라고 할 수 있다. 역사적 변화의 필연성과 같은 것이 그런 논리적 필연성이다. 프로그램의 논리가 지배한다는 것이다. 자연의 논리가 자연의 프로그램을 통하여 지배하는 것이므로 자연 논리적 필연성이라고 할 수 있는 것이다. 이러한 자연 논리적 필연성은 우리 인간이 어길 수 없게 하는 자연의 논리가 된다. 자연의 논리에 대해서는 논리적 오류가 허용되지 않는다는 것이다. 이와 같은 자연 논리적 필연성이 곧 하느님의 마음이나 하느님의 뜻, 또는 하느님의 말씀이 갖는 필연성이라고 할 수 있을 것이다."(96)

인간의 사유 질서가 논리로 작동하는 프로그램이듯이, 또한 인공지능이 프로그램한 가상세계가 있듯이, 자연이 프로그램한 자연의 논리적 필연성의 세계가 존재한다는 것이다. 예를 들어, 역사적 변화와 발전의 필연성은 인간이 어길 수 없는 자연의 필연적 논리로 간주된다. 나아가 자연의 논리적 필연성이야말로 바로 하느님의 뜻이며 말씀의 필연성이라고 한다.

이에 따르면, 자연 자체의 목적이나 자연의 뜻, 지향성은 자연에 프로그램된 논리이기에 자연의 필연적 논리에 따라 진화하고 달성될 것이다. 진화의 역사의 과정에서 자연의 논리 안에서 하느님의 뜻이 드러날 것이다. 역사의 변화와 방향은 필연적으로 발전 법칙에 따라 변화하고 진화하며, 인간이 무엇이 될 것인지는 하느님의 뜻, 즉 자연의 필연적 논리에 담겨 있는 것이다. 이것이 자연주의자가 말하는 신의 뜻이다. 그것은 자연의 논리에 담긴 우주적 정보로 우리에게 전해지고 실현된다는 것이다.

5. 자연주의 우주론의 모델을 꿈꾸다

소흥렬 선생님이 구축하려는 '인공지능 모형'의 자연주의 모델에 대한 퍼즐이 어느 정도 풀린 듯하다. 이 모델에 담긴 독특한 아이디어들도 드러난다. 선생님은 『자연주의』에서 인공지능과 사유의 논리 모형을 통해 자연의 논리 모형을 구축함으로써 자연주의 우주론의 모델을 그려냈다고 할 수 있다. 인간의 사유세계의 논리, 인공지능의 가상세계 모델, 자연의 논리 등이 중층적으로 연결된 복합적 건축물의 모형을 본 듯하다.

그런데 인공지능과 그것이 만들어내는 가상세계는 자연주의자가 꿈꾸는 우주와 잘 조화될 수 있을까? 진리와 허구, 실재와 가상, 현실과 꿈을 구분하는 실재론자에게 가상과 자연의 두 세계가 하나로 수렴되기는 어려울 것이다. 여기서 자연과 인공의 대립 내지 긴장의 문제를 해결해야 하는 과제가 남는다. 그렇다면 자연을 위협하는 것은 무엇일까? 인간의 사유 논리에 따라 인공지능의 가상세계가 자연세계를 잠식하는 것, 그리하여 실재세계와 진리 체계를 무력화하는 것, 생명의 근원인 자연세계를 인공적으로 도구화하는 것이리라. 이런 문제를 어떻게 해결할 수 있을까?

또한 자연의 논리적 필연이 하느님의 뜻이라면, 자연의 필연적 논리는 진리이고 선한 것인가? 그것은 인간의 진선미를 진보시키는 원리인가? 자연은 진정 그렇게 프로그램되어 있는가? 우리 인간은 과연 자연을 도구화시키지 않고 자연 자체에 프로그램된 신의 뜻을 읽어내고 실현할 수 있을까? 그것이 어떻게 가능할까?

이 물음에 답하기 위해, 결국 『자연주의』의 저자는 우리의 인식 능력의 진보를 기대하거나 어쩌면 상정하고 있는 것으로 보인다. 인간은 완전한 진리, 완전한 선, 완전한 아름다움을 추구하고 있다. 바로 완전한 진선미의 존재인 신적 지향을 하는 존재이다. 인간의 사유의 논리도 이와 더불어 진보하고 확장해나간다. "논리의 적용으로 말하자면 이성의 논리와 정서의 논리를 연결하여 상호 보완하게 하면서 영성의 논리를 가능하게 하고 있다. 철학적 통찰, 예술적 영감, 종교적 깨달음과 계시를 가능하게 해주는 영성의 논리라고 할 수 있다."(116) 인간의 사유는 종교 체험이 가능하도록 영성의 논리를 개발하고, 그리하여 생명의 원리인 자연 자체와 하나인 하느님의 진리와 뜻을 깨달을 수 있게 된다는 생각이다.

자연을 프로그램한 신은 그 안에서 온생명을 키워가야 할 인간의 진화/진보와 그에 걸맞은 인식 능력을 실현하도록 프로그램했을 것이다. 이것이 인간이 자연 안에 프로그램된 신의 뜻을 읽어낼 수 있으리라는 낙관으로 작용한다. 자연의 일부인 인간, 즉 자연인의 인식도 자연과

들어맞게 프로그램된 것이기에 가능하다.

　이처럼 자연주의 우주론이 유비하는 모형들 안에는 형이상학적 전제들이 곳곳에 상정되어 있다. 이를 감안하더라도, 소흥렬의『자연주의』는 앞으로 인공지능 정보시대에도 유효한 철학적 고민과 물음들을 제시하며 우리에게 의미 있는 사유의 단초들을 제공해줄 것이다.

참고문헌

소흥렬,『자연주의』, 이화여자대학교 출판부, 2006.

아름다운 삶을 향하다

윤혜린
이화여자대학교 한국여성연구원 전 연구교수

1. 들어가는 말

졸고를 준비하면서 소흥렬 선생님이 예술에 대한 남다른 관심과 폭넓은 식견을 보여주셨던 몇 장면들이 떠올랐다. 선생님은 시인이 되지 못해서 철학자가 되었노라고 평소 말씀하셨다. 주로 환승하시던 경복궁역 구내 지하와 명동성당에 간혹 전시되던 그림 한 점 한 점을 유심히 보시고 다니신다는 말씀도 기억난다. 사위가 고요해진 밤 어느 결에 어떤 무드에 접어들 때면 합창곡 성악 가락에 눈물을 흘리신다고도 하셨다. 무엇보다 한국전쟁으로 무너진 나라를 건설하기 위해 건축학도가 되고 싶었으며, 건축물은 일 년 열두 달 스스로를 전시하고 있는 유일하고 의미 있는 예술 장르라고 말씀하셨다. 본인은 그 길을 걷지 못했으나 건축에 대한 관심을 평생 유지하셔서 우리나라 곳곳의 건축물과 건축가에 대한 논평도 자주 하셨다.

선생님의 문하에서는 예술 공부에 천착하지 못하다가 얼마 전부터 늦깎이로 그림을 배우고 있는 처지라서 참으로 안타까운 마음이다. 학문뿐 아니라 삶이 예술적이어야 한다는 가르침을 이제나마 새겨본다.

2. 아름다운 삶을 향하다 :
아름다운 / 좋은 / 진실된 / 다시 아름다운 삶

사람이 먹고살고, 생존을 도모해가는 것이 기본적인 삶이라면, 그 생존 너머의 삶은 또 어떤 것인가? 삶의 수단을 풍만하게 확보해가는 것 이상으로, 삶의 목적적 가치를 일구어간다는 것은 어떤 의미를 주는가? 사람이기에 '사람은 무엇으로 사는가?'를 묻는다면, '더 많은 삶' 너머에 '더 좋은 삶'이 있을 것이라는 기대를 갖는다면, 그 가운데 예술을 지향하는 마음은 한갓 생존력에서 벗어나 진화된 인간의 마음이다. 예술은 문학, 과학, 종교, 철학 등 창조문화를 만들어가는 마음의 상위 차원이다.

진-선-미라는 인류의 오랜 이상에 대해 생각해본다. 인문학이든 사회과학, 자연과학이든 학문의 존재 이유로서 진리 탐구는 진과 연결된다. 사람과 사회와 우주 만물이 각각의 궤도를 운행하는 데 어떤 질서가 있지 않은가를 밝히고자 하는 이성은 둔탁한 정신과 미몽에서 깨어나게 한다. 거짓 믿음과 독단에서 해방되어가는 지성의 길은 그 자체로 탐구해볼 만한 가치를 갖는다. "진리가 너희를 자유케 하리라"는 복음서의 말은 일정한 차원에서 인간 해방의 길로 빛을 비춰준다.

사람이 세상 안에서 나와 그 다음 세상으로 다시 돌아가는 여정에서 좋은 삶을 향한 가치 추구는 선과 연결된다. 혹자는 우리가 선하게 살면 궁극적으로 복을 받는다는 믿음 속에서 착한 일을 권면한다. 또 어떤 이들은 추수에 대한 기대 없이 씨 뿌리는 마음으로 세상 안에서 묵묵히 자기 일을 하자고 한다. 보살핌과 정의의 윤리가 사랑과 평화의 지향성에 가까이 다가갈 수 있는지, 사람의 마음이 선하거나 악하거나 하는 식의 이분법보다 훨씬 더 다채로운 감성의 무늬를 갖고 있지 않은지 윤리학은 세대를 이어받아 탐구 중이다.

군이 생존을 위한 노동이나 작업의 필연성 때문이 아니라 뭔가 자신을 드러내고 이왕이면 멋지게, 인상적으로, 예술적으로 표현하고 싶은 마음의 자유로움은 미와 연결된다. 아름다운 꽃을 보면서 아름답게 옷치장을 하고 싶고, 아름다운 임의 얼굴을 볼 수 없을 때는 어딘가에 동그랗게 끄적거리기도 한다. 물속에 비친 자기의 얼굴에 반하거나 혹은 불만을 가질 수 있는 것은 심미적 성찰성이 가능한 존재이기 때문이고 이는 문화 예술적 진화의 토대이다. 미적 표현의 개성화나 정교화, 세련화의 추구는 무한한 내포의 차원을 갖는다.

고대 그리스에서는 미와 선이 '아름답고 선한 것(kalokagathon)'이라는 합성어로서 자연적, 사회적, 윤리적인 탁월성을 가리키는 말이었다. 플라톤은 미(칼로스, kalos)와 선(아가톤, agathon)이 하나가 된 상태로서 칼로카가티아(kalokagathia, 아름답고 선한 것)라는 이상을 내세웠다. 칼로카가티아는 육체의 아름다움(Kalos) 안에 정신의 윤리, 선하고 좋은 것(Agathos)이 더해진 상태를 뜻하며, 이는 이상적 가치들의 총체로 여겨졌다.

동양에서도 진선진미(盡善盡美)라고 해서 아름다움의 근본을 선으로 두고, 선이 없는 아름다움은 있을 수 없다는 식으로 선-미가 분리되지 않고 통합적으로 추구되었다고 하니, 아름다움이 선을 끌어가고 있다고 볼 수 있다. 여기에서 더 나아가 미가 진조차도 끌고 가는 것이라고 생각해보면 어떤가? 소크라테스의 『향연』에서는 육체적인 아름다움에서 영혼의 아름다움으로, 개별적 차원의 아름다움에서 추상적 차원의 아름다움으로 상승하는 과정을 볼 수 있다. 진리에 대한 사랑으로서의 철학의 뿌리에는 아름다움에 대한 사랑과 그 지향성이 진리 탐구로 표출되고 연결되고 확장되는 경로에 대한 신념이 있다.

역사적으로도 '좋다'는 지금보다 훨씬 더 포괄적인 내포를 가졌다. '보기에 좋다'는 '아름다움'과 연결되고, 좋은 말과 행동은 '선함'과 연결된다. '아름다운 사람'은 그 외모만으로는 충분하지 않고 마음씨라든가 행동, 보통 사람의 일상을 넘어서는 용기와 나눔, 희생 등의 실천을 동반했을 때 그렇게 불린다. 모든 미인이 좋은 사람(착하거나 올바른, 참다운 사람)은 아닐지라도 좋은 사람은 아름답다. 미가 선과 한통속이거나 미가 우리를 선으로 이끌어준다는 생각은, 윤리적 행동을 경직되게 만들거나 교조화하지 않을 수 있는 여유를 준다.

칸트가 미가 판단의 대상이 아니라고 한 것은 어떤 대상이 미적 형식에 적용되어 아름답다고 판단하는 것이 아니고 개별자로서 아름답다는 것이다. 미의 보편법칙으로부터의 연역이 아니라 구체적 경험으로서 아름다움은 살아 있고, 이때 미는 선의 상징이다.

미의 차원은 확산적 성질로 발현한다. 아름다운 자연, 아름다운 색깔, 아름다운 관계, 아름다운 사랑, 아름다운 성, 아름다운 얼굴 등으로 이어가보아도 적절하다. 이는 대상 속에 있는 미적 속성과 그것을 미로서 발견하고 구성하는 인식 주관 사이의 상호작용이 연속되어 있음을 보여준다. 이때 아름다움은 상대적이기보다는, 아름다움을 향한 우리의 지향성 안에서 긴장감과 욕망에 기대어 살게 하는 규정력으로 해석해볼 수 있다. 개인, 시대, 사회 문화에 따라 상대적이기보다 우리 안에 있지만 현실세계를 초월하는 진실에 부합되는 영역으로 보아야 한다는 뜻이다. 그래서 아름다움은 진실을 가리키는 섬광이다. 피카소 식으로 이야기하면 "예술은 진리를 보게 해주는 거짓말이다."

자연세계의 수식이 보여주는 단순미는 또 어떠한가. $E = mc^2$은 극히 아름답다. 자연계 안의 모든 질서나 패턴이 방정식으로 표현될 수는 없다 해도, 이성적 탐구의 결과물인 여러 수식들의 세계는 간단명료하다. 불필요한 존재자의 수를 늘리지 말라는 '오캄의 면도날'의 격언은 가장 간단하고 단순한 설명일수록 진리에 가깝다는 직관을 포함한다.

근대에 이르러 진과 미가 서로 분리, 독립된 것은, 진리가 명제의 속성이지만, 미는 객체, 대상을 경험하는 주관의 인식과 관련되어 취향의 문제로 취급하게 된 것이라고 해명할 수 있다. 이로써 규칙성, 조화, 균형 등 자연세계 안의 진리의 지표에서 자유로워진 미의 세계는 속박되지 않는 상상력과 새로움, 흥미로움을 맘껏 구가하게 되었다. 더 이상 재현이 진리가 아니고 진정성을 내포한 가상현실의 넓고 중첩적인 세계관이 공감을 받게 되었다. 진이 탐구 영역이라면 미는 경험의 대상이다.

어떤 경험이 아름다운가, 왜 어떤 것은 우리에게 아름답다는 느낌을 주는가에 대한 생각들에는 매우 큰 변화가 있고 역사적이고 문화적인 개방성을 갖는다. 그렇지만 아름다움 자체에 대한 본질주의적 탐구가 불가능하다고 해서, '아름다운 것'을 향한 보편적 추구가 존재함을 부인할 필요는 없다. 아름다움은 개별 사물이나 사람의 형태로 주어지는 것은 아니지만 우리에게 요구되고 기대되는 것으로서 우리를 긴장시키고 설레게 하고 즐겁게 한다.

3. 가상현실로서 미의 세계

예술이 추구하는 세계는 지금 우리가 감각하는 현실세계와 다른 차원에서 상상하고 구상하면서 공감을 주는 또 다른 세계이다. 아직 실현되지 않았다는 의미에서는 '가상'이지만 문학이나 미술의 세계가 그렇듯 만져질 듯 느껴지고, 여러 사람의 머릿속에서 어떤 콘텐츠를 떠올리게 해준다는 의미에서는 공상이 아닌 '현실'이다.

소흥렬은 우리의 마음 자체에서 만드는 가상현실이 창조성을 지녀서 그것을 창조적인 작품으로 표현될 수 있게 하는 것을 문화적 지향성의 작동이라고 하였다(소흥렬 1996, 24). 예술작품은 형상적인 정보 생산 혹은 예술적인 가상현실이라고 할 만한 것으로서 현실을 추상화시키고, 승화시키고, 미화시키고, 증폭시킨다.

예술적 창작의 과정을 정보 처리의 시스템으로 보면 어떤가? 소흥렬은 컴퓨터 유비를 통해 인간의 마음을 정보의 입력과 출력의 과정으로 설명한다. "창작 기능이란 바깥 세계로부터 들어온 정보가 마음속으로 입력이 되어 어떤 변화를 일으킨 후 마음으로부터 정보가 출력될 때는 새로운 정보로 표현되는 것"(244)이라고 한다. 감각기관을 통해 들어오는 정보는 우리 모두 고양이 소리를 듣는 것처럼 인류의 공통 보편성을 갖는다. 이것을 "야옹"이라고 하는 것은 인식의 차원으로 표상이 옮겨진 것이다. 표상이 감각 차원의 정보 처리라면 그 다음 차원에서 개인적인 기분 혹은 무드를 표현하고 싶은 충동이 예술적 창작으로 이어진다. 이때 소흥렬은 표현의 매체가 인식적인 정보이면서 감정적인 정보가 되어야 한다고 한다.

예술적 창작은 상향적 표상과 하향적 표현의 과정으로 나뉜다. 전자는 실제 현실에서 시작해서 감각의 차원, 다시 인식과 감정의 차원으로, 그리고 기분의 차원에 이르는 상향적 정보 처리의 과정이다. 후자는 창조적인 기분에서 시작해서 인식과 감정의 차원으로, 다시 감각의 차원으로, 그리고 가상적 현실로 되는 하향적 정보 처리의 과정이 된다(246).

구체적으로 미술 창작의 경우, 어떤 풍경을 보고 그림을 그린다고 하자. 종이, 물감, 캔버스 등등 물질이 예술가의 손을 거치면 존재하는 다른 어떤 물질과도 같지 않게 된다. 풍경 이미지가 표상한 것(예를 들면, 나무와 길, 숲속 산책하는 사람들)은 압축되고 이 물질 안에 내재되는 반면, 표상적인 이미지로 손질된 이 물질은 특정한 비물질적인 성격을 획득한다. 존 버거는 예술작품에 저마다의 독특한 에너지를 주는 것이 바로 이 비물질적인 차원이라고 하면서 예술작품은 물결이 존재한다고 할 때와 같은 의미로 존재한다고 한다(존 버거 2019, 241). 미술작품은 물질이 없으면 존재할 수 없지만 그렇다고 단순한 물질 그 자체로 환원되지 않는 창발적 차원의 표현물이다.

존 버거는 여기에서 한 발 더 나아가 그림을 그리는 행위와 그림을 보는 행위의 의미 차원을 중시한다. 이 의미의 차원을 다른 식으로 말하자면 사회적 메시지라고 볼 수 있다. 그렇지만 이러한 이데올로기적 요소가 이데올로기가 완성된 결과를 일부 결정하기는 하지만 물결을 통과하며 흐르는 에너지를 결정하지는 않는다고(243-244) 함으로써 계급적 이데올로기적 환원주의를 경계한다.

이에 응답하듯 소흥렬은 예술 창조의 논리는 비연역논리[1]를 포함해야 하지만 비연역논리 안에 갇혀 창조적 사유의 정서적 측면, 영감을 가능하게 하는 영성적 측면이 배제되면 안 된다고 한다. 예술가에게는 명상의 공간이 영감을 얻는 공간이며 창조적인 발상의 공간이다(소흥렬 2008, 68).

4. 예술 창작의 논리

앞에서 말한 대로 논리적 단조로움과 일관성에 갇히지 않고 풍부하고 다원주의적인 예술 언어에 대한 탐구를 지속하기 위한 방법으로, 소흥렬은 비연역적 예술 창조 논리를 포함할 것을 제안한다. 그 결과 여섯 가지 예술 사상의 논리는 다음과 같다(소흥렬 1996, 235-236).

연역논리적 고전주의: 조형 예술에서 고전주의는 기하학적 도형을 기본 단위로 하면서 연역논리적으로 구조적 관계를 전개시켜가게 한

다. 고전주의 작품은 이러한 연역논리적 균형과 조화의 질서를 기본으로 한다.

유비논리적 은유주의: 모든 예술 창작에 널리 쓰이고 있는 은유주의는 유비논리를 바탕으로 한다. 은유주의적 창작물은 작품의 메시지를 전달하는 데 매우 효과적이다.

변증논리적 지양주의: 조형 예술에서 대립적인 기본 모형들이 지양적으로 종합되면서 중층적인 변화를 일으키고 상위 차원의 모형을 산출하는 것이 지양주의다. 시간 예술에서는 변증법적 변화 과정이 더욱 두드러진다.

실천논리적 기능주의: 주어진 어떤 목적을 위한 수단으로서 그 기능을 작품의 중심 과제로 하는 것이 기능주의다. 예를 들어 교실의 기능이 교실 건물 전체의 조형적 특징을 결정하게 하는 것이 기능주의이므로 조형적, 구조적 단조로움이 보인다.

귀추논리적 상징주의: 조형물로 말한다면 전체를 포괄하는 추상적이고 초월적인 상징성을 갖게 하는 것이 상징주의다. 부분들의 총합이 아니라 그 자체로서 전체를 지배하는 상징의 의미를 갖게 된다.

귀납논리적 분포주의: 조형 예술이든 시간 예술이든 전체적으로 중요한 어떤 테마를 분포적으로 나타나게 하는 것이 분포주의다. 분포적 귀납논리에 익숙하지 않을 때는 의미 전달이 어려울 수도 있지만 전체를 보는 민감한 감상자에게는 쉽게 전달될 수도 있는 특징이 있다.

소홍렬은 이렇듯 다양한 논리 언어로 우리의 사유를 확장할 때 예술 창작은 더욱 확장되고 깊어질 수 있다고 한다. 예술적 창작은 가장 개인적인 기분을 바탕으로 하지만 기분이 표현된 작품은 사회적인 기능을 한다. 즉 사회에 대해 어떤 메시지를 전하는 기능을 한다는 것이다. 그래서 예술이 한갓 놀이거나 장난의 차원에 머물 수 없다. 동시에 메시지를 설득력 있게 전달하기 위해서는 논리의 지배를 받게 된다. 어떤 기분이 들거나 기분이 생기는 차원은 논리의 제한을 받지 않더라도, 이것이 작품으로 표현될 때는 인식적인 표현의 논리, 감정적인 표현의 논리, 감각적인 표현의 논리가 적용된다. 그래서 우리의 감각을 확장해주고 감정을 극대화해주고 인식의 차원을 상승시키는 예술작품의 효과가 발생하는 것이다.

이렇듯 다원주의적 예술 논리를 바탕으로 만들어진 작품들, 즉 가상현실의 세계들은 때로는 마술적 힘을 지닌다. 그래서 간혹 예술이 작가 개개인에게 현실 도피의 수단 혹은 나르시시즘의 장이 될 수 있는데, 그러한 가능성을 차단할 길은 없고 그럴 필요도 없다.

단지 우리가 예술성의 '의미'에 천착한다면 작품은 한갓 아름다운 작품으로 그치는 것이 아니다. 정의적(emotional) 정보를 통해 어떤 메시지가 전달되는 것이어야 하고 전체적 분위기로 표현되는 의미가 있어야 하고 감동을 주는 메시지가 있어야 하는 것이 아닐까?

정의적 정보, 정의적 표현 방법, 정의적 언어를 통해 전달되는 메시지는 모든 예술에서 중요한 가치 기준이 된다. 그것은 예술가 자신이 우리 사회와 세계, 우주적 차원으로까지 확장된 마음의 세계에서 받은 메시지일 수 있다. 예술가의 영감은 우주적 마음이 예술가의 영혼에 공명을 일으키는 것이 아닐까? 예술가의 영혼은 우주적 마음에 공명함으로써 예술적 표현을 위한 메시지를 받게 되는 것이 아닐까? 예술적 작품은 그 메시지가 감상자들에게 전달되게 하는 표현 매체다. 예술가는 공명의 능력이 뛰어난 사람으로서 우주적 정보와 소통하면서 예술적 승화를 이룬 메신저가 아닐까?

소흥렬의 이러한 예술관이 『철학적 수채화』에 잘 드러나 있다. 그는 예술이란 무엇인가라는 큰 질문을 탐구하기 위해서 일단 예술가와 그 작품을 통해 특성을 찾아보기 시작한다. 그리하여 좋은 예술작품은 창조성과 영감의 메시지가 있다는 점을 확인한다. 그렇지만 동시에 메시지가 너무 강해서 예술성의 가치가 상실되는 경우를 경계한다. 그런 경우를 간혹 종교예술이나 이념예술에서 발견할 수 있는데 메시지는 종교적이거나 이념적이라고 해도 그것을 표현하는 언어는 예술적이어야 한다는 것이다(소홍렬 2009, 127). 많은 사람이 공감하고 공명하기 위해서는 표현의 방법론을 다채롭게 개발할 필요가 있을 것이다.

또한 예술성은 기술이나 기법, 기교의 차원에서 뛰어남과 다른 차원의 문제다. 예술의 힘은 표현력에 있다 해도 기교적인 표현에 멈추어서는 안 된다는 것이다. 작가가 기교를 연마하고 스스로의 역량에 도취되고 그 기법에 집착할 수 있지만, 그것으로 어떤 궁극의 미의 차원에 접근했다고 할 수 있을지 부단히 성찰할 필요가 있다.

결국 예술작품의 아름다움의 관건은 작품의 완성도다(141). 작품이 전하고자 하는 메시지가 명확하고, 의미 있는 내용이어야 하고, 구조적으로 조화와 균형과 통일성을 이루고 안정감을 보여주어야 한다. 미완성이 없어야 한다. 이는 매우 강한 규범성을 요청하는 것이다. 이러한 기준은 미에 대한 추구가 때때로 보이는 놀이의 요소, 장식적 효과성, 상품성에 따른 사회적 평판과 다른 차원이라고 한다(124).

아름다움에 대한 예술가 개개인의 특수한 감수성이 있다. 예술 언어는 추상성이 높다. 애매할 수 있고 모호할 수 있다. 표현의 심미적 가치를 위해 필요한 추상화의 결과로 거의 무제한의 다양한 해석을 가능하게 한다면 역설적으로 아무런 메시지를 읽어낼 수 없게 혼란을 초래한다. 예술가들이 창작하는 작품은 왜 아름다워야 하는가를 새삼스레 물을 수도 있다. 미는 개방적이고 개성적이고 다수성을 갖지만 현실의 진정성 또한 담보해야 하기에 무게가 가볍지 않다.

사람과 세상을 지으시니 "하느님 보시기에 좋았더라"라는 복음서의 한 구절은 악마와 거래한 죄인 파우스트가 (이 세상이) "참 아름답구나"라고 말하며 구원받는 순간으로 이어진다.

사람에게는 무엇이 좋은 삶인가? 아름다운 생명의 씨앗에서 시작하여, 아름다운 인생을 살다가, 아름답게 돌아가는 것인가? 미에 물들어 가는 것을 통해 우리 각자가 예술작품이 되는 것인가? 고갱의 말처럼 그림과 글이 그 예술가의 초상화라면(마틴 게이퍼드 2013, 216-219) 생각과 느낌으로 가득 찬 작품들을 쏟아내는 작가들을 통해 이제 세상이 아름다움을 구원하는 길을 모색하면 좋지 않을까?

5. 나가는 말

소흥렬 선생님이 철학에는 들어가는 문은 있는데 나가는 문은 없다고 하신 말씀이 생각난다. 아름다움으로 가는 길도 마찬가지일 것 같다. 하여 나가는 말에 대신하여 선생님이 '아름다움'에 대한 산문시를 쓰신 것을 소개하면서 아름다움에 대한 이상을 환기하고자 한다(소흥렬 2006, 194).

아름다움

아름다움은 플라톤의 천국으로
안내하는 도로 표지이다
모든 것이 가능하지만
아름다워야 한다
진리도 아름다워야 한다
선함도 의로움도
아름다워야 한다
아름다움을 지향하지 않을 때

종교는 독선이 되고
철학은 궤변이 되고
과학은 기술이 되고
예술은 장난이 된다

참고문헌

소흥렬, 『문화적 자연주의』, 소나무, 1996.

소흥렬, 『철학적 운문』, 이화여자대학교 출판부, 2006.

소흥렬, 『불심초』, 호미, 2008.

소흥렬, 『철학적 수채화』, 서광사, 2009.

존 버거, 톰 오버틴 엮음, 『풍경들: 존 버거의 예술론』, 신해경 옮김, 열
    화당, 2019.

마틴 게이퍼드, 『내가, 그림이 되다』, 주은정 옮김, 디자인하우스, 2013.

---

1) 소흥렬은 연역논리와 비연역논리가 예술 사상의 논리로 적용될 수 있는 가
　능성을 모색하였다. 『문화적 자연주의』에서 논한 연역논리적 고전주의, 유비
　논리적 은유주의, 변증논리적 지양주의, 실천논리적 기능주의, 귀추논리적
　상징주의, 귀납논리적 분포주의 참조.

영성적 체험으로서의 스승과의 대화

한자경

이화여자대학교 철학과 교수

다른 사람을 기억한다는 것, 특히 스승을 기억하고 생각하고 대화한
다는 것의 의미는 무엇일까? 스승과의 만남은 그때의 과거의 일로 남
아 있고, 현재의 내가 그때 그 과거를 기억하는 것일까? 스승과의 과거
의 만남이 오늘의 나를 만드는 중연(衆緣)의 일부이기에 그렇게 만들
어진 내가 내 안에서 나 자신과 대화하는 것일까? 스승은 이곳을 떠났
어도 그의 마음 내지 영혼은 어딘가 머물러 있기에 우리가 장거리 통
신을 하고 있는 중인 것일까?

소흥렬 선생님을 처음 뵈었던 것은 1978년 논리학 수업으로 기억한
다. 나는 78학번으로 이대 문리대에 입학한 후 철학과를 선택하리라
생각하면서 철학개론, 논리학 등 철학의 기본 과목을 들었고, 그때 소
선생님의 논리학 수업을 들었다. 그리고 그 후 심리철학, 과학철학, 윤
리학 등 여러 과목을 소 선생님께 들었는데, 선생님께서는 어떤 주제
를 논하든 그 주제에 관한 치밀한 논리적 사유와 논쟁을 중시하시면서
도, 또 동시에 그러한 철학적 논의의 한계가 무엇인가를 함께 생각하

도록 유도하셨다.

나는 수줍은 성격의 학생이어서 소흥렬 선생님과 개인적으로 깊이 있는 대화를 나누지는 못했다. 수업이나 세미나를 통해서 그의 철학세계를 알 뿐 그 영혼의 깊이까지 내밀하게 잘 알지는 못했던 것 같다. 그렇지만 긴 시간이 지나고 나서 다시 그분의 책을 읽다 보니 내가 미처 다 알지 못하는 방식으로 그분의 철학이 나의 영혼 깊이까지 영향을 미쳤을 수도 있었으리라는 생각이 든다. 내가 지금 그분과 나누는 이 대화가 갖는 의미가 무엇일까?

1. 궁극적 관심

소흥렬 선생님은 논리학과 과학철학을 가르치셨기에 그 사유가 과학적 사유에 치우치셨을 것 같지만, 사실 그분은 처음부터 철학을 과학 너머의 것으로 간주하셨다. 철학의 주요 물음에 관해서는 과학이 그 답을 내릴 수 없다는 것, 그만큼 철학과 과학은 서로 다른 영역이라는 것을 강조하셨던 것으로 기억한다. 예를 들어 과학철학 수업에서는 어떠한 실험 관찰도 모두 이론 의존적이기에 순수한 객관적 관찰이란 것은 있지 않다고 말씀하셨고, 심리철학 수업에서는 몸과 마음, 물질과 정신이 하나인가 둘인가, 사후에 영혼은 존재하는가 아닌가 등의 철학적 물음은 경험적 자료에 입각해서 설명하는 과학의 한계를 뛰어넘는 물음이므로 과학으로 해명되거나 증명될 수 있는 것이 아니라는 것을 말씀하셨다. 그러한 가르침은 30-40년 후의 작품 속에서도 그대로 나타난다.

"지금처럼 과학을 과신하여 과학이 종교나 철학을 대신할 수 있다고 착각하는, 과학의 미신화에 대해서도 비판해야 한다."(소흥렬 2008, 96)

"과학의 한계를 이해하지 못한 착각 … 심지어 과학이 종교, 예술, 문학 및 철학을 대신할 수 있을 것처럼 말하기도 하는데, 이것이야말로 과대망상이다."(소홍렬 2009, 95)

선생님은 사회철학 방면으로도 큰 관심을 갖고 계셔서 헤겔이나 마르크스를 주제로 논문을 쓴 석박사 제자도 많이 두신 것으로 알고 있다. 내가 대학생이던 1970-80년대는 사회 전체, 특히 대학가가 민주화 운동으로 불안정하던 시기였다. 대학에 경찰이 들어와 있고, 의식 있는 교수나 학생은 데모에 앞장서다 끌려가기도 하고, 휴교령으로 대학이 문을 닫기도 하였다. 소 선생님은 늘 그러한 시대 상황에서 오는 지성인의 고뇌, 철학자의 소명의식을 말씀하셨고, 몸소 그런 삶을 실천하셨다고 생각된다. 훗날의 작품에서 선생님은 현실 참여적인가 아닌가에 따라 철학을 크게 두 부류로 나누었다.

"철학자와 특히 철학도들 대부분은 크게 두 부류로 나뉜다. … 이념 철학을 하는 사람들과 궤변 철학을 하는 사람들을 말한다. 현실 참여의 철학을 하는 사람들과 현실 도피의 철학을 하는 사람들을 말한다."(소홍렬 2008, 33)

역사의식과 사회참여 정신을 갖고 공동체의 삶에 기여하며 역사를 이끌어가야 한다는 사명감이 선생님 평생의 화두였을 것이라고 생각된다. 『불심초』 소설에서 주인공의 상황 설정에서도 그 점이 잘 드러난다. 노년의 선생님을 뵐 때면 1970-80년대 시대 상황의 무게가 선생님의 삶에 마지막 순간까지 얼마나 무겁고 큰 짐으로 작용했는지를 느낄 수 있었다.

그러나 소 선생님은 이성과 과학을 논하되 그 사유가 과학의 논리에 매이지 않았듯이, 역사의식과 사회참여적인 활동의 의미를 강조하셨지만 그 관심이 사회적, 역사적 문제에만 국한되지도 않았다. 신비적 체험, 영적 체험, 보편적 정신 등을 언급하실 때는 이성적 사유 너머, 철학적 사유 너머로 나아가고자 하는 열망과 진지함이 느껴졌다. 그의 관심은 과학적 관심 또는 역사적, 사회참여적 관심보다 더 큰 관심이었던 것이다. 그는 훗날 작품에서 그것을 '궁극적 관심'이라고 표현한다.

"궁극적 관심은 … 현실문제에 관심을 두는 것이 아니다. 역사적 문제에 관심을 두는 것도, 이상을 추구하는 문제에 관심을 두는 것도 아니다. 궁극적 관심은 그런 관심 문제를 넘어서 그야말로 궁극적이고 근원적이고 본질적이고 가장 심각한 문제에 관심을 갖는다는 것이다. … 궁극적 관심은 영혼의 관심을 말한다. 영감을 얻게 하는 관심이며, 그런 영감을 영혼의 감동으로 전하게 하는 관심을 말한다."(소흥렬 2009, 84-86)

그는 이와 같은 궁극적 관심을 통해 과학적, 이성적 사유에서 철학, 종교적 명상으로 나아가고, 예술로 나아간다. 철학의 경계 너머로 나아가고자 한 것이라고 생각된다. 그가 진정으로 이루고자 한 것은 무엇일까? 그는 인간을 어떤 존재로 이해하였을까?

2. 몸, 마음, 영혼

소 선생님은 인간을 몸과 마음과 영혼이라는 3원적 요소의 구조가 서로 다른 각각의 기능을 하는 것으로 이해한다. 그는 이 셋을 정보와 관련하여 다음과 같이 설명한다.

"몸의 특징적 기능은 정보 매체의 기능이 되며, 마음의 특징적 기능은 정보 처리의 기능이 된다. 영혼의 특징적 기능은 정보 수신의 기능이라고 할 수 있다."(소흥렬 2008, 90)

정보는 일차적으로 우리가 감각기관을 통해 세계로부터 받아들인 경험적 내용을 말한다. 경험론자가 말하는 관념(idea)이나 인상(impression) 또는 감각자료(sense-data)에 해당하고 유식 불교가 말하는 종자(種子) 내지 명언종자(名言種子)에 해당한다. 감각기관이 몸을 구성하므로 우리의 몸은 정보를 수용하는 매체의 역할, 즉 '정보 매체의 기능'을 한다. 몸을 통해 들어온 정보는 낱낱으로 분산되어 있지 않고 서로 연결되고 결합되고 조직화된다. 구체적인 개별적 '감각자료'가 추상적 '개념'으로 일반화되고, 그런 개념들이 서로 연결되어 일정한 개념틀을 형성하는 것이다. 그리고 그렇게 형성된 개념틀이 바로 우리의 인지 체계 및 인식 구조를 이루며, 그것이 곧 우리의 인식 능력이 된다. 이것을 소 선생님은 '마음의 정보 처리 기능'이라고 부른다. 몸의 매체를 통해 들어온 정보를 처리하는 것이 마음이라는 것이다. 일반적으로 개념을 구성하고 그렇게 구성된 개념을 갖고 사유하고 판단하는 인식 능력을 서양철학은 이성 또는 지성이라고 부르고, 불교는 이것을 사유기관인 의근(意根)에 의거한 제6의식이라고 부른다. 그런데 정보를 처리하는 마음의 활동이 단지 인식적 사유에만 국한되는 것은 아니다. 마음은 이성적이고 논리적인 사유와 더불어 감정적인 측면을 가진다. 주어지는 정보에 따라 좋아함과 싫어함, 사랑과 증오 등의 감정이 함께 일어나기 때문이다. 느낌과 생각, 수(受)와 상(想)은 함께한다. 이러한 마음의 감정적 측면과 인식적 측면을 소 선생님은 '정서적 마음'과 '이성적 마음'으로 구분한다(소흥렬 2008, 65).

그렇다면 마음과 구분해서 소 선생님이 말하는 영혼은 과연 무엇일까? 우리는 감각기관을 통해 감각자료를 받아들이고 사유기관을 통해 개념을 형성할 때, 그러한 인식기관이 정보 수신의 기능을 한다고 여긴다. 그런데 소 선생님은 몸의 '정보 매체의 기능'과 영혼의 '정보 수신의 기능'을 구분한다. 정보 수신의 매체와 수신 자체를 구분하면서, 몸은 매체일 뿐이고 수신자는 영혼이라는 것이다. 말하자면 시각기관인 눈으로 색을 볼 때 눈이 색을 수신하는 것이 아니고 눈은 색을 받아들이는 매체에 불과하고 실제로 색을 수신하는 것은 영혼이라는 말이다. 내가 방에 앉아서 창문을 열고 밖을 볼 때 창을 매개로 해서 창밖 풍경의 정보를 얻듯이, 영혼이 몸 안에서 눈을 열어 밖을 보면서 눈을 매개로 해서 세계의 정보를 얻는 것이다. 눈은 보는 매체일 뿐이고, 보는 자는 영혼이지 눈이 아니다. 이것은 불교 여래장계 경전인 『능엄경』에서 대상을 반연하여 인식하는 감각(전5식)과 제6의식 너머 인간의 진심(眞心)에 해당하는 심층 마음인 원명정심(圓明淨心: 원만하고 밝고 맑은 마음)이 우리 안에서 이미 활동하고 있음을 논증하는 논리이기도 하다. 눈이나 코와 같은 감각기관은 정보가 들어오는 통로에 해당하고, 그 정보 내용을 궁극적으로 보고 듣고 아는 자는 6근으로의 분화 이전의 통합된 하나의 마음인 원명정심이라는 것이다. 원명정심이 우리 안의 진심으로 활동하며 빛을 발하지만, 그 밝음과 맑음이 마음에 쌓인 무명과 번뇌와 망념(妄念)의 때에 의해 가려지고 혼탁해져서 결국 우리는 진심이 갖는 무진장의 수신 능력을 발휘하지 못하고 만다. 정보 수신의 매체에 문제가 있으면 정보 처리 및 수신에 문제가 생긴다. 말하자면 몸에 문제가 있으면 마음과 영혼의 활동에 제한이 생기는 것이다.

"몸이 마음을 부자유하게 하고 마음의 기능을 저해한다는 것은 누구나 이해할 수 있는 체험적 사실이다. 이러한 제한 조건으로 인한 마음의 부자유와 함께 마음 자체의 정보 처리 기능에서 드러나는 한계성은 영혼을 혼탁하게 한다. 영혼의 정보 수신 기능을 부자유하게 하는 것이다."(소흥렬 2008, 91)

몸과 마음에 의해 영혼이 제한받는 것을 보면 영혼이 마음의 기능의 일부인 것처럼 보이지만, 소 선생님은 "몸으로 체험하지 않은 우주적 정보를 수신하는 것이 영혼의 정보기능"(소흥렬 2008, 90)이라고 말하면서 "영혼으로 수신되는 정보의 특수성"을 강조한다.

"종교에서의 계시적 영감이나 예술에서의 창조적 영감으로 오는 정보가 그런 특수성을 갖는 것이다. 그런 정보가 영감이라는 영혼의 공명으로 많은 사람들에게 전달되는 것도 그런 특수성 때문이라고 할 수 있다."(소흥렬 2008, 91)

이와 같이 소 선생님은 영혼의 정보 수신의 기능이 몸의 제한성을 넘어서며, 영혼은 종교의 계시적 영감이나 예술의 창조적 영감을 수신하며 또 다른 영혼들과 공명한다고 말한다. 영감의 수신이나 영혼의 공명을 소 선생님은 '영적 체험' 또는 '영적 교류'라고 부른다. 그런데 그러한 영적 체험이나 영적 교류는 무명이나 번뇌에 물들어 있는 영혼의 혼탁함이 모두 제거되어 영혼 본래의 밝음과 맑음인 영성(靈性)이 회복되어야만 가능할 것이다.

3. 영성의 회복

그렇다면 우리는 무명과 번뇌로 혼탁해진 영혼을 어떻게 그 본래의 맑고 밝은 영혼인 정명심(淨明心)으로 돌이켜 영적 교류에 이를 수 있을까? 불교는 번뇌를 지멸하고 본성을 회복하여 부처의 경지에 이르는 여러 수행법을 논한다. 수행을 통해 번뇌가 멸한 열반의 경지, 일체 장애를 벗은 해탈의 경지, 붓다의 깨달음, 부처의 마음을 얻고자 하는 것이다. 『능엄경』에서 논하는 '이근원통(耳根圓通)'의 수행법은 이근의 대상인 들리는 소리를 좇아가지 않고 반문(反聞), 즉 반조(反照)하여 자신의 듣는 성품을 관(觀)하는 것이다. 그렇게 함으로써 대상의 유무와 관계없이 항상 깨어 활동하는 본심의 마음 능력을 확인하고 그 빛으로 밝음과 맑음을 회복하는 것이다. 인간의 일상적 인식 능력은 6근으로 분화되어 있으며 시간과 공간에 의해 제약받는다면, 본심인 원정명심은 6근으로 분화되기 이전의 통합된 마음으로 주와 객, 자와 타의 분별을 넘어 일체가 하나로 통합된 마음, 우주 전체와 공명하는 우주적 마음, 일심(一心)이다. 우주 내 일체 정보에 자유자재로 접근하고 소통할 수 있는 열린 마음이라고 할 수 있다. 이러한 본심의 회복을 소 선생님은 수행을 통한 '인식 능력의 변화'라고 부른다.

"깨달음은 어떤 지적인 깨달음을 뜻하는 것이 아니라 인식 능력의 변화를 의미하는 깨달음인 것이다. 마음의 인식 능력이 새로운 차원으로 승화되면서 새로운 세계를 볼 수 있는 자유로움을 느끼게 되는 것이다. … 의식의 세계와 무의식의 세계를 자유자재로 드나들 수 있게 하는 마음의 능력(이다)."(소홍렬 2008, 35-36)

깨달음이 '지적인 깨달음'이 아니라는 것은 깨달음이 표층 의식의 사려분별을 통한 인식 내용의 획득, 앎의 확장을 뜻하는 것이 아니라는 것이다. 오히려 마음이 분화된 6근에 머무르지 않고 하나로 통합된 정명심에 이르러 전 우주에 가득한 모든 정보에 자유자재로 접속할 수 있기에 '인식 능력의 변화'라고 한 것이다. 인식 능력의 변화로 인간적

근(根)의 제한성을 넘어 자유로운 영혼이 됨으로써 우주적 정보를 수신하는 영성적 체험을 하게 된다. 소 선생님은 이것을 개체적인 제한된 마음에서 우주적 마음으로 확장되는 것이라고 간주한다.

"영성적 체험은 영성적 정보기능을 말하는 것이므로 인간의 몸 밖으로부터 오는 우주적 정보를 수신하는 것으로 생각하게 된다. 이러한 영성적 체험은 우리의 마음이 우주의 마음으로 확장되는 것 같은 새로운 차원의 정보 능력 또는 인식 능력으로 승화되는 체험으로 (온다)."(소흥렬 2008, 47)

수행을 통해 나의 마음이 우주적 마음으로 확장된다는 것은 곧 자타 분별을 넘어 일체를 포용하는 한마음, 일체 중생과 하나로 소통하고 공명하는 마음, 한마디로 자비의 마음이 된다는 것을 의미한다. 그러므로 수행의 결과는 지혜이고 자비인 것이다.

"수행으로 이루어지는 해탈의 자유는 몸과 마음과 영혼이 온전하게 기능할 수 있도록 하는 자유이다. … (그것은) 수행을 통하여 이르게 되는 해탈의 자유에 수반되는 특수한 인식 능력으로 주어진다. 자비의 마음은 그런 인식 능력에서 우러나온다."(소흥렬 2008, 92-93)

이처럼 인식 능력의 변화, 우주적 마음으로의 확장은 자비심을 불러일으킨다. 소 선생님은 영혼의 영성적 체험이 마음의 이성적 측면과 정서적 측면을 통합하는 역할을 한다는 것을 강조한다. 영혼의 궁극적 관심은 그에 기반한 다른 관심을 모두 포괄하면서 영향을 미치는 것이다.

"신비의 체험을 의미하는 영성적 체험은 그 자체로서도 의미를 갖는 것이지만, 그것은 영성적 힘으로 작용하여 지성적 마음과 정서적 마음에 영향을 주는 의미를 갖는다는 사실도 중요하다. 마음을 정화시켜주고 강하게 해줄 수 있다. 마음의 번뇌와 갈등, 불안과 고통을 이겨낼 수 있게 하는 힘을 준다는 것이다. 또한 영성적 체험은 사랑과 자비를 실천하게 하는 마음을 일깨워줌으로써 종교적 체험의 힘이 사회적으로 긍정적인 기능을 하게 한다."(소홍렬 2009, 161)

마음의 혼탁을 덜어 마음을 맑고 밝게 하는 수행을 하여 마음이 우주적 마음으로 확장되면 그로써 개인의 마음도 폭이 넓어지고 깊어진다. 즉 정서적으로 마음이 넓어지고 이성적 사색으로 마음이 깊어진다. 그는 이것을 "정서적으로 넓어지는 마음과 이성적으로 깊어지는 마음"(소홍렬 2008, 82)이라고 말한다. "정서의 논리도 이성의 논리도 마음을 넓고 깊게 하는 방편일 뿐"이라고 한다.

4. 영성의 대화

분별적 표층 의식에 머무르지 않고 자타 분별을 넘어선 무분별의 원명정심으로 나아가는 수행과정에서 반드시 필요한 자가 바로 수행을 이끌어주는 스승, 선지식이다. 소 선생님도 수행을 이성의 논리에 따른 사색과 구분해서 이성의 논리로부터 자유로운 '명상'이라고 부르며, 명상에는 반드시 스승이 필요하다는 것을 강조한다.

"종교적 명상에는 안내자가 필요하다. 영성적 체험으로 이끌어줄 스승이 필요하다. 종교적 명상은 그런 스승과의 대화로 시작된다고 할 수 있다. 스승과 직접 대화하는 것이 아니라 명상 속의 대화이다. 즉 명상을 하는 가운데 스승과의 대화로 안내를 받는 체험을 한다는 말이다."

(소흥렬 2008, 69)

　불교에서는 명상을 이끌어주고 검토해주는 스승을 직접 대면하여 대화하는 현실에서의 스승으로 간주한다. 명상으로 영성적 체험을 한 후 그 명상 바깥으로 나와서 스승과 직접 대화하면서 본인의 체험과 깨달음에 대해 점검받는 방식을 취한다. 그런데 소 선생님은 명상을 이끌어줄 스승을 명상 속에서 만난다고 말한다. 문득 명상 밖에서 스승과 직접 대화하고 수행을 점검받는 것이 더 안전한 길이 아닐까 생각해본다. 소 선생님은 왜 직접 대화가 아니라 명상 속의 대화를 이야기하였을까? 혹시 소 선생님이 바라는 만큼의 깊고도 넓은 마음을 간직한 스승이나 도반이 옆에 없었던 것일까? 석가라는 너무 큰 이상을 마음속에 품은 탓일까? 명상 속 대화가 아닌 직접 대화가 이 세상 삶을 사는 데 조금은 덜 외로운 길이 아니었을까?

　소 선생님은 명상 속 대화와 비슷한 방식으로 꿈에서의 만남에 많은 의미 부여를 한 듯하다. 미국 유학 시절 노자 『도덕경』을 읽고서 자연주의자가 되었고, 그렇게 해서 그동안 익숙하게 받아들였던 기독교 신관에 대한 비판적 견해를 갖게 되었다고 말하고는, 자신의 꿈을 언급한다.

　　"이화여대로 옮겨간 직후 어느 날 꿈에 노자를 만난 것은 참으로 이상한 체험이었다. 노자의 자연주의를 받아들인 내가 기독교 대학인 이화여대에서 할 수 있는 일의 한계를 예고하는 꿈이었다."(소흥렬 2009, 26)

　소 선생님께서 소설 형식으로 쓰신 「불심초」에 등장하는 주요 장면도 꿈이다. 미대 여대생의 명륜동 하숙집에서 사랑을 나누는 것도 꿈으로 처리되고, 그녀의 아들인 동자승을 만나 그녀의 전시회에 가서 '불심초' 작품을 본 것도 꿈속의 일이다.

"전시관 문을 닫을 시간이 되었다는 안내원의 말을 듣고 그곳을 나섰다. 인사동 밤거리가 너무 어둡다는 생각이 들어서 눈을 크게 떠 보았다. 캄캄한 방 안이었다. 모든 것이 꿈속의 일이었다. 다시 눈을 감고 그 꿈속으로 돌아가고 싶었다. … 무의식의 꿈이었을까? 초의식의 꿈이었을까? 나는 영성적 교감이었다고 생각했다."(소흥렬 2008, 42)

또 다른 소설 형식의 글 「오리엔탈 코드」에서 큰스님을 만나 예수의 출생과 십자가 부활 등에 대해 도마로부터 전해오는 이야기를 듣는 것도 꿈으로 처리되고 있다.

"감사의 인사를 하고 돌아서는데 어디로 어떻게 돌아가야 하는지를 물어봐야 한다는 생각이 들어 다시 돌아섰다. 스님도 없고 절도 사라져 버렸다. 덜커덩거리는 기차소리가 다시 들렸다. 신간성으로 가는 기차 안이었다."(소흥렬 2008, 151-152)

소 선생님이 명상 속 대화 또는 꿈속 대화에 그렇게 큰 의미를 부여한 것은 그분이 현실 자체가 마음이 만든 가상이라는 것, 정보가 이룩한 가상의 건축물이라는 것을 철저하게 신봉하였기 때문일까? 나는 지금 소 선생님과 대화하는 중인가? 40년 전 학관에서의 대화가 지금의 나를 만든 것인가? 지금의 명상 속 대화는 현재진행형인가, 무의식에 쌓여 있는 기억일 뿐인가? 현재 책을 읽으면서 내가 어느 별엔가 계시는 소 선생님 마음의 정보에 접속하여 우리가 서로 소통하고 있는 중인 것일까?

참고문헌

소흥렬, 『불심초』, 호미, 2008.
소흥렬, 『철학적 수채화』, 서광사, 2009.

하향적 작용에 의한 건축설계

최두원[1)]

건축철학가

1. 서론

소흥렬 교수는 「공간의 기능과 구조의 상승관계」에서 하향적 작용과 상향적 작용의 특성과 관계를 설명하고 있다. 하향적 작용은 가치 실현을 위해 형식을 제안하는 행위로, 상향적 작용은 형식의 이해에 의해 새로운 의미와 가치를 찾아내는 행위로 이야기한다. 두 작용의 상승관계는 하향적 작용이 상향적 작용에 도움을 주고, 역으로 상향적 작용이 하향적 작용에 도움을 주는 것을 뜻한다.[2)]

설계자는 건축주, 공공, 이용자 등이 원하는 건축적 가치를 실현하기 위해 평면, 입면, 단면과 같은 건축 형식을 제안한다. 그러므로 건축설계를 하향적 작용에 의한 행위라고 할 수 있을 것이다. 기존 건축물의 건축적 형식을 규명하고, 그 형식의 의미와 가치를 연구를 통해서 밝혀낸다. 그러므로 연구 행위는 상향적 작용에 의한 행위로 이해할 수 있을 것이다. 물론 상향적 작용의 결과물인 연구의 결과가 설계에 도움을 줄 수 있고, 이것의 역도 성립할 수 있을 것이다. 이것이 소흥렬 교수가 그의 글에서 소개한 '공간의 기능과 구조의 상승관계'를 의미한다. 본 글에서는 위에서 언급한 '하향적 작용', '상향적 작용', 그리고 '이들의 상승관계' 중 하향적 관계를 건축설계와 관련하여 살펴보기로 한다.[3]

건축 행위는 엄청난 경제적, 시간적 투자를 요구한다. 그러므로 이러한 투자는 어떤 목적이나 가치 달성을 전제로 한다. 임의의 가치나 목적이 설정되어야 이를 기준으로 건축 행위가 발생할 수 있다. 그러므로 건축설계안은 이러한 목적이나 가치를 달성하기 위한 해결안으로 이해될 수 있고, 건축설계에 의해 건축의 가치/목적이 달성되어야 한다.

하향적 작용이란 상위 차원에서 하위 차원으로 이동하는 것을 뜻한다. 이때의 이동은 하위 차원이 상위 차원의 가치를 실현할 수 있을 때 가능하다. 그러므로 설계가 하향적 작용에 의해 진행된다면 건축의 가치/목적을 달성하는 것을 기대할 수 있게 된다.

본 글의 목적은 다음과 같은 질문에 답변을 찾는 것이다. 설계과정이 하향적 작용에 의해 진행될 수 있는지, 그렇다면 하향적 작용은 어떤 특성을 보이는지, 그리고 그러한 하향적 작용이 설계에 어떤 함축을 갖는지의 질문에 대한 답변을 찾는 것이다. 이를 위해서, 사고 실험을 통해 설계과정을 하향적 작용에 의해 모의하고, 모의한 과정과 결과를 사례 분석을 통해 설계의 실질적 적용 가능성을 살펴본다. 또한 이러한 모의과정에서 밝혀질 하향적 작용의 특성을 규명하여 이러한 특성이 건축설계에 어떤 의미를 지니는지 논의하기로 한다.

2. 건축설계과정에서 발견되는 하향적 작용

하향적 작용에서 '하향적'은 상위 차원에서 하위 차원으로 이동하는 것을 뜻한다. 이때 최상위 차원으로부터 복수의 하위 차원이 설정된다면, 즉 하나의 하위 차원이 설정되고 그것에 대한 하위 차원이 다시 설정된다면, 이때의 하향적 작용은 중층적 구조에서 진행하게 된다.

하향적 작용에서 이렇게 발생될 수 있는 중층적 구조가 어떻게 형성되는지를 살펴보는 것은 매우 중요할 수 있다. 왜냐하면 그 구조 자체가 하나의 설계과정이 될 수 있고, 그 과정을 알 수 있다는 것은 설계 수행에 도움이 될 수 있기 때문이다.

1) 하향적 작용에 의한 건축설계과정의 모의

쇼핑센터는 당연히 상업건축이다. 따라서 쇼핑센터가 갖는 가장 보편적 가치 중 하나는 건축 행위에 의해 얻어지는 경제적 가치일 것이다. 물론 실제 설계에서는 쇼핑센터의 건축에서도 이보다 다양한 가치들, 예술적, 역사적, 종교적 가치 등이 추구될 수도 있다. 그러나 제한된 지면에서 모든 가치에 대한 하향적 작용의 모의를 검토할 수는 없다. 또한 쇼핑센터 설계의 상위의 가치로 경제적 가치 하나만을 선택해도 건축설계의 하향적 작용을 모의해볼 수 있으므로 다른 상위 차원의 가치는 생략하기로 한다.

쇼핑센터의 경제적 가치는 당연히 최대의 수익을 창출하는 것이다. 따라서 '최대의 수익 창출(Upper Level 1)'을 최상위 가치로 설정할 수 있다. 수익 창출을 성취하기 위해 건축 이외의 일도 요구된다. 이러한 것 역시 건축설계의 하향적 작용에 포함되지 않으므로 생략하기로 한다.

본 글에서는 건축설계의 하향적 작용의 모의를 위해서 여러 종류의 쇼핑센터 중 광역쇼핑센터(regional shopping center)를 하나의 사례로 선택하였다. 광역쇼핑센터의 설계에서 최종안에 도달하기 위해서는 여러 과정이 여러 단계를 거쳐야 한다. 그래서 광역쇼핑센터가 하향적 과정에서 발생하는 중층적 과정을 설명하는 것에 적절한 사례로 선택될 수 있다.

광역쇼핑센터는 주요 도시 외곽에 위치한 상당히 넓은 지역(반경은 자동차 운전으로 1시간 이상, 심지어는 1시간 30분까지 걸리는 지역)을 판매의 대상으로 하는 쇼핑센터다. 도시의 외곽에 위치하는 이유는 넓은 대지를 확보하기 위해서다.

광역쇼핑센터는 두 개 이상의 백화점과 이들을 연결하는 쇼핑몰을 포함하고 있다. 그래서 이들 쇼핑센터들의 건물의 둘레는 약 400-500 미터에 이르며 규모가 큰 경우에는 1킬로미터를 넘는 경우도 있다. 더군다나 대부분 쇼핑몰의 높이를 2층 이하로 하여 넓은 건축면적이 필요하다. 지하주차의 부담을 없애기 위해 지상주차 시스템을 채택하고 있다. 따라서 주차장의 면적이 매우 넓다. 이와 같은 광역쇼핑센터에서는 고객이 상당히 긴 거리를 걷게 된다. 주차장에 내려서 건물 입구까지 걸어가는 과정에서 어느 정도의 에너지 소모를 요구한다고 볼 수 있다. 또한 광역쇼핑센터 건물 내부에서도 상당히 긴 거리를 이동하게 되어 있다.

이상을 고려해보면, 쇼핑센터의 최상위 가치/목적인 '최대한의 수익을 창출'하기 위해서는 쇼핑 고객들이 물건의 구매에 상관없는 것에는 최소한의 에너지를 소비하게 하는 것이 중요함을 알 수 있다. 그러므로 광역쇼핑센터의 설계에서는 구매에 직접적인 활동에 최대한의 에너지를 쓰게 하여, 고객의 에너지 효율을 쇼핑에 극대화할 수 있는 건축적 환경을 실현해야 한다.

설계를 위한 위의 사고과정에서 하나의 하향적 작용을 찾을 수 있다. '에너지 효율을 쇼핑에 극대화할 수 있는 건축적 환경'이 필요하다는 건축적 방안은 '수익 창출의 극대화'라는 최상위 가치에 의해서 도출되었기 때문이다. 첫 번째 하향적 작용에서 설정된 상위 가치를 Upper Level이라 명명하고, 그에 대한 하위 차원을 1st Lower Level로 명명하기로 한다. 이와 같은 방법으로 두 번째 하향적 작용에서 설정될 하위 차원은 2nd Lower Level로 명명한다. 그 이후의 하향적 작용에서도 동일한 방법으로 명명한다. 여기에서 뒤에 붙는 숫자는, 예를 들면 '1st Lower Level 1'에서 뒤의 숫자 1은 동일 차원에서 발생하는 여러 개의 하위 차원들 중 하나를 의미한다. 따라서 3개의 하위 차원이 발생하면 '1st Lower Level 1', '1st Lower Level 2', '1st Lower Level 3'이라 표기된다. 'Upper'와 'Lower'는 쇼핑몰에서 상부층과 하부층을 의미하는 것이 아니라, 하향적 작용에서의 상위 차원과 하위 차원을 의미한다. 이를 다이어그램으로 나타내면 다음과 같다.

상위 차원(최상위 가치의 설정): 최대의 수익 창출(Upper Level 1)

⇩

하위 차원(최대의 수익 창출을 위한 건축적 방안 제안): 고객의 에너지 효율을 쇼핑에 극대화할 수 있는 건축적 환경(1st Lower Level 1)

[그림 1] 쇼핑센터의 설계에서 첫 번째 하향적 작용

위의 다이어그램에서 상위 차원의 설정이 선행되었고 하위 차원은 설정된 상위 차원을 성취하기 위해 도출되었다. 따라서 건축설계에서 하향적 작용이란 상위 차원을 근거로 하위 차원의 사고 내용을 도출하는 것이라 할 수 있다.

'최대의 수익 창출'을 위한 건축적 방안은 위의 것 외에도 다른 방안이 복수로 도출될 수 있다. 예를 들면, 최대의 수익 창출을 위해서는 가능한 한 많은 쇼핑객을 유도해야 한다. 가능한 한 많은 쇼핑객을 유도하기 위한 다양한 설계 방안이 요구된다. 상위 차원에 의해 복수의 설계 방안(1st Lower Level 1, 2, 3 등)을 도출할 수 있다. 이것은 하나의 상위 차원이 복수의 하위 차원을 만들어낼 수 있다는 것을 의미한다([표 1]). 지면상의 이유로 본 글에서는 [그림 1]에서 언급된 하위 차원만 다루기로 한다.

설정된 상위 차원	Upper Level 1
상위 차원을 충족시키기 위한 복수의 하위 차원	1st Lower Level 1 1st Lower Level 2 1st Lower Level 3

[표 1] 하나의 상위 차원에 의해 발생하는 복수의 하위 차원

하향적 작용을 계속 추적하기 위해서 [그림 1]의 첫 번째 하향적 작용에 의해 도출된 하위 차원으로 돌아가보자. '고객의 에너지 효율을 쇼핑에 극대화할 수 있는 건축적 환경'이란 의미는 여전히 구체적이지 않고 추상적이다. 즉, 어떻게 하면 '고객의 에너지 효율을 쇼핑에 극대화할 수 있는 건축적 환경을 만들 수 있을까?' 하는 문제가 다시 제기된다. 즉, 첫 번째 하향적 작용에서 도출된 하위 차원에 대한 또 다른 2차적 하위 차원이 발생한다. 이 2차적 하위 차원에서도 여전히 '어떻게?'라는 의문이 제기되면, 3차적 하위 차원이 발생할 수밖에 없다.

이와 같이 '어떻게?'라는 의문이 없어질 때까지 상위 가치를 달성하기 위한 설계안을 얻기 위해서는 하향적 작용이 계속될 수밖에 없다. 그러므로 건축설계에 있어서 하향적 작용은 부차적 하위 차원이 여러 번 발생하는 중층적 구조에서의 진행으로 이해될 수 있다.

이와 같은 중층적 구조를 밝히기 위해서, 첫 번째 하위 차원을 상위 차원으로 하는 하위 차원을 살펴보자. 광역쇼핑센터에서는 주차장에서 건물 입구까지 이동하는 것에 대한 에너지의 소비를 생각해볼 수 있다. 만일 '주차장에서 건축물의 진입에 고객이 최소한의 에너지만을 소비'할 수 있다면 이는 '고객의 에너지 효율을 쇼핑에 극대화할 수 있는 건축적 환경'에 도움이 된다. '주차장에서 건축물의 진입에 고객이 최소한의 에너지만을 소비하는 설계 방안(2nd Lower Level 1)'은 1st Lower Level 1의 또 다른 하위 차원이 된다.

상위 차원(최상위 가치의 설정): 최대의 수익 창출(Upper Level 1)

⇩

1차적 하위 차원(최대의 수익 창출을 위한 건축적 방안 제안): 고객의 에너지 효율을 쇼핑에 극대화할 수 있는 건축적 환경(1st Lower Level 1)

⇩

2차적 하위 차원: 주차장에서 건축물의 진입에 고객이 최소한의 에너지만을 소비하는 설계 방안(2nd Lower Level 1)

[그림 2] 쇼핑센터의 설계에서 두 번째 하향적 작용

한편, 1st Lower Level 1은 다른 설계 방안에 의해 성취될 수도 있으므로 첫 번째 하향 작용에서 상위 차원이 하나 이상의 하위 차원을 생성시킬 수 있듯이, 복수의 2차적 하위 차원들(2nd Lower Level 1, 2, 3 등)을 찾아낼 수 있다. 예를 들면, 에너지를 쉽게 보충하는 것이 에너지 효율의 극대화에 도움이 될 수 있으므로, '쇼핑 중 고객 에너지 재충전의 편이성을 최대화하는 휴게 공간을 제공하는 설계안'이 또 다른 2차적 하위 차원이 될 수 있다. 이를 표로 나타내면 다음 [표2]와 같다.

설정된 상위 차원	1st Lower Level 1
상위 차원을 충족시키기 위한 복수의 하위 차원	2nd Lower Level 1 2nd Lower Level 2 2nd Lower Level 3

[표 2] 하나의 상위 차원에 의해 발생하는 복수의 하위 차원

중층적 구조를 계속 밝히기 위해서, 위의 2nd Lower Level의 3차적 하위 차원을 계속 살펴보자.

두 번째 하향적 작용에서 발생한 2차적 하위 차원, '주차장에서 건축물의 진입에 고객이 최소한의 에너지만을 소비하는 설계 방안(2nd Lower Level 1)'도 여전히 '어떻게?'란 질문을 남긴다. 우선은 '주차장에서 건물 입구까지의 거리를 짧게 설계'함으로써 이것이 가능할 것이다. 스트레스를 받으면 체력 저하가 빨리 일어날 수 있으므로 '주차장에서 건물 입구까지 이동할 때 안전하고 쾌적한 이동이 가능하도록 설계'하는 것 또한 2차적 하위 차원의 성취를 위한 방안이 될 수 있다. 건물 입구를 찾지 못하고 헤매면 많은 거리를 걷게 된다. 따라서 '건물

입구를 눈에 잘 띄게 설계'하는 것도 또 하나의 방안이 된다.

이상을 살펴보면, 세 번째 하향적 작용이 발생했다. 첫 번째와 두 번째 발생했던 하향적 작용과 마찬가지로 2차적 하위 차원을 상위 차원으로 하는 복수의 3차적 하위 차원이 도출되었다. 하지만 여전히 '어떻게?'란 질문은 계속된다. '어떻게 건물 입구를 눈에 잘 띄게 설계하나?'에 대한 답변을 위해서 또 한 번의 추론, 네 번째 하향적 작용이 필요하다.

다음과 같은 방안에 의해 3차적 하위 차원, 입구를 눈에 잘 띄게 하기 위해 설계하는 것이 성취될 수 있다. 이러한 방안은 다시 3차적 하위 차원을 상위 차원으로 하는 4차적 하위 차원이 된다.

4th Lower Level 1: 입구와 입구 주변의 높이를 다르게 한다.
4th Lower Level 2: 입구와 입구 주변의 건축선을 다르게 한다.

그렇다면 어떻게 높이와 건축선을 다르게 할 것인가? 또 하나의 하향적 작용, 즉 다섯 번째의 하향적 작용에 의해 5차적 하위 차원이 필요하다.

5th Lower Level 1: 높이는 입구를 입구 주변의 건축보다 높게 한다.
5th Lower Level 2: 건축선은 입구 부분을 돌출되게 하거나 후퇴시킨다.

지금까지의 하향적 작용은 하나의 상위 차원을 성취하기 위해 복수의 하위 차원을 통해 개념의 범위를 좁히거나 추상적인 것을 점점 구체적인 방안으로 분석(analysis)하는 과정이었다. 상위 가치의 추상적 내용은 점점 더 구체화되었다. 이 이후의 과정은 통합(synthesis)의 과정이다. '입구의 높이를 주변보다 얼마나 높게 해야 하는가?'는 다른 상위 차원에서 도출된 하위 차원들과 종합해서 판단되고 결정되어야 한다. 예를 들면, 건축의 시각적 형태와 관련된 것, 혹은 건축의 엔지니어링 분야인 구조 안전에 관한 것, 건축 재료에 관련된 것 등 건축의 가치/목적에 관계된 다양한 변수로부터 도출된 내용과 통합되어야 입구의 높이가 결정될 수 있다. 이러한 통합과정을 통해 최상위 가치를 달성하기 위한 건물 입구의 높이는 최종 결정될 수 있다. 따라서 통합에서 고려되는 것은 설계 방안들 간의 수직적이거나 하향적인 관계가 아닌 수평적 관계들이다.

지금까지의 하향적 작용에 의한 설계과정에 의해 도출된 내용들로 하향적 작용에 의한 설계 진행이 유용성 확인 판단을 위한 사례 분석이 가능했다. 따라서 이러한 수평적 통합의 특성에 대한 탐색은 본 글에서는 제외하기로 한다.

2) 하향적 작용에 의한 건축설계의 적용성

본 글에서 설계의 하향적 작용을 추적하면서 도출된 5th Lower Level 1과 5th Lower Level 2의 내용을 실제 건설된 광역쇼핑센터에서 확인해보자.

■ Meadowhall: 영국 셰필드 시 외곽에 있는 광역쇼핑센터

[그림 3]은 [사진 1]에서 보는 부분의 건축입면(elevation)과 평면(plan)을 다이어그램으로 표현한 것이다. 입면에서는 건축물의 입구 부분이 주변보다 높게 설계되어 있음을 확인할 수 있다. 평면에서는 건

축선의 후퇴와 돌출이 모두 이루어지고 있음을 확인할 수 있다. 따라서 광역쇼핑센터 Meadowhall의 사례를 통해서 하향적 작용에 의해 도출한 5th Lower Level 1과 5th Lower Level 2가 모두 현실의 설계에 유용하게 활용될 수 있음을 확인할 수 있다.

[사진 1] Meadowhall 입구 (필자 촬영)

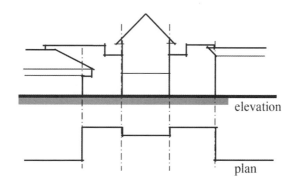

[그림 3] [사진 1]의 다이어그램

■ Bluewater: 영국 런던 시 외곽에 있는 지역쇼핑센터

[사진 2] Bluewater 입구 (필자 촬영)

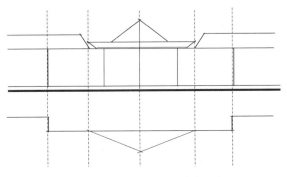

[그림 4] [사진 2]의 다이어그램

[그림 4]는 [사진 2]에서 보는 부분의 건축입면(elevation)과 평면
(plan)을 다이어그램으로 표현한 것이다. 입면에서는 건축물의 입구 부
분이 주변보다 높게 설계되어 있음을 확인할 수 있다. 평면에서는 입
구 건축선의 돌출이 이루어지고 있음을 확인할 수 있다. 따라서 광역
쇼핑센터 Bluewater의 사례를 통해서도 하향적 작용에 의해 도출한
5th Lower Level 1과 5th Lower Level 2가 모두 현실의 설계에 유용

하게 활용될 수 있음을 확인할 수 있다.

이상의 두 개의 사례에서 앞서 살펴본 하향적 작용에 의해 진행되는 사유과정이 실제 설계의 사례에서 적용될 수 있음을 확인하였다. 지면의 제약으로 모두 소개하지는 않았지만, Meadowhall이나 Bluewater 외에도 다른 광역쇼핑센터의 입구가 이와 같은 내용으로 설계되었다. 이는 앞서 이야기했듯이 하향적 작용에 의한 설계가 실질적으로 이용될 수 있음을 보여주는 것이다.

3. 하향적 과정의 특성

1) 하향적 과정의 목록화

하향적 과정이 중층적 구조에서 발생했기 때문에, 이러한 과정을 목록화 하여 나타내어 서술의 편이성을 기하고자 한다. 최초의 상위가치 설정을 1단계로 하고, 1st Lower Level을 2단계로, 또 그 다음 Level을 3단계로 하여 모든 과정을 단계별로 나타내기로 한다. 또, 하향적 방안에서 설계방안들을 단계별로 항목화하여(예를 들면, 가-A-1-a) 나타내면 아래와 같다.

- 1단계: 최상위 가치/목적
가. 최대의 수익을 창출(Upper Level 1)
실제 설계에서는 이외에도 다양한 항목이 설정될 수 있다

- 2단계(건축설계): 1단계 달성하기 수단
가-A. 하위 차원(최대의 수익 창출을 위한 건축적 방안 제안): 고객의 에너지 효율을 쇼핑에 극대화할 수 있는 건축적 환경(1st

Lower Level 1).

가-B. 쇼핑센터 판매 동선에서 고객의 움직임을 장려하는 설계를 한
다(1st Lower Level 2).

가-C. 가능한 한 많은 쇼핑객을 유도할 수 있는 설계를 한다(1st
Lower Level 3).

실제 설계에서는 이외에도 다양한 항목이 설정될 수 있다.

■ 3단계: 2단계의 1st Lower Level 1을 달성하기 위한 수단(1st
Lower Level 2와 3을 달성하기 위한 수단은 생략)

가-A-1. 주차장에서 건축물의 진입에 고객이 최소한의 에너지를 소
비하도록 설계한다(2nd Lower Level 1).

가-A-2. 쇼핑 중 고객 에너지 재충전의 편이성을 최대화하는 휴게
공간을 제공한다(2nd Lower Level 2).

실제 설계에서는 이외에도 다양한 항목이 설정될 수 있다.

■ 4단계: 3단계를 달성하기 위한 수단

가-A-1-a. 건물 입구를 눈에 잘 띄게 설계한다(3rd Lower Level 1).

가-A-1-b. 주차장에서 건물 입구까지의 동선의 길이를 짧게 한다(3rd
Lower Level 2).

가-A-1-c. 주차장에서 건물 입구까지 이동할 때 정신적인 스트레스
를 최소화한다(3rd Lower Level 3).

실제 설계에서는 이외에도 다양한 항목이 설정될 수 있다.

■ 5단계: 4단계를 달성하기 위한 수단

가-A-1-a-1. 주변과 입구의 높이를 다르게 한다(4th Lower Level 1).

가-A-1-a-2. 주변과 입구의 건축선을 다르게 한다(4th Lower Level 2).

가-A-1-a-3. 주변과 입구의 재료를 다르게 한다(4th Lower Level 3).
실제 설계에서는 이외에도 다양한 항목이 설정될 수 있다.

■ 6단계: 5단계를 달성하기 위한 수단
가-A-1-a-1-ㄱ. 주변보다 입구의 높이를 높게 한다(5th Lower Level 1).
가-A-1-a-2-ㄴ. 주변보다 입구의 건축선을 돌출시키거나 후퇴시킨다
　　　　　　　　(5th Lower Level 2).
실제 설계에서는 이외에도 다양한 항목이 설정될 수 있다.

■ 7단계: 6단계를 달성하기 위한 수단
전술하였듯이 입구의 높이를 결정하기 위해서 다양한 상위 차원에서
도출된 방안들을 통합하는 단계다.

2) 하향적 작용의 단계별 특성

■ 1단계
-- 1단계에서 어떤 것들이 상위 차원의 목표나 가치로 설정이 되나?
전술하였듯이 본 글의 목적에 따라 1단계에서 '수익의 창출'이라는
목표 한 가지만 설정했다. 하지만 1단계에서 설정될 수 있는 목표나
가치는 다양할 수 있다. 앞서 제시되었듯이 예술적, 이념적, 종교적, 혹
은 경제적인 것 등이 1단계의 상위 목표로 설정될 수 있다. 인간의 생
활은 다양하고, 건축은 인간의 생활을 수용하는 장치다. 게다가 인간의
욕망과 목표는 늘 새롭고 다양한 방향으로 전개된다. 따라서 건축에서
상위 차원의 가치와 목적은 다양할 수밖에 없다. 예를 들면, 예술적인
것에서는 고전주의 도리아, 이오니아, 코린트의 양식이 보여주는 인간
의 육체의 추상화, 이념적인 것에는 *Responsive Environment*에서 벤틀

리(Bentley) 등이 논의하는 민주적 환경(democratic setting), 종교적인 것으로는 기독교 정신의 변화에 따른 교회 건축의 양식적 변화, 현재의 사례에서 수없이 발견되는 경제적인 목표나 가치들을 생각해볼 수 있다.

-- 1단계의 목표 설정은 어떻게 이루어지는가?

1단계에서 설정되는 목표나 가치들이 수학적이거나 공리적인 사실처럼 절대적이거나 객관적인 것들은 아니고, 개별적인 것이라 생각할 수 있다. 왜냐하면 건축 행위의 성립 여부를 결정하는 다양한 변수들이 시대나 지역적 상황에 따라 다르고 개별적이기 때문이다. 그래서 건축 목표나 가치는 절대적이거나 유일할 수는 없다. 중요한 것은 '왜 그런 가치나 목표를 설정했는가?'에 대한 논리적인 답변이다. 목적이나 가치 설정에 대한 논변이 없다면, 그 건축을 위한 설계안이 건축주나 이용자 등에 받아들여지지 않을 것이기 때문이다. 또 하나의 논변이 필요한 이유는 선택된 목표나 가치가 양질의 설계안을 기대하기 위한 요건이기 때문이다. 왜냐하면 설계 목표나 가치가 좋지 않을 경우보다 좋을 경우가 더 나은 설계안을 기대할 수 있는 확률이 높을 수 있고, 이러한 목적이나 가치의 좋고 나쁨은 논변을 통해서 평가될 수 있기 때문이다.

■ 2단계

수익의 창출을 위해 쇼핑센터의 건축적 특징은 다음과 같은 항목들이 제시될 수 있다. 이러한 항목들은 수익의 창출을 위해 제안된 것이다. 따라서 1단계는 2단계를 위한 목적이 되고, 자연히 2단계는 1단계를 위한 수단이 된다. 만일 1단계에서 수익의 창출 외에 다른 목적이 설정되었다면, 그에 대한 항목, 예를 들면 나-A, 나-B, 나-C 등이 제안되어야 한다.

- 3단계-6단계

2단계에서 제안된 가-A의 항목을 건축적으로 성취하기 위해 필요한 건축적 수단들을 분석해보면 다음과 같은 항목들을 제안할 수 있다. 2단계와 3단계의 관계는 위에서 설명한 1단계와 2단계의 관계와 동일하다. 3단계에서는 가-A 이외에도 가-B, 가-C, 가-D를 성취하기 위한 수단도 제안되어야 한다. 하지만 본 글은 하향적 작용에 의해 건축설계를 진행하는 과정을 설명하기 위한 것이다. 따라서 가-A와 가-A-1 등의 관계는 가-B와 가-B-1 등의 관계와 동일하므로, 가-B, 가-C, 가-D를 성취하기 위한 항목들(예를 들면, 가-B-1, 가-B-2, 가-C-1, 가-C-2, 가-D-1, 가-D-2 등)은 생략하기로 한다. 5단계에서 마지막 설계 단계로 넘어가는 과정을 제외하고, 3단계 이후 다음 단계로 넘어가는 특성은 동일하게 반복된다.

- 7단계

설계에서 건물 입구의 높이를 결정하기 위해서는 두 개 이상의 다른 상위 차원에서 분석되어 나온 내용도 필요하다. 이들의 내용을 통합하여 입구의 높이를 결정한다. 따라서 하향적 과정의 최종 단계는 분석이 아닌 통합의 단계로 생각될 수 있다.

지금까지 살펴본 하향적 작용의 추적에 의해 각 단계를 연결하는 진행 특성의 총체적 특징은 다음과 같이 정리된다.

-- 하향적 작용의 진행은 설정된 상위 차원에 대해 여러 단계의 하위 차원을 생성하는 중층적 구조를 형성한다.

-- 항상 앞 단계가 선행되어야 이후의 단계가 생성될 수 있다.

-- 이러한 중층적 구조를 이루는 여러 단계의 차원들은 앞 단계는 이후 단계의 목적으로, 이후 단계는 앞 단계의 수단의 성격을 띤다.

-- 하향적 작용에서 상위 차원에서 하위 차원으로의 이동은 상위 가치의 성취를 위해 추상적 내용을 점점 더 구체화하는 사유의 과정이다.

-- 하나의 상위 차원에 다수의 하위 차원이 발생한다.

-- 최종 결정을 위해서는 서로 상이한 상위 차원에서 생성된 하위 차원의 항목들의 통합이 요구된다.

4. 건축설계에 대한 하향적 작용의 의미: 중층성의 의미

1) 현대 건축 프로젝트의 특성과 중층적 구조

설계자인 건축가가 다루는 프로젝트의 비용은 이미 국내에서도 20년 전에 몇 백억이나 몇 천억을 뛰어넘는 조 단위의 프로젝트가 탄생하였다. 설계에서 가치 실현을 못했을 경우 그 실수 비용은 상상할 수 없을 정도로 엄청난 것이다. 투자금액이 상승할수록 건축설계에 있어서 건축의 가치/목적의 실현은 더욱 엄밀하게 처리되어야 한다. 가치/목적 실현에 있어서 조그마한 실수도 엄청난 실수비용을 초래한다.

건축설계 문제의 해결과정에서 하향적 작용에 의해 여러 단계의 중층적 구조가 발생하였다. 또한 상위 차원에서의 하나의 항목은 복수의 하위 차원을 생성하였다. 여기에서 건축의 가치/목적을 달성하기 위해 여러 단계를 거쳐서 설계한다는 것은 그만큼 가치/목적의 성취 확률을 상승시키는 효과를 가져오게 된다. 왜냐하면 이들 단계를 무시하고 하나 혹은 복수의 단계를 뛰어넘는다면 각 상위/하위 차원 간의 연계성이 떨어질 수 있어 중층적 과정에 의해 도달할 수 있는 방안을 도출하기 힘들 수 있기 때문이다.

다음은 상위 차원에서 하나의 항목이 하위 차원에서의 복수의 항목을 생성하는 특성을 생각해보자. 본 글에서 살펴본 것과 같이 6단계에서 하나의 항목이 하위 차원에서 3개의 항목을 생성하는 것을 가정해보면, 각 단계별 항목의 수는 [표 3]과 같다.

	단계별 항목수
1단계	1
2단계	3
3단계	9
4단계	27
5단계	81
6단계	243

[표 3] 단계별 항목수

그러므로 6단계에 걸쳐 생성되는 총 항목수는 $\sum_{s=1}^{6} 3^{s-1}$ = 364개가 된다.

하지만 상위 가치를 성취하기 위해 활용되는 항목은 모든 항목인 364개가 아니라 최하위 차원의 항목인 243개다. 여기에서 항목의 기능을 생각해보자. 항목은 상위 차원을 성취하기 위한 수단이다. 그러므로 이와 같이 하향적 작용에 건축설계를 진행한다는 것은 상위 차원의 가치를 성취하기 위해 243가지의 방안을 고려한다는 것을 의미한다. 따라서 하향적 작용의 중층적 특징은 수많은 수단에 의해 건축의 가치/목적을 성취하는 방법을 의미한다. 아래의 [그림 5]는 [표 3]을 그래프로 나타낸 것이다. 중층적 단계가 늘어남에 따라 목적을 달성하기 위한 수단이 기하급수적으로 늘어나는 것을 보여준다. 이는 현대 건축이 복잡화되고 대형화되는 현실에서 하향적 작용에 의한 설계 방법의 중요성을 이야기해주는 것이라 볼 수 있다.

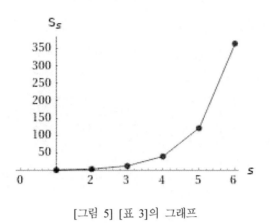

[그림 5] [표 3]의 그래프

실제 설계에서, 위에서 수리적으로 살펴본 모든 항목을 고려하지 않고, 임의의 제약조건에 의해 항목의 수를 줄인다 하더라도, 하향적 작용에 의해 나타나는 중층적 특성은, 즉 상위의 가치/목적을 달성하기 위해 치밀한 분석에 의해 그 수단을 추론하는 방식과 다양한 복수의 수단을 구하는 방식은 여전히 깊은 의미가 있을 것이다.

2) 중층적 구조에서 설정되는 다양한 유사성: 유추의 활성화

전통적으로 건축설계 분야에서의 유사 사례 분석은 용도의 동일성에 근거해서 진행되어왔다. 이는 건축적 전례와 새로운 프로젝트의 유사성이 용도에 한정되어왔다는 것을 의미한다. 이때 건축적 전례의 해결안을 새로운 설계안에 적용시켜, 건축적 전례는 소스 도메인이 되고, 새로운 프로젝트는 타깃 도메인 되어 유추를 구성하게 된다.

유추는 유사성에 의해 구성된다. 따라서 유사성을 다양하게 설정할 수 있다면, 유추를 다양하게 구성할 수 있는 가능성도 상승된다. 유추는 건축설계를 돕는 방법론으로 활용되어왔다. 유사성을 다양하게 설정한다는 것은 건축설계를 돕는 풍부한 방법론을 제공한다는 것을 의미하며, 이러한 제공이 중층적 구조의 이해에서부터 시작된다는 것을 의미한다. 이러한 의미의 실현 가능성을 탐색하기 위해, 하향적 진행에 의해 형성되는 중층적 구조에서 다양한 유사성 설정의 가능성을 살펴보자.

우선, 용도가 다른 건축들 간의 유사성 설정에 대해서 살펴보자. 용도를 초월하여 건축의 유추가 성립될 수 있는 가능성은 우선은 용도에 상관없이 대다수 건축물이 공동으로 추구되어야 하는 건축의 가치/목적이 존재하기 때문이다. 건축물의 외관에서 통일성과 변화라는 가치를 생각해보자. 건축물의 외관에 통일성이 없다면, 건축물의 외관은 상당히 혼란스럽게 느껴진다. 이는 건축물의 규모가 클수록 그 정도는 더욱 심각하게 된다. 또 변화가 결여된 건축물의 외관은 너무 지루한 외관을 지니게 된다. 건축물 외관의 통일성과 변화는 용도와는 무관한 것이 된다. 따라서 건축물이 매력적으로 보이는 데 통일성과 변화는 매우 중요한 요소다.

건축물 외관의 매력은 많은 사람의 방문을 유도하는 것에 영향을 주게 될 것이다. 많은 사람의 방문을 유도하는 경우는 쇼핑센터와 같은 상업건축은 물론, 스포츠 시설, 행정 시설, 철도 역사에서도 얼마든지 건축의 가치/목적으로 설정될 수 있다.

다음은 서로 다른 상위 차원이 하나의 동일한 하위 차원을 공유하는 경우를 생각해보자. 건축물의 외관이 매력적이어야 하는 이유는 꼭 많은 사람을 유도하기 위해서만 필요한 것은 아니다. 혹은 많은 사람의 유도에 도움이 될지라도 그 우선적인 이유는 아닐 수 있다는 것이다. 방문객이나 그 건축물을 외부에서 경험하는 사람들에게 좋은 인상을 주기 위함이 그 이유일 수 있다. 예를 들면, 병원에 방문하는 환자에게 조금이나마 심리적으로 위안을 줄 수 있는 경우를 생각해볼 수 있다. 즉, 용도가 다른 경우에도 동일한 가치나 목적을 공유할 수 있으므로,

건축물의 용도 간 유추가 가능하다.

통일성과 변화는 시각적으로 좋은 인상을 주는 것을 목적으로 하기도 하고, 많은 사람을 유도하기 위한 것을 목적으로 하기도 한다. 다시 말해서, 건축 외관에 통일성과 변화를 주는 이유는 시각적으로 좋은 인상을 주는 건축적 가치와 많은 사람을 유도하기 위한 건축적 가치를 성취하기 위해서다. 이렇게 볼 때, 하나의 하위 차원이 복수의 상위 차원을 충족시켜줄 수 있다는 것을 알 수 있다. 즉, 상위 차원이 다를 때도 유추가 성립될 수 있음을 의미한다.

본 글에서 언급된 내용에서도 이와 같은 예를 살펴볼 수 있다. 쇼핑센터에서 건물 입구의 높이를 건물 주변보다 높게 함으로써 눈에 잘 띄고 쉽게 찾을 수 있게 하였다. 입구가 높은 경우를 우리나라의 전통건축(예를 들면, 양반의 주택)에서도 쉽게 찾아볼 수 있다. 이 경우는 입구가 높은 이유가 쇼핑센터와는 다르게 해석될 수 있다. 쉽게 찾을 수 있게 하는 것보다는 입구를 높게 함으로써 건축주의 위세를 보여주기 위한 것이다. 즉, 하나의 하위 차원이 복수의 상위 차원을 충족시켜주고 있다. 이와 같은 관계를 시각화하면 [그림 6]과 같다.

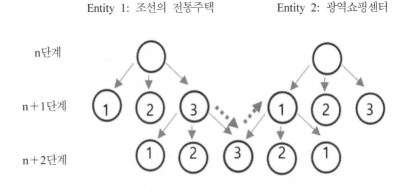

[그림 6] 다른 상위 차원과 동일한 하위 차원

[그림 6]에서 Entity 1이 조선시대의 전통주택이고, Entity 2는 광역
쇼핑센터가 된다. Entity 1의 n+1단계의 3은 '건축주의 위세를 보여주
는 입구'가 되고 Entity 2의 n+1단계의 1은 '눈에 잘 띄는 입구'가 된
다. n+2단계의 3은 '입구의 높이가 인접한 건물보다 높은 상태'가 된
다. 이에 의해 상이한 실체에 상위 차원까지 상이함에도 불구하고, 유
사성(동일성)이 성립될 수 있다.

위의 [그림 6]은 소흥렬 교수가 주장하는 '기능이 구조를 결정하고
그 구조가 새로운 기능을 창출하는 상승관계'를 설명해준다. Entity 2
를 새롭게 설계될 광역쇼핑센터로 생각하면, Entity 1의 n+2단계의 3
에 의해 Entity 2의 n+1단계의 1을 건축의 가치로 상정할 수 있기 때
문이다. 왜냐하면 중층적 관계에서 n+1단계는 n+2단계의 상위 차원,
즉 n+2단계가 성취하려는 가치가 되기 때문이다.[4] 위 그림에서 이와
같은 상승관계는 점선의 화살표로 표시하였다.

하향적 작용에서 하위 차원은 상위 차원보다 늦게 생성된다. 이를
생각해보면, '상위 차원이 다른데 어떻게 하위 차원이 동일한지를 알
수 있는가?'라는 질문이 생긴다. 하지만 유추란 전례가 있는 것이고,
그 전례에는 이미 하향적 작용이 수행되었으므로 우리는 전례에서 발
견될 수 있는 하향적 차원의 항목으로부터 상위 차원을 추론할 수 있
다. 예를 들면, 솟을대문을 보고 위엄의 표현으로 생각할 수도 있지만,
입구를 눈에 잘 띄게 하여 쉽게 찾을 수 있도록 하는 것이 가능하다는
생각을 할 수도 있을 것이다.

지금까지의 논의를 종합해보면, 하향적 작용을 기준으로 유추의 종
류를 살펴보면 두 가지가 이야기될 수 있다. 첫 번째는 하나의 상위 차
원에 하나의 하위 차원이 대응하는 경우이고, 두 번째는 두 개의 상위
차원에 하나의 하위 차원이 대응되는 경우이다.

첫 번째의 경우는 하향적 작용의 과정 중 한 단계에서, 유사성 혹은

동일성이 발견된다면, 유추에 의한 설계 문제의 해결이 가능할 수 있다는 것을 의미한다. 왜냐하면 전례에서 발견된 단계의 하위 단계들은 상위 단계를 충족시키기 위한 요건으로 설정되기 때문이다.

두 번째의 경우는 상위 차원이 다른 경우에도 유추가 가능하다는 것을 보여주고 있다. 상위 차원이 다르다는 것은 가치/목적이 다르다는 것을 의미하고, 이는 유추가 가치에 영향을 주는 문화나 역사가 다른, 즉 다른 공간과 시간에 속한 건축들 간에 설계를 위한 유추의 구성이 가능함을 나타낸다. 요컨대, 첫 번째의 경우는 영역 내 유추(within-domain analogy), 두 번째의 경우는 영역 간 유추(between-domain analogy)로 이해할 수 있다.

마지막으로 유추의 가능성의 폭을 넓히기 위해서 각 단계에서 나타나는 항목들의 유사성이나 동일성이 아닌 이들의 상반성을 생각해보자.

쇼핑센터의 디자인에서 입구를 눈에 잘 띄게 하는 경우를 살펴보았다. 여기에서 반대의 경우를 살펴보자. 프라이버시를 위하여 입구를 가급적 눈에 띄지 않게 하는 경우를 생각해볼 수 있다. 이 경우는 당연히 그 하위 차원도 반대가 된다. 입구는 입구가 인접한 부분의 건물과 높이, 건축선, 재료 등에 있어서 가능한 한 차이가 없어야 한다. 즉, 타깃 도메인인 전례로부터 상반적 추론도 가능하다.

다음은 유사성이나 동일성도 아니고 상반성도 아닌 경우를 생각해볼 수 있다. 입구가 눈에 아주 잘 띄는 경우와 가급적 눈에 띄지 않는 경우를 뜻한다. 이러한 경우는 높이, 건축선, 재료 중에 하나 혹은 두 개의 속성에 있어서 차이를 두면 그 가치/목적을 성취할 수 있다.

건축설계에 있어서 유추의 목적이 건축적 전례(소스 도메인)의 정보를 활용하여 새로운 프로젝트의 설계 문제를 해결하는 것에 있다면, 유사성이나 동일성으로부터 추론할 수 있는 상반성과 유사성과 상반성의 중간인 경우도 유추로 생각할 수 있다. 사실 유사성이란 항상 하나의 기준에 의해 유사한 것이 아니다. '얼마나 유사한가?'의 문제이기 때문에, 유사성은 동일성과 상반성 사이의 스펙트럼으로 생각할 수 있다. 이를 하나의 용어로 나타내자면, 간주관성(intersubjectivity)의 경우를 생각하여, 간유사성(inter-similarity)으로 명명할 수도 있을 것이다.

지금까지 살펴본 유추는 하향적 작용에서 나타나는 단계들의 유사성이나 동일성에 근거한 것이었다. 중층적 구조에서는 여러 단계가 설정된다. 단계가 늘어날수록 유사성 혹은 상반성이 설정될 수 있는 항목도 늘어나게 된다. 그러므로 다양한 유사성 설정 방식과 이들이 고려될 수 있는 다양한 항목은 유추의 구성을 활성화하는 효과를 가져오게 된다.

5. 결론

본 글에서는 하향적 작용에 의해 설계과정을 모의해보았다. 이러한 모의는 상위 가치를 설정하는 것에 의해 시작되었다. 본 글에서는 광역쇼핑센터의 상위의 건축적 가치/목적으로 '최대한의 수익 창출'이 설정되었다. 사고에 의한 모의실험에서 하향적 이동은 상위 차원이 목적으로 하위 차원이 수단으로 기능할 때 수행되었다.

이러한 모의 후, 현실 설계에서의 하향적 작용의 실질적 적용성을 확인하였다. 이러한 확인은 모의 작용에 의해 얻어진 내용이 건설된 광역쇼핑센터에서 설계안으로 채택되었음을 확인하는 것에 의해 진행되었다.

이와 같은 작업에 의해 하향적 작용의 단계별 특성과 이러한 단계를 연결하는 하향적 작용의 진행 특성을 도출할 수 있었다. 이러한 특성 중 중층적 구조가 갖는 의미의 중요성을 현대 건축 프로젝트의 비용과 유사 사례를 건축설계에 활용하기 위한 유추와 연관하여 논의하였다.

현대는 점점 건축 프로젝트가 복잡화, 대형화되어 건축설계에 있어서 그 가치 실현의 방법도 직관이 아닌 체계적이고 논리적인 방안이 요구되고 있다. 하향적 작용에서의 중층적 구조의 특성은 가치지향적 특성을 갖고 있어 현대 건축에 더욱 의미 있는 설계 진행 방안으로 생각될 수 있었다.

다양한 유추 구성의 가능성을 높이고자 다양하게 유사성을 설정하는 방법을 중층적 구조에서 설정하였다. 유사성뿐만 아니라 상반성에 의한 유추, 그리고 상반성과 유사성의 사이에 설정될 수 있는 특성에 의한 유추의 가능성도 논의하였다.

하향적 작용에 의한 설계과정은 각 단계 간 이동을 추론에 의해 진행하는 것이다. 직관이나 도약이 아닌 추론에 의해 설계과정을 수행한다는 것은 컴퓨터의 인공지능과 같은 기능을 통해 건축설계과정이 진행 가능하다는 것을 함축한다. 하지만 컴퓨터에 의해 최종의 설계과정까지 진행하려면, 설계의 최종 결정을 위해서는 최후 단계인 항목들을 통합하는 단계가 요구된다. 컴퓨터에 의한 설계과정의 범위를 늘리기 위해서 통합에 대한 특성이 밝혀져야 할 것이다.

참고문헌

소흥렬, 『자연주의적 유신론』, 서광사, 1992.

소흥렬, 『문화적 자연주의』, 소나무, 1996.

Bentley, Ian, et al., *Responsive Environments: a Manual for Designers*, Oxford: Architectural Press, 1985.

Copi, Irving, *Informal Logic*, London: Collier Macmillan Publisher,

1982.

Copi, Irving and Cohen, Carl, *Informal Logic*, London: Prentice-Hall International, 1998.

Holyoak, Keith and Thagard, Paul, "A computational model of analogical problem solving", in S. Vosniadou and A. Ortony, eds., *Similarity and Analogical Reasoning*, Cambridge: Cambridge University Press, 1989.

Johnson-Laird, Philip, "Analogy and the exercise of Creativity", in S. Vosniadou and A. Ortony, eds., *Similarity and Analogical Reasoning*, Cambridge: Cambridge University Press, 1989.

Jones, Colin, *Regional Shopping Centres: Their Location, Planning and Design*, London: Business Book, 1969.

Lang, John, *Creating Architectural Theory*, New York: Van Nostrands Reinhold, 1987.

Maitland, Barry, *Shopping Malls: Planning and Design*, London: Construction Press, 1985.

Maitland, Barry, *The New Architecture of the Retail Mall*, London: Architecture Design and Technology Press, 1990.

March, Lionel, "The Logic of Design", in N. Cross, ed., *Developments in Design Methodology*, Chichester: John Wiley & Sons, 1984.

McKeever, Ross, et al., *Shopping Center Development Handbook*, Washington, D.C.: Urban Land Institute, 1977.

Vosniadou, Stella, "Analogical reasoning as a mechanism in knowledge acquisition: a developmental perspective", in S. Vosniadou and A. Ortony, eds., *Similarity and Analogical Reasoning*, Cambridge: Cambridge University Press, 1989.

1) Ph.D. Oxford Brookes University, 신세대건축사사무소 이사, email: dwchoim@gmail.com

2) 소흥렬, 「공간의 기능과 구조의 상승관계」, 『자연주의적 유신론』, 서광사, 1992, 63-73쪽.

3) 1980년대 후반부터 약 10여 년간 소흥렬 교수의 인지과학에 대한 연구는 상향적 작용보다는 하향적 작용에 관심을 두었다. 그의 저서 『문화적 자연주의』(1996)와 『자연주의적 유신론』(1992)에서의 '문화적 자연주의', '문화의 기능, 전이 그리고 창조', '공간의 기능과 구조의 상승 관계', '귀추법의 논리' 등은 이러한 관심을 잘 보여주는 연구로 볼 수 있다.

4) 이러한 방식의 유추를 소흥렬 교수가 이야기하는 "건축 공간의 구조(형태)는 새로운 기능을 창출한다"는 주장의 한 예로 생각할 수 있으며, 또한 하향적 작용과 상향적 작용의 상승작용으로 이해할 수 있다(소흥렬 1992, 63-73).

소흥렬의 종교-정치철학

『생존론』과 『불심초』를 중심으로

박정원

이화여자대학교 한국문화연구원 연구교수

1. 시작하며: 환자가 되다

소흥렬 선생님의 추모글 청탁을 받은 지 얼마 되지 않아 나는 암 선고를 받았다. 그 이후 몇 달 동안 암 환자가 된 내게는 숨 가쁜 일정들이 이어졌다. 이전에는 보호자의 신분으로 수없이 드나들었던 병원에 이제는 환자의 신분으로 다시 방문하게 되고, 머리끝에서 발끝까지 처음 들어보는 이름을 가진 온갖 정밀검사와 진단 그리고 시술에 이어 수술을 마치고 부기가 아직 가시지 않은 채 봄꽃들을 맞이하였다. 내가 가장 두려웠던 때는 수많은 검사들을 마치고 결과를 기다리던 때였다. 보호자로서 만나는 가족의 죽음과는 또 다른, 삶과 죽음에 대한 두려움과 마주하게 되었다. 산다는 게 무엇이에요? 삶에서 커다란 시련을 감내해나가시던 어느 날 엄마가 쪽지에 남기신 메모이다. 그 이후 나는 엄마의 그 질문을 나의 질문으로 삼아왔다. 삶에 대한 질문은 죽음에 대한 질문과 함께하고 죽음에 대한 답의 실마리를 통해 삶에 대한 답의 실마리를 풀 수 있을지도 모른다. 그리고 이제야 환자가 된 나도 조금은 자격을 갖추게 된 것 같다.

소흥렬 선생님에 대한 생각을 떠올리기 시작하면 마치 땅속의 뿌리를 뽑아 끄집어 올릴 때 다른 모든 것들도 주렁주렁 따라 올라오듯이 결코 깔끔하지도 않고 명쾌하지도 않은 한 시대가 함께 따라 나온다. 그 시대는 1980년대이다. 그와는 달리 상대적으로 선명한 두 개의 장면이 떠오른다. 첫째 장면은 1988년 6월 나의 약혼식 장면이다. 소흥렬 선생님은 아버지의 대구 계성고교 동창으로, 나의 학부 철학과 지도교수의 인연으로 축사를 해주셨다. 둘째 장면은 그로부터 수십 년이 지나 소흥렬 선생님이 세상을 떠나신 이듬해인 2020년 여름에 도서관에서 선생님의 책 『불심초』를 만났던 장면이다. 이 책 속에서 만난 선생님의 모습은 기이하게도 1980년대와 일관성이 있었다. 약혼식에서의 축사 내용과도 일관되게 이어지고 있었다. 그렇게 한 시대와 두 장면이 묘하게 겹치고 이어지면서 선생님의 삶과 아버지의 삶, 그리고 나의 삶이 동시에 연동된다.

『불심초』를 읽고 난 이후 1년 반이 지나고 나는 병원에서 수술받기 전날과 다음 날 선생님의 또 다른 책 『생존론』을 찬찬히 읽어보았다. 그리고 이제 암 환자로서 나는 나만의 작은 실마리인 한 시대와 두 장면, 그리고 두 권의 책인 『생존론』과 『불심초』를 통해 소흥렬 선생님을 추념해보려 한다. 이 시간을 통해 내게는 좀처럼 답을 찾기 어려웠던, 생존 그리고 생명의 관계에 대해 소흥렬 선생님의 종교-정치철학을 약간 살펴보도록 하겠다. 적어도 내게는 소흥렬 선생님을 추모한다고 하면서 이 주제를 피해갈 수는 없기 때문이다.

2. 1980년대, 그리고 약혼식과 도서관에서

1980년대가 어떤 시대였는지, 그 시대를 20대로 살았던 삶이 어떤 삶인지, 그 시대에 대학교수로 산다는 것이 어떤 일인지는 사실 이제부터 평가가 시작되어야 할 것이다. 하지만 개인들의 삶의 처지에 따라 1970년대와 1980년대를 해외 유학과 학문 탐구에 전념할 수 있었던 사람들과, 가족을 부양하기 위해 직장생활을 하거나 정치적 저항 활동과 공장이나 농민 및 빈민들의 삶의 개선을 위해 현장 속으로 뛰어들었던 사람들의 삶이 현상적으로는 극명하게 달랐던 것만은 분명하다. 전자나 후자의 사람들 모두 이제 자신과 사회에 대해 최선을 다해 지식인으로서 발언하고 실천하고 있다. 하지만 이 발언들과 실천들 역시 시간이라는 검증을 거쳐 단련되어야 하리라. 아마도 지금보다는 명랑한 해석과 극복 방식이 출현하게 될 것이다. 하지만 분명한 것은, 1980년대는 삶과 죽음의 교차가 일상적으로 일어나던 시대였다는 것이다. 서로 동창관계이셨던 두 분 중에 소흥렬 선생님은 살아남으셨고 아버지는 그 시대를 통해 병을 얻으시고 일찍 세상을 떠나셨다.

소흥렬 선생님과 나는 1980년대에 철모르는 온실 속의 화초로 자라난 순진한 모범생, 그렇기에 어디로 튈지 모르는 위험한 대학생과 인기 좋고 너그러운 지도교수로 만났다. 당시 대부분의 대학생들과 같이 내가 연일 시위 현장에 나타나고 호기 좋게 백지 시험지를 제출하며, 대학 3학년, 일찌감치 신분증을 바꾸고 가출하여 공장 현장에 들어가 노동조합 설립 운동에 몰입하던 때, 소흥렬 선생님은 학생들의 행동을 한 발자국 거리를 두고 보지도 않았고, 자신의 업무에만 몰두하여 무관심하지도 않았으며, 학생들을 이해하고 받아들였으며 당신의 조건 하에서 최대한 방패막이나 응원자의 역할을 하셨다. 그때 나는 그러한 모습이 당연한 것으로 생각하였지만, 이제 와 되돌아보면 그런 태도가 결코 쉬운 일도 아니고 당연한 일도 아니었다는 생각을 하게 된다. 선생님이 학생들과 함께 시대적 우환의식을 공유하였던 것은 이타적인 예의나 선량한 배려에서 나온 것이 아니라 당신 자신이 현실을 인식하고 대처하던 기본 태도였다.

약혼식에서 소흥렬 선생님이 말씀하신 축사의 내용 중에 단 한 문장이 아직도 기억에 생생하다. "정원이를 찾는 사람들이 많다. 정원이가 없으면 안 되는 일이 많다는 것이다." 하지만 이 내용은 오로지 열정만으로 좌충우돌하던 당시의 내게 어울리는 말이 아니라, 오히려 소흥렬 선생님 자신에게 돌려드려야 하는 말이다. 당시 소흥렬 선생님은 그야말로 다방면에서 다양한 방식으로 발언하시려 하셨고 다양한 방식의 실천 속에 함께하셨다. 선생님은 끊임없이 질문을 던지시고 스스로 그 대안을 직접 실천하시려 했기 때문이다.

도서관에서 내가 소흥렬 선생님의 책 『불심초』를 읽으면서 느끼게 된 놀라움은 바로 이와 관련된다. 선생님이 써 내려간 소설 속에 등장하는 여러 주인공들은 다시 선생님 자신이나 가까운 제자, 친구의 삶과 실존적 고민들을 재현해놓은 듯하였다. 내가 『불심초』를 통해 만난 선생님은 1980년대의 정치적 문제들을 무시하거나 잊지 않으시고 수십 년 동안 계속 조금씩 조금씩 발전시키다가 결국 순식간에 한 달 동안 폭발적으로 풀어낸 새로운 모습이셨고, 그래서 묘하게 일관성이 있었다. 그 글 속에서 나는 선생님 특유의 종교철학과 정치철학을 발견할 수 있었다.

3. 『생존론』과 『불심초』 들여다보기:
  생존과 생명 그리고 다시 생존으로

소흥렬 선생님은 『생존론』 머리말에서 "철학의 존재론과 실존론이 생존론으로 연결되고 확장됨으로써 구체화되고 현실화되게 한다"(소흥렬 2011, 6-7)고 쓰셨고, 이 말대로 스스로의 삶과 철학으로 실험하셨다. 소흥렬에 의하면 생존의 문제는 한 개인의 문제이면서 '전체 생명' 세계의 문제이지만 자신의 생존 문제를 스스로 판단하지 못하고 가족과 사회에 부담을 주는 생존 또한 바람직하다고 할 수 없다(소흥렬 2011, 14-20). 소흥렬은 현실의 개인들이 자신의 행복을 위해 벌이는 생존경쟁의 다양한 모습들을 구체적으로 끌어낸다. 소수가 행복하고 다수가 불행한 사회구조 속에서 생존하는 사람들, 소수의 불행을 강요하면서 다수의 행복을 추구하는 것을 정당화하는 공리주의적 발상을 지지하며 생존하는 사람들, 특정 시대의 정권이나 정치체제나 기업이 생존하는 양태들, 그리고 그렇게 조건화된 생활세계에서 실패와 좌절, 파국과 낙오를 경험하거나 차별화되는 개개인들의 생존의 모습들이 생생하게 드러난다.

이 과정에서 소흥렬은 문제를 일반화하거나 추상화시켜 적당히 넘어가지도 않고, 어느 한편의 입장만을 치켜세우지도 않는다. 예를 들어, 소흥렬은 미국이 주도하는 패권적 경제질서가 현대 국제사회에서 상당한 위협 요인이 되고 있다고 진단한다. 그는 전쟁을 일으키는 사회주의 국가의 정치 지도자만 비판하지 않는다. 그에 대응하는 미국 역시 군수산업과 금융의 독점적 지배력, 그리고 세계 최고의 핵 보유 국가로서 야심을 발휘하고 있다고 비판한다. 소흥렬은 해방 이후 미국 유학의 경험을 한 지식인이면서도 미국을 무조건 찬양하지 않은 소수의 학자들 중 한 사람이다. 생명의 존엄성이나 생존 문제를 다룰 때에도 소흥렬은 서로 관련되어 있는 복잡한 문제들에 대해 찬찬히 철학적 질문들을 던지고 스스로 대답해간다.

"개인이 스스로 끝까지 책임질 수도 없는 자기 생명에 대하여 생명의 존엄성만 절대화한다는 것은 말이 되지 않는다. … 그렇다면 개인의 생명은 어떤 근거로, 어떤 관계로 존엄하다고 할 수 있는가? … 전체 생명과의 관계로 볼 때 개인은 그 전체 생명의 한 조각을 맡아서 책임지고 있다는 생각을 하게 된다. 자기 생명이 과연 자기 것인가를 생각해 보게 된다. … 우리 인간에게는 역사 속에서 역사적으로 생존한다는 사실이 중요하다. (불교의) 연기의 법이 인간 역사의 법으로도 이해가 되고 해석이 되어야 한다."(소흥렬 2011, 40-46)

소흥렬은 개인의 생명이 전체 생명의 한 조각이라는 점에서 존엄하고 책임을 부여받은 존재라고 말하면서 불교의 연기법을 예로 들고 있다. 그러나 불교뿐 아니라 동양 유교 경전에서도 '계지자선(繼之者善)'을 말한다. 선(善)이라는 것이 다른 것이 아니라 바로 훌륭한 도를 잇고 계승하며 이어가는 일을 가리킨다는 것이다. 이미 죽은 사람들이 남긴 말과 글을 살아 있는 사람들이 찾아 다시 듣고 다시 읽는다. 이들은 글자가 박제된 곳에서도 서로 살아 있는 생명을 함께한다. 공부를 하는 일은 사실 이렇게 죽은 자와 산 자의 대화의 연속 과정이 아니던가?

소흥렬은 자신의 생존이 단지 한 개인의 문제에 그치는 것이 아니라는 것을 '사회적 마음'과 '사회적 실천'이라는 맥락에서 논증한다. 산다는 것은 자기가 속한 사회에 대한 빚 갚기로 생각할 수 있으며, 생존의 권리와 의무는 사회적 마음과 사회적 실천과의 관련을 통해 비로소 의미를 갖는다는 것이다. 생존 조건에서 유리한 사람이 불리한 사람에게 책임감을 느끼고 평등화를 추구하게 하는 마음, 서로의 불행을 나누고 함께 짊어짐으로써 그것을 줄이고자 하는 마음이 사회적 마음이고 사회적 실천이다.

1980년대를 학생운동과 노동운동을 하며 보낸 나는 그런 삶이 그 이전까지 내가 살아온 '온실 속의 혜택'을 조금이라도 사회에 갚는 길이라고 생각했는지 모른다. 하지만 내가 대학 입학까지 선물로 받은 그 축복 속 보호와 혜택들이 사실은 나의 부모의 소중한 피와 땀과 노력에 의한 것이었음을 그때는 몰랐던 것이다. 이런 빚을 갚는 일이 또 저런 빚을 무시하거나 파괴하는 일이 될 수도 있다는 것을 그때에는 미처 몰랐다. 거창하지 않다 하더라도 주어진 조건에서 합당한 일을 하는 것도 사회적 실천의 길이 된다는 것을 충분히 알지 못하였다. 생존의 권리와 의무를 함께 존중하고 존중받을 줄 아는 것도 그 자체로 연습이요 공부이며 수행이며 수양의 과정이라는 것을 나는 뒤늦게야 알기 시작하였다.

소흥렬은 생존에 관해 철학적 질문을 던지고 대답해갈 때 항상 현실 속의 인간의 모습을 냉정하게 파악한다. 생존 현실 속의 인간은 남의 생존 권리를 아무 생각 없이 손쉽게 박탈해버리거나 침해할 수 있는 속성을 가진 존재이다. 그것은 단지 그가 동물적 본능을 갖고 있기 때문이 아니라 사회적 실천 과정에서 지위와 힘의 관계가 균형을 이루지 못하고 있기 때문이다. 그래서 소흥렬은 "생존의 권리는 우리 인간의 사회적 합의와 계약, 또는 사회적 노력과 투쟁으로 쟁취하고 지켜가야 하는 기본 권리"(소흥렬 2011, 57)라고 강조한다.

그런데 소흥렬은 개인의 생명을 존엄하게 하는 전체 생명 의식, 연기법의 역사적 해석, 그리고 생존의 권리와 의무를 위해 사회적 실천을 강조하면서도 인간에게는 생존과 생명 그 자체의 의지를 넘어서는 가치 지향성이 존재한다고 말한다.

"우리 인간의 역사, 특히 문화의 역사를 보면 결코 생명 의지만의 지배로 이해할 수가 없다. 인간의 역사를 통하여 이루어지는 가치 지향이 있다. 하느님의 뜻이라고 할 수 있는 어떤 가치 지향이 있다. 우리 인간의 가치 창조를 통하여 이루어지는 역사의 의미를 말한다. … 우리 인간이 등장함으로써 우리 인간을 통하여 하느님의 뜻을 실현하기로 한 그런 역사의 하느님이 있어야 한다는 것이다. 생명 의지가 아닌 생존 의지를 의미 있게 하는 역사의 하느님이 있어야 한다는 것이다."(소흥렬 2011, 75)

소흥렬에게 개인의 생존의 의지는 '역사의 하느님'으로 비유되는, 가치 지향과 가치 창조의 능력을 통해 의미 있게 된다. 불교의 용어인 '연기법'으로서의 역사적 생존과 기독교의 용어인 '역사의 하느님'으로서의 생존 가치는 모두 한 개인의 생존의 의미 속에 들어 있는 의지와 능력의 존엄성을 가리킨다. 그런데 이러한 생존 의지와 생존 능력의 존엄성은 현실 사회에서도 정치적 의의를 갖는다. 그래서 소흥렬은 계속 현실 사회와 정치체제의 개선의 필요성을 강조한다.

"우리 인간 사회에는 선과 악의 구별이 가능하다. 정의와 불의의 구별이 가능하다. 사람이 사람을 못살게 하는 악행이 문제가 된다. 정치권력의 부패와 남용이 문제가 된다. 경제적 불평등이 많은 사람의 생존 능력을 박탈하는 심각한 상황으로 몰아가고 있다."(소흥렬 2011, 80)

소흥렬의 지적에는 현실 사회에서 정치적 불의나 경제적 불평등을 추상적 이론으로 제기하는 수많은 지식인의 태도에서는 발견하기 힘든 특유의 진실성이 배어 있다. 그의 지적에는 그러한 사회정치적 불의와 불평등 문제를 제기하다가 고생스러운 삶을 살게 된 수많은 사람들에 대한 이해와 공감이 묻어 있기 때문이다. 그래서 그의 언어는 따뜻하고 또 따뜻하다. 삶과 죽음의 우연, 생존의 다양한 상황에서 맞이하는 행운과 불운이라는 우연을 모두 다 놓치지 않고 통찰하고 이해하기 때문에 따뜻한 것이다.

소흥렬의 종교철학과 정치철학 사이에는 상통하는 면이 있다. 또한 그가 재해석하고 있는 동양의 불교나 서양의 기독교에도 서로 통하는 것이 있으며, 그가 말하는 정치적 견해들 속에도 단지 권력 투쟁이라는 현상적 정치의 모습을 넘어서는 것이 있다. 붓다와 하느님이 역사적 연기법과 역사의 하느님으로 이어지고, 생존의 기적이라는 표현 속에 종교와 과학, 그로부터 끌어낼 수 있는 정치적 함의들이 압축적으로 들어 있다. 이렇게 소흥렬의 철학적 산문에는 종교와 정치, 지성과 정서가 서로 자유롭게 넘나든다. 그의 철학에는 항상 인간 영혼과 영혼의 만남이 중심이 되고 있다. 이 영혼의 만남 속에서 획득되고 표현되는 기쁨과 슬픔, 괴로움과 인내 등의 삶의 다채로움이 그 속에 들어 있다. 그래서 그의 『생존론』에는 각 개인들의 생물적 삶과 죽음 속에서도 가치 있는 어떤 것이 계속 함께 논의되고 대화로 이어지고 있다. 그리고 이 논의 속에 종교적 절대자나 정치적 혁명의 의미도 자연스럽게 여러 모습으로 탈바꿈되어 계속 등장하게 된다.

종교나 정치는 결국 인간의 생존이 좋은 삶으로 계속 이어지도록 하는 일체의 노력이다. 생존 활동 혹은 생명 활동을 두 가지 측면으로 협력하면서 이끌고 가는 것이 종교 활동과 정치 활동이다. 어쩌면 인간 생존의 가장 실제적 지침으로 언제나 작용하고 있는 것이 이 두 활동일지 모른다. 그런 만큼 이 두 활동에 얽힌 철학적 탐색 또한 끊임없이 지속될 수밖에 없었을 것이리라. 소흥렬의 표현대로 "그런 마음이 어디서 어떻게 일어나는 것인가는 명확하게 설명할 수 없다. 종교적 마음이라고 할 수도 있다. … 스스로 선택하여 실천하는 일"(소흥렬 2011, 113)이다. 그것이 어찌 종교적 마음뿐이겠는가? 자신의 장래의 안위를 계산하지 않고 뛰어들었던 수많은 젊은이들의 정치적 저항 활동 역시 마찬가지 아니겠는가? 그로 인해 목숨을 잃거나 직업을 잃게 되고 한평생 궁핍과 질병에 시달리게 되었어도 그러한 선택과 실천은 가치 있는 생존 활동이었던 것이다.

이런 생각을 하게 되면, 1980년대의 나의 삶도 이제는 따뜻하게 받아줄 수 있을 것 같다. 그때의 삶으로 인해, 그때 포기하고 외면한 것들 때문에 그 이후의 삶이 한평생 고생스러웠어도 그때의 선택이 자연스러운 것이었음을 이제는 받아들일 수 있다. 어쩌면 소흥렬이 철학교육 소설『불심초』를 단숨에 집필하게 된 시점도 당신의 삶에서 오랫동안 싸워오고 붙들고 있었던 철학적 고뇌를 해소하게 된 지점이 아니었을까? 소흥렬은『생존론』보다 3년 일찍 집필한『불심초』에서 그러한 고뇌의 일면을 다음과 같이 표현한다.

"민주화를 위한 투쟁이란 것이 독재 정권을 타도하는 것을 목적으로 하는 한 흔들림이 없었으나, 민주화 이후의 역사를 책임져야 하는 일까지 생각하면 불안했다. 운동권 학생들이 모두 정치가로 남을 수는 없는 것 아닌가? 또 다양한 이념 집단들이 서로 경쟁하게 된다는 것도 혼란을 피할 수 없을 것 같았다."(소흥렬 2008, 26)

소흥렬의 우려는 사실 1980년대에도 이미 존재하고 있었다. 수많은 정치적 저항 활동의 주체였던 이들이 보여주는 인간적 불완전성은 그 이후에도 수많은 모습으로 계속 나타났던 것이다. 그래서 정치적 문제의식은 언제나 종교적 문제의식과 짝을 같이하는 것인지도 모른다. 소흥렬은『불심초』에서 유대교의 하느님을 철학적으로 비판한 스피노자가 겪어야 했던 고난을 소개하면서 현대의 한국 사회에서도 여전히 기독교인들이 갖고 있는 문제들을 날카롭게 지적한다. 그는 기독교가 회복해야 할 사랑의 정신을 불교의 자비 정신과 비교하고 있다. 이러한 태도는 그 자체로 기독교의 배타성을 벗어나게 하려는 것이다.

"사랑의 실천과는 다르게 자비심에 이르는 길은 수행을 필요로 한다. 깨달음으로 성숙해가는 과정을 요한다. … 한 번의 실천으로 끝나는 길이 아니라, 죽을 때까지 지켜야 하는 수행의 길, 수도자의 길을 말한다. 기독교에서는 그것이 성령의 도움을 받아 영성적으로 성숙해가는 길이며, 불교에서는 붓다가 보여준 깨달음으로 성숙해가는 길이다."(소흥렬 2008, 109)

소흥렬은 기독교의 용어인 영성적 성숙이나 불교의 용어인 깨달음으로의 성숙의 구체적 사례를 책 말미에 큰스님과의 철학적 대화를 통해 예시한다. 기독교에서 말하는 아버지 하느님은 우주의 마음이며, 하느님의 아들은 사람의 몸으로 태어난 예수이고, 성령의 하느님은 마음이나 영혼에 영감이나 계시를 주는 기능이다. 불교에서 말하는 공과 법은 우주의 마음이며, 우주의 마음이 몸을 입은 인간으로 태어난 것이 붓다이고, 이 우주의 마음을 이해하는 것이 깨달음이며 깨달은 마음이 불심이다(소흥렬 2008, 148-149). 소흥렬은 큰스님의 입을 통해 "성숙된 기독교라면 우리 동양의 종교를 수용하면서 서로에게 도움을 주는 관계를 맺을 수 있다"(소흥렬 2008, 151)고 강조하고 있다.

신기한 점은 10여 년 전부터 내가 『불심초』 속의 큰스님과 같은 대화의 주제를 나 자신의 공부의 과제로 삼아 씨름해오고 있었다는 것이다. 그때는 『불심초』를 읽지도 않았고, 소흥렬 선생님을 못 뵌 지 수십 년도 더 되었을 때인데도 말이다. 소흥렬 선생님이 강조하신 그 내용을 내가 나 자신의 삶의 문제이자 공부의 과제로 삼게 된 이유를 나는 나의 아버지가 물려주신 숙제라고만 생각했었다. 하지만 소흥렬 선생님이 언제나 의식하고 계셨듯이, 그것은 우주의 마음, 사회적 마음, 역사적 하느님이 내 안에 존재하고 있기에 가능한 것이 아니었을까 한다. 그것은 여전히 신비로 남아 있다.

소홍렬의 철학에는 한 개인의 생존으로부터 시작해서 '전체 생명'과 우주의 마음으로 넓고 깊게 확장되는 마음이 있다. 그러나 그렇게 확장된 '전체 생명'과 우주의 마음은 특정한 방식으로 형해화되거나 추상화되어 있지 않고, 다시 구체적으로 한 개인의 생존 안에 들어와 있다. 그리고 그 마음은 언제나 생존과 관련한 수많은 우연적 요인, 관계적 요인, 행운과 불운의 교차에도 불구하고, 기적과 기쁨의 바탕으로 자리하고 있다. 생존의 기적과 기쁨을 증명하고 실현시키기 위해 애쓰는 활동이 바로 종교이고 정치이다. 그렇기에 소홍렬의 종교-정치철학은 생존에서 시작해서 생명으로 확장되고, 다시 생명이 구체적인 생존의 현장 안에서 계속 실현되고 있음을 알게 해준다.

4. 마치며: 환자로 살아내기

수술을 무사히 마치고 의사를 만나 나의 몸 상태를 의학 용어로 새롭게 들었다. 나의 암 병기는 1A 즉 초기 중의 초기이고, 암 세포의 분화도는 좋은 상태 즉 암 세포가 정상 세포와 거의 비슷하다. 수술 이후로 치료가 완료되어 추가 치료도 필요 없지만 그래도 완치 판정을 받으려면 5년 동안 계속 정기적인 검사와 진단을 받으면서 재발이나 전이 여부를 확인해야 한다. 본격적으로 환자로 살기 5년 프로젝트가 시작된 셈이다. 지난 2년여 동안 전 세계의 모든 사람들은 환자이거나 곧 환자가 될 가능성이 있는 상황으로 살았다. 그에 더해 나는 이제부터 상당 기간 동안 환자로 살아내야 한다.

소홍렬 선생님이 이야기해주신 생존과 생명의 의미를 조금 탐색해보면서 다시 생존으로 돌아온 지금, 나는 뭔가 조금은 기이한 기분을 느끼고 있다. 소홍렬 선생님은 그것을 기적이나 기쁨으로 표현하셨지만, 나는 아직 순수한 기적과 기쁨을 만끽하지 못한다. 솔직하게 말하면 아직은 여전히 두렵다. 생존도 두렵고 생존 속에서 또 만나게 될 여러 가지 일들이 두렵다. 하지만 조용히 한 올 한 올 당신의 마음을 적어두고 떠나신 소흥렬 선생님을 앞으로도 자주 불러내어 말을 걸고 질문도 하고 귀 기울여 듣고도 싶다. 수십 년 동안 못 뵈었어도 항상 우리 곁 어딘가에 조용히 계신 것 같다. 얼마 전, 나의 수업을 듣던 한 뛰어난 학생이 슬쩍 시험 답안 내용 문장 속에 "2016년 이화여대 본관 농성장에 석 달 동안 있었던 사람으로서"라고 진솔하게 적어서 제출하였다. 그때 석 달 동안 나 역시 이화여대 중앙도서관을 드나들면서 농성장을 지켜보고 응원했었던 것이다. 소흥렬 선생님처럼 적극적으로 보호해준 분이 계셨기에 오늘날의 내가 또 다른 멋진 제자를 이렇게 만나게 된 것 같다. 여전히 내 마음속에 살아계신 선생님이 문득문득 그리워질 것이다.

참고문헌

소흥렬, 『생존론』, 나녹, 2011.
소흥렬, 『불심초』, 호미, 2008.

소홍렬의 연결주의적 세계관

최훈

강원대학교 자유전공학부 교수

1. 머리말

근대 과학의 발전은 20세기에 들어와 물질과 생명의 베일을 점점 벗겨갔지만 마음만은 많은 부분이 수수께끼인 채로 남아 있었다. 한편에서는, 마음이 물질과 그 본질에서 완전히 다른 실체라고 생각하는 데카르트의 전통에서든 아니면 몸과 분리되어 존재하는 영적인 것이라고 생각하는 상식에서든, 마음만은 과학이 범접할 수 없는 영역으로 생각해왔고, 다른 한편에서는 20세기 초반을 풍미한 행동주의의 영향으로 마음은 과학적인 탐구의 영역의 바깥에 있다고 제쳐놓았다. 그러나 1946년에 최초의 컴퓨터 에니악이 등장함에 따라 상황이 달라졌다. 많은 과학자들은 컴퓨터라는 기계가 프로그램에 의해 움직이는 것을 보고 두뇌라는 기계가 마음에 의해 움직일지도 모른다는 생각을 하게 되었다. 내가 컴퓨터에서 자판으로 무엇인가를 입력할 때 화면에서 무엇인가가 출력된다. 우리는 이 과정이 일정한 프로그램을 통해 이루어진다고 알고 있다. 마찬가지로 인간의 마음도 일정한 프로그램에 의해 움직이는 체계로 보는 것이다. 물론 우리의 마음은 어떤 컴퓨터보다도 복잡할 것이다. 이렇게 인간의 마음을 컴퓨터 프로그램에 비유해서 보게 됨에 따라 마음의 과학인 인지과학이 비로소 태동하게 되었다.

인지과학은 여러 학문이 함께 연구하는 융합 학문이다. 그중 국내에서 인지과학의 철학 연구를 시작하고 활성화한 철학자로는 단연 소흥렬 교수를 들 수 있다. 소흥렬 교수가 주최한 공동 연구회에 여러 해 동안 참여한 글쓴이 역시 학문적으로 그리고 학문에 정진하는 자세에서 그의 영향을 많이 받았다. 특히 연결주의 모형이 던지는 철학적 주제를 가지고 석사 학위를 받은 글쓴이로서는 소 교수의 연결주의 해석에 관심을 가지지 않을 수 없다. 그런 인연을 계기로 추모 논문으로 그의 연결주의적 세계관을 검토하려고 한다. 물론 학문적인 논문으로 전개되기에 '추앙'보다는 비판적 검토가 뒤따르겠지만, 가슴을 여미며 소흥렬 교수의 학문적 업적을 되새겨본다.

2. 인지적 혁명과 컴퓨터 모형 마음 이론

20세기 전반기를 풍미한 행동주의는 마음을 조작적으로 정의할 수 있다고 생각했으나, 복잡하고 미묘한 마음의 상태를 이런 식으로 조작적으로 정의하기가 쉽지 않다는 데에 행동주의의 근본적인 어려움이 있다. 행동주의가 문제점을 노출하기 시작하면서, 비록 그 이전의 데카르트의 심신이원론이나 내성 심리학과 같은 형태는 아니지만, 학자들은 마음에 다시 눈길을 돌리기 시작했다. 그래서 인간 또는 동물의 행동을 설명하기 위해서는 환경으로부터의 자극과 행동으로 된 반응에만 관심을 국한할 것이 아니라, 그것들 사이에 어떤 내적인 상태들을 상정하고 그것을 인간 또는 동물에 부여해야 한다고 깨닫게 되는, 이른바 인지적 혁명이 일어나게 되는 것이다. 인지적 혁명은 행동주의적 전통에서는 무시되었던 인지적 상태들, 특히 믿음, 욕구 등 대상에 대한 내용을 담지하고 있는 상태들에 대한 탐구와 이론화 작업을 부활시켰다. 인지적 혁명에 의해 조성된 새로운 사조를 인지주의라고 부른다.

인지주의의 핵심적 주장은 우리가 말하고 행동하는 것이 인지적 상태, 곧 우리가 생각하고, 믿고, 바라는 것, 다시 말해서 우리 마음의 표상 상태가 원인이 되어 일어난다는 것이다. 이제 우리가 표상 상태를 설명하려면 그것이 어떻게 세상에 대한 표상이면서 동시에 행동의 원인이 되는지 설명할 수 있어야 한다. 사실 이 두 가지를 동시에 갖춘다는 것은 어떻게 생각하면 신비로운 일이다. 가령 양파를 까면 그 매운맛 때문에 눈물을 흘리므로 양파는 행동의 원인이 되지만, 양파는 그 무엇에 대한 것이 아니다. 반면에 우리의 언어와 같은 기호 체계는 표상 상태인 것은 분명하지만 그것 때문에 어떤 행동이 일어나는 것은 아니다. 그러나 믿음, 욕구, 의도 등의 마음의 상태는 표상적인 상태일 뿐만 아니라 인과적인 힘도 가지고 있다. 다시 말해서 인지적 상태는 어떤 대상에 대한 것이면서 동시에 어떤 행동이 일어나게 한다. 마음이 이 두 가지 특성을 모두 갖추고 있음을 설명하기 위해 나온 것이 컴퓨터 모형 마음 이론이다.[1] 이 이론은 한마디로 마음은 일종의 컴퓨터라고 주장하는데, 기본적으로 컴퓨터가 표상을 포함하고 있는 인과적 메커니즘에 따라 움직이기 때문에 그렇게 생각하는 것이다.

컴퓨터 모형 마음 이론에 따르면 인지는 기본적으로 표상과 계산을 필요로 한다. 이때 표상은 기호적 구조로 되어 있고, 계산은 그런 기호적 구조를 조작하는 데 쓰이는 규칙(논리학의 규칙과 같은)이 지배하는 기호 조작의 과정이라고 본다. 그리고 그런 규칙에 따른 기호 조작의 능력은 인지 체계의 기본적인 능력이다. 그런데 규칙이 지배하는 기호 조작은 다른 게 아니라 바로 우리한테 친숙한 컴퓨터가 하는 일이다. 컴퓨터보다 더 간단한 전자계산기를 생각해보자. 이 조그만 기계의 숫자판과 화면에 나오는 숫자와 기호들은 수를 표상한다고 해석할 수 있다. 그리고 이 기계 안에서 그 표상들이 처리되는 방식은 규칙에 따라 믿을 만하고 체계적으로 이루어지고 있다. 컴퓨터 모형 마음 이론의 주장을 간추려보면 이렇다.

(1) 인지는 기본적으로 표상과 계산을 필요로 한다.

(2) 표상은 일반적으로 기호적 구조로 되어 있고 계산은 그런 기호적 표상을 대상으로 하여 작용한다.

(3) 계산은 일반적으로 그런 기호적 구조를 조작하는 데 쓰이는 명시적인 규칙이나 명령의 지배를 받는다.

3. 새로운 인지 모형: 연결주의

1980년대 중반 이후에 컴퓨터 모형 마음 이론은 새로운 변화를 겪게 된다. 연결주의라는 이름의 새로운 인지 모형은 신경망 모형을 근거로 삼아 많은 인지적 작업에 기호적 표상이 필요하다는 사실을 부정하고 규칙이 명시적으로 있을 필요에 의심을 보냄으로써 기존의 컴퓨터 모형 마음 이론의 핵심적인 주장을 부정한다. 이런 모형은 인지과학에 가히 혁명적인 반향을 불러일으켰으며 기존 이론에 쿤(Kuhn)적인 위기를 몰고 왔다. 소흥렬은 이를 연결주의적 선회라고 부를 정도로 중요한 의미를 갖는 패러다임이라고 부른다(소흥렬 1996, 139). 앞서 인지과학을 등장시키게 된 '인지적 혁명'을 거론했는데, 연결주의는 그 안에서 또 한 번의 혁명을 일으키는 것이다. 새로운 연결주의 이론에 견주기 위해 기존의 이론을 보통은 고전주의라고 부른다. 그러나 소흥렬은 모든 것이 연결되어 있다는 연결주의적 해석을 강조하기 위해서 고전주의 대신에 원자주의라고 부른다(139). 이 글에서도 그를 따라 연결주의와 대비되는 이론을 원자주의라고 부르겠다. 다시 말해 컴퓨터 모형 이론은 원자주의에 기반을 둔 마음 이론이다.

연결주의[2]란 글자 그대로 다수의 기본 요소(유닛)의 결합에 의한 상호작용으로 정보 처리가 진행되는 측면을 중시하고 이것으로 어떠한 정보 원리가 실현 가능한가를 탐구하는 태도이다. 연결주의 체계 또는 신경 연결망은 한 패턴 안에서 서로 연결된 연결망 요소, 곧 '유닛'들로 이루어져 있다. 유닛들 사이의 활성화 수치 전달, 그에 뒤따르는 활성화 상태의 실현, 활성화된 유닛들에서의 출력 값이 그 네트워크의 기본적인 동작을 이룬다. 유닛들 사이의 연결은 흥분성과 억제성의 두 종류가 있다. 상호 협조하여 함께 흥분하려 하는 유닛 간의 협조적 상호작용과 자신이 흥분하면 상대의 흥분을 억제하려 하는 억제 경합적 상호작용이 있다. 이러한 상호작용이 연결망 전체에 퍼져 동시에 병렬적으로 흥분 상태의 다이나믹스가 진행된다.

연결주의가 내적 정보를 어떻게 처리하는지 간단히 알아보자. 연결주의 모형은 단순하고 병렬적인 요소들의 대규모 연결망이라고 하였다. 각각의 요소들은 단순한 수학적 정식에 따라 주변 연결망의 요소들에서 유입되는 활성화 수치를 계산하여 그 나름의 활성화 값을 갖는다. 연결망 요소들 또는 유닛들은 가중치 또는 강도를 전달하는 연결 체계를 통해 각기 다른 요소들의 활성화 수치에 영향을 준다.

이러한 모형의 전형적인 모습은 다음과 같다. 그 체계의 입력은 연결망의 입력 장치에 활성화 값을 부여함으로써 얻게 된다. 이 수치는 입력 표상 또는 부호화한 어떤 것을 나타낸다. 입력 장치의 활성화는 출력 장치에 일정한 활성화 값이 나타날 때까지 연결망에 두루 퍼져 확산된다. 이 활성화 값은 체계가 입력에서부터 처리한 출력을 부호화한 것이다. 출력은 이 활성화 상태와 같을 수도 있고 아니면 임계치 함수와 같은 함수를 따를 수도 있다. 입력과 출력 사이에는 이른바 숨겨진 장치라는 또 다른 장치가 있는데 이것은 입력이나 출력을 표상하는 데는 참여하지 않는다. 입력 장치, 출력 장치, 숨겨진 장치를 이해하기 위해서는 세 층으로 이루어진 신경망을 생각하면 된다. 이 신경망은 단순하고, 뇌의 신경세포(뉴런) 같은 장치들로 구성되어 있다. 맨 아래쪽에 있는 층, 곧 입력 층의 유닛들은 '감각' 유닛이라고 생각할 수 있다. 왜냐하면 그 각 유닛들의 활성화는 환경의 여러 측면이 결정해주기 때문이다. 그래서 모든 입력 장치에서 동시에 활성화된 값이 주어진 자극에 대한 네트워크의 표상이라고 할 수 있다. 이때 자극의 정도의 집합을 입력 벡터라고 할 수 있다. 주어진 자극은 이를테면 <.5, .3, .9, .2>와 같은 벡터를 만들어내기 때문이다. 이런 입력 벡터는 네트워크의 중간층, 곧 숨겨진 장치들로 올려 보내질 것이다. 신경망에서 보듯이 입력 층의 각 유닛들은 이 중간층의 여러 유닛들과 얼마만한 양을 갖는 가중치의 시냅스 연결을 한다. 그래서 중간층의 입력 벡터는 그보다 아래층을 구성하는 유닛들이 갖는 출력 함수에 의해서, 또 많은 시냅스들에 내재하는 시냅스 연결 가중치의 패턴에 의해서, 그리고 숨겨진 요소 각각의 내부에서 벌어지는 수렴 작용에 의해서 영향을 받는다. 이러한 작용의 결과는 숨겨진 장치를 거쳐서 나타나는 자극 정도의 패턴 또는 그것들의 집합 곧 또 다른 벡터의 산출이다. 이제 숨겨진 장치들에서 나타나는 자극 벡터는 맨 위층 부분에 대해서는 입력 벡터의 구실을 하게 된다. 숨겨진 장치들에서 뻗어나가는 축색들은 가장 상위 단계의 장치들과 다양한 가중치의 시냅스 연결을 갖는다. 이런 것들이 출력 장치가 되며, 그것들 안에서 마지막으로 나타나게 되는 자극 정도의 총체적 집합은 출력 벡터가 된다. 이렇게 봤을 때 각 층의 장치들이 하는 일이란 벡터를 다른 벡터로 바꾸는 변형 장치이다. 그리고 그런 변형을 결정해주는 것은 그 층에 들어오는 입력 벡터와

각 장치들과 다양하게 갖는 시냅스 연결의 연결 가중치 두 가지이다.

입력 패턴에서 출력 패턴을 변형하는 일을 하는 동안 연결망이 수행하는 계산은 연결 강도의 분포에 의존적이다. 이 가중치들은 이 체계의 지식을 부호화한 것으로 보통 간주된다. 이런 의미에서 연결 강도는 디지털 컴퓨터의 프로그램이 하는 구실을 한다. 연결주의적 탐구의 커다란 매력은 다수의 연결주의적 망상 구조가 스스로 프로그램을 만든다는 것이다. 곧 그런 연결망은 특정한 계산에 적합하게 스스로의 가중치들을 조절해가는 독자적인 절차를 갖는다는 점이다. 그러한 학습 과정은 연결망이 결과적으로 수행하게 될 어떤 기능에 관련되는 입출력 견본에 의한 훈련에 의존한다. 숨겨진 장치는 어떤 계산을 수행할지를 스스로 결정한다. 왜냐하면 이 숨겨진 장치는 입력이나 출력 어떤 것도 표상하지 않으므로 연결망의 수치를 우리가 임의대로 지시할 수 없기 때문이다. 이 점은 훈련의 과정에서도 마찬가지다.

연결주의 모형은 유닛들 사이에서 변화하는 수치들이 구문론적으로 구조화된 표상이 아니고 단지 연속적으로 변화하는 활성화 수치라는 점을 생각해볼 때 기본적으로 비기호적이다. 연결망의 특정 유닛이 주위 환경 속의 어떤 요소나 특성을 나타낸다고 볼 수 없다. 그래서 이 체계의 표상들은 분산되어 있다고 말해진다. 나는 연결주의의 표상을 가장 특징적으로 설명해주는 개념이 바로 이 분산 개념이라고 생각한다. 이 체계가 표상적 성질을 갖게 되는 것은 주위 환경의 특정한 특성을 표상하는 개별 유닛에 의해서가 아니라 연결망 전체 또는 연결망의 어떤 일부분에 의해서이다. 또 유닛들 사이의 연결은 일련의 규칙을 따르는 체계로서가 아니라 인과적으로 이해되어야 한다. 연결주의 체계에서는 조작들을 수행하게끔 하는 고정된 표상이란 것이 없다. 다만 활성화된 유닛들만 있어서 안정된 상태가 달성될 때까지 다른 유닛들의 활성화를 증가시키거나 감소시킬 뿐이다. 거기에서는 명시적으로 형성화된 명제가 없는 한 규칙이란 없다. 한마디로 말해서 연결주의 체계는 활성화된 유닛의 패턴에 의해 흥미 있는 내용들을 문장이나 명사구와 유사하게 표상한다고 해석할 수 있다.

여기서 주의할 점은 연결주의가 인지 체계에서 기호와 규칙이 기본적인 구실을 한다는 점만 부정했다는 점이다. 연결주의도 기호적인 표상과 규칙이 기본적인 것이 아닌 한 설명되어야 할 것으로 인정한다. 그렇지만 강조할 점은 연결주의 모형에서는 규칙과 기호가 기본적인 구실을 하지 못한다는 점이다. 연결주의는 표상을 기호와 동일시하지 않고 고전적인 의미의 규칙을 갖지 않는다는 점에서 원자주의와 다르다.

연결주의 인지 모형은 신경망 모형에 근거하기 때문에 원자주의 모형보다 생물학적으로 그럴듯하다는 장점이 있다. 예를 들어 원자주의가 모형으로 삼는 디지털 컴퓨터는 대용량의 패턴 인식과 내용에 기초를 둔 회상하기에는 어려움을 보인다. 인간의 뇌는 몇 만 개 또는 몇 십만 개의 대안들 가운데 패턴을 인식해야 하는 낱말 인식이나 얼굴 인식 같은 일은 능숙하게 해낸다. 그러나 그것을 직렬적인 방식으로 하려고 하는 디지털 컴퓨터는 우리가 만날 수 있는 가장 뛰어난 패턴 파악 프로그램이라도 복잡함 때문에 어려움을 보인다. 그러므로 인간이 갖는 지식을 저장하고 회상하는 방식은 재래식 컴퓨터가 저장하고 회상하는 방식과 틀림없이 다를 것이다. 또 우리는 자전거 타기와 같이 언어적으로 기술하기 어려운 일들을 많이 알고 있는데 언어적인 형태로 저장된 지식을 다루는 디지털 컴퓨터는 그런 지식을 다루는 데 성공하지 못한다. 이 점 외에도 디지털 컴퓨터는 비언어적이고 직관적인 절차를 다루는 과정의 부족하다거나, 손상이나 소음에 민감하다거나, 주어진 일만 처리하지 새로 만나는 상황이나 내용을 학습하고 습득된 지식을 새로운 환경에 적응하는 능력이 부족하다. 디지털 컴퓨터가 이렇게 많은 한계들을 보이는 가장 큰 까닭은 우리의 실제 두뇌가 갖는 특징을 실어내지 못하기 때문이다. 두뇌는 디지털 컴퓨터에서처럼 모든 계산들이 그 안에서만 이루어지고 모든 정보가 반드시 그것을 통과해야 하는 중앙처리장치(CPU)를 가지고 있지는 않다. 두뇌는 전형적인 디지털 컴퓨터가 가지고 있는 것과는 전혀 다른 물리적 계산 구조를, 곧 수십억의 단순한 계산들을 동시에 수행할 수 있는 구조를 가진 것으로 생각된다. 이러한 정보 처리 방식을 디지털 컴퓨터에서 드러나는 직렬 처리 방식과 대비해서 병렬 처리 방식이라 부른다. 이 병렬 처리 방식을 단순한 처리 장치들의 복잡한 연결 체계에서 수행하는 모형이 연결주의 모형인 것이다. 그래서 연결주의를 달리 병렬 분산 처리(Parallel Distributed Processing: PDP) 모형이라고도 부른다.

4. 소흥렬의 연결주의 방법론

지금까지 살펴본 것처럼 연결주의는 마음 또는 인지를 이해하는 한 가지 모형이다. 그런데 소흥렬은 이를 마음에 대한 이해에서 세계에 대한 이해로 넓혀, "연결망적 구조를 모든 존재하는 것의 기본으로 보자는 것"을 연결주의 방법론 또는 연결주의 관점이라고 부른다. 이에 견주어 개체의 존재를 우선적으로 보는 관점을 원자주의라고 부른다 (139). 이는 개체들이 존재하면서 상호작용하는 관계를 맺어간다고 보는 관점이다. 개체들의 존재 인정은 연결주의나 원자주의나 마찬가지이지만, 연결주의 방법론에서는 연결망적인 구조 관계를 떠나서는 존재할 수 있는 개체가 없다고 보므로 연결망이 우선적인 존재 방식으로 여겨지는 것이다. 그리고 그는 연결망을 통한 기능은 뇌세포 개체의 기능으로 환원될 수 없다고 주장한다(141, 145). 그것은 독립된 개체적 기능이 모여서 이루어지는 단순한 종합 기능이 아니고 새로운 차원의 현상을 가능하게 하기 때문이다.

여기서 소흥렬이 주목하는 것을 몇 가지로 정리할 수 있다.

(1) 개체들과 연결망이 모두 존재한다.
(2) 연결망이 개체보다 우선한다.
(3) 연결망은 개체로 환원될 수 없다.

앞 절에서 말했듯이 연결주의는 유닛들의 결합에 의한 상호작용으로 정보 처리가 진행되는 측면을 중시하고 이것으로 어떠한 정보 원리가 실현 가능한가를 탐구하는 태도이다. 이는 인간의 뇌가 수백억 개의 신경세포로 이루어져 있고 그것들이 시냅스라는 구조를 통해 전기 화학 신호를 주고받음으로써 정보를 전달하는 인간의 뇌를 모형화하고 있기에 원자주의에 견줘 생물학적으로 그럴듯하다. 그런데 소흥렬은 이런 생물학적 또는 신경망적 체계에서 연결망이 존재하고 그 연결망은 개체로 환원될 수 없다는 결론을 이끌어낸다.

연결망이 개체로 환원될 수 없다는 주장은 연결주의적 실재론이라는 존재론적 주장을 낳는다. 소흥렬에 따르면 원자주의는 환원주의를 취한다(145). 환원주의는 원자를 기본 단위의 개체적 존재물로 보면서 모든 현상을 원자들의 작용으로 환원하여 설명하고 이해하고자 하는 입장이다. 이런 입장에서는 뇌의 기능은 모두 뇌세포, 곧 신경세포의 기능으로 환원될 수 있으며, 이는 또다시 신경세포를 구성하는 분자의 기능으로, 다시 그것은 원자의 기능으로 환원될 수 있어야 한다. 그런데 현대 신경과학은 이런 시도 자체가 잘못되었음을 말해준다는 것이 소흥렬의 견해이다. 뇌세포들의 집단은 연결망이라는 구조를 통하여 뇌세포 또는 뇌세포를 이루는 원자들과는 다른 속성을 나타내기 때문이다. 그래서 그는 실재세계는 중층적이라는 존재론적 주장을 한다

(146). 원자들로 이루어진 하위층과 그것들 간의 연결로 이루어진 상위 층이 존재하며, 두 층은 서로 의존하는 관계인 것이다.

소흥렬의 연결주의 방법론은 단순히 연결주의에 대한 이해가 아니라 그것을 방법론으로, 그리고 더 나아가 실재론으로 이해한다는 점에서 특이하고 주목할 만하다. 나는 두 가지 점에서 주목할 만하다고 생각 하는데, 첫째는 연결망과 개체가 중층적으로 존재하고 연결망이 개체 보다 우선한다고 주장한다는 점이다. 둘째는 이러한 연결주의적 모습 이 인간의 뇌와 신경망에만 존재하는 것이 아니라 세계 전체에 있다고 생각하는 점이다. 그는 다음과 같이 묻는다. "그러면 우리의 두뇌는 왜 이러한 연결망의 기능을 갖게 되었을까?" 그러고 나서 다음과 같이 대 답한다.

"그것은 우리의 두뇌가 우리의 세계를 모의하기 위해 진화되었기 때 문이라고 할 수 있다. 우리의 세계가 그러한 연결망으로 기능하기 때문 에 그것을 모의해야 하는 두뇌도 그런 구조와 기능을 갖게 되었으리라 는 것이다."(141)

다시 말해서 우리 세계 자체가 개체들의 연결망으로 이루어져 있고, 연결망이 개체보다 우선하며, 연결망은 개체로 환원되지 않는 구조이 기에 우리 두뇌도 그것을 모의하도록 같은 구조와 기능을 갖게 되었다 는 것이다. 소흥렬은 여기서 더 흥미로운 개념을 제시하는데, 창출과 고안이 그것이다. 하위 차원의 개체들이 상위 차원에서 연결망을 만들 면서 새로운 기능이나 속성을 수반하는 상향적 관계를 창출이라고 부 르고, 거꾸로 상위 차원의 필요에 맞게 새로운 연결망이 하위 차원에 서 형성되게 하는 하향적 관계는 고안이라고 부른다(148). 아마도 창출 은 철학자들이 흔히 '창발(emergence)'이라고 부르는 것을 일컫는 듯하다. 어쨌든 창출과 고안은 인간의 창의적인 사고 능력이고 경이로운 현상이다. 그리고 이것은 철학자들이 흔히 '수반(supervenience)'이라고 부르는 관계와도 다른데 수반처럼 단순히 의존적 관계가 아니기 때문이다.

창출과 고안은 인간의 뇌에서 벌어지는 현상이다. 이것을 자연의 연결망 구조를 모의하는 진화적 현상으로 해석하는 것은 그야말로 창의적인 발상이다. 인간의 창의적인 사고력은 흔히 신이 부여한 능력이라는 식으로 초월적으로 해석하기가 쉽다. 그러나 소흥렬은 "자연이라는 체제로부터 독립하여 초월적으로 존재하는 어떤 것도 부정"(7)하는 자연주의에 입각해서 이를 철저히 배제한다. 그에 따르면 "… 이러한 고안 능력의 필요를 설명하기 위하여 초월주의로 넘어갈 수가 있다. 설계자가 있어야 하며 창조자가 있어야 한다는 것이다. 하지만 왜 그런 설계자나 창조자가 자연계를 초월하여 존재해야 하는지는 명확하지 않다."(149) 초월적 존재자를 인정할 수 없다면 창출과 고안 능력을 어떻게 설명할 수 있을까? 이때 필요한 것이 바로 연결주의적 세계관이다. "인간의 두뇌가 자연의 산물이라면 자연 자체도 창출적 능력과 고안적 능력을 함께 가졌다"(149)고 볼 수 있기에 진화에 의해 두뇌의 창의적인 능력이 생기는 것이다.

흥미로운 또 다른 점은 원자주의적인 컴퓨터에서는 이런 창출과 고안이 불가능하다(148). 연결주의적 컴퓨터와 달리 그런 컴퓨터는 자연을 '모의'하지 않았기 때문이다. 그런 모의가 가능하기 위해서는 인간의 자연지능을 닮은 '인공지능'이어야 한다. "자연지능인 우리의 두뇌가 우주적 연결망을 모의하고자 하는 것이라면, 인공지능인 컴퓨터는 그 두뇌의 모의 기능을 다시 모의하고자 하는 것이다"(142)라는 소흥렬의 지적에서 그의 연결주의적 세계관은 정점에 달한다.

세계는 모든 것이 연결되어 창출과 고안에 의해 새로운 것을 만들어낸다는 소흥렬의 세계관은 그 스스로도 인정하듯이(149) 스피노자의 '능산적 자연'을 떠올리게 한다. 그런데 이런 세계관은, 소흥렬은 말하지 않지만, 결국에는 신은 곧 자연이라는 스피노자의 범신론으로 연결된다. 이것을 이해한다면 자연주의를 적극 지지하면서도 자연주의적 하느님의 존재를 받아들이는 그의 철학(50)을 이해할 수 있다. 흔히 자연주의는 자연과학의 시각으로 세상을 이해하는 것으로 이해된다. 그러나 소흥렬은 자연주의는 과학주의와 다름을 강조한다(55). 과학주의는 환원주의를 전제하는데, 앞서 보았듯이 소흥렬의 연결주의적 세계관은 환원을 배격한다. 따라서 그는 자신이 이해하는 자연주의는 과학주의 또는 환원주의와는 다르다고 말한다. 그의 자연주의적 세계관은 초월주의를 받아들이지 않으면서도 초월주의가 가정하는 신을 '자연주의적으로' 받아들일 수 있기에, "자연주의적 문화권에서도 초월주의적 문화권의 언어를 이해할 수 있"(57)다는 장점이 있다.

소흥렬의 연결주의적 세계관은 일리가 있고 이해 가능하다. 그러나 이해할 수 있다는 것과 설득력이 있다는 것은 별개의 문제이다. 그의 연결주의적 세계관 논증의 핵심은 인간의 두뇌가 연결주의적으로 구성되어 있다는 것과, 그런 식으로 구성되어 있는 이유는 그렇게 구성되어 있는 자연을 모의하기 위해서라는 두 가지 핵심 주장으로 이루어져 있다. 하지만 글쓴이는 두 주장 모두 설득력이 부족하다고 생각한다.

첫째, 두뇌가 연결주의적으로 구성되어 있다는 주장을 보자. 두뇌가 개체들에 해당하는 신경세포와 그것들 간의 연결, 곧 시냅스로 이루어져 있다는 것은 신경과학적 사실이다. 그러나 여기서 개체와 연결의 중층적 구조가 도출되는가? 시냅스는 소흥렬이 이해하는 바와 달리 상위 차원의 현상이 아니라 신경세포와 같은 차원의 현상이다. 시냅스는 하나의 신경세포와 다른 신경세포가 만나는 부위이다. 신경세포에서 전기 신호가 발생하면 그것을 화학 신호로 바꾸어서 다른 신경세포에 전달한다. 다시 말해서 시냅스는 개체들과 다른 층위에서 중층적으로 일어나는 연결이 아니라 신경세포라는 개체를 이루는 한 부위의 현상일 뿐이다. 그것도 자연과학으로 설명 가능하고 원자로 환원 가능한 전기 화학 현상이다.

둘째, 설령 두뇌가 소흥렬이 말하는 식으로 중층적으로 이루어져 있다고 하더라도 자연세계도 그런 식으로 이루어져 있다고 볼 근거는 없다. 그는 두뇌가 왜 그런 식으로 진화하고 있는지 설명하기 위해서는 자연이 그런 식으로 이루어져 있다고 설명할 수밖에 없다는 논증을 하고 있는데, 이 논증은 귀추법의 형식을 띤다. 그러나 그것은 형식은 귀추법이지만 현상을 증거를 가장 잘 설명한다고 말하기 어렵다. 두뇌가 세계를 닮아야 한다는 어떤 필연적인 이유도 없기 때문이다. 만약 누군가가 신체의 작동 원리가 우주의 작동 원리를 닮는다고 말한다면 이는 근거가 없다고 말할 것이다. 소흥렬의 연결주의적 세계관도 이와 마찬가지의 논증 방법이다.

이와 같은 문제점에도 불구하고 신경망 모델과 인간의 뇌에 맞춰 존재론으로 승화시키려는 그의 시도는 의미가 있다. 그의 말처럼 "우리로 하여금 자연의 세계와 인간 사유의 세계 그리고 인공지능의 세계를 새로운 관점에서 볼 수 있게 하는 길을 열어주었"(142)기 때문이다. 자연의 세계와 인간 사유의 세계를 이해하려는 노력은 인간의 역사와 함께한다. 인간 사유는 이해하기 어려운 영역이기에 사람들은 인류의 역사에서 마음 또는 뇌를 언제나 당시의 가장 발달된 기술에 비교해왔다. 투석기(고대 그리스), 방앗간(라이프니츠), 동력이 물인 전자장 체계(프로이트), 전신 체계(셰링턴), 전화 교환대(존 설) 등이 그 보기이다. 2절에서 말한 컴퓨터 마음 이론도 컴퓨터를 마음의 모형으로 삼은 것이다. 이런 역사에서 볼 때 소흥렬의 연결주의적 세계관은 원자주의적 또는 고전주의적 컴퓨터가 아닌 인공 연결망 또는 인공지능을 모델로 마음 또는 세계를 이해하려는 노력의 일환으로 볼 수 있다. 글쓴이가 알기에 철학사에서 그런 시도는 없었다.

참고문헌

소흥렬, 『문화적 자연주의』, 소나무, 1996.

---

1) 이 이론에 대한 자세한 내용은 글쓴이의 「지향적 상태와 컴퓨터 유비」, 『과학과 철학』 제8집, 1997, 192-241쪽을 보라.
2) 연결주의에 대한 자세한 논의는 글쓴이의 「연결주의와 구성적 구조: 포더와 필리신에게 보내는 응답」(서울대학교 석사학위 논문, 1994)를 보라.

소흥렬의 '문화적 자연주의'

신유물론과의 비교를 통해 본 현재적 의의

현남숙

성균관대학교 학부대학 초빙교수

1. 들어가는 말

'자연과 문화'는 부지불식간에 전제하는 커다란 이분법적 범주 가운데 하나이다. 고대부터 인간은 주변 세계의 대상을 자연과 문화로 구분해왔다. 언제나 같은 것으로 남아 있는 식물, 동물, 계절, 별 등과 시간과 장소에 따라 변화하는 것으로 보이는 언어, 관습, 법, 정치제도 등이 그것이다. 서양의 전통에서 전자를 자연으로, 후자를 문화의 의미로 사용하였다.

하지만 기술시대로 접어들면서 문화와 자연의 간극은 좁혀지고 있다. 과학기술에 의한 인간 자신의 내적 본성과 인간 외부의 자연을 변경한 결과 자연/문화의 경계가 갈수록 모호해진다. 유전자 변형 기술로 태어난 동식물들은 자연과 문화의 경계를 넘나드는 사이보그이다. 한편, 자연과 문화의 구분 및 자연에 대한 문화의 우위를 전제하는 태도는 오늘날 환경위기를 초래한 조건 중 하나로 비판받기도 한다. 문화를 자연의 우위에 둠으로써 이 세계에서 인간 존재가 더 우월하다는 인간중심주의 또는 인간예외주의를 가져왔기 때문이다.

그렇다면 자연과 문화를 구분하는 것이 어려워진 시대에 우리는 그러한 자연과 문화를 어떻게 관련지어야 할까? 이 글은 이러한 문제의식에서, 소흥렬의 문화적 자연주의를 소개하고 그 의의를 찾아보고자 한다. 그 과정에서 자연과 문화의 연결을 강조하는 신유물론의 논의를 참조함으로써, 문화적 자연주의의 현재적 의의를 드러낼 것이다.

2. 문화적 자연주의

소흥렬은 문화와 자연의 분리를 넘어서는 새로운 사유를 제시했는데, 그것을 대표하는 용어가 '문화적 자연주의'이다. 그는 1996년에 출간한 『문화적 자연주의』에서 문화와 자연의 관계에 관해 본격적으로 논의한다. 그에 따르면, 문화적 자연주의는 자연주의 안에서 문화를 설명하고자 하는 시도로, 문화는 자연주의 안에서의 문화 이외 자연으로 환원되지 않는 특수한 차원을 갖는다. 『문화적 자연주의』에 나타난 문화와 자연의 관계를 재구성해보면 다음과 같다.

먼저, 그는 자연주의적 일원론 안에서 문화를 설명하는데, 이는 자연주의적 일원론에 따라 문화에 관한 초월주의적 설명을 비판하는 입장으로 이어진다.

"자연주의는 자연이라는 전체로부터 독립하여 초월적으로 존재하는 것은 어떤 것도 부정하는 입장이다."(소흥렬 1996, 7)

"문화적 자연주의는 자연주의적 존재론 안에서 인간의 문화현상도 설명하고 이해하고자 하는 관점이다."(8)

"문화적 자연주의는 종교, 예술, 철학 및 과학을 중심으로 하는 문화의 영역이 존재론적으로 초자연적 또는 초월적 세계를 함축하지 않는다. 말하자면, 반초월주의적 존재론을 뜻하는 것이다."(9)

한편, 종교, 예술, 철학 및 과학과 같은 문화는 자연주의 안에서 자연과 다른 독자적 지위를 차지한다. 그런 의미에서 그는 문화를 자연(예를 들어, 생물학적 차원)과 같은 것으로 환원하는 설명 방식과는 거리를 둔다.

"종교, 예술, 철학 및 과학에서는 창조되는 문화의 세계는 자연의 세계로 환원하여 설명할 수 없는 특수한 차원의 실재세계를 이루고 있다."(9)

앞서의 논의의 결과, 자연과 문화의 관계는 한편으로는 자연과 문화의 연속성을, 다른 한편으로는 그것들 간의 불연속성을 가정하는 좀 더 다층적인 구조가 설정된다.

"문화현상도 자연현상에 의존하는 연속성을 가지므로 '자연주의'가 되는 것이며, 그러면서도 문화현상으로서의 특수 차원을 이루는 불연속성을 나타내므로 '문화적' 자연주의가 되는 것이다."(10)

그렇지만 자연을 초월하는 것은 없다는 자연주의 하에서 어떻게 자연으로 환원되지 않는 문화가 가능하다는 말인가? 자연으로부터의 초월을 반대한다는 의미에서의 '반초월주의'와 문화의 특수성을 유지한다는 의미에서의 '반환원주의'는 어떻게 양립 가능한가? 이러한 질문을 던지고 보면 얼핏 문화적 자연주의는 자가당착적인 것으로 보이기도 한다. 이러한 상황에서, 세계의 중층 구조가 도입됨으로써 그 문제는 해결 또는 해소된다.

"개체들은 동력과 정보로 이루어지고, 개체들의 세계는 중층적인 구조를 갖고 있다. 작은 것들이 모여서 큰 것이 된다. 즉, 분자, 세포, 몸, 마음, 영혼, 신과 같은 다양한 스펙트럼의 존재자들을 중층적 구조로 이루어져 있다."(11)

이러한 개체의 중층 구조는 개체로서만 존재하는 것이 아니라 매 단계에 정보가 대응된다. 개체는 자신의 가능을 작동하기 위하여 정보가 필요하기 때문이다. 자연주의 내에서의 존재자들의 중층적 구조는 다음과 같다.

"개체는 그것들이 실재하기 위해 정보가 필요하다. 따라서 개체의 차원과 정보의 차원은 대응할 뿐더러 상호작용한다. 즉, 분자/원자의 기능에는 물리 정보, 세포 기능에는 유전 정보, 몸의 기능에는 감각 정보, 마음의 기능에는 언어 정보, 마음의 기능보다 한 차원 높은 정신 또는 영혼의 기능에는 직관 정보가 대응한다."(12)

이러한 세계의 중층적 구조에서 문화는 어떤 특별한 위상을 차지하는가? 문화적 자연주의에서는 문화의 창조성이 중요한데, 문화의 창조를 가능하게 하는 정신 또는 영혼 차원에서의 개체의 기능과 그것이 갖는 직관 정보가 문화의 특수한 지위를 준다.

"정신 또는 영혼 차원의 직관 정보가 인간 창조성을 가능하게 하여 문화적 지향성의 바탕이 된다."(25)

한편, 문화적 자연주의에 따르면, 문화적 지향성은 인간만이 갖는 특수한 것이기는 하나 이 또한 자연 진화의 역사에서 온 것이므로, 문화적 지향성은 자연적 지향성의 연속이다. 따라서 문화는 초월적 가치가 아닌 자연주의 내에서의 가치를 갖는 것으로 간주된다.

"정신 기능과 직관 정보가 자연의 진화 역사에서 나타난 중층 구조의 최상위 차원으로 실재한다는 것은 그것도 자연적 지향성의 산물임을 말해준다."(25)

끝으로, 문화적 자연주의는 문화(종교, 예술, 철학 및 과학 등)가 추구하는 가치들을 상이하고 특수한 것이 아닌 보편적인 것으로 상정한다.

"종교, 예술, 철학 및 과학이 추구하는 본질적 가치는 서로 다른 것처럼 보이지만 그것들은 모두 보편적 가치로서 진리를 추구한다. … 별의 역사, 인류의 역사, 문화의 역사가 다양하고 혼돈스럽지만 그 모든 역사가 제각기 이상한 끌개의 지배를 받으면서 궁극적으로는 우주의 마음을 드러내는 진리의 역사로 귀결하리라는 것이다."(25-26)

정리하자면, 문화적 자연주의는 자연과 문화를 환원적 일원론이나 초월적 이원론으로 보지 않고, 세계를 개체의 중층적 구조와 그에 대응하는 정보의 중층적 구조로 파악하면서, 그러한 존재의 층위나 시간의 연결 속에서 자연과 문화를 연결짓고자 한 시도이다.

3. 신유물론에서의 자연과 문화

자연과 문화의 관계에 관한 질문은 근래 '신유물론'[1]이라는 담론에서 주요한 물음으로 등장한다. 필자는 문화적 자연주의의 함의를 드러내기 위해, 그것과 유사하지만 그럼에도 차이를 보이는 신유물론의 자연/문화 관계를 살펴봄으로써, 문화적 자연주의의 의의를 밝혀보고자 한다. 먼저 신유물론이 무엇을 말하는지 살펴보도록 하자.

"신유물론이란 말을 각각 독립적으로 창안한 마누엘 데란다와 로지 브라이도티는 신유물론을 1990년대 후반 문화이론에서 사용하기 시작했다. 이 문화론은 문화 쪽에 특권을 부여하는 것이 아니라, 도나 해러웨이가 자연문화라고 부르는 것, 또는 브루노 라투르가 간단히 집합적인 것이라고 지칭한 것에 초점을 맞추는 것이다. 이 용어는 이원론을 급진적으로 재사유하는 문화론을 제안한다. … [자연과 문화의] 이원론은 물질 위에 정신 또는 자연 위에 문화라는 우선순위를 매기는 휴머니즘적이고 변증법적인 사유를 추종하는 어떤 초월론화하는 태도이다." (릭 돌피언, 이리스 반 데어 튠 2021, 133, 139; [ ]은 인용자가 추가함)

왜 물질을 새롭게 살아 있는 것으로 보고, 그것을 통해 자연/문화를 모두 물질의 연속적 존재론으로 보는 것이 각광받는 시대가 된 것일까? 이러한 배경에는 자연과 문화의 존재론적 분리와 자연에 대한 문화의 우위를 가정하는 우리의 관념이 문제를 일으켰다는 성찰이 자리 잡고 있다. 그 결과 과학적, 기술적 진보에 따라 물질, 특히 살아 있는 물질에 대한 긴급한 윤리적, 정치적 관심이 출현했다. 기후 변화, 글로벌 자본 및 인구 흐름, 유전자 변형, 유기체의 생명공학 등의 문제에 대한 해결을 위해서는 물질과 자연의 본성에 대한 새로운 사유가 불가피하게 된 것이다(Coole and Frost 2010, 5).

신유물론은 근대 이후의 자연/문화 이원론 및 이러한 이원론에 기초하여 문화를 자연의 우위에 두는 사상을 비판하면서, 새로운 자연문화 존재론을 제시한다. 신유물론은 과학 연구, 페미니즘, 인류학, 환경 인문학 등에서 다양하게 나타나는데, 대표적 입장으로는 도나 해러웨이(Donna Haraway)와 브루노 라투르(Bruno Latour)의 논의를 들 수 있다.

해러웨이는 자연과 문화를 분리하는 입장을 비판한다. 문화에 의존하지 않는 자연의 표현은 있을 수 없으며 그 반대도 마찬가지라는 것이다. 따라서 자연과 문화는 역사적이고 국지적으로 얽힘 관계에 있다고 이해하는 것이 필요하다고 말한다. 유사하게, 라투르도 근대가 자연과 사회(문화)의 순수한 이분법을 전제하여, 그 둘 사이의 자연문화 결합체 혹은 혼종이 존재하지 않는 것처럼 '정화'시켜버렸다고 논평한다.

이러한 비판 위에, 해러웨이와 라투르는 자연과 문화의 연결에 관해 좀 더 적극적인 설명을 제시한다. 해러웨이는 자연/문화의 불가분의 혼성화와 얽힘을 통해 '자연문화'의 합성을 강조하면서, 자연과 문화의 관계를 나타내기 위해 자연문화(natureculture)라는 용어를 사용한다. 유사하게 라투르는 문화와 자연의 관계를 설명하기 위해 이질적 존재의 결합을 의미하는 문화와 자연의 집합체(assemblage)와 같은 개념을 사용하기도 한다.

해러웨이는 자연과 문화가 불가분의 연결관계에 있음을 보여주는 대표적인 것으로 실험실에서 인공적으로 태어난 생명체인 '앙코마우스' 사례를 든다. 앙코마우스™는 실험실에서 태어난 인공 생명체로 자연과 문화의 경계를 뒤흔든다. 앙코마우스™에서 'TM'은 인공 생명체에 대한 특허권을 의미한다(Haraway 2018, 108). '자연이 없는 자연'의 거주자인 앙코마우스™은 '자연 조작의 실례'이자 '기업화된 자연'이다

(Haraway 2018, 102). 자연과 문화의 결합은 앙코마우스와 같은 인공생명에만 해당하는 것은 아니다. 우리의 삶의 대부분의 사물들은 순수한 문화(사회)와 순수한 자연이 아닌 자연과 문화의 요소가 결합된 혼종들이다. 그 예로 해러웨이는 씨앗, 칩, 유전자, 데이터베이스, 폭탄, 태아, 인종, 두뇌, 그리고 생태계와 같은 것을 자연적인 것과 인공적인 것이 결합된 혼종, 즉 사이보그들로 본다(Haraway 2018, 12). 또한 라투르는 오존층 파괴나 지구온난화 혹은 산림파괴 문제가 인간의 영역과 자연의 영역 중 어디에 속하는지 질문하면서, 그것들이 양자 모두에 속하는 혼종적인 것이라고 말한다(브루노 라투르 2009, 138).

해러웨이와 라투르는 자연과 문화를 구분하는 환원주의나 초월주의가 이제까지 살펴본 것처럼 존재론적으로도 그럴듯하지 않고, 나아가 이러한 이분법은 인간중심주의, 인간예외주의로 기능하여 더욱 문제가 된다고 여긴다. 기후변화는 자연의 역습이기보다는 인간의 문화적 삶과 자연 환경이 행위자로 결합되어 나타난 자연문화의 결과인데, 여전히 자연을 문화와 별개의 것으로 여기면 적절한 대처가 어렵다고 본다. 기후변화를 자연과 문화의 연결적 사태로 보면 좀 더 적실한 분석과 실천적 전망이 가능하리라는 것이다.

4. 나오는 말

이 글에서 필자는 '자연과 문화'에 대한 소흥렬의 문화적 자연주의를 알아보았고 나아가 그것을 자연문화 또는 자연문화 집합체로 설명하는 신유물론의 존재론을 살펴보았다. 둘의 공통점은, 문화적 자연주의와 자연문화론 모두 자연과 문화의 이분법에 반대하면서 양자를 존재론적으로 연속된 것으로 파악하려 한 점이다. 소흥렬은 문화와 자연을 대립적인 것으로 보지 않는 반초월주의적, 반환원주의적 존재론을 바탕으로 종교, 예술, 철학 및 과학으로 대표되는 인간 특유의 문화현상을 다룬다(소흥렬 1996, 9-10). 유사하게 신유물론도 자연과 문화는 서로 분명히 구분되는 실재로 다루어져서는 안 된다고 본다. 그들은 물질의 연속성의 부분들로 이해되어야 한다. 즉, 물리적인 것과 사회적인 것 모두 지속적으로 변화하는 세계에 물질적 결과를 갖는 것으로 자리매김되어야 한다는 것이다(Fox and Alldred 2016, 4).

하지만 문화적 자연주의와 신유물론이 같기만 한 것은 아니다. 문화적 자연주의는 중층적 구조를 강조한다. "중층성을 이루고 있는 개체와 정보로 형성된 세계 구조에서 가장 아래쪽에 위치하는 것은 에너지(동력)와 물리 정보이다. 그리고 최상위 쪽에 위치하는 것은 영혼(정신)과 직관 정보이다."(소흥렬 1996, 12) 한편 신유물론은 존재자들 간의 평평한 존재론(flat ontology)을 강조한다. 신유물론자 제인 베넷(Jane Bennett)에 따르면, "물질성은 인간, 생물군, 무생물군 사이의 관계들을 수평화하는 경향을 갖는 이름이다. 그에 따라 인간은 존재론적으로 계급화된 존재의 대사슬로부터 인간과 비인간의 복잡한 얽힘에 대한 이해를 주의 깊게 살피게 된다."(제인 베넷 2020, 274)

과학기술이 자연과 문화의 간격을 좁혀갈수록 철학적으로는 자연과 문화에 관한 존재론이 요청된다. 생태, 로봇 등 문화와 자연이 밀접히 연결된 시대에, 문화와 자연은 각각 순수한 형태로 존재하기보다는 둘 간의 연결 및 혼종화가 가속화된다. 이러한 때 우리에게는 존재론적으로나 규범적으로나 자연 안의 문화를 어떻게 가꾸어갈 것인가 하는 근본적 질문이 요청된다. 이때, 자연과 문화를 구분하는 초월적 해결이나 그 반대로 문화를 자연의 원리로 환원하는 해결이 아닌, 문화와 자연을 연결지어 설명하려는 시도는 초연결 시대의 현상들을 설명하거나 실천적 지침을 마련하는 데 유의미한 역할을 할 수 있을 것이다.

참고문헌

릭 돌피언, 이리스 반 데어 튠, 『신유물론: 인터뷰와 지도제작』, 박준영 옮김, 교유서가, 2021.

브뤼노 라투르, 『우리는 결코 근대인이었던 적이 없다』, 홍철기 옮김, 2009.

소흥렬, 『자연주의적 유신론』, 서광사, 1992.

소흥렬, 『문화적 자연주의』, 소나무, 1996.

제인 베넷, 『생동하는 물질』, 문성재 옮김, 현실문화, 2020.

Coole, Diana and Fros, Samantha, *New Materialisms: Ontology, Agency, and Politics*, Duke University Press, 2010.

Haraway, Donna, *Modest_Witness@Second_Millennium. FemaleMan_ Meets_OncoMouse: Feminism and Technoscience*, 2nd edition, Routledge, 2018.

Fox, Nick J. and Alldred, Pam, *Sociology and the New Materialism: Theory, Research, Action*, SAGE Publications Ltd, 2016.

---

1) 해러웨이에 의하면 신유물론은 "언어학적 패러다임을 거부하고, 대신 권력의 사회적 관계 안에 신체들의 구체적이고 복잡한 물질성에 방점을 두기 위해 제안되었다."(릭 돌피언, 이리스 반 데어 튠 2021, 23)

인식론적 자연주의와 진리 연계된 인식론

선우환

연세대학교 철학과 교수

1. 들어가는 말

인식론적 자연주의(epistemological naturalism)는 인식론적 탐구의 중요한 부분이 경험과학에 속해야 한다는 입장이다.[1] 이러한 입장에 따르면, 인식론적 문제들의 중요한 부분은 심리학, 인지과학, 뇌과학과 같은 경험과학적 탐구에 의해서 해결되어야 한다. 인식론적 자연주의의 이러한 입장은, 인식론적 탐구가 윤리학과 마찬가지로 규범적 탐구라는 전통적인 입장과 흔히 대비된다. 전통적으로 받아들여지듯이 인식론적 탐구가 규범적 탐구라면, 규범적 탐구는 경험적으로 검증되거나 반증될 수 있는 사실적 탐구가 아니라고 여겨지므로, 인식론적 자연주의는 받아들여지기 어려울 것이다. 따라서 인식적 규범을 어떻게 이해하거나 처리할 것인가의 문제가 인식론적 자연주의의 성패에는 중요하다고 할 수 있다.

인식론적 자연주의의 한 가지 극단적 형태에서는, 인식적 규범의 문제는 인식론에서 아예 배제되는 것으로 이해된다. 콰인의 '자연화된 인식론(epistemology naturalized)'의 입장이 바로 그런 입장이라고 할 수 있다.[2] 이런 입장에서는, 인식론은 인간 지식이 형성되는 자연적 사실들을 탐구해야 할 뿐, 어떤 것을 믿는 것이 인식적으로 정당화되는가 하는 규범적 문제들에 대해서 다루어서는 안 된다. 그러나 어떤 것을 믿는 것이 인식적으로 정당화되는가 하는 규범적 문제가 인식론에서 필요하다는 것을 부정하기는 어렵고, 규범적 문제를 경험적으로 탐구될 수 있는 사실적 문제로 환원하기는 어렵기 때문에, 이와 같은 극단적 자연주의의 입장은 옹호할 만하지 않다.[3]

인식론적 자연주의의 보다 받아들일 만한 온건한 형태는, 인식적 규범의 문제가 인식론에서 아예 제외될 수는 없고, 인식적 규범의 문제의 전체가 경험과학의 문제로 환원되는 것은 아니지만, 인식적 규범의 문제의 상당 부분이 경험과학에 의해서 탐구될 수 있다는 입장이다. 이런 온건한 인식론적 자연주의가 인식적 규범의 문제를 다루는 일반적 방식은 정당화 등의 인식적 규범을 진리와 연계시켜서 (즉 진리와의 객관적 연관관계를 통해서) 규정하는 방식이다. 예를 들어, 어떤 믿음이 정당화되기 위한 조건으로 그 믿음이 참과 어떤 객관적 연관관계를 갖는 인지 과정에 의해서 산출되었다고 하는 조건을 제시하는 입장이 그런 방식을 따르는 입장이다. 그런 일반적 방식을 따르는 인식론적 입장을 '진리 연계된 인식론(truth-linked epistemology)'이라고 부를 수 있다.[4] 그런 진리 연계된 인식론의 대표적인 입장에는 골드만(A. Goldman)의 정당화 이론, 암스트롱(D. Armstrong), 노직(R. Nozick) 등의 지식 이론 등이 포함되고, 그런 요소들을 포함하는 플랜팅가(A. Plantinga)의 보증 이론, 소자(D. Sosa) 등의 덕 인식론 등도 포함된다고 할 수 있다.[5] 진리 연계된 인식론을 받아들이게 되면, 인식론에서 인식적 규범이 제거되지는 않으면서도 인식적 규범에 대한 탐구가 상당 부분 진리와의 객관적 연계에 대한 경험적 탐구가 될 수 있다는 점에서 온당하게 온건한 인식론적 자연주의를 옹호할 수가 있게 된다.

필자는 이 논문에서 진리 연계된 인식론 일반에 대해서 그런 입장이 어떻게 옹호될 수 있는가 하는 문제를 두 가지 측면에서 논의하도록 할 것이다. 하나는 인식적 규범을 가언명법으로 이해함으로써, 진리 연계된 인식론이 인식적 규범을 자연화할 수 있다는 점에서, 우리는 진리 연계된 인식론을 지지할 수 있다는 것이다. 또 하나는 인식적 규범을 가언명법으로 이해함으로써, 진리 연계된 인식론 일반에 대한 중요한 하나의 비판으로부터 우리는 진리 연계된 인식론을 옹호할 수 있다는 것이다. 그 논의들의 상당 부분은 진리 연계된 인식론 일반에 대해서 적용될 수 있는 논의이기는 하지만, 논의의 편의상 골드만의 정당화 이론을 진리 연계된 인식론의 대표 사례로 사용하여 논의할 것이다.

2. 가언명법으로서의 인식적 규범:
진리 연계된 인식론과 인식적 규범의 자연화

본격적인 논의에 들어가기에 앞서, 진리 연계된 인식론의 대표 사례로서 골드만이 제시한 정당화 이론, 즉 신빙론(reliabilism)을 우선 간단히 서술할 필요가 있다. 그는 정당화의 원리로서 다음을 제시했다 (Goldman 1988, 59).

(P) S가 시간 t에 p를 믿는 것이 정당화된다 iff S가 시간 t에 p를 믿는 것이 정당화 규칙(J-규칙)의 올바른 체계에 의해 허용된다[허용되는 인지적 과정으로부터 결과한다].[6]

(P)는 그 자체로는 정당화의 의미를 부여할 뿐이다.[7] 골드만은 이

원리가 단순한 의미론적 참임을 강조한다(Goldman 1988, 59).

이 원리는 J-규칙들이 올바르다는 것에 대한 기준(rightness criteria for J-rules)이 제시됨으로써만 구체적 내용을 지니게 된다. 골드만은 여러 대안적 기준을 살펴보고 다음과 같은 기준을 선택한다(Goldman 1988, 106).

(C) J-규칙들의 체계 R이 올바르다 iff R은 특정한 심리적 과정을 허용하고, 그 과정의 사례(instantiation)들은 참인 믿음들을 (최소한 0.50보다는 큰) 명시된 높은 기준치 이상의 비율로 산출한다.

이 기준은 물론 문제의 기준치를 명시함(예를 들어, 0.99)으로써 완전해진다. 이 기준 자체는 정당화 규칙이 아니고, 구체적인 정당화 규칙은 이 기준에 따라 심리학적 탐구를 통해 알려진다.

이 기준에서의 "참인 믿음들을 특정하게 명시된 높은 기준치 이상의 비율로 산출한다"는 간단히 '신빙성 있다(reliable)'라고 불린다. 따라서 위의 기준은 신빙성 있는 과정을 허용하는 규칙이 올바른 규칙이라고 말하고 있다. 또한 (P)와 (C)를 연결하면, 신빙성 있는 과정에 의해 도달한 믿음이 정당한 믿음이라고 말할 수 있게 된다.

이러한 정당화 이론이 여러 전통적인 정당화 이론들(토대론과 정합론의 여러 형태들)에 비해 가지는 장점은 공리주의가 기존의 여러 규범 윤리학 체계들에 대해 가지는 장점과 유비될 수 있다. (규칙) 공리주의는 비록 최소한 하나의 규범(한 행동은 최대 다수의 최대 이익을 산출하는 규칙에 부합할 경우에 옳다)에 대한 직관을 필요로 하지만 그런 직관의 필요를 최소화할 수 있다. 예를 들어 로스(W. D. Ross)의 의무론은 약속 지키기, 은혜 갚기 등 일곱 가지 의무를 나열하고 있다

(Ross 1930 참조). 반면 (규칙) 공리주의는 이런 구체적인 행위 규범들이 옳다는 것 하나하나를 직관에 호소하지 않고 이들을 기본적인 규범과 경험적 사실들로부터 끌어낸다.

신빙론 역시 비교적 구체적인 정당화 규칙들을 선험적 원리로 내세우지 않고 그 올바름에 대한 기준과 경험적 사실로부터 끌어내었다. 비록 올바름에 대한 기준 자체는 규범에 대한 직관에 호소하지만, 그 직관의 필요는 최소화되었다. 자명해 보이는 믿음은 정당화되는가, 감각 소여에 의한 믿음이 정당화되는가, 오직 다른 믿음만이 믿음을 정당화하는가 등의 문제는 여기에서 경험적 문제로 된다.

그런데 공리주의에서의 단 하나의 규범은 비록 그것이 최소화된 규범이기는 하지만, 그것에 대해서도 의문을 제기하는 사람이 있을 수 있다. 그런 사람이 "왜 나는 최대 다수의 최대 이익을 산출하는 규칙에 부합하는 행동을 해야 하는가?"라고 물을 때 우리는 뭐라고 대답할 수 있는가? 그가 그런 것이 옳다는 직관을 가지고 있지 않을 때 우리에게는 그 규범 판단이 참이라는 것을 보일 어떠한 방법도 없는 것 같다. 우리는 그렇게 하는 것이 어떤 목적에 기여한다는 것을 통해 그것을 보일 수는 없다. 도덕적 규범 판단은 그 본성상 정언적이기 때문이다. 그 행동을 하는 것이 그 사람에게 손해를 끼치더라도 그는 인류 (또는 동물) 전체의 이익을 증가시키는 행동을 해야 한다고 공리주의자는 말한다. 더욱이 이런 도덕적 규범의 당위성은 이 규범에 대한 직관을 가지고 있지 않은 사람에게도 면제되지 않는다는 것이다. 그가 어떻든 이 규범이 명하는 행동을 해야 한다는 것은 무조건적이다.

인식론에 있어서는 이보다는 문제가 용이하다. 흔히 인식론적 규범과 도덕적 규범이 평행적으로 고려되지만 바로 이 점이 두 규범을 판이하게 구별해주는 점이다. 인식론적 규범은 정언적이지 않고 가언적이다. 예를 들어 어떤 인식론 체계에 의해 잘 정당화된 명제가 있다고,

즉 이 체계에 의하면 이 명제를 '믿어야 한다'고 하자. 왜 우리는 이 명제를 믿어야 하는가? 또는 왜 우리는 인식론의 규칙들에 부합하는 인지적 선택들을 해야 하는가? 대답은 명백하다. 참인 믿음들을 가지기 위해서이다. 혹은 그것들을 더 많이 가지기 위해서, 혹은 그것들을 거짓인 믿음에 비해 많이 가지기 위해서이다. 인식론적 당위는 어떤 종류의 목적을 떠나 무조건적으로 부과되는 정언명법이 아니다. 예를 들어 어제 고양이를 본 데 대한 명백하고 뚜렷한 기억이 있을 때에는 어제 고양이를 보았다고 믿어야 한다고 하자. 내가 이런 믿음을 가져야 한다는 것은 참인 믿음을 가져야 한다는 나의 의도나 목적을 떠나서는 당위로서의 아무런 제약도 가하지 않는다. 인식론적 당위들은 참인 믿음들을 가지는 것을 목적으로 하는 인식적 기획(epistemic enterprise) 속에서만 우리를 제약한다.

우연히 참인 믿음을 가지게 된 경우에 대해 인식론이 좋지 않은 평가를 하는 것은, 그 믿음이 (참과 무관한) 새로운 내재적 가치를 결여하기 때문이 아니라, 그 믿음의 산출 과정이 대부분의 경우 참인 믿음을 산출하지 못할 것이라는 이유 때문이다. 인식론에 있어, 어떤 인지 과정을 선택해야 한다고 말하는 것은, 참인 믿음들을 높은 비율로 가지려면 그 인지 과정을 선택해야 한다는 것을 줄여 말하는 것으로 이해될 수 있다. 우리 일상 언어에서의 많은 '해야 한다'는 어떤 목적에 상대적이다. 예를 들어 우리는 "숙제를 내일까지 하기 위해서는 오늘 밤 잠을 자지 말아야 한다"라고 말한다. 이 말은 그 자체로는 "오늘 밤 잠을 자지 말아야 한다"를 함축하지 않는다. 숙제를 내일까지 하려는 목적을 지니지 않는다면 오늘 밤 잠을 자지 말아야 할 필요는 없다. 그러나 그럼에도 이 목적을 지니는 사람은 이 가언명법을 간단히 줄여 "오늘 밤 잠을 자지 말아야 한다"라고 말한다.

가언명법은 사실상 비규범적 판단으로 치환 가능하다. 즉 위의 가언

360

명법은 "오늘 밤 잠을 잔다면 숙제를 내일까지 할 수 없다" 또는 "오늘 밤 잠을 자지 않는 것이 숙제를 내일까지 하기 위한 최선의 수단이다" 등으로 바꿔 쓸 수 있다. (정언명법적 규범 판단에 대해 이와 같이 할 수 없다는 것은 명백하다.) 따라서 인식론에서의 규범은 엄격한 의미에서의 규범이 아니라 상당 부분 자연화 가능한 규범이다. 인식론의 '해야 한다' 문장 앞에 모두 '참인 믿음들을 높은 비율로 가지기 위해서는'으로 보충한다면, 골드만이 제시했던 정당화 기준을 위해서 요구되는 직관은 최소화될 수 있다. 예를 들어 과정 P가 신빙성 있는 과정이라는 경험적 사실에 근거해서 "과정 P에 의해서(도) 믿음을 형성해야 한다"라는 것을 받아들이게 되었다고 해보자. 이런 추론은 '참인 믿음들을 높은 비율로 가지기 위해서는'으로 보충한다면 다음과 같은 방식으로 재구성될 수 있다.

(1) 참인 믿음들을 높은 비율로 가지기 위해서는, 참인 믿음들을 높은 비율로 산출하는 인지 과정들을 이용해서 믿음을 형성해야 한다.

(2) 과정 P는 참인 믿음들을 높은 비율로 산출하는 인지 과정(중의 하나)이다.

(3) 그러므로 참인 믿음들을 높은 비율로 가지기 위해서는, 과정 P에 의해서(도) 믿음을 형성해야 한다.

이 중 (1)은 완전한 분석 판단은 아니라고 하더라도 거의 분석 판단에 가까울 만큼 규범적 직관이 최소화된 판단이라고 할 수 있다. 그리고 (2)는 인지과학 등의 경험과학의 탐구에 의해 발견될 수 있는 경험적 사실 판단이다. 따라서 (3)은 규범적 직관에 거의 의존하지 않고 정당화될 수 있는 판단이 된다.

이상의 방식은 골드만의 인식론과 같은 진리 연계된 인식론에 있어서 특정 규범에 대한 직관적 호소를 할 필요가 상당 부분 해소된다는 것을 보여준다. 이 결론은 골드만 자신이 생각했던 것보다 훨씬 철저하게 인식론을 자연화하는 것이며, 그러면서도 정언명법을 자연화하려고 시도하는 사람처럼 자연주의적 오류를 범하는 것은 아니다. 또한 그러면서도 인식론에서의 규범 판단의 사용을 설명하고 정당화해준다.

참인 믿음들을 가지려는 것은 인식론과 인식론이 기초해주는 우리의 이론적 추구 전체의 목적이기 때문에 이 목적은 각각의 경우에 언급될 필요가 없다. 이론적 추구를 하는 사람들끼리의 담화의 화용론적 맥락 속에서 그들의 공통적인 목적인 진리 추구가 그 자체 당위 문장으로 전제되는 것은 '해야 한다'의 적합한 용법이다. 'p해야 한다'가 담화의 맥락 속에서 전제되었을 때 앤스컴(G. E. M. Anscombe)의 실천적 삼단 논증에 의해 'p하기 위해서는 q해야 한다'와 'q해야 한다'는 교환 가능하게 사용될 수 있다(Anscombe 1985 참조). 그러한 담화의 맥락 속에서 'q해야 한다'라고 말해졌던 것들 중에도 실은 정언적 당위가 아닌 것들도 있음이 명백해진다.

인식론적 규범 판단이 제삼자의 평가에 관련해서 자주 사용된다는 것도 이 경우 문제가 안 된다. 물론 그 제삼자가 참을 추구하지 않는 사람이라고 하더라도 문제가 없다. "그가 참인 믿음들을 높은 비율로 가지려면 그 인지 과정을 따라야 한다"는 말은, 참인 믿음들을 높은 비율로 가지려고 실제로 하지 않는 사람에 대해서도 똑같이 귀속될 수 있다. 우리는 결국 도덕 평가에 있어서와 마찬가지로 모든 사람에 대해 보편적으로 인식론적 평가를 할 수가 있다.

3. 스티치의 비판으로부터 진리 연계된 인식론에 대한 옹호

진리 연계된 인식론에 대한 중요한 하나의 반론이 스티치(S. Stich)에 의해서 제기된 바 있다. 그는, 골드만과 그 밖에 암스트롱, 노직 등에 의해 제안된 '진리 연계된(truth-linked)' 지식 이론들에 대한 일반적 비판 논증을 위해서, 진리가 어떠한 가치도 (내재적 가치도 도구적 가치도) 가지지 않는다는 것을 논증한다(Stich 1993a, 특히 5장).

그는 일단 믿음에 대해 참을 할당하는 함수로서 인과적/기능적 해석 함수를 고려한다. 이 함수는, 이름들과 술어들의 외연은 그것들과 적절한 인과적 사슬에 의해 연결되어 있는 대상으로 부여하고, 연결사들의 진리 조건 등은 문장(믿음 부호)들 사이의 상호작용의 패턴으로 (기능적으로) 부여한다(Stich 1993a, 108-110). 그리고 물론 이 요소들이 해석되면 타르스키(Tarski)의 진리론에 의해 믿음에 참, 거짓이 부여된다.

스티치에 의하면, 첫째, 이 해석 함수는 제한적이다. 특히 논리적 형식을 기능적으로 설명하는 데 있어서, 문장들 사이의 많은 상호작용의 패턴들이 해석에 사용되지 않고 남아 있게 된다. 따라서 "진리 조건을 가지지 않는 가능한 인지적 체계의 거대한 공간이 존재한다."(Stich 1993a, 110-113) 둘째, 이 해석 함수는 특이적(idiosyncratic)이다. 즉 가능한 여러 함수들 중의 하나일 뿐이다. 이 해석 함수에서의 지시관계(인과론적 지시) 외에 지시*관계(다발 이론적 지시)를 비롯한 수많은 대안적 관계들이 있을 수 있고, 이에 따라 각각 진리 외에 진리*, 진리** 등등이 있을 수 있다고 스티치는 말한다(Stich 1993a, 114-118).

스티치는 이를 근거로 참인 믿음이 내재적으로도 도구적으로도 가치 있지 않다고 주장하면서 이에 대해서 각각의 논증을 전개한다(Stich

1993a, 118-124).

(1) 참인 믿음이 내재적으로 가치 없다는 것에 대한 논증: 해석 함수가 제한되어 있으므로 참도 거짓도 아닌 광대한 인지 과정의 영역이 존재한다. 따라서 다음과 같은 것이 성립한다는 것이다. "참인 믿음을 지니는 것을 내재적 가치로 여기는 사람들은 발견되지 않은 광대한 공간을 탐색하기를 꺼리는 것이다."(Stich 1993a, 119)

또한 해석 함수가 특이적이므로 진리 외에 진리*, 진리** 등등이 있는데, "참*인 믿음이 아닌 참인 믿음을 지니는 것을 내재적 가치로 여기는 사람들은 우리 문화가 물려준 해석 함수를 반성 없이 받아들이는 보수적 태도를 지니는 것이다."(Stich 1993a, 120)라고 주장한다.

(2) 참인 믿음이 도구적으로 가치 없다는 것에 대한 논증: 참인 믿음보다 참*인 믿음이 도구적으로 더 가치 있을 수 있다. 예를 들어 해리는 비행기 출발 시간에 대한 참인 믿음을 지녔기 때문에 비행기 추락으로 오히려 생존에 지장을 받았을 수 있다.

이상의 논증에 대해 필자는 다음과 같은 반론들을 제기하고자 한다. 첫째, 그는 다음의 부당한 추론을 사용하고 있다는 점에서 문제를 가진다. 즉, 어떤 것에 대해 그보다 더 가치 있는 것이 존재한다는 것으로부터 그것이 가치 없다는 것을 추론하는 것은 부당하다. 참도 거짓도 아닌 광대한 인지의 영역이 있다고 하자. 그 광대한 영역에 수많은 값진 것들이 있을 수 있다. 그러나 그렇다고 해서 그것이 왜 참인 믿음을 가지는 일이 내재적 가치를 갖지 않는다는 것을 함축하는가? 또한 참인 믿음을 지니는 일을 내재적 가치로 여기는 것이 왜 참*인 믿음을 지니는 일을 내재적 가치로 여기지 않는 것을 함축하는가? 참인 믿음보다 참*인 믿음이 목적에 더 기여하는 일이 있다는 것이 왜 참인 믿음이 도구적으로 가치 없다는 것을 함축하는가?

그는 참인 믿음을 거짓인 믿음과 비교하는 것으로는 충분치 못하다면서 "진짜로 보여야 할 것은 … 참인 믿음이 참*이나 참**인 믿음보다 더 가치 있다는 것을 보이는 것이다"라고 말한다(Stich 1993a, 121). 참인 믿음과 거짓인 믿음을 비교하는 한 참인 믿음을 지니는 일을 내재적 가치로 여기는 것이 거짓인 믿음을 내재적 가치로 여기는 것을 어렵게 만든다는 것은 상당히 그럴듯하다. 그러나 이런 관계가 참과 참* 간에도 동일하게 적용되는 것 같지는 않다. 그리고 사실 참인 믿음에 대해 그 자체로 내재적 가치를 가진다고 말한다면, 굳이 참인 믿음을 가지는 일이 다른 특정한 것보다 내재적 가치를 가진다는 방식으로 말해질 필요가 없다. 또한 굳이 다른 어떤 것과 비교되어야 한다면, 진짜로 보여야 할 것은 참인 믿음을 가지는 것이 참인 믿음을 가지지 않는 것이나 거짓인 믿음을 가지는 것보다 내재적 가치를 가진다는 것이며, 이것으로 충분하다.[8)]

가치론에서 쾌락주의자는 쾌락만이 유일한 내재적 가치를 가진다고 주장하는 사람이다. 이에 반대해 다원주의자가 쾌락 이외의 내재적 가치들도 존재한다는 것을 주장한다고 해서 쾌락이 내재적 가치를 가진다는 것을 부정하는 것은 아니다. 그는 아마도 쾌락만을 추구하는 것을 경멸할지도 모른다. 그러나 그것이 곧 쾌락과 다른 가치를 추구하는 것을 불가능하게 만드는 것은 아니다. 또한 설사 가치들 간에 어느 쪽만을 선택해야 하는 경우가 있다 하더라도, 그것이 선택되지 못한 다른 쪽 가치를 가치 없게 하는 것은 아니다.

둘째, 참인 믿음은 내재적으로나 도구적으로나 가치를 지니지 않는다고 주장하는 데까지의 논증을 그대로 받아들인다고 해도 그 주장은 스티치의 의도와는 달리 '진리 연계된' 지식 이론에 대해 위협하지 않는다.

인식론은 단지 "당신이 참인 믿음의 비율을 높이는 것을 가치 있게 여긴다면, 어떠어떠한 인지 과정을 정당한 것으로 평가해야 한다"고 말할 뿐이다. 즉 인식론의 규칙들은 진리를 추구하는 사람들이 따라야 할 인지적 과정에 대한 규칙들이다. 인식론 자체가 진리를 추구하라고 말하지는 않는다. 그리고 많은 사람들이 실제로 진리를 추구한다. (이 사실은 진리가 추구될 가치가 있다는 사실과는 별개의 사실이다.) 그러나 사람들은 진리 외에도 행복과 그 밖의 수많은 다른 것들을 추구한다. 인식론은 그 밖의 가치를 획득하기 위해 어떤 것이 필요한지에 대해 아무런 시사도 해주지 않는다.

흔히 참인 믿음을 가지는 일은 다른 가치의 획득에 방해되기도 한다. 예를 들어 고통스러운 기억은 한시바삐 잊어버려야 한다. 비록 참인 믿음을 하나 잃어버리는 것이기는 하지만 그래도 행복을 위해서 말이다. 우리는 인식론적 원리(특히 신빙론에 의한)를 받아들인다고 해서 고통스러운 기억조차도 잊어버리지 말아야 한다고 생각지는 않는다. 즉 고통스러운 기억을 잊어버려야 한다는 것은 인식론적 원리의 반례가 아니라 그것과 별개로 요구되는 것이다. 위와 같은 경우에 행복과 진리를 내재적 가치로서 어떻게 조화시킬 것인가, 혹은 진리를 단지 도구적 가치로만 고려할 것인가 (혹은 아무런 가치도 부여하지 않을 것인가) 등의 문제는 우리의 가치 체계에 달린 것이다. 인식론적 원리는 우리의 가치 체계가 진리를 더 선행하는 것으로 받아들였을 경우 어떤 인지 과정을 따라야 하는가에 대해서만 말해줄 뿐이다.

진리에 대한 진리*의 관계는 진리에 대한 행복의 관계와 마찬가지다. 인식론적 원리는 그 자체로는 진리가 진리*보다 더 가치 있다는 것을 말하지 않는다. 다만 인식론적 원리는 진리를 추구하는 사람들에게 제공되는 인지적 과정 평가의 원리이다. 만약 진리*를 추구하는 사람들이 있다면 그들은 나름대로 진리*를 최대화하는 인지 과정들이 어떤 것인지에 대한 원리를 필요로 할 것이며, 이는 아마도 인식론*에서 제공되어야 할 것이다.

여기서 또다시 왜 인식론*이 아닌 인식론을 연구해야 하느냐고 묻는 것은 정당하지 않다. 우리가 구성하는 인식론 자체는 인식론*보다 인식론을 해야 한다는 것을 주장하지 않으며, 우리가 인식론을 하는 것은 단지 우리가 어떤 이유에서건 그렇게 선택했기 때문이다. 우리는 인식론을 하기 위해서, 오직 인식론을 하는 것만이 선택되어야 한다는 주장을 전제해야 하는 것은 아니다.

4. 맺음말

본 논문의 전반부에서 필자는 골드만의 신빙론을 구체적 사례로 해서 진리 연계된 인식론을 옹호했는데, 그 과정에서 이 입장이 골드만 자신의 원래 입장보다도 더 자연화될 수 있음을 주장하였다. 후반부에서는 필자는 진리 연계된 인식론의 입장에 대한 스티치의 비판으로부터도 이 입장을 옹호하였다. 이 두 가지 논의는 모두 인식적 규범이 진리 획득을 목표로 하는 가언명법으로서 상대화될 수 있다는 핵심적 논지로부터 전개되었다. 즉 우리는 인식적 규범을 무조건적인 방식으로 받아들일 필요가 없다. 이와 같은 논의는 인식론에서 인식적 규범의 문제를 제거하지 않으면서도 인식적 자연주의를 옹호할 수 있는 여지가 상당히 크다는 것을 보여준다고 할 수 있다.

인식적 자연주의가 이와 같은 방식으로 최대한 옹호될 수 있다는 이상의 논의에도 불구하고, 필자는 이 논문에서 다룬 종류의 인식적 규범이 인식론에서 다루어야 할 인식적 규범의 전부라고 생각하지는 않는다. 그리고 그런 다른 종류의 인식적 규범이 존재한다면 진리 연계된 인식론에 입각한 인식적 자연주의에 대해서 다시 반론을 제기할 수 있는 여지가 있게 될 것인데, 이에 대한 문제는 또 다른 연구에서 논의해야 할 과제이다.

참고문헌

Armstrong, D. M., *Belief, Truth and Knowledge*, Cambridge: Cambridge University Press, 1973.

Anscombe, G. E. M., *Intention* (2nd ed.), Ithaca: Cornell University Press, 1985.

Goldman, Alvin, "Discrimination and Perceptual Knowledge", *Journal of Philosophy*, 73, 1976, 771-791.

Goldman, Alvin, "What Is Justified Belief?", *Justification and Knowledge*, G. S. Papas, ed., Reidel, 1979, 1-23.

Goldman, Alvin, "The Relation between Epistemology and Psychology", *Synthese*, 64, 1985, 29-68.

Goldman, Alvin, *Epistemology and Cognition*, Harvard University Press, 1988.

Goldman, Alvin, *Liaisons*, MIT Press, 1992.

Kim, Jaegwon, "What is Naturalized Epistemology?", in James E. Tomberlin, ed., *Philosophical Perspectives*, 2, Atascadero, CA: Ridgeview Publishing Co. 1988, 381-406.

Nozick, Robert, *Philosophical Explanations*, Oxford University Press, 1981.

Plantinga, Alvin, *Warrant: The Current Debate*, Oxford: Oxford University Press, 1993a.

Plantinga, Alvin, *Warrant and Proper Function*, Oxford: Oxford University Press, 1993b.

Putnam, Hilary, "Why Can't Reason Be Naturalized?", in *Realism and Reason*, Cambridge University Press, 1985, 229-247.

Quine, W. V. O., "Epistemology Naturalized", in *Ontological Relativity and Other Essays*, New York: Columbia University Press, 1969, 69-90.

Ross, W. D., *The Right and the Good*, Oxford: Oxford University Press, 1930.

Schurz, Gerhard and Werning, Markus, eds., *Reliable Knowledge and Social Epistemology: Essays on the Philosophy of Alvin Goldman and Replies by Goldman*, Rodopi, 2010.

Sosa, Ernest, *Knowledge in Perspective: Selected Essays in Epistemology*, Cambridge: Cambridge University Press, 1991.

Stich, Stephen, *The Fragmentation of Reason: Preface to a Pragmatic Theory of Cognitive Evaluation*, The MIT Press, 1993a.

Stich, Stephen, "Naturalizing Epistemology: Quine, Simon and the Prospects for Pragmatism", in Hookway and D. Peterson, eds., *Philosophy and Cognitive Science, Royal Institute of Philosophy*, Supplement no. 34, Cambridge: Cambridge University Press, 1993b, 1-17.

1) 소홍렬 교수는 철학의 여러 영역에서 자연주의를 옹호하는 입장이었고, 이 논문은 그를 기리기 위하여, 인식론에서의 자연주의가 어느 정도까지 옹호될 수 있는가에 대한 문제를 다룬다.

2) 이는 Quine 1969에서 제시되었다.

3) 인식론적 자연주의의 극단적 입장에 대한 설득력 있는 비판들이 Putnam 1985과 Kim 1988 등에서 제시되었다.

4) 스티치(S. Stich)는 그와 같은 입장을 통칭해서 '진리 연계된 지식 이론'이라 는 표현을 사용한다. Stich 1993a, 5장.

5) Armstrong 1973; Goldman 1979; Goldman 1988; Goldman 1992; Nozick 1981; Plantinga 1993a; Plantinga 1993b; Sosa 1991 참조.

6) 격자 괄호 속의 부분은 Goldman 1988에서의 정식화에는 들어 있지 않다. 그러나 다른 곳에서의 정식화들과 Goldman 1988의 이후 전개에 비추어볼 때 '허용된다'보다는 괄호 속의 내용으로 이해하는 것이 더 정확할 것이다. 또한 우변에 또 다른 조건, 즉 s가 p의 부정을 믿는 것이 t 시간의 인지 상태 에 있어서 허용되지 않는다는 조건이 첨가되지만 골드만 자신을 따라 편의 상 이를 생략한다.

7) 이와 관련해 우리는 'iff'의 양쪽에 모두 평가적 개념이 사용된다는 것에 주 목할 수 있다.

8) 이런 요점은 도구적 가치와 관련해서도 똑같이 이야기될 수 있다.

융복합 연구는 환대받고 있는가

이현재

서울시립대학교 도시인문학연구소 교수

1. 애매한 융복합 연구의 위치

내가 지금 하고 있는 것은 '순수' 철학은 아니다. 2004년 박사학위를 취득한 후 지속적으로 여성주의와 철학을 접목시키는 여성철학의 물음에 몰두하고 있으며, 이러한 물음들을 '지구화' 및 '디지털 도시화'라는 시대적 조건을 규명하는 가운데 풀어나가고 있다. 고급지게 이야기하면 이러한 연구 방법은 소흥렬 선생님이 제안하신 '사이버문화(cyber- culture)'나 '플라토닉 사이버스페이스(Platonic cyberspace)' 관련 '학제적(interdisciplinary)' 융복합 연구가 되겠지만, 조금 경박하게 이야기하면 철학과 사회학 그리고 디지털 기술문명이 '짬뽕'된 연구이다. 내가 걸어온 이 길이 인문학의 위기를 돌파할 융복합 연구가 될지, 이도 저도 아닌 '짬뽕' 연구가 될지는 아직 더 가봐야 알겠지만, 인문학의 위기 담론 이후 대안으로 제시되있던 융복합 연구가 대학에서 환대받고 있는지, 학계에서 어떤 위치를 점하고 있는지를 점검해보는 일은 꽤 의미 있는 일이 될 것이다.

나의 다소 주관적인 체험을 바탕으로 선취해서 말하자면, 현재 철학을 바탕으로 하는 융복합 연구는 애매하고 모호한 위치성을 갖고 있다. 우선 나는 분과학문을 중심으로 편성된 학과에 소속되어 있지 않다. 소흥렬 선생님도 지적했듯이 학과는 새롭게 시작하는 학문적 경향에 그다지 열려 있지 않다. 독일 철학이 전성기를 이루었던 시절에 영미 철학 및 분석철학의 등장이 트러블을 일으켰듯, 현재 프랑스 철학은 그 강력하고 광범위한 영향력에도 불구하고 학과에는 그만큼의 영향력을 갖지 못하고 있다. 사정이 이러하니 여성철학은 아직 학과에 발도 못 붙이는 상황이라고 보는 것이 맞겠다. 여성철학은 철학을 했다면 누구라도 지도할 수 있는 분야로 여겨지거나, 보편성과 엄밀성이 떨어지는 비과학으로 낙인찍히기도 한다. 2015년 이후 페미니즘이 리부트되는 상황에서 여성철학을 전공하려는 학생들이 현저하게 늘어났음에도 불구하고, 대학은커녕 여자대학에서조차 여성철학 전공 교수를 임용한 경우가 없었다. 10년의 유학 생활을 마치고 돌아와 철학을 전공하신 선생님들께 인사를 드릴 때 제일 많이 들었던 질문은 "여성철학도 철학인가?"였고, 그 다음 많이 들었던 조언은 "임용을 생각한다면 사회철학이라고 소개하거나, 사회철학 중에서도 하버마스의 명맥을 잇는 악셀 호네트를 전공했다고 하는 것이 좋겠네"라는 말이었다. 이러한 조언은 분과학문 중심의 학과 편제에서 새로운 학문 특히 융복합 연구가 뿌리를 내리는 것이 얼마나 힘든지를 보여주는 단적인 예라고 하겠다.

하지만 나는 다행스럽게도 융복합을 장려하는 사업인 인문한국(Human Korea) 사업에 참여하는 계기를 통해 연구소에 자리를 잡을 수 있었다. 무엇보다도 좋았던 것은 '도시인문학'이라는 새로운 융복합 분야를 '창조'적으로 개척하는 일에 지원이 뒷받침된다는 것이었다. 학계가 관행적으로 해오던 방법론을 훌쩍 벗어나는 시도가 더 많이 용인되는 자유를 누릴 수도 있었다. 물론 시간이 지나고 보니 이 자리에 있었던 것이 다행인지 불행인지 다소 헷갈리기도 한다. 새로 생겨나는 자리에 있다는 것은 뭔가 애매하고 모호한 위치에서 벌어지는 미세한 권력관계의 부침을 경험하게 된다는 말이기 때문이다. 가령 어떤 인문한국 교수는 4대 보험과 함께 전임교수에 준하는 월급을 꼬박꼬박 받고 정년까지 보장받았지만, 후속 세대 양성이 거의 불가능하고 총장 투표권, 보직 등 교원으로서의 권리가 보장되지 않았다.

최근 융복합 연구를 한 사람들이 교양교육 전임으로 임용되는 경우도 많아졌다. 학과는 소위 전통적인 연구 방법론에 충실한 태도를 유지하려는 경향이 있는 반면, 최근 교양교육의 흐름은 '융합'을 키워드로 하고 있는 경우가 많기 때문이다. 여성학, 의료인류학, 과학사 등 융복합 분야에서 학위를 받은 선생님들은 교양교육 분야에서 그간 닦아온 실력을 발휘하였다. 융합 대학을 따로 만들어 운영하는 대학의 경우 융합 전공을 한 연구자들은 혁신적이면서도 심도 깊은 '전공' 수업을 제공할 수도 있었다. 하지만 이들의 위치 역시 아직까지는 애매하다. 교양교육은 그야말로 '교육'에 방점이 있기 때문에 '연구'에 매진하거나 후학을 길러낼 수 있는 가능성이 매우 제약되기 때문이다. 융합 대학의 전공과목 역시 어떻게 운영되어야 할지 방향성이 분명하지 않은 상황에서 학생들은 체계적인 지도를 받지 못하는 것에 불만을 갖기도 한다.

그렇다면 무엇이 문제였나? 인문학의 위기는 융복합 교육으로 극복할 수 없는 것이었나? 철학은 어떤 방향을 모색해야 하는가? 나는 여기서 소흥렬 선생님의 질문을 다시 한 번 이어 묻고 대답해보고자 한다.

2. 인문학의 위기, 인문학과 과학의 갈등인가?

소홍렬 선생님은 1990년대 말에 불붙었던 '인문학 불신' 또는 '인문학 무용론'에 답하면서 인문학의 위기 담론에 참여하였다. 「인문학 연구의 회고와 전망」(1999)이라는 글에서 소 선생님은 "왜 인문학이 이러한 도전을 받게 되었는가?"를 묻고 이에 대해 '학문은 곧 과학'이어야 한다는 전제가 확산되면서 이런 분위기에서 인문과학은 '사이비 과학'이라고 간주되기에 이르렀기 때문이라고 대답한다(소홍렬 1999a, 6).

여기서 소 선생님은 인문학도 과학이라는 주장을 펼치기보다 과감히 인문학은 '과학'이 아니라고 주장한다. 왜냐하면 인문학은 연역을 중심으로 하는 좁은 의미의 과학처럼 '계수화, 수량화, 디지털화'되지 않으며 이와 달리 주관적 체험과 역사 그리고 해석을 담은 일상 언어로 구성되기 때문이다. 그러니 처음부터 철학적 인간학을 통계나 생물학 또는 의료적 지식으로 환원하는 것은 불가능하고, 따라서 철학과 같은 인문학은 과학이 될 수 없다는 것이다. 다음으로 소 선생님은 그렇다면 "인문학이 왜 필요한가?"를 묻고 이에 제2의 세계, 즉 체험의 세계가 존재하기 때문이라고 답한다. 그러니 과학과 인문학은 모두 필요한 것이지, 어떤 하나가 다른 하나를 완전히 대체할 수 없다는 것이다.

그렇다면 왜 인문학은 그 필요성에도 불구하고 위기에 이르게 되었는가? 이에 대해서는 김성민 선생님의 글에 주목할 필요가 있다고 본다. 김성민 선생님은 흔히 인문학의 위기를 인문학과 자연과학 사이의 갈등으로 간주하는데 이것이 정확한 사실을 보지 못하도록 만든다고 비판한다. 김성민 선생님에 따르면 인문학의 위기는 전반적으로 높은 청년 실업률과 신자유주의적 경쟁이 만들어낸 "순수학문과 응용학문 사이의 격차"(김성민 2015, 120)에 따른 위기이다. 2014년 한국교육개발원의 취업 통계에 따르면 인문계열 졸업자들의 취업률은 45.9%로 자연계열보다 9.7%, 공학계열보다 11.3%, 의학계열보다 17.2%가 낮다. 그에 따르면 이 통계에서 우리가 첫째로 주목해야 할 것은 인문계열의 취업난이 아니라 전반적으로 높은 청년 실업률이다. 다음으로 주목해야 할 것은 기초 이론을 제공하는 자연계열 졸업자들의 취업률 역시 상대적으로 높지 않다는 것이다. 즉 전반적으로 실업률이 높은 상황에서 신자유주의적 지구화가 국가 간 그리고 기업 간 경쟁을 강화시키면서 기업과 청년들은 당장의 효율성을 얻을 수 있는 분야를 확대하게 되는데, 그것이 바로 공학이나 의학 등의 응용과학이 된다는 것이다. 여기서 인문학이나 자연과학 등의 순수학문은 응용학문에 토대를 제공하지만 당장의 효율성을 얻을 수 없다는 이유로 외면된다.

3. 사이버문화는 연결과 융합을 요구한다

그렇다면 인문학은 어떤 길을 모색해야 하는가? 많은 논자들은 인문학이 창조적인 작업을 위해 '쓸모가 있다'는 점을 다시 어필한다. 응용학문만큼 당장의 효율성을 얻을 수 있는 것은 아니지만 그에 준하는 필요성을 갖고 있다는 것이다. 그중 하나가 '다양성'을 위해 인문학이 필요하다는 것이다. 창조경제와 창조도시 담론을 주도한 찰스 랜드리와 리처드 플로리다는 '창조'의 자원이 문화적 다양성에 있다고 보았으며, 신자유주의의 아버지라고 불리는 프리드리히 하이에크마저도 제도적으로 다양한 선택 가능성을 보장하는 것이 보다 우수한 생존 특성이 된다고 밝힌 바 있다. 그러나 자유주의의 논리를 통해서만 다양한 선택지를 보장하려는 시도는 선택되지 못한 분야의 소멸도 '자유'라는 이름으로 정당화할 수 있으며, 효율성에 도움이 되는 것만이 선택될 수도 있다. 소멸되는 분야를 살리더라도 그것은 마치 희귀종을 보존하기 위한 정책처럼 근근이 명맥이 유지되는 것 이상의 결과를 기대할 수 없을 확률이 높다.

이와 달리 나는 인문학이 하나의 순수한 종으로서가 아니라 다른 것과의 연결 속에서 창조적으로 자신을 재구성해야 한다고 본다. 포스트휴먼 페미니스트 다나 해러웨이는 이질적인 것들 간의 연결을 통해 새로운 친족을 만들어내는 것이 창조의 핵심이며 이것은 파트너와 함께 '실뜨기(string figures)'를 하거나 '스토리텔링'을 이어갈 때 가능하다고 주장한다. 실뜨기와 스토리텔링에서 파트너는 선택을 통해 연결되는 것이 아니라, 내가 존재하는 조건 속에서 이미 나와 연결되어 있는 무수한 관계항들이다. 연결은 선택의 결과가 아니라 내 존재의 조건이다. 나는 다른 존재와 연결되지 않고 존재할 수 없다. 내가 거기 있는 그(녀)의 목소리와 태도에 귀 기울이고 대답하는 것은 그것들이 나와 연결되어 '함께 되어가고(becoming-with)' 있기 때문이다. 따라서 그 목소리에 '응답'하는 것은 나의 존재에 대한 배려이자 그 존재에 대한 배려가 된다.

최근 인문사회학에서는 신물질주의(new materialism)의 흐름이 강력한 영향을 미치고 있는데, 이러한 흐름은 우리가 물질과 정신으로 뚜렷하게 구분될 수 있다고 생각했던 존재의 방식이 서로 연결되어 있다는 것을 분명하게 보여준다. 해러웨이가 말한 '물질-기호'적 존재라는 용어는 바로 물질적인 것과 기호적인 것이 뚜렷하게 분리된 것이 아니며, 우리는 기호 없이 물질을 알 수 없으며, 현실 속에서 우리는 물질적으로 체현된 기호를 마주하게 된다는 것을 강조하기 위한 비유였다. 해러웨이가 연결된 존재를 지칭하기 위해 사용하는 '퇴비'라는 말은 기호와 구분되는 땅이 아니라 기호와 항상 연관을 맺고 있는 땅이다. 실뜨기 속에서 뒤죽박죽으로 작업하고 있는 이 존재들은 "물질-기호론적(material-semiotic) 퇴비"이다(도나 해러웨이 2021, 60; Haraway 2016, 31). 엘리자베스 그로스 역시 이러한 흐름 속에서 육체유물론을 발전시키는데 여기서 몸과 성차는 물질적이기만 하거나 정신적이기만한 것이 아니라, 정신적이고 사회적인 것을 구현한 몸과 성차이다. 이를 통해 그로스는 다양한 것들의 차이뿐 아니라 그 연결 가능성을 마련한 것이다. 그로스는 몸의 안팎이 사실상 연결되어 있음을 보여주기 위해 '뫼비우스의 띠'와 같은 은유를 사용하기도 한다.

이들은 모두 이질적인 것들, 다양한 것들의 연결은 자유로운 선택이라기보다는 항상 존재하는 우리의 존재 방식임을 분명히 했으며, 어떻게 무엇과 연결되는 방식으로 응답할 것인가를 변화와 관련된 질문으로 보았다. 나는 소흥렬 선생님의 '사이버문화론' 역시 바로 이 후자와 맥을 같이하고 있다고 본다. 소 선생님은 인문학과 과학이 다양성으로 모두 함께 존재해야 한다는 규범적 주장에서 한 발 더 나아가, 기술문명이 우리에게 제공한 사이버공간이라는 이 조건으로 인해 우리의 삶은 서로 이질적이라고 생각하는 두 분야를 이미 연결하고 있고, 앞으로도 연결지어 생각할 수밖에 없음을 논의하고 있기 때문이다. 다시 말해서 인문학은 과거의 방식 그대로 분과학문으로서의 인문학, 철학일 수 없으며, 새로운 연결의 시대가 요구하는 연결된 삶의 방식을 반영하는 연결과 융합의 학제적 인문학으로 나아가야 한다는 것이다.

소흥렬 선생님은 「사이버문화의 인간적 조건」(1999)에서 우리가 마주하게 된 사이버공간이 단순한 기술문명이 만들어낸 장소가 아니라 사이버문화라고 본다. 왜냐하면 사이버공간 안에서 인간이 문명과 연결되는 한 그 문명 내부에는 인간의 정신이 깃들 수밖에 없기 때문이다. 이 글에서 그는 사이버공간이 아니라 사이버문화에서는 기술문명과 정신문화가 뚜렷하게 구분되지 않으며 항상 연결된다고 본다. 그에 따르면 "제1의 문화는 인문학이 지배해온 문화이다. 제2의 문화는 자연과학이 지배하는 문화이다." 사람들은 이제 제3의 문화에서 다시 과학이 주도권을 잡을 것이라고 생각하지만 그것은 오해다. 왜냐하면 사

이버문화는 사이버스페이스에서 펼쳐지는 인간의 정신적 활동들을 포
함하기 때문이다. 따라서 사이버문화는 그곳에서 살아가는 인간의 조
건을 밝혀줄 철학과 같은 언어를 필요로 한다(소흥렬 1999b, 50). 이제
필요한 것은 과학이 인문학적 고민을, 인문학이 과학의 결과를 함께
생각하는 것이다.

　물론 소흥렬 선생님은 이 글에서 사이버공간을 이데아의 세계, 형상
의 세계, 법의 세계, 말씀의 세계와 같은 정신적인 것으로부터 오는 영
감을 체험할 수 있게 하는 문화공간이라고 설명함으로써 사이버공간의
문화를 로고스 문화의 연장선상에서 설명하는 한계를 보이고 있다. 나
는 사이버문화에서 기계문명과 정신문화가 연결되면서 어떤 다른 삶의
형태가 나타나는지를 밝히는 것으로 나아가기보다 다시 한 번 이분법
의 언어를 빌려 인문학의 측면을 설명하는 지점이 아쉽다. 사이버문화
에서 로고스를 대신해서 등장하는 상상계적 이데아가 어떻게 편견을
강화할 수 있는지, 가상이나 실재가 아닌 '이미지'의 출현이 인간적 조
건을 어떻게 변화시키고 있는지에 대한 연구야말로 오늘날 횡단적, 융
복합적 인문학의 필요성을 보여줄 수 있는 과제일 것이다.

4. 융복합 연구의 환대를 위하여

　2000년대 초중반에 이러한 문제의식을 공유한 학자들은 많았다. 김
성민 선생님은 분과학문 체계는 다양성과 관련된 실천에 제약을 준다
고 진단하면서, 오늘날 학문이 '실천적' 기능을 수행하기 위해서는 학
문 전반의 차원에서 각 분과 체계를 벗어나 서로를 연결하는 '횡단적
인 학문 체계'를 구축하고, 이 속에서 통섭적이고 융복합적인 학습을
받은 인재들이 양성될 필요가 있다고 보았다(김성민 2015, 128).

　이러한 의견은 인문한국 사업으로 이어졌고 융합 대학의 신설로 이

어졌으며 교양교육에서의 융합 강의의 증설로 이어졌다. 그리고 그 결과는 인문학의 연구 성과 축적이라는 결과로 나타났다. 2022년 6월 6일 기준 KCI 홈페이지에 공지된 재단 등재(후보) 학술지 현황을 보면 전체 등재(후보) 학술지는 총 2,683종인데 이 중 인문사회 분야 학술지가 1,887종으로 전체의 약 70.3%를 차지하고 있다. 학술지의 종수만 따진다면 학술적으로 인문학은 위기가 아니라, 오히려 그 어떤 때보다 번성하고 있다. 이는 논문 수를 살펴볼 때에도 마찬가지다. 전체 1,916,214개의 논문이 발표되었는데 그중 인문학에서 322,818개, 사회과학에서 275,056개가 발표되었으며, 자연과학에서는 161,972개, 공학에서는 386,002개, 의약학에서는 271,402개의 논문이 발표되었다.[1] 그런데 왜 융복합 연구는 아직도 애매하고 모호한 위치성을 갖는가? 아직 왜 환대받지 못하는가?

나는 현재 진행되고 있는 연구소 주도의 융복합 연구가 학문 후속 세대 양성과 이어지지 못하고 있다는 데서 그 문제점을 진단하고자 한다. 이 문제를 풀기 위해서는 연구소 내에 연구와 교육을 가능하게 만들든지, 아니면 대학 내 학과나 학부가 횡단 및 융합과 관련하여 재편될 필요가 있다. 사람들은, 이미 2009-2013년 사이에 대학 구조조정 과정에서 인문대가 통폐합되었지만 학문은 횡단적으로 연결되지 못했다고 비판하면서 후자의 방식에 이의를 제기한다. 가령 독문과, 불문과 등을 통폐합하여 '유럽커뮤니케이션학과'를 만든다고 해도, 학문 간의 장벽이 높은 상태에서 기존의 분과학문 방법론을 고수하는 사람들이 교육과 연구를 담당하게 된다면, 융복합은 제대로 된 횡단을 낳지 못하게 된다는 것이다. 그러나 나는 이것이 바로 융복합 연구를 한 연구자들이 연구소나 교양교육 등에만 배치되어 있기 때문에 발생한 문제라고 생각한다. 이러한 사례와 달리 이화인문과학원의 포스트휴먼 융합인문학 협동과정은 연구소가 융합 연구와 학문 후속 세대 양성을 연결하여 순환시킨 매우 훌륭한 사례라고 생각한다.

인문학의 위기가 연결을 필요로 하는 시기에 제대로 된 인문학적 연결을 실현하지 못해서 발생한 것이라면, 이제 인문학은 이 시대에 필요한 제대로 된 학제 간 횡단과 융합을 시도하는 분야를 적극적으로 받아들일 필요가 있다. 이럴 때 융복합 인문학은 환대받을 수 있지 않을까?

참고문헌

소흥렬, 「인문학 연구의 회고와 전망」, 『인문학 연구』 5, 인문학연구소, 1999a.

소흥렬, 「사이버문화의 인간적 조건」, 『정보과학회지』 17(8), 1999b, 45-50.

김성민, 「인문학의 위기와 포스트-인문한국(Post-HK)의 방향」, 『철학과 현실』, 철학문화연구소, 2015, 119-138.

도나 해러웨이, 『트러블과 함께하기』, 최유미 옮김, 마농지, 2021; Haraway, Donna J., *Staying with the Trouble*, Duke University Press, 2016.

---

1) 「Data 구축 통계」, 『한국학술지인용색인 홈페이지』, (검색일 2022. 6. 6.) https://www.kci.go.kr/kciportal/po/statistics/poStatisticsMain.kci?tab_code=Tab3

소흥렬 선생님의 '대화의 철학'

자연과 인간, 기계와 생명, 동양과 서양

김선희

이화여자대학교 철학과 교수

지난여름 연구실과 서재의 책을 정리했다. 천장까지 쌓인 책으로 연구실이 포화 상태에 이르렀기 때문이다. 제일 먼저 포기하기로 한 것은 학부 때 읽었던 책과 수업 자료들이었다. 한 권 한 권이 현재의 나를 만들어준 학문적 토대이자 사다리였지만 앞으로 해야 할 연구 자료를 위해 지나간 것들을 포기하지 않을 수 없었다. 방치한 시간만큼 쌓인 먼지를 흩어가며 빛바랜 책들을 한 권씩 꺼내 지난 시간들을 회고하는 것으로 나름의 이별식을 치렀다. 상당한 시간과 마음이 필요한 일이었다. 어떤 책들은 쉽게 포기할 수 있었지만 어떤 책들은 이별하는 데 긴 시간이 필요했다. 수백 권을 내려놓는 동안 끝내 버릴 수 없는 책들이 있었다. 소흥렬 선생님이 쓰신 『문화적 자연주의』와 『자연주의적 유신론』도 그중 일부다. 선생님의 저서는 단순히 옛 추억이 담긴 학부 시절의 기념물이 아니었다. 소흥렬 선생님이 남기신 지적 유산이자 자산이었다.

소흥렬 선생님께 처음으로 배운 것은 '문화와 사상'이라는 교양과목에서였다. 학기마다 학관의 계단식 강의실을 가득 채우는 인기 높은 강의였다. 그 시절 학부생들에게 소흥렬 선생님은 '철학과 교수님'의 전형 같은 분이었다. 그 시절 선생님은 언제나 체크 셔츠와 코듀로이 재킷을 입으셨고, 중후하고 품위 있는 저음으로 다양한 철학적 문제들을 풀어주셨고, 철학적 언어로 사유의 집을 짓는 법을 알려주셨다.

선생님께 철학과 전공 수업을 들었던 것은 4학년 때의 일이었다. 선생님이 담당하셨던 과목들이 주로 고학년 과목이었는데, 당시 들었던 전공 수업은 심리철학이었다. 그때의 수업 내용을 지금도 기억한다. 한 학기 내내 수업에서 다루었던 핵심적인 주제는 "타인의 마음을 알 수 있는가"였다. 수업 내용은 밀도가 높았고 학부 수업으로서는 드물게 활발한 토론이 학기 내내 이어졌다. 선생님은 이 수업에서 철학적 토론이 얼마나 흥미로울 수 있는지 보여주셨다.

본격적으로 선생님의 학문 세계를 엿볼 수 있게 된 것은 대학원에 진학한 이후였다. 석사 2학기 때 수강했던 '문화적 가치론' 수업이 가장 기억에 남는다. 한 학기 동안 선생님께서는 과학적 진리의 구성 요건을 새롭게 검토함으로써 문화와 예술의 인식론적 구조와 마음의 문제를 중층적인 관점에서 조망할 수 있는 가능성을 짚어주셨다.

이 수업에서 함께 읽었던 교재는 과학적 진리의 구성 요건과 탐구 원리에 대해 검토한 로렌스 르산의 『아인슈타인의 공간과 반 고흐의 하늘』이었다. 이 수업에서 발제했던 자료를 지금도 가지고 있다. 이 책을 통해 생물학적 현상부터 도덕적 현상에 이르기까지 세계를 설명하는 전형적 논리였던 결정론과 기계론적 사고를 넘어 비선형적이고 확장적인 인과성을 구성하는 것이 가능하다는 점을 배울 수 있었다. 선생님은 종교적 체험이나 철학적 통찰, 나아가 과학적 발견에 이르기까지 기존의 인과로 개념화될 수 없는 문화적 창조와 비약이 가능하며 이런 전환에 따라 과학의 영역에서 배제되어왔던 다양한 영역들을 포괄하는 비연역적 사고가 가능하다는 점을 알려주셨다.

이 수업에서 제출했던 기말 보고서를 지금도 보관하고 있다. 낡은 종이들을 끝내 버리지 못했던 것은 마지막 페이지에 남아 있는 선생님의 코멘트 때문이다. 이 리포트에서 석사 과정생의 패기로 인간의 마음과 실재세계를 매개하는 컴퓨터와 예술의 가상현실이 인간의 상상력과 창조력에 어떤 영향을 끼칠 수 있는지에 관해 설명해보려고 시도했는데, 선생님께서는 몇 가지 용어를 바꾸어주셨고 마지막에 컴퓨터의 가상현실과 마음, 그리고 예술의 가상현실의 관계를 도상화한 표에 꼼꼼한 평을 달아주셨다. 리포트 끝에 "정확한 이해력과 체계적 정리 능력이 좋다"고 적어주셨다. 석사 2학기의 엉성한 문장과 생각을 꼼꼼하게 짚어주시며 격려해주신 덕에 느리게라도 성장할 수 있었을 것이다.

이때 수업 내용과 토론도 재미있었지만 진짜 흥미로운 토론과 수업은 수업이 끝난 뒤에 시작되었다. 당시 인문관 선생님 연구실에서 수업을 들었는데 수업이 끝나면 곧바로 뒤풀이 모임이 시작되었다. 수업이 끝나면 제자들은 가벼운 안주를 준비했고 선생님은 술을 내주셨다. 진정한 심포지엄(Symposium), 즉 술과 자유로운 토론이 있는 향연(饗宴, Συμπόσιον)이 시작되는 것이다. 이 시간에 대학원생들은 수업 내용 가운데 궁금했던 점들을 선생님께 질문하기도 하고 당시 이슈가 되었던 사회적인 문제들에 대해 토론하기도 했다. 선생님은 학생들이 제기하는 여러 문제에 대해 철학자의 시선과 통찰이 어떠해야 하는지 알려주셨고 간혹 부정확한 이해들을 바로잡아주시기도 했다. 다양한 문제에 대해 자유롭게 의견을 공유하고 토론할 수 있었던 분위기는 선생님이 주신 큰 선물이자 자산이었다.

선생님께 학문적으로 어떤 유산을 받았는지 분명하게 깨닫게 된 것은 꽤 시간이 흐른 뒤였다. 작년에 끝내 버리지 못한 두 권의 책, 『문화적 자연주의』와 『자연주의적 유신론』를 통해서였다. 결코 통합될 수 없을 듯한 자연주의와 신학적 세계상을 형용사적 구도로 연결한 제목에서부터 선생님이 지향하신 사유의 거점과 창출적인 지향이 드러난다. 이 책의 부제는 '우주의 마음, 사람의 마음, 컴퓨터의 마음'으로, 선생님은 이 책에서 당시 새롭게 부상하는 인공지능으로서 컴퓨터를 인간 마음의 지향성과 연결하여 사유하는 한편, 이 현상적 차원을 넘어 유신론적 세계상, 즉 우주의 마음까지 사유의 영역을 확대하는 사유 실험을 보여주셨다. '컴퓨터의 마음'은 당시 기술적 변화에 따른 인간의 인식론적, 존재론적 조건의 변화를 검토하는 하나의 창이었다.

물론 현재의 정보통신기술과는 상당한 차이가 있지만 선생님이 이 책을 쓰신 1990년대는 뉴미디어로서의 컴퓨터가 생활 세계 전반에 보편화되고 있던 시기였다. 지금 대학생들에게는 그저 오래된 과거로 느껴질 뿐이겠지만 1990년대 대학생들 역시 노트북 컴퓨터로 리포트를 작성했고 삼국지나 울티마 같은 RPG 게임과 페르시아의 왕자 같은 아케이드 게임을 컴퓨터로 즐겼다. 컴퓨터 기술에 의한 가상현실이 인간의 마음과 인식의 문제에 중요한 상수로 개입하기 시작하던 때였다. 선생님께서는 도래할 미래에 철학이 어떻게 개입하고 어떤 가치를 제안해야 하는지 일찍부터 준비하고 계셨던 것이다. 특히 흥미로운 것은 선생님이 이 당시에 컴퓨터와 그를 바탕으로 한 가상세계에 대한 철학적 제안과 함께 생명 문제에 대해서도 깊이 사유하고 계셨다는 점이다.

선생님은 『자연주의적 유신론』에서 "개체들이 모여서 하나의 전체적인 구조물을 형성함으로써 새로운 기능 또는 속성이 창출되는 것이다. 미시적 세계에서 거시적 세계로의 상승과정에서 창출적 속성이나 기능이 생겨난다"(소흥렬 1992, 64)고 말씀하셨는데 이는 자연과 생명, 기계와 의식의 관계를 연결하고 통합하면서도 상위 차원의 독자성을 하위 차원으로 환원하지 않을 수 있는 창발의 가능성에 대한 통찰이었다고 생각된다.

또한 선생님은 이 중층적 구조의 연결이 최종적으로는 우주의 마음이라는 일종의 유신론적 세계로 향할 수 있다고 주장하셨다. 이 책을 처음 읽었던 대학원 시절에는 이 저서에 담긴 통찰이 선생님의 주 전공인 분석철학이나 심리철학이라는 철학적 영역의 경계면을 벗어나지 않고서는 도달할 수 없는 파격적인 주장이라는 것을 충분히 이해하지 못했다. 우주를 창조한 기독교적 신과 같은 초월적 존재를 상정하지 않고도, 다시 말해 인격적인 초월자를 경배하는 신학을 도입하지 않고도 인간이 거주하고 경험하는 경험세계의 내재적 체험만으로도 의식의 지향성을 우주와 통합할 수 있다는 거대한 사유 실험은 오직 철학적 신학으로만 도달할 수 있는 통찰의 경지였다. 선생님이 보여주신 새로운 유신론은 초월자에 대한 경배 없이도 일종의 철학적 신앙을 통해 인간이 스스로 경건해지고 동시에 윤리적일 수 있다는 믿음의 다른 이름이기도 했다.

자연주의와 유신론적 세계 이해를 결합하려는 선생님의 철학적 제안에서 다른 학자들은 스피노자식의 범신론을 발견하기도 한다. 초월자 없이 존재론적으로 중층적으로 연결되어 있는 세계가 스피노자가 보여주는 범신론적 세계와 유사하게 보인다는 것이다. 그러나 세계의 창조자로서 초월자를 내세우지 않고 세계의 존재론적 구조를 설명하려는 스피노자식 범신론은 선생님이 제안하신 마음, 컴퓨터, 우주가 중층적으로 연결되어 있는 통합적 세계의 구상을 담기에는 제약이 있다고 생각된다. 자신을 둘러싼 생활 세계의 영향을 받으면서도 자연적, 문화적 조건으로 환원되지 않으며 생명의 중층성과 연동되어 있으면서도 생명 현상에 곧바로 대응하지 않는 마음의 구조와 지향성은 불교를 비롯해 만물의 존재론적 연결성을 이론화한 동아시아 사유에 대한 통찰과 연결될 때 더욱 설득력이 있기 때문이다. 선생님은 분석철학에서 출발하셨지만 동아시아의 사유와 철학에 대해서도 유연하고 깊이 있게 이해하시는 균형 잡힌 철학자였다.

동아시아에 대한 선생님의 통찰은 「과학문화와 동양적 연결주의」 (2002)라는 논문에 담겨 있다. 선생님은 이 논문에서 과학기술이 바탕이 되는 문화적 조건으로서 과학문화라는 개념을 제안하면서 동양의 전통적인 인문문화가 서구의 과학문화와 종합될 때의 가능성을 전망하신 바 있다. 이처럼 선생님이 보여주신 두 극단적 세계의 온건한 통합은 모든 것이 연결되어 있으며 모든 것이 서로에게 빚지고 있다는 동아시아적 사유, 특히 불교적 사유의 관점으로 조망했을 때 더 설득력 있게 드러날 것이라고 생각된다. 실제로 그 시절 선생님께서는 자주 불교에 대해 공부하고 싶다고 말씀하셨다. 그리고 전작들에 이미 녹아 있는 불교에 대한 깊은 사유와 통찰은 2008년 붓다를 만나신 깊은 철학적 경험을 담은 『불심초』라는 저술로 온전한 형태를 갖추어 전해졌다. 오직 서양철학만을 '철학'으로 간주하며 나름의 역사와 이론적 구조를 가진 동아시아 철학을 인류를 위한 지혜 혹은 서양철학의 한계를 보완할 대체재 정도로 취급하던 풍토에서 선생님이 보여주신 동양적 사유에 대한 통찰은, 서구화를 통해 현대화했음에도 완전히 서구화될 수 없는 한국에서 철학하는 방법과 그 방향성에 대한 하나의 답안을 보여주셨다고 생각된다.

나는 비록 선생님의 지적 유산을 직접 활용할 수 없는 동양철학 전공으로 박사학위를 받았지만 선생님께 받은 유산이 없었던 것은 아니다. 16세기 예수회에 의해 전달된 서양철학과 신학, 자연철학을 수용한 중국과 조선 유학자들의 지적 지향을 일종의 유교적 유신론으로 설명하고자 했던 내 박사 논문의 방향성 역시 선생님께 영향을 받은 부분이 있다. 내 연구는 지성사적 관점에서 동서 철학의 연결성을 초월적 신의 존재 여부와 관계없이 인간에게 내재된 유신론적 지향에서 설명하고자 했다는 점에서, 이론적 배경과 범위가 다름에도 자연, 인간, 기계의 연결과 통합이 궁극적으로 신 없는 신학적 세계로 향할 수 있다는 선생님의 통찰로부터 영향을 받았다고 생각한다.

최근에는 선생님이 주신 다른 지적 유산을 발견하는 흥미로운 경험을 했다. 최근 정보 개념을 바탕으로 정보철학의 성립 가능성과 그 이론적 조건을 검토하는 공동 연구 프로젝트에 참여했다. 정보철학은 20세기 이후 급속도로 발전한 정보 이론을 넘어 주로 세계를 이해하는 존재론적, 인식론적, 윤리적 관점이자 프레임으로서 정보를 철학적으로 규명하고자 하는 이론적 시도인데, 나는 이 연구에 공동 연구원으로 참여하면서 동아시아 관점에서 정보철학을 해명하려는 논문을 쓰고자 다양한 자료를 검토했다. 그 과정에서 선생님이 1995년에 「마음, 정보, 그리고 설계」라는 논문을 발표하셨다는 사실을 알게 되었다. 선생님은 이 논문에서 당시 부상하고 있던 정보기술을 넘어 생명 현상까지 포괄하는 새로운 정보 개념을 토대로 컴퓨터와 인간의 마음의 구조를 설명하셨는데, 25년도 넘은 논문이라는 점이 믿기지 않을 정도로 예리한 통찰을 보여주셨다. 여러 번 숙독한 뒤 정보를 마음뿐 아니라 생명의 차원에서 다룰 수 있다는 단서를 얻었다. 선생님께서는 생각보다 많은 유산을 씨앗처럼 뿌려놓고 가신 것이다. 그 부분을 생각지 못한 맥락에서 만나는 것은 한때 배웠던 제자로서 크게 감사한 일이다.

선생님의 철학의 심도와 폭을 설명하는 것은 선생님의 철학을 직접 계승한 후학들의 몫이겠지만, 선생님의 학문적 유산을 접했지만 다른 전공에서 연구한 내가 선생님을 떠올릴 때 빼놓을 수 없는 중요한 키워드가 있다. 그것은 '대화'이다. 내가 한창 선생님의 수업을 듣던 학부 시기에 선생님께서는 '대화'의 철학과 문화를 철학과 철학교육의 방법으로 구상하고 계셨다. 당시 철학과는 교수님들의 강의와 대학원생의 주제 발표, 대학원생과 학부생이 함께하는 토론으로 구성된 '여성

철학교실'이라는 프로그램을 운영하고 있었다. 1995년도의 주제가 바로 '대화의 철학'이었다.

여기서 선생님은 '대화의 문화와 철학'이라는 주제로 강의를 해주셨다. 지금도 보관하고 있는 빛바랜 자료집 속에서 선생님의 강의 자료를 찾을 수 있었다. 선생님은 이 강의에서 대화의 준비, 대화의 마음, 대화의 분위기, 대화의 언어 능력, 대화의 논리 전개, 대화의 철학적 기준 등에 대해 상세히 설명해주셨다. 이 강의에서 가장 인상 깊었던 것은 소크라테스의 변증논리, 플라톤의 귀추논리, 아리스토텔레스의 연역논리, 붓다의 유비논리, 노자의 귀납논리, 공자의 실천논리에 대해 설명해주신 '대화의 논리 전개' 부분이었다. 다양한 논리적 방법들은 철학과 수업의 기본적인 커리큘럼이지만 선생님은 소크라테스부터 공자, 붓다까지 동서양을 종횡하며 논리적 사유의 다양성을 보여주셨다. 동양까지 포괄하시는 학문적 통찰의 범위는 존경스럽기까지 하다.

이 행사의 대주제였던 '대화의 문화와 철학'은 당시 선생님이 일관되게 추구하시던 교육 방법론이었던 것 같다. 선생님은 전공 수업에서도 철학적 대화의 방법과 가능성에 대해 자주 강조하셨다. 선생님은 수업 시간에 현학적이고 추상적인 개념과 문장 대신 평이하면서도 통찰력 있는 문장으로 글을 쓰도록 독려하셨다. 무엇보다 철학적 사유를 쉽고 평이하면서도 타자와의 소통을 전제로 한 '대화'의 형식 안에서 전달하는 방법을 가르쳐주셨다. 그 과정을 통해 나온 책이 나와 같은 학번 동기들이 쓰고 선생님이 감수해주신 『대화로 하면 쉬울까: 이화여대생들의 철학 토론』이었다.

학부생들이 저자가 되어 직접 책을 낸다는 것은 상당히 파격적인 일이었다. 내가 수강했던 수업에서 나온 결과물이기에 이 책이 세상에 나오게 된 상황을 비교적 선명하게 기억하고 있다. 선생님은 철학적인 논제를 대화로 풀어나간 세 친구의 발표를 들으시고 크게 흥미를 보이섰다. 이후 선생님은 이 친구들이 고등학교『철학』교과서의 주제들을 대화의 방식으로 풀어갈 수 있도록 이끌어주셨고, 몇 달 뒤에 그 결과가 단행본으로 출판되었다. 비록 나는 참여하지 않았지만 동기들이 선생님의 지도 아래서 대화로 철학하는 방법에 대한 책을 썼다는 것이 매우 자랑스러웠다. 철학적 방법이자 지향으로서 '대화'에 깊이 고민하신 선생님의 가르침이 없었다면 결코 나올 수 없는 성과였다.

선생님은 언제나 평이하고 쉬운 듯하면서도 깊은 통찰이 담긴 문장을 쓰셨다. 철학을 사변적인 언어로 구축한 논리적 세계라고 생각하던 때도 있었지만, 선생님께 배우면서 그런 현학적인 문장들이 사람들을 철학에서 멀어지게 하며 철학자들 자신도 속일 수 있다는 점을 깨달았다. 여전히 가야 할 길이 멀지만 선생님께 배운 것을 떠올리면 서로 다른 자리에 있는 사유와 언어를 연결하는 힘은 '대화'이자 대화에 참여하는 진정성이라는 점을 다시 한 번 마음에 새기게 된다. 철학적 대화는 정확한 이해와 정밀한 표현에서 출발하지만, 궁극적으로 선생님이 제안하고자 하신 철학적 대화의 방법은 철학적 포괄성과 개방성이었을 것이다. 경계에 갇히지 않는 사유로 엄밀하면서도 포용적인 철학이 가능하다는 것을 선생님께 배웠다. 차이와 다름에 대한 포용적 태도와 상호 연결된 중층적 세계에 대한 포괄적 이해는 선생님이 지으신 사유의 집의 다른 이름이자 선생님을 배우고 따르려는 후학들의 이정표일 것이다. 여전히 부족하지만 다음 세대에게 철학을 가르치고 전해야 할 소임을 맡게 된 지금, 다시 한 번 선생님께 받은 학문적 유산에 대해 생각한다. 선생님, 그립고 감사합니다.

참고문헌

소흥렬, 『자연주의적 유신론』, 서광사, 1992.

소흥렬, 「마음, 정보, 그리고 설계」, 『한국정보과학회 학술발표논문집』, 한국정보과학회, 1995, 239-249.

소흥렬, 「과학문화와 동양적 연결주의」, 『과학철학』 5(1), 한국과학철학회, 2002, 1-19.

소흥렬, 『불심초』, 호미, 2008.

의식 경험의 관계적 특성과 감각질

김효은

국립한밭대학교 인문교양학부 교수

1. 의식의 존재론적 지위

인공지능이 현대에 급속도로 발전하면서 인간을 보조하는 차원의 좁은 인공지능(Artificial Narrow Intelligence)으로부터 더 나아가 일반인공지능(Artificial General Intelligence)의 방향으로 나아가고 있다. '일반인공지능'은 인간 수준의 인공지능과 동일한 의미는 아니지만 유사한 인지 영역과 차원이 중첩되어 있기에 일반인공지능의 개발을 지향할 때 인간 차원의 심적 상태인 '의식'이 어떤 내용인지를 검토하지 않을 수 없다. 인간은 일반 동물들과는 다르게 감각과 지각뿐만 아니라 상위 차원의 의식 또한 가지는데, 이 부분까지 고려해야 일반인공지능의 수준에 맞는 인공지능을 발전시킬 수 있기 때문이다. 아래에서 본고는 의식 경험의 전통적 설명 방식의 제한점과 방향을 전환해야 하는 근거를 제시함으로써 감각질의 관계적 특성을 검토한다.

2. 심신문제의 딜레마: 현상적 의식이라는 해결 고리

'의식'이라는 주제는 현대에 와서야 주목을 받게 되었다. '의식'은 데카르트 이래로 현재까지 철학과 과학의 양 영역에서 오랫동안 주된 연구 대상으로부터 배제되어왔는데 이는 의식의 영역이 분석 및 형식화되거나 실험 대상이 되기 어려웠기 때문이다. '의식'은 '현상적 의식'과 '비현상적 의식'으로 구분된다. '현상적 의식'은 질적(qualitative)이면서 주관적인 특성을 가리킨다. 대조적으로, '비현상적 의식'은 태도(attitude)나 무드(mood) 같은 지향적 측면을 가리킨다(Lormand 1994). 비현상적 의식의 상태들은 비교적 행위나 반응과 관련한 느슨한 규칙들로나마 분석이 수행되어왔지만, 이와 비교하여 현상적 의식은 색, 소리, 맛, 냄새, 통증의 경험처럼 직접적이면서 양화하기 어려운 특성을 가지기 때문에 감각의 질적 특성으로, 즉 '감각질'이라는 별도의 용어로도 표현되어 별도의 연구 주제로 논의되어왔다. 이러한 특성은 특정한 물리적 상태가 특정한 현상적 의식 상태를 야기하는지를 설명하기 어렵다는 소위 '설명적 간극(explanatory gap)'을 초래하였고, 심신문제를 어렵게 만든 지점이다.

일반적인 심신문제에 대한 하나의 해결책으로 제시된 비환원적 물리주의는 설명적 간극을 메울 수 있는 대안으로 제시되었다. 그러나 비환원적 물리주의는 심적 속성에 대한 설명에서 제거주의나 환원주의 둘 중 하나의 길을 갈 수밖에 없는 딜레마에 빠진다고 지적되었다(Kim 2000). 그러나 이러한 딜레마는 감각질에 대한 전통적인 개념을 가정했을 때의 귀결이다. 전통적으로 통증과 같은 '감각질'은 내성적으로만 접근 가능한 본래적(intrinsic) 속성으로 여겨져왔다. 이러한 인식은 감각질의 영역이 연구 대상으로부터 제외되어온 이유이며, 위의 특성들과는 다른 특성들이 드러난다면 심신문제의 딜레마 또한 부분적으로나

마 해소될 수 있는 실마리를 발견할 수 있다.

감각질의 문제가 중요한 문제로 간주되지 못하였던 이유 중의 하나는 과학적 분석 대상이 되기 어려운 것처럼 보였기 때문이다. 기원전 시대의 초기 철학자들 중 하나인 데모크리토스는 "관습상 색은 존재하며, 쓰고 달콤하지만, 실제로는 원자와 진공이다"라고 천명하며, 암스트롱은 이를 감각질이 철학적 분석 대상으로부터 제외된 시초라고 보고 있다(Armstrong 1980, 176). 근대 데카르트는 감각질의 부재를 주장하지는 않았지만 존재론적 지위를 격하한다. 데카르트의『성찰』에서 "나는 무엇인가?"의 질문에 대해 "생각하는 것"이라고 대답했을 때 그 특성은 "의심하고, 이해하고, 확인하고, 부인하고, 의지하고, 그리고 상상하고 감각적 지각을 가지는 것"(Descartes 1641)이었다. 데카르트는 앞의 다섯 가지 속성들과 뒤의 두 속성들의 양상을 다른 종류로 구분한다. 앞의 다섯 상태들은 마음의 본질인 인지적 능력인 반면, 감각적 특질과 관련되는 상태는 "마음과 몸을 혼합하는 결합으로부터 발생하는 혼란된 사고의 양태"로 본다.

이러한 경향은 현대 심신이론가들에게서도 나타난다. 스마트(Smart, 1959)는, 감각질은 물리학에서 인정된 자연법칙 체계에 맞지 않으므로 동일론에서 거론하기 어렵다고 한다. 컴퓨터의 아이디어에 기반한 1970년대의 기능주의에서도 감각질에 대한 설명의 어려움은 여전히 나타난다. 심적 상태에 대한 기능주의적 설명을 주장하는 슈메이커(Shoemaker 1981)는 현상적인 의식의 질적 느낌은 설명을 제공하기 어려운 아킬레스건이라고 표현한다.

현상적 의식에 비교하여 지향적 상태는 비교적 이러한 어려움에 직면하지 않았는데, 그 이유는 명제 태도를 통해 설명이 가능하며 이를 통해 지향적 상태가 관계적 특성을 가진다고 분석할 수 있었기 때문이다. 반면, 감각질은 관계적 특성에 의해 파악되지 않는 고유한 특징들을 소유하고 있는 듯 보였다. 이에 대한 인지심리학자들의 해결책은 인지과학이 다루는 심리현상을 인지적 측면에 국한시키는 쉬운 방법을 택하는 것이었다. 그러나 이러한 시도들은 동일한 감각정보의 입력에 대하여 동물과 인간들 사이에 있는 현상적 의식 상태의 차이를 설명할 수 없으며 그 수준 차이 또한 설명하기 어렵다. 소흥렬(1999a)은 전통적인 심신문제에서 실체에 대한 문제를 제기하여 심적 상태에 대한 설명의 문제를 어렵게 만들었으며 의식을 하나의 독립적인 주제로 받아들일 때 해소될 수 있다고 제안한다. 의식은 지향성에 대한 기능으로 설명하는 것이 아니라 의식 기능이나 상태로 이해할 때 실체에 대한 문제를 제기할 필요가 없어진다고 하였다. 이러한 시도는 심신문제라는 출발점을 감각질 혹은 의식의 문제로 바꾸어 거꾸로 심신문제에 접근하는 것이다. 의식의 문제로 출발하게 된다면, 지향적 내용으로부터 분석을 시작하는 것이 아니라, 의식에 대한 여러 설명이론들 중 일차적 표상주의나 고차적 표상주의에서 설명하게 된 표상 내용뿐만 아니라 그를 구성하는 여러 요소들 간의 상호작용에 의해 구성되는 속성임이 드러날 수 있다.

3. 경험 내용에 대한 설명과 '주의' 사례

기존의 여러 의식이론들은 감각질에 대해 그 설명의 어려움 때문에 표상적 내용으로 설명을 시도한다. 그런데 앞서와 같이 심신이론이 아니라 의식 그 자체의 문제로 출발할 것을 제안한 소흥렬은 더 나아가 의식에는 표상적 속성으로만 설명될 수 없는 정보적 기능이 있다고 제안한다. 소흥렬(1999b)은 "의식의 정보기능은 인지적 정보기능보다는 더 넓은 대상 영역을 전제하게 된다"라고 하면서 의식에 대한 철학적 분석과 의식에 대한 과학적 설명을 연결짓는 기반을 마련한다. 이는 감각질이 가지고 있는 내용이 단순한 표상적 내용이 아니라는 점을 암시한다.

표상주의자 피콕(1983)은 정보적 내용과 표상적 내용을 구분한다. 피콕에 따르면, 우리가 경험하는 시각 경험의 정보 내용은 예컨대 색의 파장과 같은 물리적 속성이 망막에 도달한다는 내용도 포함하지만 이 내용은 시각 경험의 표상 내용에 포함되어 있지 않다. 피콕은 이러한 정보 내용을 비표상적 속성으로 분류하며 설명에서 제외한다. 비표상적 속성을 설명 가능하게 하는 한 사례로서 여기서는 '주의(attention)'라는 현상적, 비현상적 의식이 중첩된 예를 분석한다. 이를 통해 감각질에 대한 전통적 주장인 본래성 외의 측면을 검토한다.

의식이론을 주장하는 철학자들은 현상적 의식에 주의가 우연적 요소로 작용한다고 보았지만 주요 요소로 간주하지는 않았다. 예컨대 고차적 사고이론을 주장하는 로젠탈은 고차적 사고의 내용은 주의의 초점이 되는 대상 근처에 대한 심적 상태라고 하면서(Rosenthal 1986, 43), 만약 주의가 시야의 주변부에 위치하여 있다면 그 경우는 우리의 의식 안에 포섭되지 않는다고 한다. 이와 반대로, 표상이론의 지지자인 타이는 시야의 중심부에 있는 대상의 내용에 주의를 기울이지 않아도 그 내용이 우리의 시각 경험에 포섭된다고 한다(Tye 2003, 13). 의식이론과 관련하여 철학자들이 주로 거론하는 사례는 숙련된 운전자의 예이다. 운전자는 철학적 생각에 몰두하느라 그녀의 앞에 놓인 시각적 광경에 주목하지 않는 상태이다. 그럼에도 불구하고 그녀는 수십 년 동안 같은 길을 운전해왔기 때문에, 특별히 도로의 상태나 방향을 바꾸어야 할 곳을 일일이 주목하지 않고서도 다른 작업을 하면서 동시에 운전을 능란하게 해낼 수 있다. 일차적 표상주의를 주장하는 철학자는 그 운전자가 자각하지 않는 대상들에 대하여 주의를 기울이지 않음에도 불구하고 시각적인 경험을 가진다고 본다.

상술한 숙련된 운전자의 예는 필자가 보기에 다소 나이브하게 구성된 것으로 이에 기반하여 논의하기에 좋은 소재가 아니다. 해석의 여지가 있는 요소가 있는 사례는 그에 대한 논의에 앞서서 제대로 된 논의를 위해 사례 자체가 재구성될 필요가 있다. 한적한 직선 도로와 같이 의식적인 주의가 덜 요구되는 장소에서의 운전의 경우는 표상주의자들의 현상적 의식에 관한 설명이 성립될 수 있으나, 끊임없이 새로운 상황이 생겨나는 혼잡한 도로는 아무리 숙련된 운전자라 할지라도 도로 상황에 주의를 기울이지 않고서도 안전운전을 하리라는 가정은 선결문제 요구의 오류를 범하는 것이다. 표상주의자들의 설명은 전자의 상황인 한적한 직선 도로의 상황에 대한 설명이며, 설명이 성립되는 사례를 기술한 것에 지나지 않는다.

경험 내용의 양상에 대한 검토를 위해 제시된 숙련된 운전자의 예는 우리가 세계를 얼마나 지각할 수 있는가의 문제이며 현상적 의식이 어떤 존재론적, 인식론적 지위를 가지는지의 문제이다. 이에 대한 심리철학에서의 여러 주장들은 대략 다음의 세 주장으로 나뉜다. 첫 번째 견해는 우리가 외부 대상에 대하여 주의를 기울이든 아니든 상세하고 풍부한 경험을 가지고 있다는 인상은 일종의 환상이라고 주장하는 것이다. 데넷(D. Dennett)에 따르면 우리의 경험이 풍부한 특성을 가지고 있다는 것은 일종의 착각이며, 우리의 경험 표상은 풍부하기보다는 빈약하다. 두 번째 견해는 표상주의가 채택하는 지향주의 입장이다. 이 견해에 의하면, 지각적 경험은 어떻게 사물들이 존재하는지를 표상하는 단일한 표상적 사건이다. 경험의 현상적 특성은 지향적 내용과 동일하며, 우리 경험은 풍부한 표상임을 주장한다. 이 두 견해들 사이에 있는 세 번째 견해인 온건한 견해는, 경험세계의 내용은 세계에 대한 세세한 것들에 대한 현재의 표상으로 구성되지는 않지만 잠재적으로 존재한다는 것이다.

표상주의가 옹호하는 경험 내용에 대한 견해가 낮다면, 한 장면과 이 장면과 차이가 있는 다음 장면 간의 차이는 경험의 주체에 의해 즉 각적으로 인지되어야 한다. 왜냐하면, 표상주의에 따르면, 현상적 경험 은 시각적 대상을 투명하게 표상할 수 있으므로 두 장면들 간의 차이 를 대조할 수 있고 따라서 변화를 인지할 수 있기 때문이다. 그런데 '변화맹(change blindness)' 그리고 '부주의맹(inattentional blindness)' 이라고 칭해진 주의와 관련한 심리학 실험(Levin et al. 2000)에서는 이러한 표상주의의 주장과 반대되는 결과가 나타났다. 변화맹에 관한 한 실험은, 어떤 낯선 사람이 피실험자에게 길을 묻고 서로 이야기를 나누는 동안 그들 사이로 커다란 문을 운반하는 사람들이 지나가고, 그동안 운반자들 중 한 명이 처음에 길을 묻던 사람을 대체하는 상황 을 보여준다. 이 두 사람은 키와 목소리 등이 다름에도 불구하고 다수 의 피험자가 자신에게 길을 묻는 사람이 조금 전과 다른 사람이라는 것을 알아채지 못했다.

부주의맹 실험에서는 주의를 기울이는 부분의 변화를 알아차리지 못 하는 현상을 보여준다. 피험자들은 약 1분간 지속되는 대학생들의 농 구 게임 비디오를 보면서 검은 옷을 입은 팀과 하얀 옷을 입은 팀 중 한 팀의 공 패스들 중 성공적인 패스들만 골라서 그 횟수를 세도록 지 시받는다. 비디오 장면에서는, 선수들 사이에서 농구공이 전달되는 와 중에 갑작스레 검은 고릴라 의복을 입은 사람이 대학생들 사이로 걸어 간다. 이때 피실험자들은 한 팀에서 성공적인 공 패스의 숫자를 세는 데에 집중하고 있었고, 이들 중 약 반 정도는 검은 고릴라 복장을 한 사람을 알아채지 못했다고 보고하였다.

이러한 현상은 우리의 내적 경험이 우리 시야에 포착되는 특징들의 변화를 직접적으로 반영하지 못한다는 점을 보여준다. 상술한 두 종류 의 심리학 실험은 앞서 소개한 세 종류의 철학적 입장을 주장하는 철학자들, 즉 데넷(Dennett 1991, 6장), 드레츠키, 타이 등에 의해 언급되면서 이에 대한 해석에서 다시 의견을 달리하게 된다. 표상주의자들의 주장은 경험 내용에 대한 설명에 있어서 주의(attention) 없이는 의식적 경험의 내용도 없다는 주장은 무리라는 것이다. 내 방 밖의 건물들을 보고 나서 눈을 감는다고 가정하자. 그렇다면 이때 건물들 근처에 있던 자동차들, 사람들, 나무들 등을 어렴풋이 떠올릴 수 있을 것 같기 때문이다. 부주의맹 사례는 기억이나 개념 형성 과정에 한계가 있어서 발생한 것이지, 경험이 제한되는 것이 아니라는 주장이다. 실제로는 우리가 주의를 기울이지 않은 주변 대상들도 우리의 경험 안에 들어오고 처리하지만 인간 기억의 제한 때문에 세세한 특징들을 망각한다는 것이라고 설명한다. 이 표상주의 견해를 지지하는 증거는 크게 두 가지이다. 하나는 주의를 기울이지 않는 대상의 특징들이 이를 지각하는 이들의 행위에 영향을 미친다는 점이다. 맥과 록의 실험(Mack and Rock 1998)에서, 피실험자들은 어떤 다른 작업에 주의를 집중하느라고 'flake'라고 쓰인 글자를 알아차리는 데 실패하였다. 하지만 그럼에도 불구하고 다수의 피험자들이 'snow-flake'가 쓰인 그림을 더 많은 확률로 선택하였다. 이 사례로부터 우리 경험은 주의를 기울이지 않는 대상이라 할지라도 암묵적으로 경험 내용으로 포섭된다고 해석한다. 이에 대한 과학적 증거는 표상주의의 입장을 지지해주는 듯하다. 주의를 기울이는 대상의 주변에서 일어나는 움직임이 눈동자의 움직임을 야기한다는 것이다. 어떤 시각적 자극들은 우리가 그것에 주의를 기울이는 것과 독립적으로 물리적으로 지각기관 안에 수용된다는 증거가 된다는 것이다.

이에 대한 가능한 반박은 실험 결과에 대한 다른 해석을 제시하는 것이다. 위의 실험 결과에서 지각하는 이가 주변 자료들의 많은 정보들을 기록하고 있다는 점과 경험 내용이 풍부함을 보여주는 것은 별개의 문제라는 것이다. 우리는 우리가 보는 광경 전부에 대한 일반적인 정보를 거의 자동적으로 빠른 속도로 파악해낼 수 있다. 예를 들어 풍경의 아주 상세한 부분들의 묘사는 불가능할지라도 대략 배치나 구도를 파악하곤 한다. 그러나 주의를 기울이는 대상 주변의 다른 물체들은 주목되지 않은 주의의 대상이므로 적절하게 개념화되어 파악되었다고 보기 어렵다. 적절하게 개념화되어 파악되지 못하지만 대략의 무언가가 파악되는 경험 내용이 주의를 기울이는 대상에 대한 경험 내용과 동등하게 경험 내용으로 자격을 부여할 수 있을까? '경험이 자극들을 받아들이지만 즉시 망각했다'는 견해가 상식적으로 들림에도 불구하고 정합적이지 않은 이유는 '보았지만 잊었다'는 경험의 인식적 상태와 '전혀 보지 못했다'를 구분하여 설명하지 못하기 때문이다.

4. 맹시 사례를 통해 본 감각질의 본성

맹시(blindsight) 상태에 있는 사람에 대한 실험은 앞서의 부주의맹 실험에 더한 지지 근거를 제시한다. 왼쪽 측면에만 맹시 현상을 가지는 사람은 오른쪽만 볼 수 있다. 이 사람에게 역기(barbell) 같은 모양의 물체가 제시되는데 이 물체의 오른편에는 ○, 왼편에는 X가 표시되어 있다. 맹시인은 자신의 맹점 영역이 아닌 영역인 오른편의 ○ 표시만을 볼 수 있다고 보고하였는데, 잠시 후 해당 물체가 회전되어 왼쪽과 오른쪽이 변경되었고, X가 맹시인이 볼 수 있는 영역에 위치하였다. 그런데 맹시인은 그가 볼 수 있는 것은 여전히 ○일 뿐이라고 보고하였다(Styles 1997). 맹시자가 ○에 처음에 주의를 기울임이 신경생리학적으로 두뇌 안에서 부호화(coded)되고, 그럼으로써 주의의 기제가 계속적으로 그 맹시자로 하여금 ○에 대한 경험 내용을 가지게 한 것인데 '주의'의 기제가 의식 경험을 구성하는 측면이 있음을 제시한다. 이는 단순히 '어떤 대상에 주의를 기울임'과는 다른 측면으로, 당사자에게 의미 있는 내용에 주의가 기울어지는 측면을 의미한다. 이러한 생각은 심리학에서의 '칵테일파티 효과'에서도 볼 수 있다. '칵테일파티'는 많은 사람이 모이는 환경을 묘사한 비유이다. 많은 사람이 모인 장소에서 사람들이 한꺼번에 웅성거리고 있기 때문에 나의 귀에는 나의 친구들과의 대화만이 가까스로 들린다. 그런데 갑자기 어디선가 나의 이름을 거론하는 소리만은 나의 귀에 들어온다. 이는 나에게 의미 있는 것은 그것이 물체든 의미를 담은 소리나 글자든 두뇌 안에 이미 활성화되어 있으므로 주의의 기제로 사용된다는 것이다.

이 같은 해석은 철학자 타이의 논문 "The Burning House"(Tye 1995)에서도 보인다. 왼쪽에 맹점 영역이 있는 한 여성 앞에 불타는 집이 그려져 있는 그림을 왼쪽에서 다섯 번 제시하였는데, 이 여성은 그림 속의 집이 불타는 것에 대한 자각의 표시로 놀라움을 보였다는 실험을 인용하여, 주의의 기제의 활성화가 경험을 유발한다고 해석한다. 이에 대한 다른 해석은 맹시자들이 성공적인 추측에도 불구하고 볼 수는 없다고 보고한다는 점이다. 일반적으로는 경험 내용의 존재 여부는 '보고'에 의해 결정될 수 있다고 여긴다. 그런데 경험 내용에 대한 설명이 부족한 점은 맹시자들의 놀라운 인식 능력에도 불구하고 그에 대한 자기 보고의 내용은 '알 수 없다'는 자기모순적 보고이다.

이를 이해하기 위해, 신경생리학에서의 이중분리(double dissociation) 현상에서 빠진 부분에 대한 설명을 제안받을 수 있다. 이중분리 현상은, 예컨대 갑 환자는 A라는 작업에는 문제가 없지만 B 작업의 수행에 있어 장애가 있고, 을 환자는 거꾸로 B 작업에는 문제가 없으나 A 작업에 장애가 있는 현상이다. 이로부터 알 수 있는 점은 A와 B, 두 작업이 서로 독립적인 인지기능과 관련되어 있다는 것이다. 서로 관련된다고 생각되어온 현상들이 이러한 이중분리 현상이 나타난다면 상호 독립적인 것으로 추론할 수 있고, 이를 통해 해당 인지기능과 관련한 뇌 영역을 독립적인 것으로 추정하는 증거가 된다. 이중분리의 대표적인 예는 음성적 난독증(phonological dyslexia)과 표면 난독증(surface dyslexia)이다. 표면 난독증을 가지고 있는 환자들은 일반 단어들은 읽을 수 있지만 단어 아닌 글자들은 소리 내어 발음할 수 없다. 반면, 음성적 난독증을 가진 환자들은 단어 아닌 글자들은 읽을 수 있으면서, 일반 단어들은 읽지 못한다.

이를 통해 맹시자들의 대상에 대한 식별 능력과 그에 대해 모르겠다는 보고 사이의 상호 모순에 대해 이해할 수 있다. 맹시자들의 손상된 뇌 영역에 해당하는 부분이 의식적 경험의 내용에 대한 보고 능력은 손상시키지 않았지만 정보에 대한 통합적인 보고 능력이 손상되었기에 모순적인 보고가 나왔을 가능성이 있다. 즉, 의식적 경험 내용에 대한 보고 기능과 통합적 보고 기능은 별도의 인지기능일 수 있다. 유사한 병리학적 사례들이 이에 대한 경험적 근거 자료이다. 상모실인증(相貌失認症, prosopagnosia)은 가까운 사람의 몸의 어떤 부분을 보여주면 누구인지 식별하면서도, 그 사람이 나타나면 누구인지 알아보지 못하는 증상이다.

지금까지 살펴본 경험 내용과 관련한 요소들의 상이성은 의식의 현상적 측면 즉 감각질에 대한 전통적 개념인 본래성, 직접성이 피상적 특징일 뿐일 수 있음을 암시한다. 앞서 살펴본 주의 및 독립적인 인지기능들의 요소는 의식적 경험의 본래적인 질적 특성만에 의해 설명되지 않는다. 좀 더 일상적인 사례를 들어보자. 축구경기에서 큰 상처를 입은 운동선수나 전쟁에서 다친 군인은 즉각적으로는 통증을 느끼지 못하는 상태로 계속 움직이다가 움직임을 멈추고 휴식하는 상황에서 비로소 통증을 느끼게 되는 경우가 있다. 이는 상황 때문에 주의 메커니즘이 조정되며 이에 따라 통증과 관련한 감각의 질적 특성의 내용

또한 조정되기 때문이다.

이에 대해, 주의 및 그 외 요소 또한 일차적 외부 표상이나 이차적 표상에 의해서 환원적으로 설명할 수 있다고 반박할 수 있다. 이러한 반박은 모든 인간에게 공통된 단일한 형태의 주의 메커니즘이 있다고 가정할 때 가능하다. 동일한 환경이 주어지더라도 어떤 한 개인이 경험할 수 있는 감각질의 내용은 당사자의 문화적 환경과 개인사에 의해 형성되므로 그 다양성이 무한하며 이에 따라 주의의 기제가 다르게 작동한다. 이에 대한 증거는 앞서 소개했던 변화맹의 후속 실험에서 볼 수 있다. 지나가던 사람이 길을 물어볼 때 그 사람의 얼굴이 달라졌음을 인지하는 경우와 아닌 경우가 구분되었다. 길을 물어보는 사람의 연령대가 알려주는 사람의 연령대와 유사한 경우 변화를 인지하는 경우가 연령대가 차이가 많이 나는 경우보다 월등히 많았다. 이는 주의와 같은 메커니즘조차도 당사자의 개인적 배경에 따라서 달라지며 이에 따라 시야에 포착된 시각적 대상에 대해 의식적으로 경험하는 내용이 달라진다는 것이다. 이와 동일한 맥락에서, 의식 경험을 주로 연구하는 철학자인 블록(Block 1999)은 색깔을 인식하는 감각질이 문화 상대적으로 작용하는 측면이 있어 다양하다는 증거를 제시한다. 이러한 상호작용은 감각질의 속성이 단순하기보다는 복합적이고, 본래적이기보다는 관계적이라는 것을 보여준다.

의식의 여러 이론 중 '고차 이론(higher-order theory of consciousness)'은 고차적 내성작용을 통해서 심적 상태를 설명하므로 '주의'라는 요소를 고차 이론이 제시하는 고차적 '내성'작용으로 설명할 수도 있다. 그러나 주의와 내성은 그 내용에 있어서 서로 다르다. 예컨대 라일은, 마치 빛이 물리적 세계를 비추는 것처럼, 의식을 '제2극장'에 비유한다. 정신현상이 일어나는 무대가 있는 극장에서 의식은 그 무대를 비추는 조명과 같다고 하면서 현대에 제시된 고차 이론의 기원을 보여준다. 이와 유사하지만 세련된 형태의 모델은 암스트롱의 '단일 탐지 기제(single monitoring mechanism)' 모델로, 다양한 유기체와 인공적 체계들은 감각수용기(sensor receptor)나 탐지기(scanner)를 가지고 있으며, 이를 통해 다양하게 환경에 대한 정보를 얻고 사용한다는 것이다. 이는 동물은 물론이고 로봇 및 온도조절기에도 적용될 수 있는 설명이다.

5. 관계적 속성으로서의 감각질

감각질에 대한 전통적 개념은 경험의 주체가 직접적으로 내성(intro-spection)을 통해 자신의 경험에 접근할 수 있다는 특성이다. 하지만 내성을 하지 않고도 주의를 기울일 수 있다면 이 특성은 더 이상 감각질의 고유 특성으로 여기기 어렵다. 지금 내가 이 글을 읽으면서 글자에 주의를 기울일 때, 나는 이 글자들에 대한 어떤 고차적 사고나 지각을 해야 할 필요는 없다. 또, 앞서 살펴보았듯이, 감각질에 있어서 주의라는 요소는 개개인마다 다른 기제로 발휘되므로 동일한 외부 자극이 들어온다 해도 다양한 개인들의 의식적 경험의 차이는 감각질의 본래성에 전적으로 의존해서 설명할 필요는 없다. 이러한 특성은 개인마다 특정 상황에서의 경험 차이를 설명할 수 있게 해준다. 지금까지 살펴본 주의의 기제는 통증 감각질이 전통적으로 생각되어왔던 단순하고 본래적인 속성을 가지는 현상이 아니라, 복합적인 양상을 가진 관계적 속성이라는 것을 보여준다.

이와 같은 방법으로, 하드캐슬(Hardcastle 1999)은 통증에 관한 이중 분리 현상을 설명한다. 그는 통증을 분리되는 요소들로 구성되는 하나의 과정으로 파악한다. 감각질에 대한 전통적 설명 방법으로 설명하자면, 통증의 괴로운 느낌이라는 본래적 특성에 의해 특징지어진다고 설명할 수 있다. 그러나 통증을 순전히 주관적 감각으로 간주하거나, 표상주의자처럼 손상된 신체 조직의 속성으로 보거나, 그리고 데넷처럼 존재하지 않는 허구라고 보는 견해는 통증의 경험을 구성하는 일부 요소만을 설명하거나 그 요소로 다른 요소들을 환원하여 설명하는 것이 가능하다고 본 것이다. 하드캐슬은, 통증에 대한 견해의 불일치는 이중분리(double dissociation) 자료들을 잘못 이해 및 해석하면서 발생할 수도 있다고 지적한다. 신경과학에서의 분리 실험들은 기능적으로 구별되는 신경적 절차들을 개별화하기 위한 것이다. 그로부터 하드캐슬은 통증 경험을 기초지우는 두 하부 시스템을 도출해냄으로써, 통증을 하나의 과정으로 설명하려고 한다. 두 하부 시스템 중 하나는 통증의 지각적 측면, 다른 하나는 정서적이면서 동기적인 측면과 관련된다. 이렇게 분명히 그 기능이 구분되는 점은 감각수용기적(nociceptive) 자극과 통증이라는 괴로움의 정서적 감각이 분리될 수 있다는 점을 보여준다. 앞서 전쟁에 나간 군인이 상처가 생겼을 때 전시 상황에서 당장 괴로움을 느끼지 못하다가 차후에 느끼고 괴로워하는 상황은 통증의 정서적 측면이 활성화되지 못한 채 지각적 측면만 활성화되는 상태, 즉 상호 독립적인 상황의 가능성을 보여준다. 거꾸로 정서적 측면이 더 잘 발생하는 예는 환상지통(phantom limb)에서의 통증과 위약 효과에서 볼 수 있다. 이를 통해 손상 탐지, 통증의 질적 경험, 그리고 통증 감각이 신경 관련자와 상호 독립적인 현상이라는 것을 보여준다.

이렇게 복합적이고 관계적인 속성으로서의 감각질이 가지고 있는 내용이 단순한 표상적 내용이 아니라는 점을 암시한다. 감각질들 간 차이는 특정 요소의 표상에서의 차이라기보다는, 여러 요소들 간의 복합적 관계로 구성되는 정보적 측면에서의 차이라고 설명하는 것이 하나의 대안일 수 있다. 소흥렬은 심신문제에 접근할 때 심적 상태의 한 요소가 아니라 위에서 전개된 바와 같이 몸과 마음의 여러 정보기능의 상호작용이 개체 수준에서 어떻게 일어나는지를 중심으로 설명하면서 정보적 차원에서의 접근을 강조한다(소흥렬 1996, 94-108). 더 나아가 "의식의 정보기능은 인지적 정보기능보다는 더 넓은 대상 영역을 전제하게 된다"(소흥렬 1999b)고 하면서 의식에 대한 인지기능 위주의 설명들에 대한 한계를 지적한다. 이와 유사한 맥락에서, 피콕(Peacocke 1983)은, 정보적 내용과 표상적 내용을 구분한다. 예컨대 시각 경험의 정보 내용은 광선이 망막에 충돌한다는 물리적 정보를 포함하고 있는 반면, 경험의 표상 내용은 정보 내용은 포함하고 있지 않다고 한다. 감각질을 표상 내용의 관점에서보다 정보 내용의 관점에서 설명할 때 가질 수 있는 이점은, 마음의 넓은 기능 및 영역을 포괄할 수 있으므로 감각질의 개인 차이 및 인간-동물의 감각질 차이를 설명할 수 있다는 점이다. 그 한 예로, 에스키모인이 구분하는 색깔의 종류는 다른 국가의 사람들보다 더 다양한데 이는 감각질을 본래적, 직접적 특성으로 설명하는 전통적 관점으로는 설명하기 어려운 지점이다. 사실상 감각질의 본래성을 강하게 주장하는 레바인조차도 "정보 흐름에 관한 과학적 이론이 가능하다는 것은 의심되지 않으면서도, 중요한 문제는 그 자체보다는 그러한 이론이 의식에 대하여 어떻게 이야기하는가이다" (Levine 1997)라고 하면서 감각질을 본래성으로 특징짓는 전통적 설명의 한계를 간접적으로 언급한다.

지금까지 주의 및 이중분리 현상 등을 통해 감각질에 관한 본래성 설명이 가지는 한계점을 제시했으며, 신체와 마음의 기능들의 연관성을 통해 감각질의 관계적 특성이 있음과 정보의 차원에서 의식 경험을 조망해야 함을 제안하였다. 이러한 설명은 통증 등 오감과 관련한 여러 종류의 감각질의 복잡하고 다양한 양상에 대한 설명을 가능하게 해줄 것이라고 예상할 수 있다. 이를 통해 서두에서 언급하였던 일반지능 차원의 인공지능을 구상하는 데 구체적인 그림을 제시할 수 있다.

참고문헌

소흥렬, 『문화적 자연주의』, 소나무, 1996.

소흥렬, 「불교와 의식의 과학」, 『공과 연기의 현대적 조명』, 고려대장경연구소, 1999a, 245-272.

소흥렬, 「서구적 물리주의와 동양적 본성론의 지양」, 『공과 연기의 현대적 조명』, 고려대장경연구소, 1999b, 273-286.

Armstrong, D. M., *The Nature of Mind, and Other Essays*, N.Y.: Cornell University Press, 1980.

Block, N., "Sexism, Racism, Ageism and the Nature of Consciousness", *Philosophical Topics*, 26(1&2), 1999, 39-70.

Dennett, D. C., *Consciousness Explained*, Penguin, UK, 1993.

Descartes, R.(1641), *Meditations on First Philosophy*, in Norman Kemp Smith(1952), *Descartes' Philosophical Writings*, Macmillan and Co. Ltd.

Shoemaker, S., "Qualia and Consciousness", *Mind*, 100(4), 1991, 507-524.

Hardcastle, V., *The Myth of Pain*, MA: MIT Press, 1999.

Kim, J., *Taking Physicalism to the Limit*, 『극단에 선 물리주의』, 제1회 석학연속강좌, 아카넷, 2000.

Levin, D. T., and Simons, D. J., "Failure to detect changes to attended objects in motion pictures", *Psychonomic Bulletin & Review*, 4, 1997, 501-506.

Levin, D. T., and Simons, D. J., "Perceiving stability in a changing world: Combining shots and integrating views in motion pictures and the real world", *Media Psychology*, 2, 2000, 357-380.

Levine, J., "Recent work on consciousness", *American Philosophical Quarterly*, 34.4. 1997, 379-404.

Lormand, E., "Qualia! (Now Showing at a Theater Near You)", *Philosophical Topics*, 22, 1994, 127-156.

Mack, A. and Rock, I., *Inattentional Blindness*, Cambridge, MA: MIT Press, 1998.

Peacocke, C., *Sense and Content: Experience, Thought, and Their Relations*, Oxford: Clarendon Press, 1983.

Rosenthal, D., "Two Concept of Consciousness", *Philosophical Studies*, 49, 1986, 328-359.

Shoemaker, S., "Qualia and Consciousness", *Mind*, 100, 1991, 507-524.

Styles, E., *The Psychology of Attention*, Hover, East Sussex, UK: Psychology Press, 1997.

Tye, M., *The Burning House*, in Metzinger, T. ed., Conscious Experience, Imprint Academic, 1995, 81-91.

Tye, M., "Blurry images, double vision, and other oddities: new problems for prepresentationalism?", in Q. Smith and A. Jokic, eds., *Consciousness: New Philosophical Perspectives*, Clarendon Press, 2003, 7-32.

소흥렬의 삶과 철학

1판 1쇄 인쇄 2022년 12월 15일
1판 1쇄 발행 2022년 12월 20일

엮은이 한 자 경
펴낸이 전 춘 호
펴낸곳 철학과현실사
출판등록 1987년 12월 15일 제300-1987-36호
주소 경기도 파주시 상지석길 133 나동
전화 031-957-2350
팩스 031-942-2830
이메일 chulhak21@naver.com

ISBN 978-89-7775-863-6 93130
값 20,000원